어린이들의
꿈 해석

어린이들의 꿈 해석

초판 1쇄 발행   2019년 10월 25일

원제   Kinderträume(1987)
지은이   칼 구스타프 융
옮긴이   김세영, 정명진
펴낸이   정명진
디자인   정다희
펴낸곳   도서출판 부글북스
등록번호   제300-2005-150호
등록일자   2005년 9월 2일

주소   서울시 노원구 공릉로 63길 14(하계동 청구빌라 101동 203호)
             (01830)
전화   02-948-7289
전자우편   00123korea@hanmail.net
ISBN   979-11-5920-112-7 03180

어린이들의 꿈 해석

Kinderträume

칼 구스타프 융 지음 김세영 · 정명진 옮김

차례

이 책에 대하여

칼 구스타프 융이 어린이들의 꿈 해석을 주제로 한 네 차례의 세미나(1936년부터 1939년까지 매년 겨울에 열렸다)에서 어린이들의 꿈을 분석한 내용을 담은 책이다. 분석 대상이 된 꿈들 중에서 어린이들이 직접 털어놓은 꿈은 극히 드물고 대부분이 어른 환자가 떠올린 어린 시절의 꿈들이다. 세미나는 주로 참석자들이 칼 융으로부터 할당받은 꿈을 분석한 내용을 먼저 발표한 다음에, 칼 융이 다시 꿈을 분석하면서 세미나 참석자가 분석한 내용과 비교하는 식으로 진행되었다. 이 책에 번역된 부분은 전부 칼 융이 말한 내용이다.

마지막 세미나가 1975년에야 기록으로 남게 되었기 때문에, 칼 융은 이 책에 담긴 내용을 별도로 검토할 기회를 갖지 못했다.

어린이들의 꿈을 분석하는 작업과 성인의 꿈을 분석하는 작업의 차이점이 강조된다. 주로 원형 이론을 적용하는 방법이 소개된다. 이유는 아이들의 경우에는 아직 개인적인 일이 별로 없고, 여전히 집단 무의식에 아주 가까이 있기 때문이다. 그래서 아이의 꿈에도 현대 사회가 안고 있는 문제 같은 거창한 내용들이 담긴다. 이 책의 1장과 2장은 같은 세미나를 둘로 나눈 것이다. 이 책의 핵심은 칼 융의 이 말에 고스란히 담겨 있다.

"어린이들의 꿈을 인격의 측면에서 생각하고 합리적으로 설명하려고 노력할 때, 특별히 조심해야 할 것이 있다. 어린이의 영혼이 절대로 '빈 서판'이 아니라는 사실을 잊어서는 안 된다는 점이다. 어린이의 영혼이 백지장이라는 생각은 심각한 오해이다. 어린이들의 경우에 집단 무의식으로 이어지는 문이 언제나 열려 있다는 점을 잊지 말아야 한다."

옮긴이

1장

꿈 해석 방법에 대하여
(1938. 10. 25/11.8)

이 세미나는 주로 어린이들의 꿈을 다룰 것이다. 우리가 관심을 갖고 들여다볼 꿈은 모두 세미나 참석자들이 내놓은 것들이다. 말하자면, 꿈들 대부분이 어른이 어린 시절로부터 기억해낸 것이며, 아이들로부터 직접 들은 것이 아니라는 말이다. 이 같은 사실이 한 가지 어려움을 제기한다. 기억된 꿈들의 경우에 그 꿈을 꾼 아이들에게 묻는 것이 불가능하며, 그래서 꿈 자료를 풍성하게 키워 꿈을 이해하기 위해서 다른 수단에 기대야 한다는 점이다.

그러나 꿈을 아이들로부터 직접 채집할 때에도 어려운 상황에 처하긴 마찬가지이다. 꿈을 꾼 아이가 정보를 전혀 제공하지 않거나 꿈 때문에 너무나 놀란 나머지 어떠한 연상도 떠올리지 못할 수 있는 것이다. 언제나 그럴 가능성을 염두에 둬야 한다. 게다가, 연상이 없는 것은 어린 시절 초기에 꾸는 꿈의 본질에 속한다. 어린 시절 초기의 꿈은 시간 속에서 외따로 서 있는 무의식의 한 부분이 표현되는 것이기 때문이다.

어린 시절 초기의 꿈들은 특별히 중요하다. 왜냐하면 그 꿈들이 인격의 깊은 곳에서 꾸어지고, 따라서 훗날의 운명을 예고하는 성격을 지니고 있기 때문이다. 그 후에 꾸는 어린 시절의 꿈은 꿈을 꾼 아이가 어떤 특별한 운명을 맞는 때를 제외하곤 갈수록 덜 중요해진다. 사춘기로 접어들 때부터 스무 살이 될 때까지, 꿈이 다시 중요해진다. 그런 다음에 꿈은 다시 중요성을 잃고, 최종적으로 서른다섯 살 이후에 다시 중요성을 얻게 된다.

이것은 모든 사람들에게 다 적용되는 것은 아니지만 과반의 사람들에게 적용된다. 당신도 최초의 꿈을 기억하고 있다면 그 기억을 떠올려 보길 바란다. 많은 사람들은 네 살부터 꿈을 기억하며, 세 살부터 꿈을 기억하는 사람도 더러 있다. 당신은 지인이나 친구들에게도 그들이 기억하는 첫 번째 꿈이 무엇인지 물을 수 있다. 그런 경우엔 꿈을 꾼 사람의 훗날 삶에 대해 당신이 아는 내용을 반드시 기록해야 한다. 그들의 가족에 대해서 아는 내용이 있다면 그것도 당연히 기록해야 한다. 그들 사이에 확인되는 특이점도 마찬가지이다.

개별 꿈에 대해 논하기 전에, 먼저 꿈 해석 방법에 대해 짧게 몇 마디만 말하고 싶다.

잘 아시다시피, 꿈은 자연적인 현상이다. 꿈은 특별한 의도에서 나오는 것이 아니다. 그래서 꿈을 의식에서 비롯된 심리로는 설명하지 못한다. 우리는 인간 자아의 의지와 소망, 의도, 목표와 별개로 작동하고 있는 어떤 특별한 방식을 다루고 있다. 꿈은 의도와 상관없이 일어나는 현상이다. 자연에서 일어나는 다른 모든 것과 똑같다. 그래서 우리는 하늘에 구름이 끼는 것이 오직 인간을 불쾌하게 만들기 위해서라는 식으로 단정하지 못한다. 그냥 구름이 끼는 것이다. 그러나 어려움은 그런 자연적인 사건을 이해하는 일이다.

사물들이 우리에게 영향을 끼치도록 그냥 내버려둘 때, 최선의 방법은 가능한 한 편견을 갖지 않는 것이다. 그렇다 하더라도 우리가 자연 속의 사건에 대해서 말하는 것은 여전히 우리의 해석이다. 분석가는 자연 과학자들과 똑같은 상황에 처해 있다. 그 의미를 드러내지 않고 있고 또 자연의 어떤 법칙과 일치하는지를 드러내지 않고 있는 현상들을 다뤄야 하는 자연 과학자들 말이다.

자연 속에서 일어나는 일에 주어진 의미는 모두 우리 인간에게서 나온다. 우리는 지금 자연의 과정을 정신의 언어로 옮겨놓는 힘든 과제를 마주하고 있다. 이 과제를 수행하기 위해, 우리는 딱 맞아떨어지는 용어가 부족한 탓에 보조적이고 대략적인 용어들을 사용하고 가설을 만들어 내야 한다. 그럼에도 우리가 자연 속에서 실제로 일어나고 있는 일을 그림으로 정확히 그리는 데 정말로 성공하고 있는지에 관한 의문은 여전히 남는다.

물론, 이 모든 것이 전혀 아무런 의미를 지니지 않는다는 주장도 가능하다. 어쨌든 어떤 것이 주관적이라면, 그것에 대해 자연은 법칙을 따르지 않는다고, 또 카오스만 있을 뿐이라는 식으로 말할 수 있는 것이다. 그러나 그 의미를 이해하지 못하는 상태에서도 어떤 의미를 전제하는가, 아니면 "이 모든 것은 전혀 아무런 의미를 지니지 않아."라는 식으로 말하는 쪽을 좋아하는가 하는 문제는 기질의 문제이다.

그러나 모든 해석이 언제나 자연 속에서 실제로 일어나고 있는 일에 대한 인간의 추측에 지나지 않는다 할지라도, 자연 속의 일에 관한 진실을 발견하려고 노력할 수 있다는 의견도 마찬가지로 가능하다. 그럼에도 우리는 그 목표를 성취할 수 있다고 절대로 확신하지 못한다. 그러나 이 같은 불확실성을 부분적으로 극복할 수 있는 길은 있다. 어떤 의미를 다른 방정식들에 집어넣고, 그 방정식의 결과가 그 의미와 조화를 이루는지를 점검하는 방법이다. 이런 식으로, 어느 꿈의 의미에 대해 어떤 가정을 제시하고, 그런 다음에 그 의미의 이 속성이 또 다른 꿈을 설명하는지, 말하자면 그 속성이 보다 일반적인 의미를 지니는지를 확인하면 된다.

꿈 시리즈의 도움으로 '통제 시험'도 실시할 수 있다. 실제로 나는 아이들의 꿈을 시리즈로 다루는 쪽을 선호한다. 왜냐하면 연속적으로 이어지는 꿈들을 분석할 경우에 다음 꿈에서 앞의 꿈이 증명되거나 수정되는 예가 종종 있기 때문이다. 꿈 시리즈에서, 꿈들은 의미 있는 방향으로 서로 연결되어 있다. 꿈들은 마치 어떤 핵심적인 내용물을 저마다 다 다른 각도에서 표현하고 있는 것처럼 보인다. 이 핵심을 건드리는 것이 곧 개별적인 꿈들을 설명하는 열쇠를 발견하는 것이다. 그러나 어느 꿈에서 어느 꿈까지가 하나의 시리즈인지를 결정하는 것은 언제나 쉬운 일은 아니다.

꿈은 의식이라는 가리개 밑에서 일어나고 있는 일종의 독백이다. 이 독백은 말하자면 꿈속에서만 들리며, 우리가 깨어 있는 동안에는 아래로 가라앉는다. 그러나 이 독백은 어떤 면에서 보면 절대로 끝이 없다. 우리가 언제나 꿈을 꾸고 있을 가능성이 있지만, 의식이 소음을 너무나 많이 일으키기 때문에 우리가 깨어 있는 동안에는 꿈을 듣지 못할 수 있다. 만약에 우리가 무의식의 과정을 모조리 목록으로 만드는 데 성공한다면, 그 과정들 전부가 어떤 방향을 가리키고 있다는 것이 확인될 것이다. 그런데 이 리스트를 완벽하게 작성하는 일 자체가 매우 힘든 과제일 것이다.

꿈을 설명하는 방법은 원칙적으로 인과관계의 방법이다. 인간에겐 자연을 그런 식으로 설명하려는 경향이 있다. 그러나 이 방법은 꿈의 해석에서 엄청난 어려움을 만난다. 이유는 원인과 결과 사이에 상관관계가 불가피하다는 점이 증명될 수 있을 때에만 우리가 엄격히 인과적인 방법으로 설명할 수 있기 때문이다. 그러나 이런 명확한 관계는 무엇보다 소위 무생물의 세계에서 발견될 수 있다. 현상을 별도로 떼어내어 실험 대상으로 삼을 수 있을 때마다, 다시 말해 동일한 조건들이 확립될 수 있을 때마다, 원인과 결과의 엄격한 속성들이 나타날 수 있다.

그러나 생물학적인 현상의 경우에 필히 어떤 결과를 낳는 성향 같은 것을 찾아내는 것은 거의 불가능하다. 이유는 생물학적인 현상 쪽으로 오면 자료도 너무나 복잡하고, 조건도 너무나 다양한 까닭에 '명백한' 인과적 연결을 고수할 수 없게 되기 때문이다. 여기서는 '조건적'이라는 용어가 훨씬 더 적절하다. 말하자면 이러이러한 조건은 이러이러한 결과를 낳을 수 있다는 식으로 말하는 것이 적절하다는 뜻이다. 그것은 엄격한 인과 관계를 조건들의 복잡한 작용으로 대체하려는 시도이며, 원인과 결과 사이의 명백한 연결을 여러 가지 해석이 가능한 어떤 연결로 확대하려는 시도이다. 따라서 인과성 자체가 폐지되는 것이 아니라 단순히 삶의 다층적(多層的)인 자료에 맞게 적절히 바뀌게 되는 것일 뿐이다.

정신도 모든 생물학적 현상처럼 목표 지향적이고, 합목적적인 성격을 갖고 있다는 점을 고려해야 한다. 그래도 앞에서 언급한 의견, 즉 꿈은 의도하지 않은 그 무엇이라는 의견과 모순되지 않는다. 그 대목에서 우리는 자연적인 현상은 의식과 관계없이 무의식적으로 일어난다는 사실을 강조했다. 그렇다고 해서 정신의 발달 형태가 무의식적 합목적성에 의해 결정될 수 없는 것은 아니다. 근본적인 본질은 이미 언제나 거기 있다고, 또 일어나는 모든 것은 이 근원적인 경향이 어떤 목적에 따라 펼쳐지는 것에 지나지 않는다고 우리는 단정하지 않을 수 없다. 심지어 정신적 또는 생물학적 분야에서 전혀 목적을 갖고 있지 않은 것처럼 보이는 것들에서도 목적성을 확인할 수 있다. 예를 들면, 고대 의학은 열에 대해 어떤 상황에서도 치료해야 하는 증후로 여겼다. 그러나 현대 의학은 열이 병을 야기하는 원인이 아니라 목적을 가진 복잡한 방어 현상이라는 것을 알고 있다.

꿈을 해석하는 작업을 벌이면서, 우리는 언제나 우리에게 일어나고 있는 현상이 지닌 이런 목적성을 기억해야 한다. 그런 의미에서, 우리는 꿈 과정의 무의식적 목표 지향성에 대해 말할 것이다. 그것은 의식적인 목적도 아니고 의도도 아니며, 세포의 반응처럼 목적을 가질 수밖에 없는 자동성이다.

꿈은 절대로 명백한 현상이 아니다. 어떤 꿈에 의미를 부여할 수 있는 가능성은 여러 가지이다. 나는 4가지 정의를 제시하고 싶다. 꿈이 지닐 수 있는 다양한 의미를 다소 축약해 정리한 내용이다.

첫째, 꿈은 의식적인 어떤 상황에 대한 무의식적 반응이다. 어떤 의식적 상황에 이어서 무의식적 반응이 꿈의 형식으로 따른다. 이때 꿈의 요소들은 낮 동안에 받은 인상을 보완적인 방법으로든 보상적인 방법으로든 분명히 가리킨다. 전날에 특별한 인상이 없었다면, 이 꿈은 절대로 존재하지 않았을 것이라는 점이 금방 분명해진다.

둘째, 꿈은 의식과 무의식 사이의 갈등에서 비롯된 어떤 상황을 묘사한다. 이런 경우에 어떤 구체적인 꿈을 다소 확실히 일으켰을 만한 의식적인 상황은 전혀 없지만, 여기서 우리는 무의식에서 자연 발생적으로 일어난 것을 다루고 있다. 의식적인 어떤 상황에 무의식이 또 다른 상황을 더하는데, 새롭게 더해지는 이 상황이 의식적인 상황과 너무나 다르기 때문에 둘 사이에 갈등이 일어난다.

셋째, 꿈은 의식적 태도를 변화시키는 것을 목표로 잡고 있는 무의식의 경향을 나타낸다. 이런 경우에, 무의식이 야기하는 반대 입장이 의식적인 입장보다 더 강하다. 이때 꿈은 무의식에서 의식으로 건너가는 비탈길 같은 것을 표현한다. 이런 꿈은 매우 중요한 꿈이다. 어떤 태도를 가진 사람이 이런 꿈에 의해 완전히 바뀔 수 있다.

넷째, 꿈은 의식적 상황과 전혀 아무런 관계가 없는 무의식적 과정을 묘사한다. 이런 종류의 꿈들은 특이한 성격 때문에 매우 이상해 보이고 해석이 종종 매우 어렵다. 그러면 꿈을 꾼 사람 본인은 왜 그런 꿈을 꾸었을까 하고 크게 놀란다. 잠정적 연결조차 파악되지 않기 때문이다. 그 꿈은 무의식의 자연스런 산물로서, 큰 의미를 지닌다. 이런 꿈은 압도적인 성격을 지닌다. 원시인들은 이런 꿈을 "큰 꿈"이라고 부른다. "신이 보낸 꿈"으로서 신탁(神託)과 비슷하다. 이런 꿈은 계시로 경험된다.

마지막으로 소개한 종류의 꿈들은 또한 정신적 질병이나 심각한 신경증이 발발하기 전에도 나타난다. 이런 꿈에서 돌연 어떤 내용이 튀어나오고, 그러면 꿈을 꾼 사람은 그것을 이해하지 못하는 가운데서도 강한 인상을 받는다. 나는 세계대전이 발발하기 전에 있었던 그런 경험을 기억하고 있다.

그때 나는 늙은 남자의 방문을 받았다. 어느 가톨릭 대학에서 교회법을 가르치던 교수였다. 그는 늙은 몸젠(Theodor Mommsen)[1]처럼 위엄 있는 인상을 풍겼다. 그는 나에게 볼일이 있었다. 그는 일을 다 끝낸 뒤에 나에게 "당신이 꿈에도 관심이 있다는 소리를 들었어요."라고 말했다. 나는 그에게 "그것도 나의 일의 일부이지요."라고 대답했다. 나는 그의 영혼이 어떤 꿈에 갉아먹히고 있다는 것을 직감적으로 느낄 수 있었다. 이어 그는 실제로 꿈에 대해 털어놓았다. 몇 년 전에 꾼 꿈인데, 그 꿈이 그를 줄기차게 물고 늘어졌던 것이다.

그는 산길을 걷고 있다. 절벽을 휘감으며 굽이도는 길이다. 아래에 계곡이 있다. 길은 벽 같은 것에 의해 계곡으로부터 보호를 받고 있다. 벽은 은은한 노란색의 파로스 섬 대리석으로 만들어졌다. 그는 그 같은 사실을 당장에 알아본다. 바로 그 순간에 이상한 어떤 형상이 담 위에서 아래를 향해 춤을 추고 있는 것이 보인다. "파우나"[2]의 다리를 가진 벌거벗은 여자이다. 그런 다음에 그

....
1 독일 역사학자와 법학자(1817-1903)이며 1902년에 노벨 문학상을 수상했다.
2 로마 신화 속의 풍요의 여신.

녀는 절벽 아래로 뛰어내리며 사라진다. 이어서 그는 잠에서 깨어난다.

이 꿈이 그를 완전히 사로잡아 버렸다. 그는 이미 여러 사람에게 이 꿈에 대해 이야기했다.

또 다른 꿈은 서른 살인 남자가 꾼 꿈이다. 돌연 시작된 신경 쇠약 때문에 나의 상담을 받은 사람이다. 그는 어느 왕자의 가정교사였으며, 그런 힘든 일을 하던 중에 신경 쇠약을 겪었다. 대체로 보면 신경 쇠약은 시간을 두고 조금씩 악화되는 것이 보통이다. 그런데 이 사람에겐 신경 쇠약이 돌연 나타났다는 사실에 나의 호기심이 발동했다. 나는 그에게 현기증과 통증이 느껴졌을 당시에 어떤 일이 일어났는지를 물었다. 처음에 그는 특별한 일이 전혀 없었다고 대답했다. 그래서 나는 그에게 그 시기의 꿈에 대해 물었다. 그러자 그가 이상한 꿈을 꾼 사실이 드러났다. 그 꿈에 이어 병이 발발했던 것이다.

그는 모래 언덕 위를 산책하고 있다. 그러던 어느 순간에 바닥에서 시커먼 파편들이 보인다. 그는 그 파편들을 집어 든다. 선사 시대 유물들의 파편이다. 그는 집에 갔다가 삽을 갖고 와서 땅을 파기 시작한다. 선사 시대 정착촌 전체가 발견된다. 무기와 도구, 돌도끼 같은 것이 나온다. 그는 그런 것에 완전히 매료되어 흥분하며 땀을 흘리다가 잠에서 깨어난다.

이 꿈은 다시 나타났으며, 이어 환자가 신경 쇠약을 보였다. 그는 젊은 스위스 사람이었다.

심리 요법 치료를 하다 보면, 어떤 요소들은 몇 주 또는 몇 달 또는 몇 년 전에 이미 나타났는데도 의식과 전혀 연결되지 않을 수 있다는 사실이 확인된다. 그런 것들은 무의식의 직접적 산물이다.

당신도 알아차렸겠지만, 나는 꿈 과정들을 무의식적 반응이 의식적 상황과 연결되는 방식에 따라 구별한다. 그 연결을 보면, 의식의 요소들에 의해 결정되는 무의식의 반응에서부터 무의식의 자발적 표현까지 아주 다양하다. 무의식의 자발적 표현인 경우에, 무의식은 하나의 창조적 활동으로 드러나며, 무의식은 이런 활동을 통해서 내용물을 아직 거기 있지도 않은 의식 속으로 올라가도록 만든다.

대체로 꿈의 내용은 의식과 관계있는 것으로 여겨진다. 예를 들면, 의식적인 정신의 내용물은 무의식적 정신의 내용물과 연상을 통해 연결되는 것으로 받아들여진다. 바로 여기서 꿈은 전적으로 의식에 의해서 설명되어야 한다는 이론이 나오고, 또 무의식은 그 자체로 의식의 한 파생물이라는 이론이 나왔다. 그러나 절대로 그렇지 않다. 실제로 보면 그와 정반대가 진리이다. 무의식이 의식보다 나이가 훨씬 더 많은 것이다.

원시인은 상당 부분을 무의식 속에서 살고 있다. 그런데 우리 현대인도 마찬가지로 인생의 삼분의 일 정도를 무의식 속에서 살고 있다. 꿈을 꾸고 있거나 졸고 있는 것이다. 무의식은 원래부터 주어진 것이며, 거기서 거듭 의식이 나오고 있다. 의식은 의식적인 것이기 때문에 우리를 소진시키는 노동이나 마찬가지이다. 사람은 비교적 짧은 시간 동안만 집중할 수 있을 뿐이며, 따라서 다시 무의식의 상태로 떨어진다. 꿈속으로 빠져 들거나 의도하지 않은 연상(聯想) 활동에 빠지는 것이다. 그것은 파우스트의 표현을 빌리면 "형성, 변형/ 영원한 재창조에 빠진 영원한 정신들"이다. 따라서 그 내용물에서 의식과의 관계가 전혀 파악되지 않고, 전체 활동이 무의식 안에서만 이뤄지는 그런 꿈들이 있다. 모든 것, 즉 꿈의 동기와 꿈의 작용은 무의식에서 나오며 의식에서 비롯될 수 없다. 그런 꿈을 "강제로" 꾸길 원하고 그것을 의식의 한 파생물로 만들기를 원한다면, 그런 경우에 당신은 단순히 꿈꾸는 과정을 위반하고 따라서 터무니없는 난센스를 낳게 될 것이다.

꿈 과정은 몇 가지 원인과 조건에서 비롯된다. 꿈이 나올 수 있는 원천은 대략 5가지로 꼽힌다.

첫째, 꿈은 신체적 원천에서 비롯될 수 있다. 육체의 지각, 질병의 상태, 육체의 불편한 자세 등이 꿈의 원인이 될 수 있는 것이다. 이 원인들은 꽤 무의식적인 정신 과정에 의해 일어나는 육체적 현상일 수 있다. 고대의 꿈 해석자들은 자극이 나오는 육체적 원천을 대단히 중요하게 여겼으며, 그 같은 설명은 오늘날에도 자주 발견된다. 실험 심리학은 지금도 꿈은 언제나 육체적인 무엇인가에서 비롯되는 것임에 틀림없다는 견해를 보이고 있다. 이것은 꿈에 관한 이론으로 잘 알려져 있다. 잠자리에 들기 전에 아주 많이 먹고 엎어져 자거나 똑바로 자면, 그에 관한 꿈을 꿀 가능성이 있다는 이론이다.

둘째, 다른 육체적 자극, 그러니까 그 사람 본인의 육체에서 비롯된 것이 아니라 환경에서 비롯된 육체적 자극이 꿈을 꾸도록 할 수 있다. 소리, 빛, 추위, 온기 등이 그런 자극이다.

이 대목에서 나는 프랑스 문학에서 한 예를 끌어내고 싶다.

누군가가 꿈을 꾸고 있다. 그는 프랑스 혁명의 와중에 있다. 그는 고문을 당하다가 결국엔 단두대의 이슬로 사라질 운명에 처한다. 칼날이 내려오고 있을 때, 그는 잠에서 깨어난다. 단두대의 틀이 그의 목에 닿는 순간이었다. 그렇다면 그는 틀이 내려온 바로 그 순간에 전체 꿈을 다 꾸었음에 분명하다.

이런 종류의 예들은 종종 시간 감각이 분명한 꿈은 매우 짧은 시간 안에 일어난다는 의견을 낳았다.

예를 들어, 나도 청년기에 그런 꿈을 꾼 기억이 있다. 대학생으로서 나는 아침에 다섯 시 반이면 잠자리에서 일어나야 했다. 식물학 강의가 일곱 시에 시작했기 때문이다. 새벽에 일어나는 것은 나에게 여간 힘든 일이 아니었다. 나는 언제나 누가 깨워줘야만 일어날 수 있었다. 가정부가 문을 한참 두드려야만 나는 잠에서 깼다. 그런 상황에서 나는 언젠가 매우 세세한 꿈을 꾸었다.

"나는 신문을 읽고 있었다. 신문은 스위스와 외국 국가들 사이에 어떤 긴장이 발생했다고 전했다. 이어서 많은 사람들이 와서 정치 상황에 대해 논했다. 그때 또 다른 신문이 왔으며, 신문은 새로운 속보와 기사를 담고 있었다. 많은 사람이 흥분했다. 다시 토론이 벌어지고, 거리의 장면이 나오고, 마침내 동원령이 내려졌다. 군인들과 포병이 등장했다. 대포가 발사되었다. 전쟁이 터진 것이었다." 그러나 그것은 문을 두드리는 순간이었다. 나는 꿈이 아주 오랫동안 이어지다가 노크 소리에 절정에 이르렀다는 인상을 받았다.

꿈은 시간의 차원을 전혀 갖지 않고 오직 청각적 자극이 있는 순간
에만 일어난다는 견해를 뒷받침하는 증거로, 어떤 사람이 추락의 순간
에 경험한 대단히 복잡한 지각을 인용하는 것이 도움이 될 것 같다. 유
명한 스위스 지질학자인 하임(Albert Heim)은 산에서 추락하던 몇 초
사이에 자신의 전체 인생을 되돌아보았다. 프랑스의 어느 해군 제독
의 이야기에도 똑같은 내용이 보인다. 그는 물에 떨어져 거의 익사할
뻔했다. 그 짧은 순간에, 그의 인생에 있었던 모든 일이 이미지로 그의
눈앞에 펼쳐졌다.

그러나 그런 순간은 그 강도(强度)가 어마어마하다는 점을 강조해
야 한다. 그 순간에 전체적인 장면을 보는데, 그 장면은 절대로 연속적
이지 않다. 잠을 자는 동안에는 그런 강도가 전혀 없다. 그것이 문제이
다. 그런 예들이 꿈에 시간적 차원이 없는 것에 대한 설명이 절대로 되
지 못하는 이유이다.

솔직히 말하면, 나는 언제나 또 다른 가능성에 대해 생각하고 있다.
물론, 똑같이 공상적인 이론이다. 시간 개념이 있는 무의식의 영역에
서 무슨 일이 벌어지고 있고, 시간은 무의식 안에서 다소 따로 떨어진
상태로 오는 것이 아닐까 하는 생각이다. 말하자면, 무의식은 언제나
시간의 흐름을 비켜서 있으면서 아직 존재하지 않는 것을 지각할 것
이라는 짐작이다. 무의식 안에, 모든 것은 처음부터 이미 거기에 있다.
그렇기 때문에 사람은 예를 들어 다음날 또는 한참 뒤에나 어떤 역할
을 하게 될 모티브에 관한 꿈을 종종 꾼다.

무의식은 우리의 시간이나 일들의 인과적 상호관계에 대해 신경을 쓰지 않는다. 이것은 꿈 시리즈에서도 관찰된다. 시리즈는 우리가 뜻하는 그런 시간의 의미에서 연대기적 순서를 형성하지 않는다. 그것이 어떤 꿈이 앞서고 어떤 꿈이 뒤서는지를 말하기가 대단히 어려운 이유이다. 꿈들의 특징을 규정하려고 노력한 사람이라면, 꿈들을 놓고 a 다음에 b가 따르고 b 다음에 c가 따른다는 식으로 순서를 정할 수 없다는 사실을 잘 알고 있다. 그보다는 꿈들이 방사되어 나오는, 알기 힘든 어떤 센터 같은 것이 있다고 보는 것이 더 타당할 것 같다. 이를 그림으로 그리면 이렇게 된다.

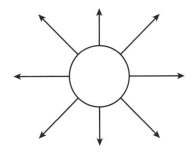

꿈들이 하나씩 차례로 의식 속으로 들어가기 때문에, 우리는 시간적인 카테고리의 도움으로 꿈들을 인식하고 그것들을 인과적으로 서로 연결시킨다. 그러나 첫 번째 꿈의 진짜 순서가 한참 뒤에야 의식될 가능성도 배제하지 못한다. 겉보기에 연대기적인 순서처럼 보이는 것이 말하자면 진짜 순서가 아닐 수 있는 것이다. 만약에 꿈의 순서를 이런 식으로 받아들인다면, 우리는 우리의 시간 개념과 관련해서 크게 양보하는 셈이다. 꿈의 실제 배열은 방사형이다. 꿈들은 어떤 중심에서 방사되며 꿈들은 오직 후에만 우리의 시간의 영향을 받는다. 최종 분석

에서, 꿈들은 어떤 의미의 중심을 가운데에 두고 그 주위에 배열된다.

무의식에 대해 생각할 때에는 의식에 대해 생각할 때와 다른 범주들을 고려하는 것이 타당하다. 이것은 양자 물리학, 그러니까 원자핵을 관찰할 때처럼 사실들이 관찰 행위 자체에 의해 바뀌는 양자 물리학과 비슷하다. 거시 물리학의 세계 안에서보다 원자의 미시 물리학의 세계 안에서 어려운 법칙들이 적용되는 것 같다. 이 측면에서 보면, 무의식과 미시 물리학의 세계 사이에 어떤 유사점이 있는 것 같다. 무의식을 원자핵에 비유할 수 있다.

일상 속에서도, 무의식이 일들을 예상하는 방식이 관찰된다. 다음과 같은 현상에서 보듯, 이런 일들은 종종 별다른 중요성을 지니지도 않고 피해도 거의 입히지 않는다. 당신이 거리를 걷다가 아는 사람을 보았다고 믿고 있다. 가까이 다가가 보니 그 사람이 아닌데, 정말 신기하게도 조금 뒤에 그 사람이 우연히 나타난다. 이런 이상한 "근접(近接) 지각"은 매우 흔하다. 그러나 그런 일이 그다지 중요하지 않기 때문에 사람들은 대체로 "어떻게 이런 우연이!"라고 생각하면서 그 일들을 간과한다. 그러나 꽤 재미있는 예들도 있다.

나는 대학에서 어느 친구를 통해 그런 예를 경험했다. 그는 자연 과학도였다. 그에게 그의 아버지는 시험을 잘 보면 스페인 여행을 시켜주겠다고 약속했다. 시험을 치기 직전에 그가 꿈을 꾸었다.

그는 스페인의 도시에 있으며, 거리를 따라 걸으며 어떤 광장으로 향하고 있다. 몇 개의 길이 그 광장으로 이어지고 있었으며, 광장은 어떤 성당을 끼고 있었다. 그는 광장을 가로질러 걸은 뒤

오른쪽으로 돈다. 먼저 그 성당을 보고자 했기 때문이다. 그가 거리 쪽으로 향하고 있는데, 두 마리의 이사벨라 말이 끄는 마차가 오고 있었다. 그때 그는 잠에서 깨어났다.

이미지가 너무나 아름답고 찬란했기 때문에, 꿈은 그에게 아주 강한 인상을 남겼다. 시험을 치고 3주일 뒤에, 그는 스페인으로 여행을 떠났다. 그곳으로부터, 꿈이 곧 현실이었다는 소식이 날아왔다. 스페인의 도시에서 그는 광장에 갔다. 당장 그는 꿈을 기억했으며 속으로 "골목길에서 말도 실제로 나타나는 것이 아닐까!" 하고 생각했다. 그가 골목길로 가는데, 정말로 거기에 말이 있었다. 그는 믿을 만한 사람이며, 지금 공무원으로 일하고 있다. 그 이후로는 그로부터 비슷한 이야기를 듣지 못했다.

이 예는 절대로 예외적이지 않다. 이런 종류의 경험은 무수히 많다. 신경증을 앓는 환자를 많이 다루다 보면, 당신도 그런 관찰을 자주 할 수 있다. 시간을 두고 보면, 당신도 그 꿈들의 전형적인 성격을 깨닫고 사람들에게 무슨 일이 일어날 것이라는 점을 미리 말해줄 수 있다. 이런 꿈들을 접하는 경우에, 나는 대체로 이런 식으로 말한다. "지금 조심하세요. 무슨 일이 일어날 거예요!" 다음 꿈이 한 예이다. 중년의 여자 환자이다. 한동안 그녀의 꿈들은 어떤 문제를 다루고 있었다. 그러다 갑자기 전혀 아무런 연결이 없는 꿈이 나타났다.

그녀는 집에 홀로 있었다. 어둠이 내렸다. 그녀는 집안을 돌면서 창문을 모두 닫았다. 그러다가 뒷문을 잠그지 않았다는 생각이

들었다. 그녀는 뒷문으로 가서 거기엔 잠금 장치가 없다는 것을 확인했다. 그녀는 어떻게 해야 좋을지 망설이다가 문 앞에 놓을 가구나 상자를 찾았다. 그녀가 그렇게 하는 동안에 날은 점점 어두워졌고, 무섭기까지 했다. 그때 갑자기 문이 열렸고, 검은 탄환이 날아와 그녀의 몸 한가운데에 박혔다. 그녀는 비명을 지르며 깨어났다.

그 집은 미국에 살고 있는 그녀의 숙모의 집이었다. 그녀는 20년 전에 거기에 한 번 간 적이 있었다. 다툼이 있은 뒤, 가족은 완전히 둘로 갈라섰다. 그녀는 특히 이 숙모와 사이가 유독 나빴다. 그녀는 숙모를 20년 동안 보지도 않았고 접촉하지도 않았다. 그녀는 숙모가 지금도 그 집에서 살고 있는지, 아니 그녀가 지금도 살아 있는지조차 몰랐다. 나는 환자의 여동생에게 이 정보가 정확한지 물었으며, 그녀는 정확하다고 일러주었다. 나는 환자에게 꿈의 내용과 날짜를 기록으로 남길 것을 부탁했다. 3주일 뒤에 미국에서 편지가 한 통 날아왔다. 숙모가 세상을 떠났다는 소식이었다. 환자의 숙모는 환자가 그 꿈을 꾸던 바로 그날 죽었다. 이것은 전형적인 꿈이다.

종류를 불문하고 그 같은 효과는 종종 발사(發射)의 성격을 갖고 있다. 이 대목에서 그 유명한 "마녀들의 발사"를 상기시키고 싶다. 북 아메리카의 인디언들 사이에서도 똑같은 사상이 발견된다. 주술사가 사람을 아프게 하기 위해 무엇인가를, 예를 들면 소위 고드름을 그 사람에게 "발사할" 수 있다. 비슷한 사상은 신비주의자 안나 킹스포드

(Anna Kingsford)[3]에 관한 영국 책에서도 발견된다. 그녀는 자신이 그런 능력을 갖고 있다고, 또 그런 결과를 성취할 수 있을 것이라고 믿었다. 티베트의 요가 수행자들도 타인들에게 나쁜 영향력을 행사할 수 있는 것으로 여겨진다. 그들이 내보내는 것은 타원형이다. 여기서 무엇이 작동하고 있는지를 아는 것은 우리 지식의 범위 밖이지만, 그것에 대한 '일반적 합의' 같은 것은 있다. 티베트 사람들은 분명히 영어 문헌에 대해 전혀 알지 못하며, 나의 환자도 티베트에 대해 알지 못한다. 그러나 이 같은 추측이 나오는 공통의 원천은 있는 것이 분명하며, 그것은 우리가 현재로선 설명하지 못하는 어떤 특이한 정신적 요소 안에 있음에 틀림없다.

나는 건방지게 회의론(懷疑論)을 들먹이면서 그런 것을 속임수라고 선언하는 것에 전적으로 반대한다. 나의 관심을 끄는 것은 어딜 가나 이런 것들이 회자되고 있다는 사실이다. 이 같은 사상은 예를 들면 죽은 자는 자신이 죽었다는 것을 모르기 때문에 그 같은 사실을 알려줘야만 영면에 든다는 사상만큼이나 흔하고 또 널리 퍼져 있다. 서로 별개인 이 사상들은 강령술사와 원시인들, 그리고 티베트 텍스트에서 발견된다. 『바르도 퇴돌』(Bardo Thödol)[4]을 보면 죽은 자에게 정말로 죽었다는 사실을 알리는 것에 관한 설명이 나온다. 여기서 흥미로운 질문은 이것이다. 이것을 어떻게 설명할 것인가? 이 진술들은 정신의 어떤 근원적인 요소들을 언급하고 있는가?

꿈의 원천 중 그 세 번째는 정신적인 사건들이다. 육체적 사건들만

....
3　영국의 여권 운동가(1846-1888)이며 신지학에도 관심이 많았다.

4　'티베트의 사자의 서'로 번역되었다.

꿈을 야기하는 것은 아니며 정신적인 사건들도 꿈을 야기한다. 환경 속에서 일어나고 있는 어떤 정신적인 사건들이 무의식에 지각될 수 있는 것이다.

내가 수집한 꿈들 중에 세 살과 네 살 사이의 아이가 천사 둘이 내려와서 땅바닥에서 무엇인가를 집어서 하늘로 보내는 그런 내용의 꿈도 있다.

또 다른 아이는 어머니가 자살하려는 내용의 꿈을 꾼다. 이 아이는 울면서 어머니의 방으로 달려갔고, 그때 어머니는 이미 잠을 깬 상태에서 막 자살을 하려던 참이었다.

이런 식으로, 환경 안에서 일어나고 있는 중요한 정신적 사건들이 지각될 수 있다. 기분과 비밀도 실제로 무의식적으로 "냄새 맡아질" 수 있다. 이 예들에서, 무의식이 이런 것을 어떻게 지각하게 되는지 우리는 전혀 알지 못한다. 이상한 것은 이런 꿈들이 어머니의 자살에 관한 꿈의 경우와 달리 언제나 인상적인 사건에 관한 것이 아니라 간혹 꽤 무의미한 사건에 관한 것이라는 점이다. 우리는 사람이 완전히 무의미한 것들을 어떤 식으로 "냄새" 맡을 수 있는지에 대해서는 더더욱 모른다. 이런 예를 하나 더 제시하고 싶다.

사업가의 예이지만, 텔레파시 현상에 관심이 많은 사람이었다. 그는 자신이 무엇인가를 경험하길 간절히 원하고 있었다. 그가 사무실에 앉아 있을 때였다. 오후 3시였다. 그때 그는 꾸벅꾸벅 졸고 있었다. 그는 우편집배원이 자기 집의 초인종을 누르는 것을 보았다. 그는 교외에서 살고 있었으며, 그의 사무실은 도심에 있었다. 그는 가정부가 문을 열고 집배원으로부터 신문 뭉치와 편지를 받는 것을 보았다. 신문 뭉치 위에 노란색 편지가 하나 놓여 있었다. 그는 그 편지의 크기와 생김새까지 매우 선명하게 보았다. 그는 아주 깊이 잤다는 느낌을 받으며 낮잠에서 깨어났다. 그러다 그는 갑자기 생각했다. "이것이 환상이었어!" 그는 4시에 집으로 가서 편지에 대해 물었다. 그가 본 바와 같이, 신문 뭉치가 바깥 복도의 책상 위에 놓여 있었지만, 그 위에 노란색 편지는 없었다. 그는 꽝이구나 하고 생각했다. 그리고 14일 뒤에, 하인이 노란색 편지를 갖고 왔다. 그 편지가 책상 뒤로 떨어져 있었던 것이다. 이어 그는 특별한 내용을 기대하면서 편지를 뜯었다. 그런데 그것이 아무런 의미가 없는 팸플릿이라니!

나도 종종 그런 경험을 한다. 어처구니없는 것들까지 꿈에 나타나며 예견된다. 그 일치성에 대해서는 이론의 여지가 없다. 이런 일이 너무나 자주 일어나기 때문에 무시하지 못한다. 틀림없이 꿈들의 "변칙적인" 원천도 있다. 사람이 알지 말아야 하거나 사람이 알지 않는 것이 좋은 것들도 있는데, 그럼에도 사람은 그런 것들을 안다. 마치 그 사람이 벽을 뚫고 들어가는 코를 갖고 있는 것처럼 말이다. 그런 것들은 대기를 뚫고 그 사람 속으로 깊이 스며든다.

다소 기이한 동료가 한 사람 있었다. 재미있는 아이디어도 많은 사람이었다. 그는 시골의 주택에서 아내와 두 아이, 가정부와 함께 살았다. 그는 자신의 집에서 꾼 꿈을 모두 기록하고 그 집을 찾았던 환자들이 거기서 꾼 꿈도 모두 기록했다. 그 결과, 정말 놀랍게도 환자들의 문제가 가정부와 아이, 아내의 꿈에 나타나는 것이 확인되었다.

이런 현상은 꿈에서만 아니라 사회에서도 경험되고 있다. 예를 들어, 어떤 사람이 방에 들어가면 갑자기 방 안에 냉기가 도는 경우가 있다. 이 사람으로부터 무엇인가가 발산되고, 그것이 뭔지 사람들은 잘 모른다.

이제 꿈의 네 번째 원천을 보자. 지금까지 꿈 과정의 원인으로 신체적 원천과 환경 안에서 일어나는 물리적, 정신적 사건들에 대해 언급했다. 그 외에 과거의 사건들도 꿈속으로 들어올 수 있다. 꿈에서 과거의 사건을 우연히 만난다면, 그것을 진지하게 받아들여야 한다. 잠재적 의미를 지니는 역사적인 어떤 이름이 꿈에 나타나면, 나는 습관적으로 그 이름이 현실 속에서 의미하는 바가 무엇인지를 찾는다. 그것이 어떤 인격을 의미하는지, 그의 환경이 어떠했는지를 체크한다는 뜻이다. 이런 식으로 접근해야만 꿈이 해석될 수 있기 때문이다.

정말 희한하게도, 나는 오늘 바로 그런 예를 보았다. 지나치게 많은 것을 머리로 사는 한편으로 아래쪽 세계와의 연결은 아주 허약한 그런 부인인데, 그녀가 이런 꿈을 꾸었다.

대단히 위험해 보이는 사자들의 무리가 있었다. 한가운데에 뜨거운 뭔가로 채워진 구덩이가 하나 있었다. 그녀는 자신이 아래로, 그 구덩이 속으로 내려가야 한다는 것을 알았다. 그래서 그녀는 구덩이로 내려갔으며 어쨌든 불에 태워졌다. 그녀의 어깨 하나만 구덩이 밖으로 삐어져 나와 있었다. 그때 내가 그녀를 구덩이 속으로 누르면서 "나오면 안 돼. 그곳을 통과해야 해!"라고 말했다.

이 꿈은 그녀가 언제나 회피하고 있던 문제를 매우 분명하게 보여 주고 있다. 그녀는 이 꿈에 대해 이야기하면서 자신이 생 퇴스타슈(St. Eustache)를 수호 성인으로 여기고 있다는 말을 했다. 생 퇴스타슈의 전설이야말로 그녀와 정말 잘 들어맞는다. 생 퇴스타슈와 그의 가족은 기독교로 개종했다. 그는 A.D. 118년경에 가족과 함께 순교했다. 그가 사자들에게 던져졌으나, 사자들은 성스러운 가족을 삼키려 하지 않았다. 그래서 사람들은 놋쇠로 만든 수소를 벌겋게 달군 다음에 생 퇴스타슈와 그 가족을 그 안에 넣고 구워서 죽였다. 이것은 환자가 모르고 있던 내용이다.

꿈에 등장하는 이런 과거의 사건들은 설명하기가 극히 어렵다. 마치 이 환자가 나의 서재에서 성인들의 달력을 몰래 훔쳐본 것처럼 들린다. 그러나 이것은 잠복 기억의 예일 수 있다. 말하자면, 환자가 그 전설을 실제로 읽었으면서도 그것에 대해 더 이상 모르고 있을 수 있다는 뜻이다. 그런 잠복 기억의 유명한 예들이 있다. 앞으로 잠복 기억에 대해 다시 논하게 될 것이다. 우선은 꿈을 꾼 사람이 특별한 자료를 절대로 접할 수 없는 상황이라서 그것을 읽지 않았다는 점을 증명할 수 있는 예에만 관심을 두기로 하자. 이런 예들은 틀림없이 존재하며, 그런 경우에 꿈의 객관적 내용의 방향을 확인하기 위해서 책들을 뒤지는 것이 바람직하다. 찾아보는 것이 바람직하다. 내가 입증한 것 중에서 특별히 인상적인 예는 정신적 병을 앓던 어떤 사람이다. 이 환자는 어느 그리스 파피루스 텍스트가 해독되기도 전에 그것과 상징적으로 연결되는 뭔가를 보여주었다. 이 일이 정말 기적처럼 들리지만, 우리는 그런 일이 일어날 수 있다는 생각에, 이런저런 이상한 방식으로 역사적인 사실과 일치하는 요소들이 무의식에서 만들어질 수 있다는 생각에 익숙해져야 한다. 이런 현상에 대한 설명은 이런 것들이 바로 원형적인 내용물이라는 사실에서 발견될 것이다. 원형이 똑같은 방식으로 똑같은 이미지를 똑같이 다시 만들어내는 능력은 원형의 본질에 속한다. 이 같은 생각이 종종 부정당하고 있지만, 그것을 부정하는 사람은 대부분 그런 문제에 대해 전혀 알지 못해서 설명을 제시하지 못하는 사람들이다. 무지는 이런 것을 쉽게 부정하도록 만든다. 다음에 제시하는 두 가지 예는 무지의 힘을 분명히 보여주고 있다.

에디슨(Thomas Edison)의 대리인이 파리의 과학 아카데미에서 에디슨의 축음기를 처음 소개했을 때, 어느 물리학 교수는 이 대리인의 멱살을 잡으며 "복화술사!"라고 불렀다.

갈릴레이(Galileo Galilei)는 자신의 적들에게 망원경으로 보면서 목성의 위성들이 존재한다는 것을 직접 눈으로 확인하라고 권했다. 그러나 그들은 망원경을 보려 하지 않았다.

꿈 과정의 원인은 지금까지 논한 것 외에 또 있다. 원래 의식과 연결되었으나 오래 전에 그 연결을 잃어버리다 보니 마치 그런 연결이 존재하지 않은 것처럼 보이는 것도 꿈에 나타날 수 있다. 이것이 다섯 번째 원천이다.

의식과의 연결을 잃어버린 내용물을 보도록 하자. 그 연결이 없기 때문에, 이런 꿈들의 내용은 재생될 수 없다. 사람과 얼굴, 상황, 건물, 건물의 부분들, 가구 또는 설비 등 어린 시절 한때에 의식이 되었다가 수십 년의 세월 속에 완전히 잊힌 것들이 등장할 수 있다.

나도 몇 년 전에 그런 꿈을 꾼 기억이 있다. 어떤 남자의 얼굴이 꿈에 보였다. 한참 생각한 끝에, 나의 어린 시절로부터 어떤 기억이 떠올랐다. 열 살이던 소년 시절의 기억이었다. 그것은 이웃이었던 어느 소박한 농부에 관한 것이었다. 그 사람의 얼굴은 완전히 잊힌 상태였다. 이 꿈에서 그의 얼굴이 원래의 모습으로 뚜렷이 다시 나타났다. 의식적으로는 그의 얼굴을 다시 재현하지 못했을 것이다. 그리고 이틀 뒤에 그 꿈에 대해 다시 언급할 때, 나는 그 얼굴을 재현하지 못했다. 그의 얼굴이 다시 사라져 버렸던 것이다. 떠올려진 이미지가 너무나 약했던 것이다.

따라서 꿈에서 잠복 기억, 말하자면 꿈을 꾸는 사람이 한때 품고 있었던 인상이나 요소, 생각, 지식의 한 조각이 나타났다가 완전히 사라지면서 재현이 불가능한 상태가 될 수 있다. 그러다가 이 잠복 기억은 어떤 특별한 경우에 원래의 형태로 갑자기 다시 나타난다.

나는 니체(Friedrich Nietzsche)에게서도 그런 잠복 기억을 발견했다. 『차라투스트라는 이렇게 말했다』(Thus Spake Zarathustra) 중 지하 세계로 내려가는 대목을 보면, 선장이 토끼를 사냥하기 위해 해안에 닿는 장면이 나온다. 이 부분이 나의 관심을 끌었다.

나는 오빠인 니체의 어린 시절에 관한 정보를 제공할 수 있는 유일한 사람인 푀르스터 니체(Förster-Nietzsche)에게 니체가 그 같은 내용이 실제로 나오는 유스티누스 케르너(Justinus Kerner)[5]의 '블래터 아우스 프레포르스트'(Blätter aus Prevorst)에서 이 모티브를 얻지 않았는지 물었다. 이에 그녀는 니체가 열한 살 이전에 할아버지 서재에서 그녀와 함께 그 잡지를 틀림없이 읽었다고 밝혔다.

제네바 출신의 유명한 심리학자이자 철학자인 테오도르 플루누아(Théodore Flournoy)는 자신의 저서 『인도에서 화성까지』(From India to the Planet Mars)에서 비슷한 예들의 증거를 제공했다. 제목은 공상 소설처럼 들리지만, 과학적인 저술이다. 플루누아는 몽유병으로 제네바에서 화제가 되었던 엘렌 스미스(Hélène Smith)를 묘사하고 있다. 어느 위대한 아니무스 러브 스토리에 관한 내용이다. 엘렌 스미스는 알 수 없는 언어를 몇 개 말했는데, 이런 경우에 그런 언어를 말하는 것도 잠복 기억 때문이다. 그녀는 작은 산스크리트어 사전을 두고 있던 어느 집단에 자주 드나들었다. 그녀가 실제로 그 사전을 이용했는지는 알 수 없지만, 다른 방법으로는 그런 능력을 설명하지 못한다.

여섯 번째 꿈의 원인은 미래에 그 사람의 인격의 정신적 측면을 예고하는 꿈들에서 발견된다. 이런 측면은 현재에는 그런 것으로 지각되지 않는다. 그래서 이것들은 현재에는 인식될 수 없는 미래의 사건들이다.

....
5 독일의 낭만파 시인(1786-1862).

이 측면들은 꿈을 꾼 사람의 미래 활동이나 상황을 가리키며, 그 사람의 현재 심리에는 그 꿈을 설명할 근거가 전혀 없다. 특히 어린이들의 꿈에서 미래의 결정적인 사건들이 놀라운 방식으로 예고된다. 예를 들어, 누군가가 자신이 철도 사고로 죽을 것이라는 내용의 꿈을 꾸었는데 그 사람이 실제로 그런 죽음을 당하는 예는 의문을 불러일으키기에 충분하다. 그러나 그런 예는 텔레파시가 기적적으로 작용한 예상일 수 있다.

발달 과정에 간혹 인격의 미래 형성이 예상되기도 한다. 이때 꿈에 나타나는 미래의 인격은 현재와 꽤 동떨어져 보이며 현재에 의해 설명되지 않는다. 만약에 그 꿈들이 아주 인상적이라면, 그것들은 기억에 강하게 남을 것이고 가끔은 평생 동안 기억되기도 할 것이다.

마흔다섯 살 내지 쉰 살 된 중년 부인이 네 살 때 꾸었던 어린 시절의 꿈을 들려주었다.

> 그녀는 붉은 코르셋을 입고 있는, 술 취한 늙은 여인에게 쫓기고 있었다.

그 부인의 환경 안에서 이와 비슷한 일은 전혀 일어나지 않았다. 그녀는 그런 일 따위는 절대로 일어날 수 없는 탁월한 가문 출신이었다. 그녀는 연극 등을 통해서 그와 비슷한 장면을 볼 수 있는 런던에서 살지 않고 시골에서 보호를 많이 받는 환경에서 살았다. 일곱 살 때 그녀는 대단히 인상적인 꿈을 두 번째로 꾸었다.

그녀는 피가 가득한 욕조 안에서 하얀 리넨을 빨아야 했다.

여기서 다시 붉은색이 나온다. 일곱 살 때부터 불안 꿈이 진부하게 반복적으로 꾸어졌다.

그녀는 어느 개인 주택에서 홀 같은 곳에 있다. 옆에 작은 문이 있는데, 이 문을 재빨리 지나쳐야 한다. 이 문을 피해야 한다. 그러나 그녀는 자신이 실제로 거길 들어가서 계단으로 컴컴한 지하실로 내려가야 한다는 것을 알고 있다.

이어서 어느 꿈에서 그 일이 실제로 일어난다.

그녀는 계단에 서 있으면서 아래로 내려가기를 원한다. 불안이 그녀를 사로잡는다. 희미하게, 그녀는 어떤 귀신을 보고는 비명을 지르며 잠에서 깨어난다.

그녀는 정신적인 존재를 영위하고 있는 사람이며 결혼을 한 번도 하지 않았다. 마흔다섯 살이 되어서야, 그녀는 자신에게도 성욕이라는 것이 있다는 사실을 깨달았다. 그 전까지 그녀에겐 성욕이 존재하지 않았다. 그녀는 성욕에 대해 완전히 모르는 상태로 살았다. 그녀는 심각한 신경증으로 치료를 받아야 했을 때에야 성욕을 자각하게 되었다.
무엇인가에 쫓기는 꿈은 언제나 그것이 나에게 오기를 원한다는 것을 의미한다. 야생 수소나 사자 또는 늑대가 당신을 뒤쫓는 꿈을 꾼다면, 그 꿈은 그것이 당신에게 오기를 원한다는 뜻이다. 당신은 그것을 떼어놓기를 원하고 또 그것을 이질적인 것으로 경험하지만, 그런 경우에 그것은 그만큼 더 위험한 존재가 된다. 떨어져 나갔던 것이 당신과 결합하고 싶어 하는 충동이 훨씬 더 강해지기 때문이다. 최선의 방법은 "부디, 이리 와서 나를 삼키도록 해!"라는 태도를 취하는 것이다. 분석에서 그런 꿈을 다룬다는 것은 곧 환자가 저항해서는 안 되는 생각과 익숙해지도록 한다는 뜻이다. 우리 안의 다른 한쪽이 곰이 되고, 사자가 된다. 이유는 우리가 이 다른 한쪽을 그런 것으로 만들었기 때문이다. 우리가 이 다른 한쪽을 받아들이기만 하면, 그것은 다른 무엇인가가 된다. 그것이 파우스트가 "그렇다면 이것이야말로 야만성의 핵심이었구나!"라고 말하는 이유이다. 그것은 그의 악마 메피스토펠레스이다. 그 순간까지, 파우스트는 그 악마로부터 떨어져 있었고 그것을 의식하지 않고 있었다. 상황이 참을 수 없는 지경에 이르자, 그는 자살 충동을 느낀다. 그는 자신의 그림자를 발견하기 위해 아래로 내려가야 한다. 그는 다른 측면에서 자신을 보기 위해서 완전히 거꾸로 돌아서야 한다.

이 환자는 자신이 자신의 지하 세계와 분리되어 있다는 사실을 깨달아야 하는 과제를 안고 있었다. 우선, 그녀는 피의 사실성을 직시해야 했다. 왜냐하면 "피는 꽤 특이한 주스"이기 때문이다. 피는 사람의 안에 살아 있는 본능적인 물질이다. 피는 불과 열정을 나타낸다. 그녀의 불안 꿈은 틀림없이 이것을 가리켰다. 그 꿈은 이런 식으로 훈계하고 있는 것이나 마찬가지이다. "지금 계단을 내려가서 거기에 무엇이 있는지 보도록 하라!" 이 말에 귀를 기울였다면, 그녀는 자신의 다른 한쪽과 조우했을 것이다. 그녀는 귀신에게 이렇게 말해야 했다. "아, 당신이 여기에 있군. 이리 와서 당신의 모습을 보여줘!" 그렇게 함으로써, 그녀는 자신의 전체성에 다가설 기회를 누릴 수 있었을 것이다.

지금 우리는 네 살짜리 아이가 이미 그런 문제에 친숙하다고 주장해야 하는 어려운 상황에 처해 있다. 거의 가능하지 않은 일처럼 보인다. 어쨌든, 우리는 아이에게 성인의 심리를 기대할 수는 없다. 그러나 정말 이상하게도, 아이는 무의식적으로 이미 성인의 심리를 전부 갖고 있다. 말하자면, 출생한 때부터, 아니 출생하기 전부터 개인은 이미 미래의 모든 것을 두루 포함하고 있다. 기질 안에, 기본적인 청사진이 이미 갖춰져 있다. 초기의 꿈들은 인격 전체에서 나오며, 그것이 우리가 그 꿈들에서 훗날 그 인격에서 보지 못할 것을 많이 볼 수 있는 이유이다. 나중에 삶은 우리가 한쪽 방향으로만 분화하도록 강요한다. 그것이 우리가 자신을 잃어버렸다가 다시 자기 자신을 발견하는 것을 배워야 하는 이유이다. 당신이 전체일 때, 그때 당신은 당신 자신을 한번 더 발견한 것이나 마찬가지이다. 아울러 당신은 그때까지 당신이 어떤 모습이었는지를 알게 된다. 어느 아이의 또 다른 꿈에 대해 들려주고 싶다. 세 살 내지 네 살 된 소녀의 꿈이다. 그 해에 3번 반복해서 꾼 꿈이며, 그 꿈은 그 후로 그녀의 기억 속에 생생하게 남았다.

혜성의 긴 꼬리가 지구 위로 휙 날아간다. 지구에 불이 붙고, 사람들은 불 속으로 사라진다. 이어 아이는 사람들의 무시무시한 외침을 들으며 잠에서 깨어난다.

이것은 '어린 시절의 우주적인 꿈'이라 불리는 꿈의 예이다. 이런 꿈들은 마치 진기한 현상처럼, 꿈을 꾼 사람을 한동안 어리둥절하게 만든다. 인류의 종말이 불로 올 것이라는 생각을 아이는 도대체 어디서 얻는 것일까? 세상을 파괴하는 종말의 불, 그것은 대단히 원시적인 이미지이다. 어린 아이가 그런 이미지를 엮어낸다는 사실은 무엇을 의미하는가? 사실 이 꿈은 절대로 해석될 수 없다. 고대의 꿈 해석자라면 "이 아이는 특별한 운명을 타고 났어. 미래의 언젠가 이 우주적인 연결이 느껴질 거야."라는 식으로 말할 것이다. 고대에 어른이 그런 꿈을 꾸었다면, 아테네 주민이라면 아레오파고스 회의에 보고했을 것이고 로마 사람이라면 원로원에 보고했을 것이다. 원시인들도 그 꿈에 대한 보고를 듣기 위해 한자리에 모였을 것이다. 왜냐하면 모든 사람이 그 꿈이 일반적인 의미를 지닌다고 느꼈기 때문이다.

우리 현대인도 마찬가지로 그런 꿈의 의미를 파악하려고 노력해야 한다. 가장 먼저, 꿈의 일반적인 의미를 봐야 한다. 꿈을 꾼 사람이 어떤 집단적인 역할을 준비해야 한다는 뜻인 것 같다. 이런 꿈을 꾸는 사람들은 집단 속에서 자신의 운명을 발견한다. 그런 집단적인 역할은 행복한 가족 생활에는 좋지 않은 조짐이다. 그 사람은 집단적인 운명에 의해 찢기게 된다.

지금까지 설명한 6가지가 꿈 과정들의 가장 근본적인 원인이며 조건이다.

꿈은 이전 경험들의 단순한 반복이 절대로 아니다. 여기엔 오직 한 가지 예외밖에 없다. 탄환 충격 꿈이 그것이다. 탄환 충격 꿈은 가끔 현실과 똑같이 반복된다. 사실은 그것이 외상성 충격을 보여주는 한 증거이다. 충격이 더 이상 정신적인 것으로 바뀔 수 없다. 이런 현상은 정신이 충격을 어떤 정신적 불안 상태로 바꿔놓도록 유도하는 치료 과정에 특별히 분명하게 나타날 수 있다. 어떤 사람이 꾼 다음 꿈이 그 점을 잘 보여주고 있다.

> 때는 저녁이다. 그는 자기 방에 앉아서 밖에서 무슨 일이 벌어지고 있다는 것을 느낀다. 그는 그것이 무슨 일인지 모른다. 그럼에도 사나운 짐승이 가까이 있는 것 같는 느낌이 든다. 그는 창문으로 바깥을 보다가 밖에 사자들이 있는 것을 본다. 그는 문과 창을 모두 닫는다. 그러나 사자들이 집 안으로 들어오며 쾅 소리와 함께 문을 부순다. 그러나 그때 수류탄이 다시 폭발했다.

이 충격을 정신적으로 통합시키려던 무의식의 시도는 실패했고, 원래의 충격이 터져 나온다. 전쟁 신경증을 겪고 있는 환자들은 단순한 노크나 총격, 폭발을 떠올리게 하는 모든 것에 곧잘 신경증 발작을 일으킨다. 그러나 충격을 통제 가능한 하나의 정신적 상황으로 바꾸려는 시도는 대체로 점진적으로 성공하지만, 그런 노력이 치료 막바지 단계에 돌연 성공할 수도 있다. 나는 영국인 장교의 일련의 꿈들을 통해서 그런 결과를 직접 관찰할 수 있었다. 이 장교의 꿈들에서, 수류탄의 폭발이 그가 다룰 수 있는, 사자를 비롯한 다른 위험들로 바뀌었다. 말하자면 충격이 흡수되었던 것이다. 이런 식으로, 꿈을 꾼 사람은 하나의 정신적 경험으로서 충격의 영향을 극복할 수 있었다. 어떤 충격을 아직 정신적인 것이 되지 않은 "날것 그대로"의 상태로 직시할 경우에, 우리의 정신적 수단은 그 충격을 극복할 만큼 충분히 강하지 못하다. 예를 들면, 우리는 육체적 부상이나 육체적 전염을 정신적 수단으로 직접적으로 처리하지 못한다. 우리가 정신적 수단으로 영향을 미칠 수 있는 것은 정신적인 성격을 지닌 문제들뿐이다. 전쟁 신경증을 치료하기가 그렇게 어려운 이유도 대부분의 경우에 거기에 육체적 충격이 수반되기 때문이다. 이 육체적 충격이 아마 신경계에 비(非)정신적인 성격의 매우 미세한 장애를 일으킬 것이다.

그 외의 다른 모든 꿈들은 절대로 전날 있었던 사건을 정확히 재현하지 않는다. 물론, 전날 있었던 이 사건 또는 저 사건을 거의 똑같이 되풀이하는 꿈들이 있는 것은 사실이다. 그럼에도 그 꿈을 정확히 기록해서 현실과 비교한다면, 차이가 분명히 드러날 것이다.

꿈들이 심리적 의미를 지닌다는 점을 늘 부정했던 환자가 한 사람 있었다. 그녀는 꿈은 전날 있었던 사건의 복사에 지나지 않는다고 고집을 부렸다. 그러던 어느 날 그녀가 의기양양한 목소리로 전날 있었던 사건을 그대로 꿈으로 꾸었다고 강조했다. 그날 그녀는 치과에 갔다고 한다. 치과 의사가 그녀의 입 안에 거울을 넣은 다음에 나의 입으로 반복하고 싶지 않은 어떤 말을 했다. 그 꿈이 그 상황을 정확히 그대로 재현했을 수도 있을 것이다. 그러나 내가 주의 깊게 질문을 하자, 그녀가 현실 속에서처럼 계단을 걸어 치과 의사의 사무실로 올라갔지만, 문패는 다른 곳에 붙어 있었던 것이 확인되었다. 나는 그녀에게 계속 질문을 던졌다. "문은 어떤 모양이던가요?" 이 질문에 그녀는 "당신 사무실의 문과 비슷했어요."라고 대답했다.

그 당시에 내가 부르크휠츨리(Burghölzli) 병원에서 살았다는 사실에 대해 언급해야 한다. 환자의 대답은 그런 맥락에서 나오고 있었다. 그러다 꿈에서 치과 의사가 잠옷을 입고 있었다는 내용까지 나왔다.

그녀가 그런 꿈을 꾼 것은, 그녀와 치과 의사가 똑같이 눈치 채지 못하고 있었을지라도, 치과 의사의 말이 대단히 도발적이었기 때문이었다. 그러나 그녀의 무의식은 그것을 알아챘고, 꿈에서 그것과 나를 향한 에로틱한 전이를 연결시켰다. 그 꿈은 이 전이를 드러내길 원했던 것이다.

나의 경험에 따르면, 이 꿈은 전날의 사건을 그대로 되풀이하는 것에 가깝다. 그러나 전날의 사건을 진정으로 되풀이하는 꿈은 지금까지 본 적이 없다. 대략적인 반복만 있을 뿐이다. 또 다른 예를 보자.

어떤 환자가 우연히 자동차가 아이를 치는 것을 보았다. 밤에 그는 그 사건에 대한 꿈을 꾸었다. 여기서도 꿈은 현실의 사건과 완전히 일치하지는 않았다. 아이가 다른 쪽에 누워 있었으며, 아이가 입고 있던 옷도 달랐고, 현장에 있던 사람들도 달랐다. 꿈을 꾼 사람도 다른 역할을 맡았다.

이런 경우에 꿈은 단순히 꿈을 꾼 사람의 어떤 중요한 상황을 표현하기 위해 전날의 상황을 이용했다. 그 중요한 상황이란 그가 자기 안에 있는 아이를 치는 것이다. 그는 자신이 어떤 점에서 유치한지를 보고 싶어 하지 않는다. 그렇다면 꿈은 그에게 이렇게 말하고 있다. "잘 봐. 아이가 어떻게 치이는지를."

세미나를 시작할 때 내가 꿈들을 인과적 관점에서 봐야 한다고 한 말을 기억하고 있을 것이다. 정말이지, 인과관계가 존재하는지 우리는 모르지만, 과학적으로 작업을 벌이길 원한다면, 자연의 과정들은 무작위로 서로 이어지는 단일의 사건이 아니라 과정들 사이에 인과적인 연결이 있다고 가정하는 것이 바람직하다. 더 나아가, 우리는 무의식이 어떤 목표 쪽으로 향하는 방향성을 보이듯이 정신도 어떤 목표를 추구하는 성격을 갖고 있다는 가설을 바탕으로 하고 있다. 이 가설도 중요한 것으로 입증되었다. 꿈 과정을 다룬다는 것은 곧 우리가 꿈에 대해 합목적적이고 의미 있는 인과적 연결을 갖는 것으로 인식하고 있다는 것을 전제하기 때문이다. 이것이 꿈을 이해하는 데 결정적으로 중요하다.

꿈의 내용이 의미 있는 인과적 연결을 표현하고 있다는 확신을 품고 처음으로 꿈에 접근한 사람은 프로이트(Sigmund Freud)였다. 그는 꿈은 무작위로 이어지는 일련의 난센스이기 때문에 설명될 수 없다는 과학계의 미신을 일축했다. 그러나 늘 그렇듯이 어떤 가설이 성공적으로 적용될 때, 그 가설을 하나의 이론으로 바꾸려는 욕구가 생겨난다. 프로이트도 예외가 아니었다.

프로이트는 무엇보다 꿈들을 소망의 성취로 보았다. 가장 명백한 예들은 이런 것이다. 당신이 굶주려 허기가 져 있는데 그때 아주 풍성한 진수성찬에 관한 꿈을 꾼다. 아니면 당신이 목이 마른데 경이로운 물이나 한 잔의 맥주에 관한 꿈을 꾼다. 이런 꿈들은 신체적 원인에서 비롯되며, 소망 성취로 적절히 설명될 수 있다.

그러나 프로이트는 곧 소망 성취로 쉽게 설명되지 않는 꿈들을 만났다. 그러자 그는 그런 꿈들은 숨겨진 소망 성취라고 주장했다. 이런저런 이유로 소망 성취가 일어나서는 안 된다는 뜻이다. 검열관 같은 사람이 있음에 틀림없다는 주장이 이어졌다. 그 검열관은 누구인가? 아마 의식 자체가 검열관이 될 수는 없을 것이다. 프로이트는 검열을 실시하고 있는 것이 의식의 나머지라고 말한다. 그렇다면 사람이 자기 자신과 어떤 게임을 벌이고 있다는 말이다. 바꿔 말하면, 사람이 자신에게 어떤 소망을 제시하긴 하되, 그 소망을 눈치 채지 못하도록 교묘하게 위장해서 제시한다는 뜻이다. 자신이 진정으로 원하는 것을 자기 자신에게 숨기기 위해서 자신에게 지어낸 이야기를 들려준다는 것이다. 따라서 꽤 큰 성취의 명예가 무의식에게 돌아간다. 왜냐하면 꿈을 창조하는 작업이 최고의 기만을 바탕으로 이뤄져야 하기 때문이다. 첫째, 무의식은 내가 품고 있다고 주장하지 않는 소망을 알고 있다. 둘째, 무의식은 원하기만 하면 그 소망을 직접적으로 표현할 수 있지만, 그것을 나로부터 비밀로 지키며 왜곡시키길 원한다. 그것은 사실 이렇게 말하는 도깨비나 악령과 다를 바가 없다. "나는 당신이 마음에 품고 있는 것이 무엇인지를 완벽하게 알고 있지만, 당신에게 그걸 말하지 않고 대신에 그것을 약간 비틀 것이다. 그래야만 당신이 그것을 발견하지 못할 테니까."

도대체 꿈이 소망을 감춰야 하는 이유가 무엇인가? 프로이트는 그래야만 수면이 방해받지 않는다고 말한다. 꿈들이 우리의 의식과 심할 만큼 조화를 이루지 못하는 까닭에 우리를 깨울 것이기 때문에, 검열관이 호의를 발휘해 꿈들을 위장한다는 것이다. 그러나 이 가설은 꿈만큼 심하게 잠을 방해하는 것이 없다는 경험적 사실과 정면으로 충돌한다. 예를 들어, 불안 꿈은 잠을 방해할 뿐만 아니라 몇 시간 동안 수면 자체를 불가능하게 하기도 한다. 꿈을 전적으로 의식의 측면을 바탕으로 설명하려 들 때, 당연히 어려움에 봉착하기 마련이다. 프로이트는 내가 알지 못하는 어떤 소망을 가정하고 있다. 여기서 이런 물음을 피할 수 없다. 누가 이 소망을 갖고 있는가? 그렇다면 우리의 결론은 무의식이라야 한다. 그러나 만약에 이것들이 무의식의 소망이라면, 그것들은 어디에 있는가?

내가 한동안 모든 이론을 옆으로 밀쳐놓고 아무런 전제 없이 꿈에 접근하도록 만든 것이 바로 이런 어려움들이었다. 그 목적은 꿈들이 어떤 식으로 작동하는지를 정확히 보기 위해서였다. 목적을 이루기 위해, 나는 프로이트의 기술인 자유 연상을 이용했으며, 그 결과 이런 관찰을 얻을 수 있었다. 어떤 사람이 연상을 자유롭게 하도록 하면, 거기서 그 사람의 콤플렉스를 발견할 수 있지만, 이 콤플렉스가 출발점, 즉 그 꿈에 포함되어 있는지 여부는 드러나지 않는다.

예를 들어, 당신이 사자에 관한 꿈을 꾸었고, 사자에 대해 연상을 한다고 가정하자. 그 과정에 사자가 탐욕스런 동물이라는 점이 드러난다. 그러면 당신 자신이 탐욕스럽고 간절히 바라는 사람이라는 생각이 떠오른다. 이 콤플렉스 안에서 당신의 판단은 맞다. 따라서 프로이트는 그 콤플렉스가 꿈에도 포함되어 있음에 틀림없다고 결론을 내린다. 프로이트에게 있어서 꿈들은 탐욕스런 공상이나 권력, 성욕 같은 콤플렉스를 비틀어 표현하고 있다. 논리학에서 이런 환원적인 설명은 "최초의 형상으로 환원"(reductio in primam figuram)이라 불린다.

그러나 당신이 러시아나 인도의 철도를 이용해 당신이 읽을 수 없는 글자를 보면서 여행하고 있다고 가정하자. 그런 경우에도 자유롭게 연상하기 시작하면, 당신은 최종적으로 당신의 콤플렉스에 도달할 수 있다. 그렇다면 당신은 어떤 식으로 하든 반드시 당신의 콤플렉스에 닿을 수 있다는 뜻이다. 왜냐하면 콤플렉스가 온갖 것을 끌어당기는 힘을 발휘하기 때문이다. 이런 일이 일어나고 있다. 자유 연상에서 연상들의 사슬이 어떤 콤플렉스로 이어지고 있는 것이다. 이 일은 꽤 자연스럽게, 말하자면 억제 없이 일어난다. 당신이 그냥 콤플렉스 속으로 "떨어진다"고 말할 수 있다.

그렇다면 당신이 자유 연상을 통해 어떤 콤플렉스를 발견한다 하더라도, 그것이 반드시 그 콤플렉스가 당신의 꿈 이미지에 포함되어 있다는 것을 의미하지는 않는다. 나는 이 방법을 적용 불가능한 것으로 결론을 내렸다. 왜냐하면 그 사람의 콤플렉스에 필히 도달한다 하더라도 그것이 바로 그 콤플렉스가 꿈에 포함되어 있다는 것을 뜻하지는 않기 때문이다.

콤플렉스들은 어쨌든 진짜 말썽꾸러기이며, 무의식 자체가 자연스런 기능을 강조하면서 우리를 콤플렉스들의 덫으로부터 끌어내려고 노력하고 있을 가능성이 꽤 크다. 왜냐하면 콤플렉스 자체가 하나의 덫이기 때문이다. 예를 들어, 당신은 어떤 사람과 꽤 재치 있게 대화할 수 있다. 그러다가도 당신이 그의 콤플렉스를 건드리기만 하면, 재미있던 대화도 끝장이다. 그 사람은 자신의 "어리석은" 관념의 희생자가 되어 180도 바뀐다. 콤플렉스는 사람을 억제하고 불모화시키고 편집광으로 만든다. 무의식이 우리가 콤플렉스의 덫을 피할 수 있도록 이끈다는 가정은 자연 자체가 사람을 이 순환의 고리로부터 빼내려고 노력한다는 점을 암시한다.

따라서 나는 꿈의 전정한 의미에 닿기 위해서 꿈을 해체하고, 원래의 이미지에 집중하고, 모든 측면에서 연상을 수집하려고 노력한다. 그래서 나는 자유 연상을 통해서 꿈 이미지로부터 일종의 지그재그 형태로 나아가다가 어떤 장소에 닿는 방법 대신에, 동심원적(同心圓的)으로 나아간다. 그래서 꿈을 꾼 사람에게 던지는 질문은 이렇다. "X와 관련해서 무엇이 떠오릅니까? X에 대해 어떻게 생각합니까? 그리고 X와 관련해서 그 외의 다른 것은 뭐가 생각납니까?" 자유 연상에서 질문은 이런 식이다. "X와 관련해서 무엇이 떠오르지요? 그리고는? 그리고는?" 이런 식의 질문이 계속 이어진다. 이런 식으로 접근하면, 연상은 X에 관한 연상이 아니고 다른 연상들에 관한 연상이 되어 버린다. 이 방법과 정반대로, 나는 X의 원래 이미지를 고수한다. 나는 "최초의 형상으로 환원"하는 방법과 정반대인 이 방법을 "확충"(擴充)이라고 부른다. 이 방법을 이용하면서, 나는 매우 간단한 원칙에서 시작한다. 그 원칙이란 바로 나 자신이 꿈에 대해 아무것도 이해하지 못하고, 꿈이 의미하는 바도 전혀 알지 못하며, 그 꿈 이미지가 그 사람의 정신에 어떤 식으로 새겨져 있는지에 대해 전혀 모른다는 것이다. 나는 존재하고 있는 어떤 이미지를 그것이 눈에 드러날 때까지 확대한다.

확충은 모든 요소에 똑같이 적용되어야 한다. 꿈이 다수의 요소로 구성되어 있기 때문이다. 첫 번째 꿈 요소가 "사자"라고 가정하자. 나는 사자와 관련한 연상을 하는 것으로 시작하며, 그런 다음에 거기서 발견된 표현을 꿈의 요소 대신에 끼워넣는다. 예를 들어, "사자"가 꿈을 꾼 사람이나 다른 사람의 "권력 욕심"을 뜻한다면, 나는 괄호 안에 "사자" 대신에 "권력"을 놓는다. 다른 요소들도 이와 똑같은 방법으로

처리한다. 그러면 최종적으로 전체 문장이 의미하는 바를 볼 수 있게 된다. 따라서 우리는 그 현상의 진정한 의미를 파악한다. 우리는 개인적인 확장을 통해서, 질문을 통해서 꿈을 꿰뚫어볼 수 있다. 꿈 이미지가 의미하는 바를 이해하기 위해서 그 이미지의 맥락을 알아야 한다. 이런 식으로, 꿈 이미지의 전체 의미를 파악할 수 있다. 오직 많은 경험을 거친 뒤에나, 꿈들이 생성되는 과정이나 꿈들의 근본적인 의미에 관한 이론을 제기하는 것이 가능할 것이다.

개인적 확충이라는 이 기술을 적용하면, 무엇보다 먼저 꿈의 주관적인 의미를 발견할 수 있다. 지금 우리는 다수의 꿈 이미지들이 개인적인 성격이 아니라 집단적인 성격을 지니고 있다는 것을 경험했다. 그런 보편적인 이미지들을 발견하기 위해서 멀리까지 살필 필요도 없다. 언어에서도 이미 그런 이미지들이 발견된다. 우리의 영혼의 바닥에서 잠자고 있는 이미지는 언급할 필요도 없다. 그래서 어떤 여자가 다른 여자에 대해 뱀 같다고 말할 때, 그 말이 뜻하는 바를 모두가 잘 알고 있다. 혹은 어떤 남자가 교활한 여우같다는 소리를 들을 때, 그 그림도

똑같이 선명하게 그려진다. 따라서 "사자"도 일상적인 쓰임에 따라 해석할 수 있다.

"사자"는 동물의 왕이며 "권력"이다. 누군가가 사자에 관한 꿈을 꿀 때, 그 꿈이 어떤 개인적인 내용을 담고 있더라도, 사자를 그런 것을 의미하는 것으로 해석하면 틀리지 않는다. 그렇기 때문에 꿈들을 연상 없이 해석할 수도 있다. 우리가 비유법에 아주 많은 상징들을 갖고 있기 때문이다. 당신은 비유법을 직접 꿈으로 꿀 수 있다. 예를 들면, 누군가가 당신의 등을 타고 올라가는 꿈이 있다. 언어 안에 그런 일반적인 이미지들이 있다면, 우리가 꿈을 일반적인 방식으로, 연상 없이 이해하는 것도 꽤 가능하다.

이런 식의 접근은 비개인적인 성격의 꿈들을 해석하는 데 반드시 필요하다. 집단적인 이미지들이 전면으로 나오고, 연상을 거의 하지 못하거나 전혀 하지 못하는 그런 꿈 말이다. 서두에 언급한 바와 같이, 이런 꿈은 연상을 끌어내기가 극히 어려운 어린이들의 꿈도 포함한다. 어른들도 종종 연상이 전혀 없어서 꿈 이미지의 맥락을 짐작하지 못하는 그런 꿈을 꾼다. 대부분의 경우에 이런 꿈들은 그 성격이 너무나 낯설기 때문에 의미를 파악하기까지 상당한 어려움이 따른다. 그런 종류의 꿈들은 언제나 단순히 질문이나 개인적 확충만으로 해석될 수 없는 신화의 한 조각을 포함하고 있다. 또 조사의 범위를 언어의 일반적인 이미지로 제한하는 것도 충분하지 않다. 그런 꿈을 이해하는 데는 실제적인 지식이 필요하다. 상징에 대해서도 알아야 하고, 신화적 모티브에 대해서도 알아야 한다. 또 인간 정신의 저장실에 어떤 것이 있는지를 알아야 하고, 인류가 남긴 문서에 대해서도 알아야 한다. 아는 것이 많을수록, 상징을 이해할 확률이 높아진다. 이 세미나에서 개인적 연상 자료를 얻기가 극히 어려운 아이들의 꿈을 다룰 때, 이 같은 민족 심리학적 방법을 적용하지 않을 수 없다. 이 방법으로 꿈을 어느 정도까지 해석해 낼 수 있는지 지켜볼 일이다. 아마 언제나 만족스런 해답을 내놓지는 못할 것이다. 이 세미나의 목적은 자료를 근거로 꿈을 해석하는 것이다. 중요한 것은 추측을 바탕으로 멋진 해석을 엮어내지 않는 것이다. 우리는 상징들을 보다 넓은 심리학적 맥락에서 파악하고, 이어서 꿈을 꾼 사람의 심리 속으로 들어가는 길을 발견하는 것으로 만족해야 한다. 짤막한 꿈을 예로 제시하고 싶다.

꿈을 꾼 사람은 여자 농부와 함께 소박한 집에 있다. 그는 이 여인에게 라이프치히로 가는 긴 여행에 대해 말하고 있다. 멀리 지평선에 괴물처럼 생긴 가재가 나타난다. 동시에 공룡도 나타난다. 가재가 집게발로 그를 붙잡는다. 기적적으로, 꿈을 꾼 사람의 손에 점치는 자그마한 막대기가 들려 있다. 그는 그것으로 괴물의 머리를 툭 건드린다. 그러자 괴물이 죽어 무너진다.

이 상황에서 전형적인 것은 무엇인가? 여자 농부가 있다. 그러므로 원시적인 무엇인가가 있다. 어떤 경우든, 이 경우에 남자가 여자 농부에 관한 꿈을 꾸었다는 것은 의미 있다. 나이가 많은 여자 농부이다. 그렇다면 아마 그의 어머니일까? 지금 꿈을 꾼 사람이 라이프치히까지 가는 계획에 대해 말하고 있는 있는 여인은 이 여자 농부이다. 꿈의 이 두 가지 요소 사이에 인과적 연결이 있음에 틀림없다. 꿈을 꾼 사람과 여자 농부의 만남이 그 계획을 불러낸다. 어머니로 여겨지는 매우 소박한 어머니와 위대한 계획의 연결은 어디에 있는가? 문학 쪽에 그 연결을 보여주는 예들이 있다.

에른스트 바를라흐(Ernst Barlach)의 『죽은 날』(Der tote Tag)을 보면, 앞을 못 보는 아버지가 자기 아들에게 자신이 밤에 본 경이로운 이미지들에 대해 말한다. 그러자 아들은 "이 모든 것이 현실로 나타나야 해요!"라고 말한다. 그러나 이 말에 어머니는 "그런 남자는 먼저 자기 어머니부터 묻어야 하는 법이야."라고 대답한다. 이어서 그녀는 자기 아들이 세상 속으로 타고 나가려던 말을 죽인다.

여기서 어머니와 그 아들의 계획 사이의 연결이 보인다. 어머니는 아들을 보내고 싶어 하지 않는다. 그러나 소년은 자기 어머니가 자유롭게 놓아줘야만 실현시킬 수 있는 위대한 계획을 갖고 있으며, 소년이 자기 어머니와 강하게 묶여 있을수록 그가 꿈꾸는 계획은 그만큼 더 커진다. 그 이미지들은 어머니로부터 아들을 떼어놓을 만큼 강력한 유혹의 효과를 내려면 극도로 매력적이어야 한다. 어머니와 함께 머무는 것은 책임감 없이 무의식의 상태에 남는 것을, 따라서 어머니와 절대로 떨어지지 않는 것을 의미한다. 부모를 떠나는 것은 "신전을 더럽히는 퇴보"(니체)이고, 자신을 어머니로부터 떼어놓는 것은 신성모독이다. 따라서 우리는 아들의 위대한 계획이 자기 어머니에게 묶이는 것과 연결된다고 결론 내릴 수 있다.

"여자"와 "계획"이라는 두 가지 상징에 세 번째 상징인 "괴물"이 온다. 꿈을 꾼 사람이 자신의 계획에 대해 이야기하자마자, 발톱을 가진 거대한 괴물이 나타난다. 도마뱀과 가재를 닮은 괴물이 발톱으로 그를 붙잡는다. 이것도 어머니이지만, 다른 어머니이고 죽음을 초래하는 어머니이다. 어머니는 두 가지 측면을 갖고 있다. 한편으로 어머니는 아이에게 생명을 주고 아이를 보살피고 양육한다. 그러나 아이가 떠나길 원하는 순간, 어머니는 아이를 가도록 놓아주지 못하고 가슴이 찢어진다. 그것이 바를라흐의 책에서 어머니가 "그런 남자는 먼저 자기 어머니를 묻어야 하는 법이야."라고 말하는 이유이다. 그러나 아들은 그렇게 할 용기가 없다. 아들은 자기 어머니를 죽이지 못한다. 따라서 어머니가 아들을 삼킨다. 어머니는 또 하나의 석관(石棺)("육식동물")이다. 그녀는 대지(大地)와 비슷하다. 그녀는 우리가 온 곳이고 우리가 다시 돌아갈 곳이다. 그녀는 생명이면서 동시에 죽음이다. 그녀는 폴리네시아 신화에서 부르는 것처럼 '서방의 여자 조상'이다. 그것이 에트루리아인들이 죽은 자들의 재를 여신 마투타의 조각상 안에, 말하자면 여신의 자궁 안에 묻었던 이유이다. 이런 식으로, 죽은 자들은 다시 어머니의 자궁 속으로 들어갔다. 현재의 꿈속에서 삼키고 있는 어머니는 괴물로 나타나고 있다. 이것을 근거로, 우리는 꿈을 꾼 사람이 고려하지 않은 것이 한 가지 있다고 결론을 내린다. 그가 어머니를 벗어나지 않을 것이라는 점이다. 당분간, 그는 점치는 막대기를 갖고, 다시 말하면 부적을 갖고 앞으로 나아가지만, 그 부적은 그를 진정으로 구해주지 않을 것이다.

　그래서 우리는 개인적인 자료 없이도 이 꿈을 만족스럽게 설명할 수 있다. 그것은 어떤 영원한 드라마에 관한 꿈이다. 그 드라마는 여기 특별한 예에서도 되풀이되고 있다. 이 남자는 지나치게 큰 계획을 갖고 있었다. 그는 지나치게 높이 날기를 원했다. 현실 속에서 그는 뒤로 물러서는 것을 용서할 수 없었다. 그것이 그가 사라진 이유이다. 그것은 정말로 하나의 드라마였다. 삶의 정점에서, 무의식이 그를 어떤 신경증으로 몰아붙였다. 그는 고산병에 걸렸다. 그는 깊이 생각함으로써 고산병을 해결하길 원했으며, 그 계획을 실현시키기 위해 노력했다. 그것이 그의 파멸을 불렀다.

이 예는 꿈들이 개인적 연상 없이 전적으로 객관적인 방법에 의해서도 충분히 설명될 수 있다는 점을 보여준다.

이 예의 도움으로, 나는 다른 무엇인가를 쉽게 보여주고 싶다. 복잡한 꿈의 경우에 그것을 세부적으로 구분하는 것도 바람직하다. 일반적으로 적용할 수 있는 도식을 하나 제시하고 싶다.

1. 배경: 장소, 시간, "등장인물".

2. 전개: 문제에 대한 설명.

3. 반전: 변형에 대한 설명. 재앙의 여지를 남길 수 있다.

4. 결말: 꿈의 결과. 의미 있는 종결. 꿈의 행위에 대한 보완적인 설명.

이제 방금 논한 꿈의 요소들을 이 도식에 직접 적용해 보자.

1. 배경: 장소: 평범한 주택. 등장인물: 여자 농부, 꿈을 꾼 사람.

2. 전개: 꿈을 꾼 사람의 미래를 위한 야심찬 계획들, 그의 상승.

3. 반전: 그를 발톱으로 잡는 괴물.

4. 결말: 죽어서 무너지는 괴물.

이것은 전형적인 꿈 구조이다. 앞으로 이 도식을 바탕으로 꿈들을 보도록 노력하길! 대부분의 꿈은 극적인 구조를 보여준다. 무의식의 극적 경향은 원시인들에게서도 나타난다. 여기서 모든 것은 아마 어떤 극적인 설명을 거칠 것이다. 여기에 신비극이 발달한 바탕이 있다. 훗날 종교들의 복잡한 의식은 이 기원까지 거슬러 올라간다.

어린이들의 꿈에 관한 심리학적 해석 (1938/39년 겨울)

#1. 털북숭이 남자에 관한 꿈

다섯 살 소년이 꾼 꿈이다.

꿈에 털로 뒤덮인 어떤 남자가 나타난다. 컴컴한 지하실에서 갑
자기 남자가 올라온다. 그가 어린 소년을 붙잡아 지하실로 당기
려 든다. 소년은 겁에 질려 울면서 잠에서 깨어난다.

이 꿈은 아주 단순하다. 이 꿈을 고른 이유는 단순한 형태의 꿈을 갖
고도 다양한 방식으로 해석 작업을 벌일 수 있다는 점을 보여주기 위
해서다. 꿈은 대개 무의식이 의식적 상황에 대해 반응하는 내용이다.
그렇다면 꿈을 꾼 사람의 심리적 상황뿐만 아니라 무의식의 상징적

맥락도 언제나 고려해야 한다.

아이들은 원시적인 세계의 기억을 여전히 생생하게 갖고 있다. 아이들은 그런 세계에 관한 기억을 가진 채 태어난다. 바로 이런 이유 때문에, 아이들의 꿈에서 집단적인 배경을 보지 않을 수 없다. 어디에나 존재하는 원시적인 이미지들, 즉 원형들은 유아의 공상에서 매우 중요한 역할을 한다. 그것이 특히 동화가 아이에게 강한 인상을 남기는 이유이다. 동화들이 케케묵은 이미지들과 관계있는 세상을 건드리고 있기 때문이다.

그러나 만약에 실제적인 결정이 중요해진다면, 꿈을 이런 방법으로 다루는 것만으로는 충분하지 않다. 실용적인 치료를 위해서라면, 원형과 곰 가죽 같은 것에 대해 논하는 것은 쓸모없다. 전날에 있었던 사건에 대해 보다 구체적으로 질문을 해야 한다. 아이가 개인적으로 처한 상황 전반에 대해 물어야 한다. 이 꿈의 경우에, 나는 아이의 심리적 상황에 대해 모른다. 그럼에도 불구하고 여러 가지 가능성에 대해 논할 수 있다.

당신이 아이의 엄마만 알고 있다고 가정해 보자. 소년의 어머니는 아들이 꾼 꿈에 대해 들려주며 아이를 다루기가 어렵다고 말한다. 그러면 이 어머니에게 어떤 말을 할 수 있을까? 또 이 꿈에서 얼마나 많은 것을 볼 수 있을까?

전날 아이가 무서워했던 사건 같은 것이 있었는지 물을 수 있지만, 실용적인 측면을 고려한다면 그것으로는 충분하지 않다. 소년의 꿈에 등장하는 털북숭이 남자는 위험 요소를 나타낼 수도 있지만, 한편으로 보면 보상적인 형상일 수도 있다. 이 남자는 진짜 위험한 존재인가, 아니면 그와 정반대로, 받아들여져야 하는 그 무엇인가? 후자라면, 아이의 의식과 관련해 어떤 말을 할 수 있을까?

이 물음 앞에서 아이가 지나치게 이성적이라는 식의 대답이 나올 수 있지만, 그렇지 않다. 네 살짜리 아이는 아무리 "훌륭한" 교육을 받았다 하더라도 이성적일 수는 없다. 이 아이가 교육을 지나치게 잘 받았을 가능성이 있다. 그 결과, 동물처럼 나쁜 불리마(Böölima)가 나온다. 불리마는 소년이 집에서 할 수 없는 것을 모두 할 수 있다. 지나치게 엄격하게 훈육하는 가족 안에서, 아이들은 마치 어린 악마처럼 취급당할 수 있다. 그러면 아이들은 멋진 불안 꿈을 창조한다. 그렇기 때문에 야생적이고 털이 있고 시커먼 남자가 불안 꿈에 무서운 모습으로 나타날 수 있지만, 그것은 단지 아이가 현실 속에서 놀지 못하는 것을 심술궂게 표현한 것에 지나지 않는다. 지나치게 도덕을 강조하는 교육은 반항을 불러일으키고, 그러면 아이들은 대단히 거친 속임수를 쓴다.

털북숭이 남자가 아이의 미래를 가리킨다고 볼 수도 있는데, 그런 경우라면 아이가 지나치게 유치하다는 것을 뜻한다. 아이들은 유치해야 한다. 그렇지 않으면 아이가 아닐 것이다. 그러나 아이가 지나치게 어린애 같을 수는 있다. 예를 들면, 아이들이 병 때문에 오랫동안 침대에 누워 있거나 허약해져 있을 때이다. 그런 상황이라면 아이들은 아기 같은 말투를 쓰고 엄마에게 매달린다. 그 아이들은 퇴행하고, 그런 경우에 그 같은 불안 꿈이 일어난다. 아이들의 생체가 그런 터무니없는 '유아스러움'에 맞서 스스로를 지키기 위해 자연스럽게 반응하는 것이 바로 그 꿈이다. 그것은 도덕적 반응이 아니라 자연의 반응이다. 일흔 살 노인이 젊었을 때에 이룬 것과 똑같은 것을 성취할 수 있다고 생각하고 있을 때, 자연은 그 늙은이가 그런 성취를 이루지 못한다는 이야기를 꽤 생리학적으로 들려줄 것이다. 아이들이 유아스러운 수준으로 퇴행할 때, 무서운 야만인 같은 형상이 나타나지만, 이것은 이미 심각한 퇴행을 말해주는 암시이다.

여기서 나는 이 소년이 예절이 아주 훌륭하고 어머니의 영향을 지나치게 많이 받고 있다고 단정한다. 일부 어머니들은 언제나 자기 아들을 미덕의 화신으로, 극히 친절하고 품격 있는 존재로 만들려고 노력하는데, 그러다 어느 순간에 다른 사람도 아닌 그 어머니들에게 아들이 더없는 불량배라는 생각이 든다. 어떻게 그런 일이! 그러나 아들은 어머니를 사랑하고, 어머니에게 애착을 강하게 느끼고, 어머니에게 실망을 안겨주고 싶어 하지 않는 것도 사실이다. 그런 경우에 아이의 안에 있는 것은 밖으로 드러날 수 없다. 만약에 아이가 지나치게 오래 기다린다면, 아이의 안에 있는 것이 "들고일어나고" 말 것이다.

지나치게 훌륭한 교육의 좋은 예는 서사시 '길가메시'(Gilgamesh)에 나온다. 작품 속의 동물적인 인간 엔키두(Enkidu)는 어머니의 너무 완벽한 아들이라는 이유로 길가메시를 밑으로 끌어내리게 되어 있다.

털북숭이 남자는 이로운 측면과 위험한 측면을 동시에 갖고 있다. 그 꿈의 동기뿐만 아니라 그 꿈의 효과라는 측면에서도 그렇다. 그런 꿈은 악한 것을 포함하고 있기 때문에 매우 파괴적인 결과를 낳을 수 있다. 그런 꿈이 나쁘게 끝날 때, "불안에 떠는 아이"가 생기게 된다. 아이가 그 꿈이 다시 나타날 것이라는 두려움 때문에 밤마다 우는 그런 아이가 된다는 뜻이다. 한편, 자연스런 어떤 반응도 가능하다. 아이의 내면에 있는 무엇인가가 '이것은 "그 사람"이야!'라는 식으로 이해할 수 있는 것이다. 자연스런 반응은 아이가 올바른 본능을 갖고 있는지 여부에 크게 좌우된다. 어른도 마찬가지이다. 본능이 우리가 꿈을 제대로 이해하는지 여부를 결정하는 것이다. 그때 우리는 뭔가가 "그럴 듯하다"는 느낌을 받는다. 그런 소년은 나이가 조금 더 들면 이 털북숭이 인간에게서 어떤 즐거움을 발견하며 자신이 그 인간과 비슷할 경우에 할 수 있는 온갖 것들을 상상하게 된다. 반은 의식적으로 반은 무의식적으로, 소년은 결국엔 올바른 결론을 내린다. 여기서 우리는 자연을 신뢰해야 한다. 그러나 소년의 불안이 강화된다면, 소년은 그릇된 태도로 끌릴 것이며 파괴적인 효과만 더 커질 것이다.

아이의 꿈이 언제나 부모와 연결되는 것은 아니지만, 무의식적 전염에 의해서 부모와 연결될 가능성은 언제나 있다. 아이의 꿈이 부모의 결혼생활에서 빚어지고 있는 어떤 갈등에 관한 것일 수도 있다. 왜냐하면 털북숭이 남자가 사실 원인(猿人)이고 원시적인 본능적 인간이기 때문이다. 아버지나 어머니와의 연결이 있을 수 있지만, 대부분의 경우를 보면 아이의 꿈은 부모 중 어느 한쪽과 연결된다. 대체로, 결혼생활의 상황을 보면 부부 중 어느 한쪽이 따뜻한 둥지에 앉아서 모든 것이 잘 돌아가고 있다고 생각하고 있는 형국이다. 이 한쪽은 철저히 보호를 받고 있으며 따뜻하다. 어머니의 자궁 속에 있거나 아버지의 무릎 위에 앉아 있는 것이나 마찬가지이다. 그러나 둥지 밖에 있는 다른 한쪽은 이렇게 생각한다. "나까지 받쳐줄 무엇인가가 있기만 하다면, 이런 생활도 꽤 훌륭하고 이상적일 텐데!" 문턱에 앉아서 창밖을 내다보는 사람이 아버지일 수 있다. 이 꿈의 경우에, 소년이 두려워하는 원인(猿人)과 연결되는 것이 그곳이다. 아니면 둥지의 가장자리를 돌며 춤을 추는 것이 엄마인 반면에, 아버지는 안에 앉아서 파이프 담배를 피우고 있을 수 있다. 그러면 그녀는 자신이 아주 무서워하는 끔찍한 남자에 대한 꿈을 꾸는 한편으로, 동시에 그 남자가 어느 시점에 끼어들 것을 은근히 기대하고 있을 수 있다. 어떤 경우든, 그 원인(猿人)은 어린 아이 속으로 들어갈 수 있다. 이 일이 심각해질수록, 그 효과도 더 커진다. 따라서 부모가 자신의 행동에 대해 잘 알고 있고, 또 자신의 문제에 대해 잘 알고 있으면서 그것을 무시하지 않는 것이 교육에 지극히 중요하다. 그렇지 않으면, 아이들은 단순히 불가능한 삶을 영위하게 된다. 그런 아이들은 자신의 천성에 전혀 없는 일을, 그러니까 부모로부터 넘겨받은 끔찍한 일을 하지 않을 수 없게 된다. 여기서 정말 흥미로운 현상이 발견된다. 어떤 가족의 역사를 연구하면서 부모와 자식의 관계를 연구할 때, 우리는 종종 운명의 빨간 실을 발견한다. 어떤 가족을 보면 아트레우스(Atreus)[6] 가문의 저주와 비슷한 것이 보인다.

발가벗은 부모의 신체와 관련한 이야기가 많다. 일반적으로 보면, 발가벗은 몸은 어린 아이들에게 별다른 인상을 주지 않는다. 그러나 만약에 아이를 대상으로 어떤 종류의 교육이 시행되고 있다면, 발가벗은 신체가 정말로 아이들에게 강한 인상을 줄 수 있다. 한 가지 예를 제시하고 싶다.

....

6   미케네의 왕인 아트레우스는 왕권에 반대하는 쌍둥이 동생 티에시테스를 두었다. 티에시테스는 형의 아내를 유혹했고, 아트레우스는 이에 대한 보복으로 동생의 아들들의 살점으로 만든 스튜를 동생에게 대접했다. 이 같은 사실을 안 티에시테스는 아트레우스 가문에 끔찍한 저주를 내린다. 그래서 이 가문의 구성원들이 대를 내려가며 서로를 파괴하게 되었다는 끔찍한 전설이 있다.

내가 어렸을 때의 일이다. 아마 다섯 살 아니면 여섯 살이었을 것이다. 늙은 숙모가 박제된 동물들을 보여주기 위해 나를 박물관으로 데려갔다. 전시가 아주 재미있었다. 그래서 시간이 많이 걸렸다. 그때 종이 울렸고, 우리는 전시장을 떠나야 했다. 숙모는 출구를 찾지 못했고, 그러다가 엉뚱하게 조각 작품이 전시된 홀로 들어가게 되었다. 신들을 조각한 작품이었다. 그런데 그녀가 갑자기 나를 자기 뒤로 잡아당기는 것이 아닌가. "얘야, 눈을 감으려무나!" 나는 그런 것 따위에는 생각조차 없었다. 내가 처음으로 신들의 그림들을 보았고 그들이 아름답다는 것을 발견했기 때문이다. 그 신들이 발가벗었다는 것을 나는 숙모의 간섭을 받고 나서야 알게 되었다.

나는 아버지가 벌거벗은 모습을 한 번 이상 보았으나 그 일로 정신적 충격 같은 것을 전혀 느끼지 않았다. 모든 것은 그런 관찰이 어떤 토양에서 이뤄지느냐에 달려 있다. 지나치게 풍요하거나, 아이들이 부자연스럽게 맹목적인 애정에 자극을 받고 있거나, 딸들이 아버지 앞에서 무릎을 끌며 이리저리 돌아다니거나, 어머니가 아들을 애지중지하는 상황이 벌어지는 한편으로 "교육"에 의해 모든 것이 억눌리고 있을 때, 그때엔 신경증이 일어날 토양이 마련되고 있다고 보면 된다. 그런 상황에서 아이가 아버지나 어머니가 벗은 모습을 보게 될 때 정신적 충격이 따른다. 자연스러운 것은 절대로 정신적 충격을 일으키지 않는다. 그렇지 않다면, 아프리카 전체가 신경증의 지옥을 갖게 되었을 것이지만, 그런 일은 절대로 일어나지 않는다.

#2. 인형과 괴물이 등장하는 꿈

여섯 살 소녀가 꾼 꿈이다.

이 꿈을 처음 꾸었을 때, 나는 여섯 살은 넘지 않았다. 소녀일 때, 이 꿈은 두 번 나타났다.

나는 제일 큰 언니의 인형을 옷을 벗긴 뒤에 침대에 뉘었다. 그런 다음에 다시 위층에 올라와 보니 인형은 옷을 입은 채 의자에 앉아 있었다. 나는 인형의 옷을 다시 벗기고 아래층으로 내려갔다. 잠시 뒤에 다시 올라왔더니, 정말 신기한 일이 벌어져 있었다. 인형이 다시 옷을 입고 있었던 것이다. 또 다시 나는 인형의 옷을 벗기고 계단을 내려가려 했다. 그런데 내가 몸을 돌리는 순간에 어떤 괴물이 보였다. 이 괴물이 인형의 옷을 입혔던 것이다. 이 괴물은 이어 계단을 내려가는 나의 뒤를 따랐다. 괴물의 몸은 아주 컸다. 계단을 꽉 채울 정도였다. 괴물은 어색하게 느릿느릿 움직이고 있었다. 괴물의 발톱은 짧은데다가 살점에 묻혀 거의 보이지 않았다. 정말 무서웠다.

이 꿈의 기본적인 동기들을 주의 깊게 보도록 하자. 첫째, 맏언니가 있다. 이 맏언니는 단지 나이가 많다는 이유로 어린 동생의 본보기이거나 희망이다. 놀이의 대상인 인형은 미래를 준비하는 재미있는 연습이다. 어린 소녀는 언니의 인형과 자신을 동일시한다. 미래의 이 이미지, 즉 미래에 관한 언니의 창조적인 공상이 마치 자신의 것인 것처럼.

말하자면, 소녀는 자신의 허물을 벗겨내고 자기 자신을 미래의 온갖 막연한 소망을 갖고 있는 큰언니에게로 투사하고 있다.

꿈은 소녀가 인형의 옷을 벗기고 인형을 침대에 뉘는 것으로 시작한다. 이것은 무엇을 의미할까? 순진무구한 마음으로 해석에 임하도록 하자. 그것은 아이를 침대에 누이는 어머니와 비슷하다. 이 소녀가 이런 행동을 하는 이유는 무엇인가? 인형을 재우기 위해서다. 이건 또 무슨 뜻인가? 언니의 행동을 잠재운다는 뜻이다. 아이들이 인형을 갖고 노는 방식은 말하자면 마법적인 것처럼 보인다. 그것은 인형과 관계있는 사람들에게 어떤 효과를 발휘한다. 아이가 가장 큰 언니의 인형을 침대에 놓을 때, 소녀는 언니를 모욕하고 있다. 그것은 소녀가 어떤 호의적인 행위를 방해하는 것이나 마찬가지이다. 그녀는 인형에게 이런 식으로 말하고 있다. "이젠 더 이상 아무것도 기대하지 않아. 그냥 아무것도 하지 마. 그냥 자란 말이다!" 인형이 잠잘 때, 그녀와 언니 사이의 게임은 끝이다. 큰언니는 마비되고, 그러면 소녀는 언니의 역할을 다 물려받을 수 있다. 어린이들의 내면에서 그런 종류의 방해가 종종 보인다. 예를 들면, 아이들은 아버지의 모자를 쓰고 이따금 그것을 망가뜨린다. 아니면 아이들은 아버지의 파이프로 담배를 피우다가 그걸 떨어뜨린다.

꿈속에서 일어난 일은 어린 소녀가 잠시 자리를 비운 사이에 인형이 옷을 다시 입은 채 의자에 앉아 있는 것을 발견하는 것이다. 아마 눈에 보이지 않는 괴물이 나타났을 것이다. 교활하고 간교한 어떤 것이 나타나서 인형을 차지하며 재빨리 다시 옷을 입혔을 것이다. 그 괴물이 무엇이었든, 아이의 못된 장난은 효과가 없다. 인형이 다시 "이전 상태”로 돌아가고 있기 때문이다. 어린 소녀는 다시 무의식의 상태로 가라앉는다. 그녀는 다시 위로 올라가서 언니의 수준에 이르렀다. 그런데 지금 모든 것이 이전의 모습으로 돌아가 있다. 소녀는 언니로부터 무엇인가를 빼앗길 원했을 뿐만 아니라 이런 식으로 그녀 자신을 위해서 무엇인가를 성취하길 원했다. 말하자면, 미래를 꿈꾸는 언니의 공상을 자신의 것으로 만들길 원한 것이다.

그녀는 인형의 옷을 벗겼다 입히기를 세 번 반복한다. 숫자 3이라는 모티브도 눈여겨볼 만하다. 사실, “3”은 언제나 동적이고 율동적이다. 헤겔(Georg Wilhelm Friedrich Hegel)의 철학에서 세상의 역동성은 부분적으로 3가지 단계에 근거를 두고 있다. 괴테의 ‘파우스트’의 전개에도 이 ‘3인조’가 발견된다. 소년 마부가 있고, 호문쿨루스가 있고, 에우포리온(Euphorion)이 있다. 소년 마부는 영혼을 안내하는 기능이다. 여기서 우리는 ‘영원한 소년’(puer aeternus)이라는 모티브를 발견한다. 브루노 괴츠(Bruno Goetz)는 저서 『공간 없는 왕국』(Reich ohne Raum)에서 이 형상을 아주 멋지게 묘사하고 있다. 그는 이 책에서 동시대 역사의 어떤 과정을 아주 흥미로운 방식으로 예상하고 있다. “영원한 소년”이라는 형상은 말하자면 무의식에서 직접적으로 태어난다.

괴테의 ‘3인조’에서 두 번째 형상은 호문쿨루스이다. 호문쿨루스도 어떤 환상에 나타난 내면의 어떤 존재이다. 이 형상은 연금술 철학에도 나타난다. 모두가 잘 알고 있듯이, 연금술에는 다양한 절차를 통해서 작은 유리병 안에서 신과 같은 특징들을 지닌 경이로운 존재를 창조할 수 있다는 사상이 있다. 어느 연금술사는 이 존재를 “땅의 신”

(deus terrestris)이라 부른다. 이것은 연금술사의 내적 경험을 비유적으로 표현한 것이며, 연금술사는 작업 과정에 미지의 물질에서 자신의 내용물을 경험한다. 연금술 지혜에서 중요한 형상은 잘 알려진 레비스(Rebis)[7], 즉 메르쿠리우스이다. 메르쿠리우스는 또 남성적이고 여성적인 이중적인 본질 때문에 자웅동체라 불리거나 "철학자의 돌"(lapis philosophorum)이라 불리거나 "현대의 빛"(lux moderna)이라 불린다. 현대의 빛이라는 의미에서, 메르쿠리우스는 연금술에서 잘 알려진 표현인 "빛 중의 빛"으로 여겨진다.

괴테의 글에 나오는 세 번째 형상은 에우포리온이다. 그도 마찬가지로 아들의 형상이다. 그는 남성적인 것과 여성적인 것, 즉 상반된 것들의 통합에 의해 창조된 불꽃이며, 마찬가지로 연금술의 형상이다. 휘발성을 지닌 메르쿠리우스라고 할까?

이 "영원한 소년들"의 운명은 주목할 만하다. 불의 소년을 살려 놓으려는 3가지 시도는 모두 실패한다. 소년 마부는 불꽃으로 사라지고, 호문쿨루스는 갈라테아의 전차(戰車)에 박살나고, 에우포리온은 아름다운 님프들을 쫓다가 불꽃으로 사라진다. 바로 그런 운명 때문에, 이 형상들은 우리에게 중요하다. 이유는 우리가 그런 내적 과정에서 마주하게 될 악마 같은 복병들을 명확하게 보여주고 있기 때문이다. 호문쿨루스의 경우에 특별히 더 인상적이다. 그가 갈라테아를 만나는데, 그 과정이 이미 교란을 당하고 있다. "그것"이 그의 안에서 다 타버렸고, 뚜껑은 항아리 위에 남아 있지 않았으며, 그는 기력이 다한 상태이다. 이 점에서, 여자들은 남자의 의지에 매우 위험한 존재이다. 아름다

....
7 연금술 작업의 최종 산물을 일컫는다.

운 여자가 오면, 남자는 그 즉시 헤까닥 돌아버린다. 여자들에게도 이와 비슷한 위험이 있다. 여자들이 내면의 아이를 낳아야 하는 때이다. 그러나 여자들의 경우에 그것은 남자들보다 덜 분명하다. "영원한 소년"이 여자의 안에서 어떻게 망가지겠는가? 그렇다면 위험은 그녀가 그 "정신"을 만나는 것이다. 우연히 그녀가 보잘것없는 사람이 쓴 교과서나 신문 기사를 읽고, 그러면 김이 빠져 버린다. 연금술에는 이런 말이 있다. "용기(容器)를 잘 봉해야 한다. 그래야만 그 안에 있는 것이 증발하지 않는다." 어쨌든 3은 4로 이어진다. 3이 어떤 결과를 낳는 것이다. 이것은 하나의 과정이다. 이에 대해선 이미 어느 논문에서 얘기했으며 그것은 매우 중요하다. "영원한 소년"의 네 번째 형태는 무엇인가?

우리 꿈에서 셋은 말하자면 비극적인 해결책으로 이어진다. 그러나 그것도 해결책이기 때문에 긍정적인 측면을 갖고 있다. 그 괴물을 어떻게 해석해야 할까?

이집트에 집단 무의식의 한 형상으로서 그런 괴물이 존재한다. 지하 세계의 여신이고 삼키는 어머니 여신인 테프누트(Tefnut)이다. 『사자의 서』에서, 이 여신은 언제나 "심장의 무게를 재는" 현장에 있는 것으로 알려져 있다. 그녀는 언제나 거기에 서 있다. 죽은 자의 심장이 무가치한 것으로 드러나면, 그녀가 그 심장을 먹어 치울 것이다. 이어서 그 사자(死者)는 저승으로 넘겨지고, 창조의 솥단지라고 할 수 있는 거기서 해체된다. 그렇다면 괴물은 삼키는 어머니라는 해석도 가능하다. 생명을 탄생시키지 않고 생명체를 삼키는 그런 부정적인 어머니 말이다. 그러나 이 삼킴에는 긍정적인 측면이 있다. 삼킴은 아마 새로운 탄생을 위한 준비일 것이다.

괴물이 계단 아래가 아니라 계단 위에 나타나는 것은 어떻게 해석해야 할까? 이 꿈을 꾼 소녀는 계단을 세 번째 내려가려고 몸을 돌릴 때에야 괴물을 본다. 이것은 운명적이다. 3이 성취되었다. 세 단계를 통해서 해결책이 나온다. 거기에 어떤 충격이 있고, 이어서 새로운 무엇인가가 시작한다. 그렇지 않다면 소녀가 처음 계단을 내려갈 때 괴물을 보지 못한 이유가 이해되지 않는다. 괴물은 사실 소녀의 안에 있는 인형의 영혼이고, 원초적인 존재이며, 인간 안에서 생명을 창조하는 시커먼 심연이다. 인형의 옷을 벗기고 입히는 것은 무의식이며, 이 무의식은 소녀가 등을 돌릴 때, 말하자면 소녀가 앞을 보지 않고 뒤를 볼 때 소녀 앞에 버티고 서 있다. 뒤에서 무의식의 영역이 시작하기 때문이다. 마법적인 효과는 뒤에서 오며, 그것이 원시인들이 사악한 눈길을 물리치려는 도구로, 돌이나 나무를 잘라 만든 목걸이 부적을 갖고 있는 이유이다. 이 부적들은 눈알이 이상하게 돌아간 눈을 갖고 있다. 이것은 "같은 것이 같은 것을 치료한다."는 원리에 따라 다른 존재의 사악한 눈을 물리칠 사악한 눈이다. 그렇다면 위험한 곳은 그 사람의 뒤에 있다. 뒤를 돌아보면서, 소녀는 무의식에 대한 어떤 통찰을 얻으며, 그러다가 갑자기 거기서 진정으로 작용하고 있는 것이 무엇인지를 깨닫는다. 그러면서 소녀는 크게 놀란다.

옳지 않은 일이 일어나는 곳마다, 무의식이 거기에 반대하는 효과가 나타난다. 만약에 소녀가 "아기" 역할을 하면서 언제나 가족 안에만 있거나 강아지와 동일시하려 들었다면, 괴물은 아마 아래쪽에서 나타났을 것이다. 그러나 괴물은 위쪽에서 오고 있다. 이는 실수가 거기서 저질러졌기 때문이다.

꿈은 어린애의 영혼에서 일어나는 전형적인 어떤 과정을 보여주고 있지만, 그 과정이 너무나 미묘하기 때문에 일상적인 교육은 절대로 그것을 알아채지 못한다. 이 소녀는 나이가 많은 언니의 삶을 살고 있다. 그래서 소녀는 발달이 정지되는 상태에 이르렀으며, 시간이 조금 지나면 어린애같이 굴게 된다. "친절이 지나친" 신경증은 그런 습관적인 동일시에서 발달한다. 이 신경증은 자기 자신을 전혀 돌보지 않는 상황에까지 이를 수 있다. 그러면 사람은 자기 자신을 확실히 피할 근거에 집착하게 된다.

현재의 상황은 아이의 영혼에 결정적으로 중요하다. 여기서 어떤 동일시가 발달하고 있는데, 그것을 즉각 중단시켜야 한다. 그런데 정신의 무의식적이고 자율적 기능이 이 동일시를 중단시키고 있다. 이유는 그것이 위험하기 때문이다. 동일시는 바로 시작 단계에서부터 중단되고 있다.

소녀가 동일시 과정을 겪는 것이 해로운 이유를 우리는 전혀 알 수 없다. 우리는 단지 여기에 드러나고 있는 경향들을 바탕으로 꿈의 전체 시나리오를 이해할 수 있을 뿐이다. 만약에 소녀가 언니와의 동일시를 계속한다면, 그녀는 곧 더 이상 자신의 삶을 살 수 없는 상황에 처할 것이다. "언니"가 삶의 모델이 되어버리는 것이다. 그러면 그녀의 삶은 절대로 독창적일 수 없다. 우리 인간은 정말로 다른 사람의 살갗 속으로 들어갈 수 있다. 자신의 삶을 주도적으로 살지 못하는 개인이 있다. 그런 사람들은 아버지나 어머니의 살갗 밑으로 미끄러져 들어가고, 그러다가 마흔 다섯이나 쉰 살이 되면 정신과 의사를 찾게 된다. 그런 예는 비극이며 재앙으로 끝날 수 있다.

소녀의 꿈에 이를 아주 약하게 암시하는 대목이 있다. 초기에 그런 식으로 경고하는 꿈들이 나타난다. 이유는 그런 동일시가 아주 위험하기 때문이다. 의식은 그런 동일시에 대해 아무것도 모르지만, 자연은 잘 알고 있다. 자연이 육체적 전염에 반응하듯이, 의식은 그런 동일시를 알지 못할지라도 무의식은 거기에 반응한다. 이 점을 놓고 깊이 생각한다면, 당신은 아주 흥미로운 결론을 끌어낼 수 있다. 예를 들어, 자신의 삶을 살지 않는 것이 위험한 이유는 무엇인가? 자연이 자연 자체를 사는 데 관심을 두는 이유는 무엇인가?

이 꿈은 지극히 전형적인 유아의 꿈이다. 아이가 언니와 동일시하는 내용이니 말이다. 소녀는 언니의 인형을 침대에 뉘면서 이 동일시로부터 풀려나려고 노력하고 있다. 소녀는 그렇게 하면 언니를 마비시키고 자신의 창의적인 활동을 다시 회복할 수 있을 것이라고 믿고 있다. 그러나 이 방법이 실패한다. 인간은 방해 행위로는 정신적 갈등을 해결하지 못한다. 높은 말에서 땅으로 다시 내려오라는 경고가 세 번 되풀이되고 있다. 여기서 태엽장치처럼 어떤 메커니즘이 작동하고 있는 것이 보인다. '3가지 단계'가 성취되고, 이어 그 메커니즘이 일어난다. 아이가 뒤로 돌아서다가 괴물을 보는 것이다. 소녀는 뒤를 돌아보며 그곳이 위험한 지역이라는 사실을 새겨야 한다. 삼키는 괴물과의 이 조우로부터 어떤 결과가 나올 것인지, 우리는 알지 못한다. 소녀는 겁에 질려 잠에서 깨어난다.

#3. 무지개 꿈

여섯 살 소녀의 꿈이다.

아름다운 무지개가 떴다. 무지개는 바로 내 앞에서 시작되었다.
나는 무지개를 타고 올라갔다. 그러다 나는 천국에 닿았다. 그곳
에서 나는 아래쪽에 있는 친구 마리에타에게 큰 소리로 나를 따
라 올라 오라고 외쳤다. 그러나 그녀는 너무 오랫동안 망설였다.
그러다가 무지개가 사라졌고, 나는 아래로 떨어졌다.

이 꿈을 다루는 상황도 이 세미나에서 다른 꿈들을 다룰 때의 상황
과 아주 비슷하다. 불행하게도, 예를 들어서 이 꿈이 나타난 개인적 원
인에 대해, 이 소녀에게 전날 일어난 사건들에 대해 아는 것이 아무것
도 없다. 따라서 꿈의 동기에 대해 특별히 할 수 있는 말은 전혀 없다.
그렇다면 우리 자신이 여섯 살 아이의 전형적인 상황에 처하려고 노
력해야 한다. 그래야만 이 꿈의 동기들을 발견해낼 수 있을 것이다. 왜
냐하면 비슷한 상황은 꿈에서도 비슷한 모티브를 낳기 때문이다. 특히
마법의 세계로 상승하는 이 모티브는 수많은 어린이들의 꿈에서 발견
된다. 그래서 우리는 어린애 같은 영혼의 어떤 전형적인 문제를 다루
고 있다고 단정할 수 있다. 이 꿈은 그야말로 전형적인 어린이들의 상
황에서 나오고 있는 전형적인 어린이의 꿈이다.

무지개는 하늘과 땅을 연결한다. 무지개는 하늘이 땅을 만나는 곳이
다. 무지개는 '아래'에서 반대편인 '위쪽'으로 올라가는 다리이다. '아

래'에 해당하는 심리학적 형상은 무엇인가?

그림자이다. 심리학에서 우리는 땅에 묶여 있는 그림자를 열등한 형상이라고 부른다. 그것은 언제나 땅에 드리워져 있는 실제 그림자와 똑같다. '그림자'라는 용어는 글자 그대로의 의미로 받아들여져야 한다. 그림자라는 개념은 원시인들의 심리에서 직접적으로 끌어낸 것이다. 원시인들에게 땅과 그림자는 동일했다. 그림자는 땅에 묶여 있는 것의 전형이며, 절대로 땅을 떠나지 못한다. 그림자는 영혼에 대한 원시적 정의 중 하나이다. 어떤 사람의 그림자를 해칠 때, 당신은 그 사람을 해치게 된다. 예를 들어, 그림자를 밟을 경우에 그림자의 주인에게 발길질을 하는 것이나 마찬가지이다. 누군가가 추장의 그림자를 밟고 지나가면, 추장은 초자연적인 힘을 잃는다. 그 사람이 추장을 제압하는 것이나 마찬가지이다. 원시인들은 그림자에 대해 또 다른 특이한 생각을 품고 있다. 남쪽 나라에서 정오가 마법의 시간으로 여겨지는 것이다. 정오에 그림자가 가장 짧아지면서 그림자가 완전히 사라질지 모른다는 두려움을 낳는다. 원시인들에겐 이 순간이 불가사의하게 다가왔을 것이다. 그때가 되면 사람이 그림자를, 다시 말해 땅과의 연결을 완전히 잃고, 영혼의 상실로 인해 고통을 받을 수 있기 때문이다.

그림자는 제2의 인격이다. 그림자는 우리의 뒤를 따르고 있는 것, 의식의 그림자 안에 놓여 있는 것을 상징적으로 표현한다. 대체로 그림자는 병적인 경우를 제외하고 땅의 의미를 지닌다. 이 소녀의 꿈에서 마리에타는 소녀의 실제 친구이다. 우리가 알지 못하는 이유로, 마리에타는 이 꿈을 꾼 소녀의 땅의 그림자를 표현해야 한다. 실제로, 한쪽이 다른 쪽의 그림자인 그런 관계의 우정도 드물지 않다. 이 우정 안에 어떤 심리적 구조가 표현되고 있다. 우정이라는 표현도 그런 것을 가리킨다. 한쪽이 다른 쪽을 그림자처럼 따르면서 언제나 함께한다는 뜻이 아닌가. 어린이들의 우정을 보면 한쪽이 다른 쪽보다 키가 크다. 아니면 한쪽이 좀 둔하거나 다른 쪽이 더 똑똑하다. 또 한쪽이 "특별한" 가문 출신이다. 그럼에도 그들은 우정이라는 이름으로 불린다. 둘 중 어느 하나가 말하자면 추종자의 역할을, 그림자의 역할을 받아들이는 것이다.

꿈에서 아이는 아래로부터 위로 올라가려고 노력하고 있다. 소녀는 무지개 다리를 올라간다. 이 상승을 어떻게 해석해야 할까? 이 길엔 위험이 없지 않다. 소녀가 공상 속에서 길을 잃게 되면 위험한 상황에 빠진다. 실제로 아이들은 공상 속으로 너무 깊이 빠져들면서 정신적 위험에 노출될 수 있다. 따라서 이 꿈이 그런 것을 바탕으로 하고 있을 가능성이 있다. 그러나 이 점에 지나치게 큰 중요성을 부여하고 싶지는 않다. 이것이 유일하게 가능한 동기가 아닌 것이 확실하기 때문이다. 그런 상승이 일어나는, 훨씬 더 일반적인 이유가 있다.

먼저, "무지개 다리로 올라가는 것"에서, 어떤 집단적인 이미지가 표현되고 있다. 소녀는 자신의 실제 삶에서 아직 경험해 보지 않았을 무엇인가를 되풀이하고 있다. 그런 원형적인 이미지들 때문에, 어린이들은 경험하지도 않은 내용을 꿈으로 엮어낼 수 있다. 아이가 케케묵은 원시적인 개념으로, 원형적인 형태로 돌아간다는 식으로 말할 수 있다. 이 측면에서 보면 이 꿈이 일종의 퇴행처럼 보이지만, 그것은 "보다 높이 뛰어오를 수 있기 위해" 뒤로 물러서는 것일 뿐이다. 정말로 소녀는 뒤로 물러나지만 그것은 단지 높이 오르기 위해서일 뿐이다.

아이들이 동굴을 만들고 그 안에 사는 것도 이와 비슷하다. 만약에 이 현상을 그야말로 순수하게 해석한다면, 우리는 그것을 엄마의 자궁 속으로 들어가는 것으로 이해해야 할 것이다. 그러나 이런 식으로 동굴로 들어가는 것은 하나의 고립이기도 하다. 그러면 아이가 환경으로부터 단절될 수 있다. 그것은 의식의 고립이다. 오두막을 지으면서, 아이는 "여기서 살 거야."라는 식으로 말한다. 아이들이 땅에 경계선을 그리며 노는 놀이도 있다. 이것은 내 땅이고, 저건 네 땅이야! 이 모든 것은 인격의 경계선이고, 따라서 환경과의 참여가 종식된다.

그렇다면 무지개 다리 위를 걷는 것은 퇴행을 암시하는 것이 아니라 인격의 발달을 암시한다. 그러나 인격의 발달은 오직 부분적으로만 일어난다. 한 부분이 땅에 남아 있기 때문이다. 여기서 우리는 이 나이의 아이에게 특징적으로 나타나는 정상적인 어떤 상황을 건드리고 있다. 이때는 아이들이 학교에 가는 나이이며, 세상과의 접촉이 처음으로 일어나는 때이다. 아이는 적응할 것으로 기대된다. 아이는 이 적응을 어떻게 성취하는가?

의식(意識)으로 성취한다. 그래서 아이는 의식적인 존재가 되는 법을 배워야 한다. 예를 들면, 아이들은 자신의 이름과 주소를 알아야 한다. 학교에서 기대하는 것들이다. 아이들은 자신이 하나의 큰 가족 안에 있는 것이 아니라 '이' 가족의 '이' 아이라는 것을 점차적으로 배운다. 아이는 세상을 부모와 하인과 자식들, 그리고 개와 고양이, 소만 있던 이전의 세상과 다른 방법으로 세상을 구별하기 시작한다. 이런 식으로 의식적인 존재가 되는 것은 낮은 곳에서 높은 곳으로 올라가는 것이고, 어두운 곳에서 밝은 곳으로 올라가는 것이다.

그러나 동시에 이 상승은 위험을 초래한다. 아이들만 아니라 어른들도 해당되는 말인데, 의식에 결정적인 진보가 일어날 때마다, 분열의 위험이 나타난다. 누군가가 새로운 생각을 갖게 될 때, 그 사람은 그 생각에 어느 정도 휩쓸리게 된다. 최면에 걸리고, 나머지 모든 것에 대한 의식을 잃게 되는 것이다. 나머지 모든 것이 기억에서 사라진다. 이런 위험은 어린이의 경우에 더 크다. 이유는 어린이들이 특별히 감수성이 예민하기 때문이다. 아이들은 위로 올라가기 위해 무엇인가로 쉽게 들어갈 수 있다.

이 소녀의 꿈에서 이런 분열의 위험이 감지된다. 상승은 부분적으로만 일어나고 있다. 소녀의 인격의 다른 부분은 아직 그늘 속에 남아 있기 때문이다. 그림자는 저 아래에 남아 있다. 이 상승은 오랫동안 이어질 수 없는 일종의 착각이다. 한편으로 지나치게 유치하고 지나치게 원시적인 무엇인가와, 다른 한편으로 이미 너무나 어른스러운 그 무엇인가의 사이에 어떤 분열이 나타나고 있다. 그러면 아이들은 종종 공상의 지배를 받게 되고 자신이 진정으로 원하는 것을 더 이상 성취하지 못하게 된다. 그런 분열 현상이 매우 위험할 수 있기 때문에, 무의식은 꿈을 통해서 이 과정을 중단시키려고 노력한다.

이 꿈은 아이의 전형적인 상황을 묘사하고 있다. 아이는 학교에 가서 세상에 적응하는 것을 배워야 하고, 자신을 환경과의 참여로부터 자유롭게 해방시켜야 한다. 이런 일은 의식의 발달을 통해 일어나는데, 이것이 꿈에서 마법의 세계로 상승하는 것을 통해 표현되고 있다. 이것은 한편에 가능성과, 다른 한편에 원시성 사이에 분열의 위험을 초래한다. 꿈에서 소녀의 친구 마리에타는 그림자의 열등한 형상인데,

아직 저 아래에 남아 있다. 무지개 다리를 걷는 위험한 걸음은 중단되었으며, 이어서 꿈을 꾼 소녀가 땅으로 떨어진다. 이런 식으로 아이에게 다시 현실이 찾아오고, 분리되었던 것이 다시 결합된다. 결론으로, 이 꿈은 의식과 그림자를 함께 있도록 하는 것을 목표로 잡고 있다고 할 수 있다.

#4. 강도들의 소굴로 들어가는 꿈

네 살 내지 다섯 살 된 소년의 꿈이다.

갑자기 나는 컴컴한 강도들의 굴 안에 있었다. 한쪽 귀퉁이에만 불이 피워져 있었다. 불 주위에 여럿이 앉아 있는 것이 보였다. 특별히 강도 2명이 나의 눈길을 끌었다. 그 중 하나는 키가 매우 크고 강했으며, 다른 한 강도는 갈퀴처럼 빼빼한 꺽다리였다. 이 꺽다리가 기분 나쁜 웃음을 지어 보였다. 나는 배가 고팠던 터라 빵을 좀 달라고 했다. 그러자 키가 아주 크고 강하게 생긴 강도가 내 쪽으로 와서 퉁명스런 말투로 위협했다. 그 사이에 꺽다리는 큰 진흙 덩어리를 얇게 썰고 있었으며, 이어 활기 없는 웃음을 지으며 그 얇은 조각들을 나에게 주었다. 내가 진흙 조각들을 먹을 때까지, 두 강도는 나의 옆에 서 있었다. 나는 그 모습에 진저리를 치다가 잠에서 깨어났다.

이 꿈은 네 살 내지 다섯 살인 소년이 꾼 것이다. 이 꿈도 소년이 직접 풀어놓은 것이 아니라 어른이 기억해 낸 것이다. 앞에서 이미 언급한 바와 같이, 이 세미나에서 다루고 있는 꿈들은 대개 그런 꿈이다. 지금까지 어른에 의해 기억되고 있는 어린 시절의 꿈은 엄격히 말하면 꿈이 아니며, 기억에 의해 간직되고 있는 이야기일 뿐이다. 이유는 어른이 떠올리는 꿈들이 길거나 짧은 기간의 인간의 삶을 틀림없이 포함하고 있기 때문이다. 그런 꿈을 대략적으로 볼 때, 가장 먼저 그 꿈이 그때까지 기억된 이유를 이해할 수 있어야 한다. 그러나 꿈을 거슬러 올라가며 흔적을 더듬을 수 있다면, 대부분의 경우에 그것이 그렇게 중요성을 지니는 이유를 밝힐 단서가 잡힌다. 무엇인가가 어린 시절에 우리에게 깊은 인상을 남겼다면, 우리의 마음에 지금까지 남아 있는 그 무엇인가는 아주 중요한 것을 담고 있다고 단정해도 무방하다. 아니면 우리가 기억 속에 담고 있는 것 근처에서, 매우 중요한 사건이, 훗날 인생의 경로 전반에 걸쳐 의미를 지니는 무슨 일이 일어났을 수도 있다.

어린 시절의 그런 기억은 누구에게나 있다. 갑자기 공기 속에서 빵 냄새가 나거나 우유 냄새가 난다. 아니면 어머니가 접시를 바닥에 떨어뜨리던 장면이 떠오른다. 이런 기억들은 모두 그 자체로는 전혀 중요하지 않지만, 그 기억들 주위에 훗날 그 아이의 발달에 매우 중요한 사건이나 상황들이 있다. 만약에 부모의 도움으로 이 사건들을 재구성하지 못한다면, 그것들을 검증하는 일은 언제나 가능하지는 않다. 또 그것들을 다시 구성하는 데 성공한다 하더라도, 검증하는 일은 마찬가지로 지극히 어렵다. 왜냐하면 그 사건들이 부모가 기억하고 싶어 하지 않는 것인 경우가 종종 있기 때문이다.

부모는 종종 자식의 꿈 분석과 관련해서는 아무것도 기여하지 못한다. 아이들의 꿈이 부모가 전혀 알지 못하는 영역에서 기원하기 때문이다. 그런 자료 앞에서는 처음부터 꿈을 일상적인 수단으로는 분석하지 못한다는 점을 인정하는 것이 중요하다. 앞에서 확인한 바와 같이, 개인적인 질문이나 개인적인 확충으로 풀 수 없는 꿈이라면 민족 심리학적 방법을 동원해야 한다. 그런 꿈에서는 자연 자체가 말을 한다. 아이의 지혜는 자연의 지혜이며, 자연을 추적하는 일은 극도의 정교함을 요구한다. 당신도 이런 속담을 알고 있다. "아이와 바보는 진리를 말한다." 진리는 이해하기 어렵다. 단순한 것이 어려운 것이기 때문이다. 세상에서 가장 단순한 것이 세상에서 가장 어려운 것이다. 그런 꿈을 하나의 단순한 공식으로 바꾸기 위해선 온갖 공부를 다 해야 한다.

이제 꿈의 근본적인 모티브들을 세심하게 보도록 하자. 강도들의 굴이 있는데, 소년이 그 속으로 들어간다. 불 주위에 여러 명이 앉아 있다. 특히 두 명의 강도가 두드러진다. 그 중 하나는 매우 강하고, 다른 하나는 갈퀴처럼 야위었다.

아이들은 대체로 미래를 본다. 이것은 거의 진리이다. 어른들도 과거보다 미래에 대해 더 자주 생각한다. 과거에 대해 너무 많이 생각하는 것은 그 자체로 신경증적이다. 인간은 파도에 맞서 헤엄치는 것을 좋아하지 않는다. 사람이 파도에 맞서 헤엄을 친다면, 거기엔 분명히 특별한 이유가 있을 것이다. 아이에겐 뒤를 돌아보는 것이 부자연스럽다. 정반대로, 아이들은 가능한 한 빨리 자라길 원한다. 소년들은 가랑이가 긴 바지를 갖기를 원하고, 소녀들은 어서 빨리 숙녀가 되길 원한다. 소년들은 병정놀이를 하면서 자신이 어른이 되었다고 생각한다. 아이들이 노는 것을 가만히 지켜보라. 그러면 정말 이상한 것들이 관찰된다. 예를 들면, 아이들이 아주 열정적으로 어른과 동일시하려 드는 것이 보인다. 그렇다면 이 꿈을 미래의 어떤 예고로 해석해도 무리가 없을 것이다.

아이들은 자신과 딱 들어맞지 않는 것은 무엇이든 받아들이지 않는다. 아주 많은 생각이 단지 아이에게 어울리지 않는다는 이유로, 아이에게 아무런 의미를 지니지 않는다는 이유로 거부당한다. 이것이 동화가 그렇게 중요한 이유이다. 동화가 아이의 내면에 있는 내용물과 어울리는 개념들을 제시하기 때문이다. 예를 들면, 마녀는 특별한 정신적 사실을 나타내고 있다. 황새 이야기도 아기가 어디서 오는가 하는 문제와 관련해서 합리적인 계몽의 세계보다 아이들의 상상의 세계에 훨씬 더 어울리는 대답을 제시하고 있다. 합리적인 계몽의 세계는 아이들에게 종종 거부당하지만, 황새 이야기는 거듭 받아들여진다. 아이들은 땅 위에서 일어나고 있는, 우연에 의한 출생을 믿지 않는다. 아이들은 사람이 마법적인 방식으로 태어난다고 믿는다. 이 같은 생각은 신화에 표현되고 있다. 예를 들면, 영웅은 특별히 훌륭한 예이며, 영웅은 절대로 평범하게 태어나지 않는다. 그렇다면 제2의 출생 같은 것이 필요하다. 이집트 신전에 있는 소위 산실은 이런 사상을 뒷받침하는 증거이다. 산실의 벽들엔 파라오가 미스터 X와 미시스 Y에 의해 잉태되어 출생한 뒤에 신들에 의해 한 번 더 태어나는 과정을 보여주는 사건들이 그려져 있다. 신성한 성교와 신성한 임신, 신성한 출생이 파라오가 신들의 아들로 두 번 태어났다는 증거로 제시되고 있는 것이다.

원시인 부족들 안에서도 젊은이들은 자신이 태양의 아들이라는 것을 알아야 한다. 그래야만 그들이 인간 존재가 된다. 원시인들에 따르면, 그것을 알기 전까지 그들은 동물일 뿐이다. 원시인들은 이런 사실들을 표현할 필요성을 강하게 느낀다. 이런 것들을 더 이상 이해하지 못하고 있는 것은 바로 우리 현대인의 합리주의이다. 왜냐하면 현대인은 합리적인 사상만으로도 살아갈 수 있다고 생각하기 때문이다. 우리가 순수한 합리주의만으로 살아가기를 원할 때, 세상의 사물들이 아주 동떨어져 보인다. 그러면 사람들이 미치게 된다. 자신을 움직이고 있는 것들을 표현할 수 있는 길이 전혀 없기 때문이다. 병에 걸린 사람들이 내면의 내용물을 표현할 길을 찾지 못하는 경우에 얼마나 심한 고통을 당하는지 보라. 그런 그들이 자신을 표현할 신화적인 내용을 발견할 때, 그 신화는 그들에게 엄청난 의미를 지니게 된다. 이것이야말로 정신적인 병을 앓는 사람에게 엄청난 위안이 아닐 수 없다. 우리는 우리 안에 합리주의로 만족하지 않는 어떤 존재가 있다는 사실에 익숙해져야 한다.

따라서 이 꿈에서 소년은 자신이 거인들의 손아귀에 들어가는 공상적인 이야기를 경험하고 있다. 마치 거인들이 지금도 여전히 존재하고 있는 것처럼! 그러나 정신의 세계에선 거인들이 여전히 존재하고 있다. 거인들이 현실 속에 진짜로 존재하느냐 하는 문제는 완전히 요점을 빗나간 이야기이다. 원시인들은 거인들의 존재를 확신한다. 거인들이 원시인들의 안에 있기 때문이다.

여기서 거인들을 어떤 식으로 해석해야 할까? 거인은 거의 틀림없이 어른이다. 그런데 거인이 둘이다. 이 꿈에서 두 강도 사이에 명확한 구분이 있다. 하나는 탄탄하게 몸을 가꾼 거인이고, 다른 하나는 심술 궂은 마음을 가진 꺽다리이다. 이 둘은 무엇을 표현하고 있을까?

두 거인은 소년이 자신보다 우수한 것으로 경험하고 있는 것들이다. 말하자면, 소년이 이미 경험한 세상의 힘들이다. 그 힘을 소년은 아버지를 통해 경험한다. 소년은 계략으로 어머니를 속일 수 있다. 이 두 형상은 계략과 힘을 나타내고 있다. 야윈 형상은 악마 같은 존재이지만 삶을 어떻게 다뤄야 하는지를 알고 삶을 이해하고 있는 매우 영리한 악마이다. 야윈 형상이 소년에게 먹을 진흙을 주고 있지 않는가!

두 명의 강도는 계략과 권력이라는, 세상의 두 가지 힘을 나타내고 있다. 신화에도 이런 상반된 것들의 짝을 보여주는 예가 많다. 이런 상반된 짝들의 예는 원시 부족들에서도 발견된다. 추장과 주술사가 대표적이다.

원시 부족의 삶에서, 이 두 존재는 결정적인 권위자들이다. 추장은 폭력적이다. 추장은 부족 중에서 가장 강력한 사람이다. 추장은 더 이상 강하지 않게 되는 순간 즉석에서 죽음을 당한다. '신약성경'에도 이전의 왕을 죽이는 예가 나온다. 그리스도가 희생되고, 바라바(Barabbas)가 그리스도 대신에 자유의 몸이 되는 것이다. 이것은 어떤 옛 관습, 말하자면 어느 범죄자에게 1년 중 어느 날에 도시를 자유롭게 돌아다니도록 허용하던 관습을 따른 것이다. 이 범죄자는 일몰 후에 잡히지만 않는다면 무엇이든 강탈할 수 있지만, 잡히는 날에는 죽음을 당했다. 그는 왕이었고 왕권을 갖고 있었다. 이 관습은 왕이 권좌에 있는 한 절대 권위를 가진다는 사실에서 비롯되었다. 왕은 약간의 허약함이라도 보이는 순간, 그것으로 끝이다.

또 다른 예는 북유럽의 왕들이다. 이 왕들에겐 수확이 좋은 한에서만 통치하는 것이 허용되었다. 그러나 수확이 나쁘면 왕은 죽음을 당했다. 이유는 그런 경우에 왕이 나라를 비옥하게 만들지 않았기 때문이다.

원시인들의 왕이 된다는 것은 여간 불편한 일이 아니었다. 그런 막강한 권력을 가진 사람의 카운터파트가 바로 주술사이다. 대부분의 경우에 주술사는 부족 중에서 가장 똑똑한 사람이다. 나도 주술사가 미쳐 있거나, 약삭빠른 사람이거나, 다른 구성원들보다 단순히 더 똑똑하거나 교활하기 때문에 위험한 사람이라는 것을 알아차릴 수 있었다. 주술사는 영혼들과 접촉하며 그들의 계시를 받는다. 주술사는 심지어 신의 계시를 통해 추장의 머리 위에서 부족을 통치할 수 있다.

북극의 에스키모들에 관한 라스무센(Knud Rasmussen)[8]의 책에 멋진 예가 하나 나온다. 주술사에 관한 이야기이다. 이 주술사는 자신의 부족이 식량이 모자라 극심한 고통을 겪을 때 식량을 생산해낼 땅의 환상을 보았다. 그는 부족민들에게 자기와 함께 배핀 만의 빙원을 가로질러 새로운 곳으로 가자고 설득했다. 그들은 북미 해안에 닿아 거기서 풍부한 식량을 발견했다. 그러나 부족의 반은 거기에 닿기 전에 발길을 돌렸다가 모두 죽고 말았다. 나머지 반은 그와 함께 갔으며, 그 덕분에 목숨을 구할 수 있었다. 그는 몽유병 환자의 내적 확신 같은 것을 갖고 있었으며, 이 확신의 도움으로 사람들을 적절한 장소로 이끌 수 있었다.

이런 것이 주술사가 하는 일이다. 주술사라고 해서 언제나 교활해야

....
8 덴마크 탐험가이며 인류학자(1879-1933).

하는 것은 아니다. 이 예에서 보듯, 어려운 상황을 타개할 수 있는 생각은 가슴에서 나올 수도 있다. '구약성경' 속의 예언자들도 그런 주술사였다. 추장과 주술사 사이에 갈등이 자주 일어난다. 추장은 종종 주술사를 두려워한다. 나는 그런 상황을 직접 경험했다. 어떤 추장이 주술사에 관한 무슨 이야기를 나에게 들려주길 원했다. 그 추장은 주술사를 두려워하여 나를 숲으로 데려갔으며 보초까지 세웠다. 그는 속삭였다. 그 이유를 묻자, 그는 "주술사가 알면 아마 나를 당장 독살시킬 것이오."라고 대답했다.

우리 소년의 꿈에서, 어른의 삶에서 그 효과가 드러날 원형적인 대조가 미리 나타나고 있다. 어린 소년은 그 같은 대조를 꿈으로 꿀 수 있다. 왜냐하면 소년이 내면에 이 두 가지 가능성을 원형적인 이미지로 갖고 있기 때문이다. 이 대조는 이미 소년의 머리에도 떠올랐을 것이다. 대조가 소년의 지각 범위 안에 들어와 있기 때문이다. 소년의 꿈을 더 보도록 하자.

동굴 안에 불이 하나 있다. 불은 언제나 삶의 중심이며, 따뜻하고 밝은 곳이고, 사람들이 모이는 곳이다. 이런 의미에서 보면, 불은 긍정적인 의미를 지닌다. 불이 원래 지녔던 중요성으로 거슬러 올라간다면, 불은 아주 이로운 힘이고 원시인에게 대단히 중요한 것이라는 사실이 확인된다. 당신이 축축하고 추운 어둠 속에서 자신이 어디에 있는지도 모르는 상황에서 아주 형편없는 곳으로 들어갔는데, 거기에 불이 비친다고 상상해보라. 당장 사람들은 불 주위로 모일 것이다. 몸을 녹일 수 있고, 음식도 만들 수 있다. 그러면 더없이 거친 황무지 속에서도 집에 온 것 같은 안온함이 느껴질 것이다. 그렇듯, 불은 긍정적인 그 무엇이다. 불은 낯선 사람에게 피난처와 가정의 느낌을 안겨준다. 불은 신성한 가정이다.

불은 재앙을 물리치는 능력도 탁월하다. 사악한 정령만 아니라 야생동물도 물리친다. 사자들이 돌아다니는 지역에서 밤을 보낼 때, 잠을 청하는 것이 얼마나 힘든 일인지 모른다. 그때 램프를 밝히면, 그 순간 안전하다는 느낌이 든다. 당신이 숲속에서 불가에 앉아 있다면, 표범이 아주 가까이까지 다가올 수 있지만 그래도 안전하다. 왜냐하면 당신이 불의 고리 안에 있기 때문이다.

나는 이 꿈에서도 불이 긍정적인 의미를 지니며 삶의 중심이라는 쪽에 무게를 두고 있다. 동굴은 소년이 우연히 들어오게 된 폐쇄된 공간이다. 거기서 비밀의 불이 발견되며, 불 가에 거인들이 앉아 있다. 이것은 다음과 같은 생각을 나타내고 있다. '나의 의식의 어두운 깊은 곳에서, 나는 미래의 형상들을, 나의 삶의 조건을 결정할 힘들을 발견하고 있어. 그런데 그것들은 불빛 속으로 보이고, 불 주위로 사람들이 모여들면서 거기서 은신처와 식량을 발견하고 있어.'

꿈에서 불 가에 앉아 있는 두 강도는 소년이 원래 요구했던 빵 대신에 진흙을 받도록 하려고 노력하고 있다. 틀림없이, 이것은 아주 이상한 생각이다. 진흙을 먹는다는 이야기는 처음 듣는다. 소년은 아주 어렸을 때 아마 더러운 것을 입에 넣거나 흙을 먹었을 것이다. 그렇다면 어떤 상황에서 진흙을 먹게 될까?

심각한 기근이 들 때, 진흙을 먹었다는 기록이 있다. 30년 전쟁[9] 동안

....
9 가톨릭교회를 지지하는 국가들과 프로테스탄트를 지지하는 국가들 사이에 벌어진 전쟁(1618-1648).

에, 농민들이 진흙을 먹은 것으로 알려져 있다. 위가 포만감을 느끼도록 함으로써 고통스런 허기를 달랬던 것이다. 그렇다면 진흙을 먹는 일은 극도의 곤경에 처한 경우에 일어난다. 하지만 어린 소년에게 어떻게 진흙을 먹는 일이 벌어질 수 있을까? 이것은 특별한 의미를 지님에 틀림없다.

바빌로니아의 텍스트를 보면, 죽은 사람들이 자신의 배설물을 먹는다는 내용이 나온다. 죽은 자는 소화되지 않는 진흙을 먹어야 한다는 것이다. 서사시 '길가메시'에도 이와 비슷한 생각이 나온다. 땅이 죽은 자를 먹듯이, 죽은 자도 이제 땅을 먹어야 한다는 것이다. 죽은 자는 석관(石棺)처럼 흙을 먹는다. 죽은 자들은 흙이 될 것이기 때문에 흙을 몸 속으로 받아들여야 한다. 시신들은 흙이 될 것이고, 살점도 흙이 될 것이다. 흙에서 온 것은 다시 흙이 될 것이다. 이것은 성경에 나오는 익숙한 사상이다. "너는 흙이니, 흙으로 돌아갈 것이니라."[10]

'파우스트'에도 비슷한 내용이 나온다.

"그는 먼지를 먹을 것이다. 아주 교활하게.
죄를 짓기로 유명한, 나의 어머니 같은 저 뱀처럼!"[11]

'천상의 서곡'에서 악마가 하는 말이다. 악마는 파우스트를 기다리는 학생과 대화할 때에도 그런 비슷한 말을 한다.

....
10   '창세기' 3장 19절.
11   '파우스트' 중 '천상의 서곡'.

"그냥 고대의 텍스트를 따라라. 또 나의 어머니인 뱀을 따라라.

그러면 틀림없이, 신을 닮은 당신의 모습에 놀라게 되리라."[12]

결정적으로 중요한 단락들이다. 삼켜야 하는 먼지는 틀림없이 흙을 가리킬 것이다. 비유적인 의미에서, 먼지는 하나의 정신으로 태어난 인간이 먹어야 하는 세상의 식량을 의미한다. 그렇다면 이 꿈과 관련해서 어떤 결론을 내릴 수 있을까?

앞에서 보았듯이, 이 꿈에서 불은 육성하는 상황을, 사람의 힘을 키워주는 상황을 암시한다. 그 불을 보고 있을 때, 먹는다는 생각이 불현듯 소년에게 든다. '저기에 먹을 게 있구나.' 사람은 연기 냄새가 날 때 허기를 느낀다. 소년은 정상적인 빵을 원하는데, 정작 소년에게 주어지는 것은 진흙이다. 이것은 새로운 것이며, 이것이 소년이 그 꿈을 꾼 이유이다.

여기서 소년의 정신 상태에 대해 알아야 한다. 거인들은 어른들이다. 거인들이, 다시 말하면 소년의 예상들이 소년에게 이 세상 속으로 성장해 들어가라고 강요하고 있다. 세상 속으로 들어가는 것은 진흙을 먹는 행위를 통해 이뤄진다. 소년은 흙을 강제로 먹는다. 그렇게 하지 않으면, 소년은 성장하지 못할 것이다.

"사람은 단순히 빵을 먹는 그 이상의 일을 해낼 수 있어야 한다." 이 말은 빵을 먹는 것은 매우 단순한 일이라는 점을, 그리고 먹는 방법으로 꽤 어려운 다른 방법이 있다는 점을 암시하고 있다. 이것이 역사에는 어떤 식으로 표현되고 있을까? 빵을 먹는 것이 상징적으로 다른 방

....
12 '파우스트' 중 '서재'.

식의 섭취를 나타내는 영역은 어디인가?

오스티아[13]가 바로 그런 상징이다. 오늘날 많은 사람들에게 오스티아는 진부해져 더 이상 아무런 의미를 지니지 않지만 원래는 생명으로 가득한 상징이었다. 옛날에 그런 식사는 비밀스런 신비 의식이었다. 원시인들의 토템 식사도 여기에 해당한다. 원시인들은 종종 사람을 먹는 의식을 치른다. 적을 죽여서 먹어치우는 것이다. 술라웨시 섬을 탐험한 프리츠 사라신(Fritz Sarasin)과 폴 사라신(Paul Sarasin)은 이렇게 보고하고 있다.

> 포로 한 사람이 영혼들의 집 안의 기둥에 묶인다. 이어 부족의 남자들이 모두 그곳으로 와서 포로의 몸을 칼이나 창으로 찌른 다음에 거기에 묻은 피를 핥는다.

이것은 피를 나눠 마시는 신비의 의식이다. 빵을 먹는 것은 인간적이다. 그 외의 먹는 방식은 더 이상 인간적이지 않으며, 그것은 하나의 신비 의식이다. 그것이 이런 식사들이 터부인 이유이다. 가톨릭교회에도 이 말은 그대로 통한다. 당신은 오스티아를 건드려서는 안 된다. 오스티아가 땅에 떨어지기라도 하면, 그것은 신성 모독에 해당한다. 17세기의 스페인 예수회 수사는 이렇게 보고하고 있다.

> 어떤 부인이 자그마한 애완견을 데리고 교회에 왔다. 성직자가 그녀에게 오스티아를 건넬 때, 강아지가 그녀에게서 오스티아를

---

13   교회에서 성사에 쓰는 둥근 빵.

낚아채 버렸다. 그 일로 교회는 문을 닫았고, 그 사건은 종교 재판소까지 올라갔다. 부인은 200 도블론의 벌금을 물었다. 강아지는 불경스런 행동 때문에 몰수되어 화형에 처해졌다.

여기서 성스러운 식사를 둘러싼 터부가 보인다. 이것이 빵을 먹는 그 이상이라는 다른 식사이고 매우 위험한 식사이다.

이것이 내가 진흙을 먹는 행위를 보는 관점이다. 이제 내가 이 꿈을 퇴행적인 것으로 보지 않고 앞으로 일어날 일에 대한 예상 같은 것으로 보는 이유가 명확하게 드러났을 것 같다. 그러나 진흙을 먹는 행위가 상징하는 것이 무엇인지 더 면밀히 들여다봐야 한다. 상징적인 식사는 일상적으로 하는 식사와는 다르다. 상징적인 식사는 이상하고 어려운 무엇인가를 흡수하는 것, 다른 존재를 통합시키는 것과 관련있는 식사이다. 이것이 다섯 살짜리 소년에겐 무엇을 의미하는가? 이 소년이 진흙을 억지로 먹어야 할 때, 그가 흡수해야 하는 것은 무엇인가?

무거운 진흙을 먹는 사람은 무거워질 것이다. 이 무게가 그 사람을 땅으로 끌어당긴다. 흙 음식이 지하 세계의 음식이기 때문에, 우리는 죽을 운명의 인간이 된다. 세상을 먹는다는 사상은 파탄잘리(Patanjali)의 『요가 수트라』(Yoga Sutras)에서도 발견된다. 세상이 먹히고, 사람은 세상을 그대로 삼켜야 한다.

이런 식으로 넓은 관점에서 보면, 소년이 이런 꿈을 꾸는 것은 더 이상 놀라운 일이 아니다. 소년은 네 살 내지 다섯 살이다. 소년은 곧 학교에 가거나, 최소한 보육원에는 갈 것이다. 이 세상은 땅으로 되어 있고, 무겁고, 소년을 잡아당길 것이다. 그리고 이 세상을 소년은 먹어야 한다. 소년은 먹고 싶어 하지 않는다. 왜 안 먹으려 할까? 소년이 세상을 원할 것이라고 기대하면 안 되는 것인가? 소년은 왜 저항할까? 그런데 꿈을 통해서 흙을 먹는 것이 혐오스럽다는 점을 보여줘야 하는 이유는 도대체 무엇인가? 여기서 우리는 이 꿈이 거의 교화적인 공식에 의해 요약되는 이상한 사실에 직면한다. 이 땅을 받아들이는 것은 어려운 일이라는 가르침이다. 당신은 정말로 먼지를 먹어야 하고, 그 같은 행위는 혐오스럽다. 이 사상은 도대체 어디서 온 것인가? 이것은 단순한 개념이 아니라 원형적인 개념이다. 아이가 물질에 대해 느끼고 있는 반감을 표현하고 있다.

여기서 어린 소년의 세상을 상상해 보라. 그는 지금 어른들의 세상 속으로 들어오고 있다. 어른들의 세상은 소년에게 하나의 신비이다. 그 세상은 강도들의 소굴이다. 아이는 어른들의 세상에서 벌어지는 일에 대해 모른다. 어른들의 세상에는 수상한 무엇인가가 있다. 그런데 이 악마 같은 힘들이 소년에게 흙을 먹으라고 강요하고 있다. 그러나 아이의 저항은 어디에 근거하고 있는가? 이것을 단순히 주관적인 것이라고 생각하지 말고 전 세계에 보편적인 문제라고 생각하자.

누구나 부정적인 것을 받아들이길 꺼린다. 우리는 모두 속고 있다. "인생은 아름답다. 당신이 결혼하게 되면, 모든 것이 멋지다. 당신은 당연히 성취감을 높일 일자리를 갖게 되고, 사랑스런 자식도 생긴다. …" 하지만 사람들이 결혼이 최고로 행복한 상태라는 말에 속는 이유는 무엇인가? 바로 삶이 극히 어렵기 때문이다. 소년에게도 편향적인 어떤 이미지가 제시되지만, 그는 자신이 듣고 있는 말의 뜻을 깨닫는다. 그래서 그 이미지는 꿈에서 이렇게 말한다. "너는 그 먼지를 먹어야 해!" 우리가 세상에 쾌락과 고통, 어둠과 빛, 밤과 낮이 있다는 것을 자연스럽게 받아들이지 못하는 이유는 무엇인가? 그런 어린 소년은 어디서 오는가?

무엇보다, 소년은 보살핌과 관심이 넘치는 환경에서 온다. 소년의 환경은 관심을 쏟는 부모와 보모, 숙모, 의사, 할머니들에게 둘러싸여 있다. 그런데 지금 세상이 소년을 향해 다가오고 있다. 세상은 혐오감을 일으키기에 충분하다. 어디서나 이런 혐오감이 관찰된다. 자신의 가족 안에서는 모든 것이 향긋하지만, 다른 사람들은 기분 나쁜 냄새를 풍긴다. 타인들은 시시해 보이고 신뢰할 수 없을 것 같다. 여기서 작용하고 있는 생각은 이렇다. "우리는 옳지만, 저곳에 있는 저 사람들은 끔찍하고 혐오스러워. 우리는 저 사람들과는 어떤 관계도 맺을 수 없어." 대체로 우리 인간은 낯선 모든 것에 혐오스런 인상을 받는다. 낯선 것은 매력적이든가 아니면 혐오스럽다. 아이들은 낯선 것, 즉 세상에 대해 혐오감을 분명히 느낀다. 그러나 지금 아이들이 세상 속으로 들어가서, 낯선 아이들과 접촉하고 있다. 아이들이 이방인들 앞에서 얼마나 부끄러워하고 무서워하는지 보라! 아이들은 왜 그러는 걸까? 이유는 낯선 것이 불가사의하고 혐오스럽기 때문이다. 아이들은 낯선 사람들로부터 어떤 것도 받지 않는다. 바로 그런 감정 때문이다. 아이들이 그 세상을 훤히 다 본 다음에야, 이 같은 태도가 변할 것이다. 우선은 모든 것이 혐오스럽고, 따라서 보살핌을 받으며 쾌락만 경험하는 그런 피난처에서 온 아이는 지금 자신에게로 다가오고 있는 이상한 삶에 저항하고 있다.

바로 이 지점이 원형적인 상징들이 나타나는 곳이다. 이 원형적 상징들은 우리가 추가적인 발달을 도모하는 방향으로 향하게 하는 이로운 이미지들이다. 예를 들면, 꿈이 어려운 상황을 다음과 같이 선언할 수 있다. "저 위에 바위가 있어. 그러니 당신은 거기서 조심해야 해. 바위들은 바로 당신 뒤에서 서로 마주 붙고 있지만, 다행하게도 당신이 지나간 뒤에야 그 일이 일어나게 되어 있어." 불도 마찬가지로 그런 이로운 원형일 수 있다. 그런 경우라면 이런 꿈도 가능할 것이다. "당신은 절망적인 상황에, 낙담하고 외로운 상황에 처해 있어. 그러나 불의 도움으로, 당신은 온갖 위험을 물리칠 수 있어. 당신은 큰 위험과 맞서 싸울 수 있어. 당신이 슬픔에 기력을 거의 다 소진한 상태이지만, 그때 당신은 용의 몸 안에서 불을 피울 거야. 이어 용의 몸통이 뿌지직 소리를 내고 옆구리에 구멍이 생길 거야. 그러면 당신은 용이 먹어치운 모든 것들과 함께 그곳을 걸어 나올 거야."

우리가 힘든 과도기를 맞고 있을 때면, 언제나 이런 모티브가 나타난다. 이 이미지들은 우리가 용기가 요구되는 행위를 성취하도록 돕는다. 그렇지 않다면 우리는 그런 행위를 절대로 성취하지 못할 것이다. 그런 원형의 영향을 보여주는 예가 알브레히트(Albrecht) 1세 왕의 암살이다. 파리치다(Johann Parricida)는 그 전에도 이미 왕을 죽일 수 있었다. 그러나 왕의 일행이 여울을 지나고 있을 때에야 파리치다는 용기를 모을 수 있었다. "이 놈의 썩은 말이 더 이상 우리 앞을 달리지 못하게 해야겠어." 그제야 그는 칼을 뽑아 알브레히트 국왕을 죽였다.

"여울에 있는 것"은 살인이 일어날 수 있는 원형적인 상황이며, 거기엔 큰 위험이 도사리고 있는 한편으로 그 위험이 극복될 수 있다. 원형적인 것은 원래의 형태로 불러내어진 어떤 강력한 감정이다. 누군가가 원형을 건드리는 기술을 발휘할 수 있다고 가정해 보자. 그러면 그 사람은 피아노 건반을 두드리듯이 사람들의 영혼을 갖고 연주할 수 있을 것이다.

이 꿈에도 이로운 이미지들이 등장한다. 전체 꿈이 따뜻한 불의 빛 속에서 펼쳐지고 있다. 그 안에서 소년은 2명의 거대한 형상을 본다. 그의 미래를 지배하는 두 가지 힘, 즉 계략과 권력이다. 이 악마 같은 힘들이 그에게 다가오고 있으며, 낯설고 혐오스런 세상은 소년을 밑으로 잡아당기려 한다. 소년은 억지로 진흙을 먹어야 한다. 소년은 혐오감을 느끼며 진흙을 먹지만, 어쨌든 그걸 먹는다. 소년은 겨우 소화되는 현실을 삼키며, 현실 속으로 성장해 들어가고 있다. 그는 위험을 정복하고, 사악한 것들은 그에게 해를 입히지 못한다. 그가 불의 고리 안에 있기 때문이다.

결론을 말하면, 이 꿈은 일종의 경고 또는 격려이다. 즉, 지금 소년에게 다가오며 펼쳐지고 있는 세상을, 그기 신의 이름으로 삼켜야 하는 세상을 미리 보여주는 예고편과 비슷하다.

#5. 부모의 데스 마스크가 등장하는 꿈

다섯 살 소녀의 꿈이다.

첫 번째 꿈에서 나는 아버지가 외치는 소리를 들었다. 나는 침대에서 벌떡 일어나 엄마 아빠가 자는 방으로 달려 갔다. 그런데 엄마 아빠의 침대 위에 재로 만든 피라미드 같은 것이 보였다. 피라미드 위에는 아버지의 데스 마스크와 어머니의 데스 마스크가 놓여 있었다.

두 번째 꿈에서, 나는 분화구가 가득한 어떤 황량한 곳에 서 있었다. 아주 먼 곳에서, 너무 멀어서 닿지 못할 곳에서 나의 아버지가 분화구에 서서 도와 달라고 외치고 있었다.

이 꿈들은 서른 살 쯤에 정신 분열증을 일으키기 직전에 매우 힘든 상황에서 나의 상담을 받았던 여인이 들려준 것들이다. 그녀는 어린 시절에 꾼 이 두 가지 꿈이 그녀의 삶 내내 그녀를 괴롭혔다고 적고 있다. 이 꿈들은 그녀가 기억하는 최초의 꿈들이다. 그렇다면 이 꿈들은 그녀에게 특별한 인상을 남겼음에 틀림없다. 이런 꿈들에 대해 들으면, 당신은 자연히 지성을 이용할 준비를 할 것임에 틀림없다. 그러나 감정 기능에 기대는 것이 훨씬 더 중요한 꿈이 가끔 있다.

어느 누구도 탁월한 지성 하나만으로 심리를 파고들지는 못한다. 의미만 아니라 감정 가치도 찾아내야 한다. 이 꿈과 같은 꿈의 경우에, 공상에 특별한 재능이 없어도 우리는 자신을 그 상황에 놓을 수 있다. 아버지가 밤에 외친다는 한 가지 사실만으로도 충분히 흥분을 일으키고 무섭다. 아버지는 밤에 외치지 않는다. 밤에 부르는 것은 거의 언제나 아이이다. 만약에 아버지가 밤에 부른다면, 뭔가 잘못되었음에 틀림없다. 어릴 적으로 돌아가서 밤에 당신이 침대에 누워 있는데 아버지의 외침이 들린다고 상상해 보라. 끔찍한 일이 일어났다는 생각부터 먼저 들 것이다. 그래서 꿈속에서 소녀는 당연히 벌떡 일어나 부모의 방으로 내달린다. 그런데 따뜻한 가슴으로 두 팔을 벌리고 안아줄 부모가 있어야 할 자리에, 두 무더기의 재가 있고 그 위에 데스 마스크가 하나씩 얹혀 있다. 무섭기 짝이 없는 인상이다. 아버지의 무서운 외침은 두 번째 꿈에도 반복되고 있다. 분화구 깊은 곳에서 그가 도움을 청하며 외치고 있다. 이런 꿈에 대해 들으면서 꿈이 의미하는 바를 느낄 때, 당신은 그 꿈에 지적으로 접근하면서 무서운 이 꿈들이 의미하는 바가 무엇인지 물을 수 있다.

먼저, 우리의 도식을 이 꿈들에 적용시켜 보자. 첫 번째 꿈에서, 등장인물은 아이와 아버지이며, 장소는 부모의 침실이고, 때는 밤이다. 전개는 아버지의 외침이다. 이 외침은 문제를 포함하고 있다. 꿈의 절정, 반전은 아이가 일어나 침실로 달려가서 무시무시한 것을 발견하는 것이다. 이 과정은 부모의 데스 마스크를 목격할 때까지 상승한다. 그리고 결말은 전혀 없다.

두 번째 꿈에서, 장소는 땅이며 분화구로 가득한 황량한 풍경이다. 길을 잃어 외롭다는 감정이 압도한다. 이 꿈에는 전개가 거의 없다. 곧장 반전에 이른다. 아버지가 외칠 때이다. 그것은 아득히 멀리서 들려오는, 도와달라는 외침이다. 마찬가지로 결말이 없다.

이런 무서운 성격의 꿈들은 재앙적인 의미를 지니지 않을 경우에 대체로 결말로 끝난다는 것을 나는 지금 경험을 통해 알고 있다. 그런 꿈이라면, 두 번째 꿈이 이런 식으로 끝날 것이다. "나는 최대한 빨리 아버지를 도우러 갔으며, 아버지에게 닿기 위해 내가 할 수 있는 일을 모두 다 했다." 이 꿈이 이런 식으로 끝났다면, 우리는 이렇게 말할 수 있다. "꿈을 꾼 소녀가 해결할 수 있는 것이 있네. 그녀는 적어도 무엇인가를 하려고 노력할 수는 있어." 이 대목에서 어느 아이가 꾼 이와 비슷한 꿈 두 가지를 소개할 생각이다. 이 소녀는 이 꿈을 꾼 뒤에 척수근육위축을 앓다가 죽었다. 이 아이가 이 꿈들을 꾸었을 때, 그 진단은 아직 의문스런 상태였다. 나는 무의식이 그 병에 대해 어떤 식으로 말하는지 보고 싶어서 이 꿈을 예로 든다. 첫 번째 꿈부터 보자.

> 아이가 집으로 온다. 아이는 5층에 살고 있다. 날은 이미 어둡다. 차가운 바람이 분다. 문과 창문이 열려 있다. 아이가 들어간다. 거실 문이 약간 열려 있다. 아이가 문을 민다. 어머니가 샹들리에에 매달려 앞뒤로 흔들리고 있는 것이 보인다.

이 꿈에서도 다시 긴장이 점증되는 것이 보인다. 그러다가 공포의 감정이 있고, 결말은 전혀 없다. 구원을 암시하는 것이 전혀 없는 것이다. 두 번째 꿈은 이렇다.

> 아이가 집에 있다. 소름이 돋게 뭔가 치는 소리가 들린다. 아이는 야생말이 복도를 달리고 있는 것을 본다. 그러다 돌연 말이 단 한 번의 도약으로 창문으로 뛰어내린다. 아이는 급히 창가로 달려간다. 땅바닥에 말이 으깨어져 있다.

두 번째 꿈도 마찬가지로 이루 형언할 수 없는 공포이다.

결말이 전혀 없는 꿈들이 있다. 그런 꿈들은 그냥 파국적이다. 결말이 없다는 사실로부터, 나는 나쁜 예후를 추정했다. 해결책 같은 것이 전혀 제시되지 않는 꿈은 위험하다. 예를 들어, 불안 꿈을 꾸다가 "이건 그냥 꿈일 뿐이야."라는 감정과 함께 잠에서 깨어나는 것도 해결책에 속한다. 전형적인 한 가지 해결은 위험이 당신에게 전혀 닿지 않는 것이다. 말하자면, 위험한 일이 일어나기 전에 당신이 잠에서 깨어나는 것이 좋다는 뜻이다. 대체로 꿈 어딘가에서 화해적인 무엇인가가 보인다. 따라서 옛날에는 의사들이 꿈들을 관찰하고 그에 따라 진단을 내렸다. 아르테미도루스(Artemidorus Daldianus)[14]가 남긴 이야기를 들려주고 싶다. 그는 어떤 남자의 꿈에 대해 언급하고 있다. 이 남자는 꿈에서 자기 아버지가 불타는 집에 있는 것을 본다. 며칠 뒤에, 그 꿈을 꾼 사람 본인이 열병으로 죽었다.

오해가 한 가지 있다. 우리가 꿈을 꾸는 것이 아니라 꿈이 그냥 꾸어진다. 우리는 꿈의 대상이지, 꿈을 창조하는 존재가 아니다. "꿈을 꾸다."라는 표현은 틀렸다. 꿈이 우리에게 꾸어진다. 우리가 대상이다. 우리는 단지 자신이 어떤 상황에 놓여진 것을 발견한다. 만약에 어떤 치명적인 운명이 우리를 기다리고 있다면, 우리는 꿈에서 이미 이 운명으로 이끌 것들에게 사로잡히게 된다. 이때 꿈에 나타나는 내용은 그 운명이 현실에서 우리를 압도하는 방식과 똑같다.

아프리카에서 코브라의 공격을 받은 나의 친구 하나는 2개월 전에 취리히에 있을 때 이 사건에 대한 꿈을 꾸었다. 꿈속에서 뱀이 그를 공격한 방식은 훗날 현실 속에서 뱀이 공격한 방식과 똑같았다. 그런 꿈은 운명을 예고하는 꿈이다.

그래도 꿈은 절대로 무엇인가를 의식적인 것으로 만들려고 하지 않

....
14 A.D. 2세기의 예언가.

는다. 우리는 단지 꿈이 제시하는 것이 무엇인지 이해하려고 노력할 수 있을 뿐이다. 현명한 사람이라면 아마 꿈을 이용할 것이다. 꿈들이 반드시 호의적인 의도를 품고 있다고 생각해서는 안 된다. 자연은 친절하고 관대하지만, 동시에 더없이 잔인하다. 그것이 자연의 특징이다. 아이들에 대해 생각해보라. 아이들보다 더 잔인한 존재는 없지만, 그럼에도 아이들은 너무나 사랑스럽다.

만약에 내가 그런 꿈을 꾸었다면, 나는 당연히 나의 상담을 받은 그 여자와 다르게 반응할 것이다. 그러나 나는 그 여자와 다른 사람이기 때문에 다른 꿈을 꾼다. 그래서 우리가 어떤 식으로 생각해야 하는지를 말해주는 공식 같은 것은 절대로 없다. 우리는 단지 비교할 수 있을 뿐이다. 절망하고 있는 사람은 절망적인 꿈을 꾸고, 희망적인 사람은 희망적인 꿈을 꾼다.

이 여자 환자와 나는 꿈들에 대해 이야기했다. 정말 황당하게도, 그녀는 이 꿈들에 대해 언급하지 않았다. 그러나 그녀가 상담을 끝내고 나의 진료실을 떠난 뒤에, 이 꿈들이 그녀에게 뒤늦게 떠올랐다. 그때 그녀는 편지로 나에게 꿈 이야기를 했다. 만약에 그녀가 이 꿈들에 대해 직접 말했더라면, 아마 나도 경각심을 훨씬 더 강하게 느꼈을 것이다. 나는 그녀를 두 번 정도 보았을 뿐이며, 그녀의 특이한 장애의 본질을 파악할 수 있을 만큼 자주 접하지 못했다. 그녀는 정신병원에 입원하지 않은 상태에서 하나의 그림자로서 땅 위를 맴돌고 있었다. 나를 찾기 직전에, 그녀는 정신병 상태를 한 차례 겪었으며 그 상태가 약화되는 상황에서 나를 찾아 왔다.

여기서 당신은 어린 시절에 꾼 두 개의 꿈이 어떤 운명을 예고하고 있는지 볼 수 있다. 훗날에 긍정적인 꿈들이 따랐을 수 있지만, 그런 꿈들 중 어떤 것도 어린 시절의 꿈들의 중요성에 미치지 못한다. 이유는 아이가 어른보다 집단 무의식에 훨씬 더 가까이 있기 때문이다. 아이들은 여전히 위대한 이미지들 속에서 살고 있다. 인생에는 큰 꿈들, 그러니까 인격의 깊은 곳에서 나오는 꿈을 꾸는 중요한 시기가 있다. 사춘기와 중년기가 그런 때이다. 성인의 삶에서 꿈들은 대부분 개인적인 삶에 대해 언급한다. 그때엔 페르소나가 전면에 나서고, 각자의 인격에서 근본적인 것들은 멀찍이 뒤로 물러나 있으며 어쩌면 다시는 전면으로 나서지 않을 수도 있다.

　꿈은 보상적인 의미를 지니지만, 내가 소개한 여자 환자의 꿈엔 그런 부분이 보이지 않는다. 꿈의 보상적 기능도 제한적이다. 그래서 결말이 실종되고 없다. 그것은 사실 전환점에서 멈춰버린 꿈이다. 재앙이 예고되고 있으며, 결말이 전혀 일어나지 않고 있다.

　이제 이 꿈의 상징체계를 놓고 보다 세밀하게 논할 생각이다. 사건들이 별로 나타나지 않는 이런 꿈의 경우에, 세부 사항 하나하나를 매우 면밀히 들여다봐야 한다. 우선, 이 꿈을 꾼 사람이 잠을 자는 상태라는 것이 꿈에 언급되고 있다. 이것은 "당신은 잠을 자고 있어. 말하자면, 무의식에 빠져 있어."라는 뜻이다. 이어서 부모들의 침실이 나온다. 이 방은 아이와 가장 가까운 곳이고, 아이와 아주 친밀한 현실이다. 그렇다면 꿈은 이것이 꿈을 꾼 사람의 가장 친밀한 현실에 관한 것이라는 점을 보여주고 있다. 이어서 데스 마스크가 얹힌, 재로 된 피라미드의 이미지가 나온다. 이것들은 정말로 부모들의 재이다. 아마 침대와 가구, 그리고 두 사람을 화장한 장작더미의 재도 거기에 포함되어 있을 것이다. 한 사람이라면 그렇게 많은 재를 남기지 않는다. 이것은 이미 일어난 어떤 죽음의 이미지이다. 말하자면 이미 화장과 매장이 끝난 상태라는 뜻이다. 부모들의 침대도 재로 변했다. 원시인들 사이에도 이런 사상, 즉 사람은 홀로 묻혀서는 안 되고 그 사람이 쓰던 가구와 함께 묻혀야 한다는 사상이 발견된다. 그 사람에게 속했던 모든 것이 함께 파괴되어야 한다. 그 목적은 무엇인가?

죽은 사람이 다음 세상에서도 그런 것들을 발견하도록 하기 위해서이다. 공중으로 올라가는 연기는 말하자면 영적인 물질을 포함하고 있다. 물건들의 신비한 이미지들도 죽은 자의 신비체를 따라서 반(半)물질적인 영혼들의 세계로 보내진다. 물건들은 태워지거나 그냥 부서진다. 아프리카에서 나는 죽은 사람이 쓰던 물병이나 도끼, 요리 도구와 보석을 한곳에 모아 부수는 것을 보았다. 모든 것은 그 자리에 2개월 정도 있다가 사라졌다. 흥분이 가라앉지 않은 동안에는 누구도 그 물건을 건드리면 안 된다. 그것에 관한 어떠한 금지도 없지만, 그것들을 그 기간보다 일찍 갖고 가는 것은 그냥 적절하지 않은 것으로 여겨진다. 그것은 건전하지 못하며, 영혼이 그 물건들을 따라다닐 수 있다. 그래서 사람들은 그런 물건을 선뜻 가지려 들지 않는다.

재의 피라미드는 매장 의식이다. 그러나 여기서 우리는 이 원형적인 매장, 그러니까 이 죽음이 무엇을 의미하는지를 물어야 한다. 우선, 이 꿈 텍스트를 글자 그대로의 의미로 받아들여야 한다. 꿈 텍스트 중 어느 부분이 정확하지 않거나 지어냈다고 단정할 권리가 우리에겐 전혀 없다. 어쨌든 꿈 텍스트를 조작할 사람은 아무도 없다. 꿈을 꾸는 본인은 조작하지 않는다. 그녀는 잠을 잔다. '탈무드'는 "꿈은 그 자체로 해석이다."라고 꽤 정확히 언급하고 있다. 우리는 꿈을 확장하고 풍성하게 만드는 외에 그 어떤 것도 하지 못한다. 그래서 이 잿더미와 그 위에 놓인 데스 마스크와 관련해서, 우리는 인류의 신화적 경험에서 이와 비슷한 개념이 어디서 발견되는지를 물어야 한다. 그러면 이집트에서도 묘실(墓室)이라는 똑같은 개념이 발견된다는 것이 확인될 것이다. 이 묘실 위에 그 이집트인의 반물질적인 영혼인 카(Ka)가 있다. 이카는 묘실에 묻힌 사람과 비슷하게 만든다. 그래야만 죽은 사람이 자신의 육체를 찾을 때 자신이 실제로 어떤 모습이었는지 떠올릴 수 있을 것이다. 죽은 사람에게 작은 사다리도 주어졌다. 카가 그것을 타고 하늘로 올라가도록 하기 위해서이다. 혹은 람세스(Ramses) 신전 앞에 동일한 조각상이 12개 있다. 아마 왕이 정체성을 잃지 않도록 하기 위해서였을 것이다. 미라로 만들면 육체가 자신의 정체성과 자신의 카와 자신의 살아 있는 이미지를 그대로 간직하고, 그러면 왕이 자신의 외모를 기억하는 것으로 여겨졌다. 이는 사람이 죽어 영혼이 될 때 자신의 모습을 잊어버리는 것처럼 보였기 때문이다.

이 꿈을 꾼 사람은 원형(原型)에 따라 매장을 꽤 정확히 했다. 그녀는 부모가 정체성을 잃지 않도록 했다. 이 매장 의식은 무의식에서 나온 원형적인 상황이다. 경험에 따르면, 지금 이로운 무슨 일이 일어나야 한다. 일반적으로, 이 지점에서 이로운 이미지가 나타난다. 그런데 이 꿈은 그렇지 않다. 이 꿈에서 무엇이 그런 이로운 것이 될 수 있을까? 예를 들어, 자신의 안에 어떤 다른 운명을 갖고 있는 누군가가 이런 꿈을 꾸었다면, 정체성을 확인시키는 이 마스크의 의미를 이해할 길을 암시하는 것이 있을 수 있다. 어쨌든, 데스 마스크가 거기 있는 것은 죽은 사람들이 실제로 어떤 존재였는지를 기억하도록 하기 위해서이다. 부모가 다시 복원될 수 있을 것이고, 그러면 삶이 계속될 것이다. 그래서 부활을 위한 준비로서 기억을 위해 마스크들이 거기에 있는 것이다. 이 가능성이 여기선 통하지 않으며, 그 점은 두 번째 꿈에서도 똑같이 확인된다.

두 번째 꿈에서 두드러진 것은 다섯 살 내지 여섯 살 아이가 분화구 풍경에 관한 꿈을 꾸었다는 점이다. 아이에게 어울리지 않는 꿈이다. 아마 아이는 분화구라는 단어에 대해 생각도 하지 않았을 것이다. 우리는 이 꿈이 기억해 낸 꿈이라는 것을 기억해야 한다. 그래서 어른의 언어에서 나온 표현들이 있다. 아이는 구멍이 가득한 땅에 대한 꿈을 꾸었음에 틀림없다. 분화구가 많은 땅은 첫 번째 꿈의 피라미드의 카운터파트이다. 분화구는 높은 피라미드와 상응하는 큰 구멍이다. 그런 유사성은 현실 속에서도 발견된다. 스위스 아르가우 주에서 신석기 시대 유물을 발굴한 것을 보면, 고분(古墳) 외에 그것과 상응하는 구멍들이 발견된다. 그렇다면 우리가 이 꿈들에서 보고 있는 것은 먼저 높이 쌓은 것이고, 그 다음에 움푹 파인 곳, 즉 쌓인 것의 부정(否定)을 보고 있다. 이것들은 매장 구멍이며, 이 이미지를 어떻게 다뤄야 할지 몰랐던 그 여자는 훗날 상상력을 발휘해 그것을 분화구라고 불렀다. 그러므로 분화구라는 용어의 해석에서 너무 멀리 나가서는 안 된다. 위험이라는 개념이 언제나 땅이 파이는 것과 연결된다 하더라도, "폭발"이나 "분출" 같은 해석에 특히 조심해야 한다. 왜냐하면 누군가가 땅을 팔 때, 우리가 지하 세계로, 선사시대의 세계로, '알지라'(aljira)[15]

....
15 '시간이 존재하지 않는 땅'이라는 뜻의 호주 원주민의 단어.

로 들어가기 때문이다. '알지라'는 종종 땅 속에 있는 것으로 여겨진
다. 옛날에 존재했던 인간들은 시간이 존재하고 인류가 창조된 뒤에
땅 속으로 가라앉았다는 이야기도 있다. 그러나 땅을 파고 '알지라'로
들어가는 것이 언제나 위험한 일은 아니며, 이점이 될 수도 있다. 왜냐
하면 우리가 조상들을 다시 발견할 때 생명의 원천에 닿게 되기 때문
이다. 이것이 우리가 보물을, 소중한 물건을 찾아 땅을 파고 물을 길어
올리는 이유이다. 또 원시인들이 땅에 구멍을 내는 이유이기도 하다.
그러면 땅이 비옥해지는 것으로 여겨진다. 상징적으로, 우리는 이것을
비옥하게 하는 마법으로 보아야 한다. 왜냐하면 이 구멍들이 어머니
대지로 들어가는 입구이기 때문이다. 대지의 자궁이 활짝 열려 있는
것이다.

첫 번째 꿈의 잿더미와 부합하는 이 매장 구멍들의 의미를 파악해야
한다. 첫 번째 꿈에 재로 된 피라미드가 나오는데 두 번째 꿈에 피라미
드와 상응하는 구덩이가 나오는 이유는 무엇인가? 틀림없이 두 번째
꿈이 더 위험하다. 무슨 증거로 이렇게 말할 수 있을까?

대지가 입을 벌리고 있다는 점이 그 증거가 될 수 있다. 대지는 입을
벌리고 있는 위대한 여자 조상이다. 이 대지는 단순히 벌거벗은 우주
이다. 이것은 무(無)이고, 영원한 빔(空)이다. 인간 존재들과 전혀 교
류를 하지 않는 가운데 자연의 한 부분 속에 서 있을 때, 우리는 그런
감정을 느낀다. 자연은 인간에 대해 전혀 신경을 쓰지 않는다. 이 점은
어머니의 부재에 의해 표현되고 있다. 어머니는 이 아이, 또는 일반적
으로 한 소녀에게 무엇을 의미하는가?

소녀 자신의 여성적인 본성과 바탕, 자연, 생명을, 한마디로 말해 현

실을 의미한다. 이 모든 것이 어머니와 연결되어 있다. 따라서 어머니와의 관계가 부정적으로 변할 때, 여성적인 본성 안에 어떤 장애가 일어난다. 그렇다면 어머니의 부재는 인간적인 본성이 상실되었다는 것을 의미한다. 인간의 세계에 그 아이의 바탕은 더 이상 없다는 뜻이다. 달의 풍경과 분화구 풍경을 서로 비교한다면, 그런 존재는 "달 위에서" 살고 있다고 할 수 있다. 달의 개념이 또 다른 무서운 측면을 떠올리게 한다.

달은 정신적인 질병을 의미한다. 프랑스어 'lunatique'나 독일어 'mondsüchtig'에 대해 생각해 보라. 그런 사람은 달에 상응하는 그런 풍경 속에 있다. 인간 본성은 상실되었고, 어머니는 더 이상 없다. 아버지의 영혼만 남아 있을 뿐이다. 진짜 아버지는 이미 죽었기 때문이다. 영혼이 그녀를 부르고 있다. 영혼이 부를 때, 어떤 일이 일어나는가?

영혼의 부름은 영혼이 관계되는 만큼 불가사의한 경험이다. 그것은 죽은 자의 영역으로 오라는 초대이다. 원시인들은 영혼의 부름을 매우 두려워한다. 나는 그런 모습을 직접 보았다. 마을로 이어지는 길들은 대부분 밤에 혈족을 찾아 마을로 돌아올지 모르는 영혼들로부터 보호를 받고 있다. 이 목적을 위해서, 그리고 영혼들이 살아 있는 사람들에게 강력한 영향을 행사하기 때문에, 영혼 덫이 놓이고, 영혼을 쫓는 약들이 내걸려 있다. 이런 것들이 영혼을 물리치는 것으로 여겨진다. 이것은 사람이 가까운 친척을 잃을 때 죽음의 그늘로 떨어진다는 사상과 연결된다. 그런 상황에 처할 경우에 사람은 삶의 의지가 다소 약해진다. 사람이 부분적으로 친척의 무덤 속으로 끌려가는 것이다. 이것이 엄청난 피해를 야기할 수 있다. 신경증도 일어나고 육체의 병도 일어날 수 있다. 또는 전체 인격이 변할 수도 있다. 이 변화들은 죽은 자가 산 자의 안으로 들어가서 거기서 계속 살게 됨에 따라 일어난다. 만약에 죽은 자가 긍정적인 영향을 미친다면, 그 변화는 긍정적인 성격을 지닐 것이다. 그러나 그런 경우에도 거기엔 불가사의한 무엇인가가 있다. 죽은 자가 계속 어떤 영향을 미친다면, 그 영향은 당연히 불가사의하다.

이제 당신은 이 꿈을 꾼 소녀의 상황에 보다 쉽게 공감하고, 따라서 그녀가 아버지의 영혼으로부터 부름을 받았을 때 느꼈을 공포를 느낄 수 있다. 아버지의 영혼은 첫 번째 꿈의 시작 부분에도 있고, 두 번째 꿈의 마지막에도 있다. 유일하게 살아 있는 존재로서 말이다. 이것을 근거로 어떤 결론을 끌어낼 수 있을까? 이 꿈들을 꾼 소녀에게 이것은 무엇을 의미할까?

아버지의 목소리만, 다시 말해 아버지의 영혼만 남았다. 그것은 꿈을 꾼 소녀가 아버지의 영혼 속에서만 살아가게 될 것이란 뜻이다. 바로 이 아버지의 영혼이 남자의 정신, 즉 아니무스이다. 그렇다면 우리는 이 여자가 어느 정도 아버지의 영향 아래에서 살게 될 것이라고 단정할 수 있다. 개인적인 아버지의 영향보다는 일반적이고 상징적인 아버지의 영향이라는 표현이 더 정확하다. 아마 그 영향은 이런 식으로 나타날 것이다. 종교에 강하게 사로잡히든가, 종교적 망상을 품든가, 다양한 철학 서적에서 볼 수 있듯이 지성을 무모하게 이용할 것이다. 그것도 정신적 질병일 수 있다. 세상에는 분화구처럼 완전히 타버린 사람들이 있으며, 그런 사람들은 철저히 주지주의적인 모습을 보인다.

홀로 살아 있는 이 아니무스가 어떤 식으로 기능할 것인지, 우리는 알지 못한다. 단지 아니무스가 결국 남게 될 것이라는 점만을 알고 있다. 따라서 허공에 정령들이 떠돌 것이다. 이 아니무스가 소녀의 삶에 어떤 모습으로 나타날 것인지는 이 꿈들을 바탕으로 추론하지 못한다.

그 후에 이 여자에게 일어난 일에 대해 들려줄 생각이다. 이 여자는 아주 별난 사람과 결혼했다. 어느 누구도 그녀가 그런 구제불능의 남자를 선택할 것이라고 예상하지 않았다. 그 결혼은 좋지 않았으며, 해가 갈수록 더 나빠졌다. 그러다가 어떤 남자가 그녀의 삶에 끼어들었다. "허황한 생각을 가진" 사람이었다. 그 사람은 사고가 열등했으며, 허공에다가 성(城)을 짓고 단어들을 왜곡하는 일에 골몰했다. 그녀는 그를 구세주로 여겼으며, 그에게 받아들여졌다. 이 모든 것이 복잡하게 꼬이면서 상황을 더욱 어렵게 만들었고, 그녀는 결국 우울증에 걸렸다. 그녀는 요양소에 입원해야 했으며, 거기서 나의 상담을 받았다. 그녀는 서서히 회복했으며, 사회적으로 꽤 적응한 상태에서 퇴원했다. 그러나 근본적으로 변한 것은 아무것도 없었다. 그래서 어떤 일이 일어났을까?

그녀는 시골의 낭만적인 주택에서 살면서 모든 친구와 지인을 멀리했다. 너무나 보잘것없는 남편과 함께, 그녀는 터무니없는 철학적 사상에 사로잡힌 채 귀신같은 비현실적인 세계에서 외양과 기만의 삶을 살고 있다. 이 꿈들이 예고하고 있는 것이 바로 이런 것이다. 거기엔 희망이 전혀 남아 있지 않다. 도움을 줄 수 있는 사람이 하나도 없다. 잠깐 동안 이 아니무스가 나에게로 미끄러져 들어왔으며, 이어서 나는 그녀의 구세주가 되었으나 곧 더 이상 구세주가 아니게 되었다. 그러고는 더 이상 아무 일이 일어나지 않았다.

그렇다면 그런 우주적 빔(空)이 나타나는 꿈은 언제나 재앙적인 의미를 지니는 것일까?

꿈의 의미는 전체 꿈에 달려 있다. 예를 들어, 만약에 그런 상황에 이로운 생각이 더해진다면, 그런 꿈도 그다지 불길하지 않을 수 있다. 이 꿈도 그런 식으로 진행될 수 있었을 것이다. 왜냐하면 거기에 살아 있는 영혼이 있기 때문이다. 어머니만 살아 있었어도, 어머니가 아버지의 영혼을 담을 그릇이 되어 주었을 것이다. 그러나 꿈에 그런 그릇이 전혀 없다. 어쨌든, 단 하나의 위험한 상징을 근거로 일들이 완전히 나쁘다는 식으로 결론을 내리면 안 된다. 결론은 상징들이 놓인 맥락에 따라 달라져야 한다. 꿈 상황의 정신 속으로 완전히 들어가는 것이 언제나 최선의 방법이다. 당신이 감정으로 어떤 꿈을 건드리면서 조심스럽게 감정 가치를 측정한다면, 그 꿈이 호의적인지 여부가 금방 느껴진다. 이 꿈에서 우리는 당장 어떤 구멍 같은 것이 있다는 느낌을 받는다. 당신의 가슴을 어느 정도 꿈속에 담그도록 하라. 그러면 꿈 분석 작업의 반을 끝낸 것이나 마찬가지이다. 이 세상엔 뇌가 절대로 알지 못하는 "가슴의 지성"이 분명히 있다.

#6. 웨딩 마차와 꼬마 천사에 관한 꿈

네 살 소녀가 꾼 꿈이다.

1. "한쪽 창문의 셔터가 아주 서서히 올라간다. 정원의 자갈길 위

에 결혼식 마차가 보인다. 집의 모퉁이를 돌고 있다. 신랑 신부는 마차에 앉아 있고, 마부석엔 악마가 마부로 앉아 있다. 갑자기 마차가 화염 속으로 사라진다. 나는 너무나 무서워 벌벌 떤다."

2. 꿈을 꾼 소녀는 자기 부모의 집 화장실에 서서 거울에 비친 자신의 모습을 보고 있다. 거울에 비친 상에서 그녀는 자신의 어깨에서 날개가 아주 느리게 자라는 것을 본다. 그래서 그녀는 마치 꼬마 천사처럼 보인다.

이 꿈들을 꾼 소녀는 침실에 있다. 이곳이 행위가 일어나는 장소이다. 셔터가 서서히 올라간다. 셔터는 말하자면 눈꺼풀을 나타내고 있다. 눈꺼풀이 열릴 때, 우리는 세상의 일부를 발견한다. 그렇다면 여기서도 무엇인가가, 말하자면 어떤 환상이 준비되고 있다. 이것이 전개이다. 꿈을 꾼 사람은 신랑 신부가 타고 있는 웨딩 마차를 본다. 이미 구성이 본격화되었으며, 곧 이야기의 절정에 달한다. 악마가 나타나고 있는 것이다. 이것은 반전이다. 이어서 마차가 불에 타는 재앙이 따른다. 결말은 불 속에 용해되는 것이다. 모든 것이 연기가 되어 올라간다. 여기서 이것이 정말로 결말인지를 물을 수 있다.

아름다운 이미지가 전부 불에 파괴되고 있다. 불 속에서 어떤 감정적 긴장이 높아지고 있다. 종교적 숭배뿐만 아니라 시(詩)에서도 불이 해방과 위안을 안겨준다는 내용이 발견된다. 괴테의 아름다운 시 '신과 바야데르'(The God and the Bayadere)를 떠올려 보라. 바야데르가 죽어서까지 신을 따르기를 원할 때, 신은 그녀를 불같은 팔로 천국까지 번쩍 들어올린다. 거기선, 연기와 불이 올라가는 것이 틀림없이 결말로 느껴졌다. 이것은 고대의 어떤 전통, 즉 제물을 불에 넘기는 것이 그곳에 모인 모든 사람들을 위한 종교적 결말이라는 전통과 부합한다. 멕시코 남부 주들에 사는 원주민들 사이에서도 이와 똑같은 사상이 발견된다. 보드라운 깃털을 지옥 위로 잡고 있다가 바위 위에서 바람에 실어 위로 올라가게 하는 것이다. 꿈속의 사건은 신을 죽여서 먹는 의식과 비교할 만하다. 이것들은 결말로 이어지는 의식(儀式)이다. 기독교 신비 의식에서, 구세주의 희생이 의미하는 구원뿐만 아니라 구세주의 고통스런 죽음도 묘사된다.

　이 꿈에서 우리는 이런 종류의 경험을 분명히 확인하고 있다. 물론, 이미지는 적절히 유치하다. 아이가 아름다운 웨딩 마차와 결혼하는 커플을 보며 즐거워하고 있다. 아이들은 화려한 것을 좋아하니까. 이 대목에서 아이들은 결혼하는 신랑과 신부가 던지는 사탕을 받는다. 소녀는 네 살 내지 다섯 살이다. 그녀가 틀림없이 영리한 아이이기 때문에, 그런 인상들은 이미 확실한 경험이 되고 있다. 당연히, 소녀는 결혼이 어떤 것인지를 알고 있다. 그녀는 또 악마에 대해서도 알고 있다. 악마는 많은 속담에도 언급되고 있으며, 동화에도 자주 나온다. 거리에서 만나지 못하는 어떤 존재에 대한 이야기를 처음 들을 때, 아이들은 당연히 강한 인상을 받는다. 이 소녀도 마찬가지이다. 그녀는 이 형상을 받아들여 자신의 것으로 통합시키려 노력하지만, 동화의 다른 모티브들도 개입한다. 그러나 만약에 악마가 꿈속에서 모든 것을 허물어버린다면, 그것은 아이의 의식을 크게 넘어서는 일일 것이다. 결혼 파티에 대한 생각 속으로 돌연 재앙의 냄새가 스며든다. 그것은 놀라운 경험이며, 꿈에서 아이는 그것이 하나의 환상일 뿐이라는 것을 모른다. 당연히, 소녀는 자신의 눈앞에서 벌어지고 있는 모든 행위에 사로잡히며 그것을 진짜 경험으로 경험한다.

그러나 소녀는 유리창에 의해 이 행위로부터 분리되어 있다. 일은 종종 그런 식으로 전개된다. 우리는 안전한 곳에 있고, 위험한 상황은 바깥의 어딘가에서 일어나고 있으며, 우리는 그 상황을 그냥 볼 뿐이다. 이런 일이 꿈에서 일어날 때마다, 그것은 이런 뜻이다. '나는 그 상황에 처해 있지 않지만 상황은 그렇다.' 지금 이것은 동시대 역사의 사건들을 가리킬 수 있다. 아니면 개인적 관심사가 전혀 아닌데도 공통적인 운명으로 엮어지고 있는 어떤 집단적인 사건을 가리킬 수 있다. 어쨌든, 그 순간에 그 사건은 꿈을 꾼 사람 본인을 가리키지는 않는다. 그렇다면 우리는 그것을 일종의 미래의 환상이라고 부를 수 있다.

아이는 자신의 미래 삶을 예견하고 있다. 그 삶은 어린 아이의 관점에서 보면 틀림없이 터무니없어 보인다. 우리는 아이들이 그런 환상을 품을 수 있다는 사실을 이해하지 못한다. 하기야, 그런 환상이 어떻게 아이에게 일어날 수 있겠어! 너무나 당연한 것으로 여겨지는 아이들의 순진무구함이 우리의 분석을 방해한다. 그러나 우리는 특히 어린 시절에 어른들에게나 어울릴 뿐 아이들에게는 어울리지 않는 그런 꿈이나 환상을 경험한다는 생각에 익숙해져야 한다. 열여섯 살인 어느 소녀는 앞으로 다가올 생의 향연에 대한 기대로 한껏 부풀어 있는데 자신이 남편을 불속으로 끌어들이는 그런 우울한 예감에 사로잡혀 있다. 이런 환상도 우리는 이해할 수 있다. 분명히, 그녀는 기대로 가득한 순수한 눈을 가졌고 예쁘다. 그녀는 하늘을 날아오를 듯한 행복감을 느끼고 있다. 그러나 그녀가 자기 자신이 누군지, 하나의 그림자로서

의 자신이 누구인지에 대한 어떤 예감을 느꼈을 수 있다. "남자를 만나면, 그 사람에게 내가 할 수 있는 것을 모두 보여 줄 거야." 그녀가 남자를 가까이 두게 되는 순간, 대혼란이 벌어진다. 불행하게도, 이런 일은 절대로 드물지 않다. 여자는 마치 자기가 남자를 갖게 될 때를 기다렸다는 듯이 행동할 것이다. 그러면 여자는 남자에게 자신이 할 수 있는 것을 모두 보여주게 된다. 우리는 이타적인 인격을 특별히 조심해야 한다. 어쨌든 우리 인간은 신이 아니다. 우리는 그림자를 갖고 있다. 우리는 어쨌든 우리의 등 뒤에 무엇인가 옳지 않은 것이 있을 수 있다는 불길한 예감을 갖고 있다. 그 같은 사실을 깨닫는 데 간혹 50년이 걸리기도 한다.

한 가지 예를 제시하고 싶다. 내가 알고 있는 미국인으로 매우 존경할 만한 인물이다. 그는 40대부터 점점 우울해져갔다. 그 전까지 그는 클럽과 사교 모임에서 많은 시간을 보내면서 많은 사람들과 어울려 지냈다. 그러나 그 후로 그는 도덕주의자가 되었다. 다른 사람들의 일에 자신의 코를 파묻고 지냈다. 이 같은 행태가 그의 아내에게 점점 더 참을 수 없게 되었다. 그는 자신의 과장된 도덕주의적 태도로 모든 사람을 나무랐다. 그는 온갖 일에 간섭하고, 교구 위원이 되었으며, 일요일에 교회에서 독송을 맡았다. 이런 상황은 갈수록 더욱 암담한 상황으로 발전해갔다. 모두가 그를 두려워하고 미워했다. 쉰다섯 나이에 어느 날 갑자기 그는 잠을 자다가 벌떡 일어나서 자기 아내에게 "기본적으로, 나라는 존재는 악당이야!"라고 말했다. 그 순간부터 모든 걸 행동으로 옮겼다. 죽을 때까지, 그는 재산을 몽땅 낭비했다. 그는 더 이상 아무 일에도 신경 쓰지 않았다. 그가 자신이 그림자를 갖고 있다는 사실을 발견한 것이 바로 그때였다.

모든 사람이 자신의 그림자를 발견하는 데 그렇게 오랜 세월이 걸리는 것은 아니다. 사춘기에 가까워지는 아이가 이미 사악한 그 무엇에, 불같은 그 무엇에 대해 어두운 예감을 가질 수 있다. 우리 꿈이 보여주듯이, 요람에서 나온 지 얼마 되지 않은 아이도 그런 예감을 가질 수 있다. 우리 어른이 좀처럼 이해하지 못한다 할지라도, 아이는 이런 꿈을 꾸었으며, 그런 꿈 앞에서 아이들의 순진무구함 등에 대해 이야기해봐야 아무런 소용이 없다. 이 아이는 악마가 결혼한 신랑과 신부를 붙들고 있는 꿈을, 모든 것이 화염 속으로 사라지는 꿈을 꾸었다. 기본적으로, 이 꿈은 조악한 형태이지만 우리에게 전하고자 하는 것을 충분히 다 전하고 있다. 결혼 잔치, 아름다운 잔치는 무서운 도덕적 재앙과 관계있다는 것을, 또 틀림없이 불과, 말하자면 본능과 관계있다는 것을 보여주고 있다. 본능이 등장할 때, 악마도 같이 등장한다. 그리고 결혼 잔치는 본능과 관계있는 것은 분명하다.

아이가 그런 꿈을 꿀 수 있다면, 우리는 아이의 안에 있는 무엇인가가 이 과정에 대해 알고 있다고 단정해야 할 것이다. 우리는 소녀의 어머니가 딸에게 "너는 결혼하자마자 악마에게 잡혀갈 거야."라는 식의 이야기를 들려주었다고 추정할 수 없다. 왜냐하면 그렇게 했을 경우에 소녀가 이런 꿈을 꿀 필요가 없었을 것이기 때문이다. 그녀가 그것을 이미 알고 있었을 수도 있다. 그래서 우리는 그녀의 안에 잠재력으로 있는 이 지식이 그녀와 함께 태어난 지식이라고, 그녀가 세상에 나올 때 갖고 온 지식이라고 단정하지 않을 수 없다. 소녀는 이 지식을 어디서 얻는가? 이 지식은 자연 속에 있고, 그녀의 뇌의 구성 요소 안에 있다. 그녀는 완전한 뇌를 갖고 태어났다. 그녀의 뇌 안에는 인간 삶의 모든 과정의 원형들이 들어 있으며, 따라서 이 원형들은 이처럼 전형적으로 인간적인 방식으로 기능할 것이다. 그리고 이 과정들은 여느 때나 똑같이 인간의 삶에 일어날 것이다. 죽음이 닥치거나 악이 닥칠 것이고, 때론 두 가지가 한꺼번에 닥칠 것이다. 이것은 인간 삶의 한 형태이고, 헤아릴 수 없을 만큼 많이 되풀이되어 온 형태이다. 그것은 전형적인 한 과정이다.

교육은 이 근본적인 사실에 전혀 아무런 변화를 주지 못한다. 대체로 보면, 아이가 이런 교육을 받았는가 저런 교육을 받았는가, 또는 이런 영향에 노출되었는가 저런 영향에 노출되었는가 하는 문제는 중요하지 않다. 어떤 의미에서 보면, 인격의 발달 같은 것은 전혀 존재하지 않는다. 인격은 언제나 거기에 있다. 다만 경험적인 의미에서 존재하는 것이 아니라 하나의 잠재력으로서 눈에 보이지 않는 상태로 존재하고 있을 뿐이다. 교육은 표면의 광을 내는 그 이상의 일을 거의 하지 못하거나 약간 변화시킬 수 있지만, 근본적인 본질은 교육에 의해 건드려지지 않는다. 우리는 인격의 근본적인 본질에 새로운 것을 더하지도 못하고 빼지도 못한다. 교육은 어떤 구체적인 목표 쪽으로 분화시키는 것에 지나지 않는다. 교육은 인간이 손을 씻고, 양치질을 하고, 특정한 옷을 입도록 할 수 있다. 하지만 "인격 교육"은 어떻게 해야 하는가? 인간의 삶은 단순히 인간의 삶이 전반적으로 취해야 할 길을 취하고 있으며, 인간의 삶은 인간의 삶의 특징을 이루는 법칙들을 지킬 것이다.

인간의 성향들이 원형적인 형태 속에 들어 있다는 가설을 받아들인다면, 이것들이 인류 역사 전반에 걸쳐서 발견되는 사상과 이미지라는 점이 쉽게 증명될 수 있다. 우리 꿈에 나타나는 결혼 커플, 마차, 결혼잔치, 악마 등은 인간들의 역사에 분명히 영향을 끼친 관념이나 이미지이며, 이 관념과 이미지들은 모든 아이의 안에 잠재적으로 들어 있다. 이 관념과 이미지들은 어린 시절에 특별히 더 생생하다. 아이들이 집단 무의식에 한층 더 가까이 있기 때문이다.

삶의 첫 몇 년 동안의 정신 상태는 집단 무의식과 다르지 않다. 그 시기의 정신 상태는 풍부한 이미지의 세계이다. 그 이미지들을 볼 수 있는 존재는 아무도 없다. 의식이 전혀 존재하지 않기 때문이다. 그것은 낯선 형상들로 가득한 대양(大洋)의 세계이다. 아이는 이 바다에서 나온다. 삶의 훗날에도 사람들은 간혹 이 황금 배경에 대한 기억을 어렴풋이 떠올린다. 이미 존재했던 것들에 관한 기억이 많을수록, 적응은 그만큼 더 어려워질 것이다. 심한 경우에, 현재의 문제들에 대한 진정한 관심을 전혀 끌어내지 못하는 예도 있을 수 있다. 그런 아이들은 자신들의 육체 속으로 진정으로 들어가지 않으며, 육체의 많은 부위들이 정신적 에너지를 전혀 받지 못할 수 있다. 그런 아이들은 밖에서 육체를 봐야만 육체를 알 수 있으며, 그들은 자신의 육체 안에 들어가 있지 않다. 그러면 아이의 호흡이 전혀 몸을 통과하지 않게 된다. 그런 아이들은 육체 안에 완전히 거주하지 못한다. 이 같은 사실은 그런 사람들의 뻣뻣한 자세에서 확인된다. 그런 사람들은 마치 줄 위에서 몸의 균형을 맞추려는 것처럼 엉성한 자세를 취한다. 이런 것들은 현재에 여전히 두드러지게 나타나고 있는 과거의 효과이다. 그 영향은 여전히 너무 강하다. "예전에 존재했던 삶, 우리가 지금 영위하고 있는 삶과 다른 예전의 삶", 이것이 당신이 각 민족의 역사에서 한 번 이상 조우할 주제이다. 이를 보여주는 가장 훌륭한 예가 바로 『바르도 퇴돌』이다. 바르도에서 사는 기간은 49일이다. 그 기간에 영혼은 말하자면 어떤 집단적인 세상에서 살면서 영혼들과 삶의 다른 이미지들을, 말하자면 괴테가 '파우스트'에서 말한 "모든 생명체들의 이미지들"을 만난다. 이 선사 시대의 세계를 보여주는 다른 예도 있다.

일반적으로 황금시대에 관한 전설이 모두 그런 예에 속할 것이다. 선사 시대에 황금시대가 있었는데, 그 이후로 세상이 사악해지게 되었다는 사상 말이다. 한때 경이로운 것들로 가득했던 이 세상은 앞에서 언급한 '알지라'이다. 알지라 신화는 시간이 전혀 존재하지 않던 원초적인 시기에 반동물 상태의 조상들이, 위대한 창조주들이 살았다는 이야기를 들려주고 있다. 모든 것은 경이로웠고, 모든 것은 마법에 의해 행해졌다. 모든 것이 매우 현명하게 창조되었다. 이어서 알지라 신들 또는 영웅들은 땅 속으로 가라앉았으며 그 이후로 더 이상 보이지 않았지만, 그들은 흔적을 남겼다. 이 흔적들이 지금 숭배의 대상이 되고 있다. 숭배가 행해지는 동안에, 우리는 그 전에 있었던 것들을 기억한다. 그래서 예를 들어 원시인들이 춤을 출 때, 그들은 모래 위에 이상하면서도 아주 아름다운 문양을 그린다. 이것은 그들의 조상들이 고대에 했던 그 무엇이다. 춤이 되풀이될 때, 조상들은 여전히 살아 있다. 조상들은 다시 삶을 아름답게 가꾼다. 조상들의 지하 세계의 일부를 다시 위쪽으로 끌어올린다. 만약에 당신이 그런 신화적인 자료를 그 아이에게 준다면, 그것은 소녀에게 예전에 누렸던 영광스런 삶의 일부를 돌려주는 것이나 마찬가지일 것이다. 그러면 소녀는 한동안 그 세계 속에서 살아가면서, 이 세상의 기억을 아주 어렵게 벗겨내게 될 것이다.

대부분의 동화가 "옛날 옛날 옛적에..."라는 식으로 시작하는데, 이것도 원초적인 시기를 가리킨다. 나는 원시인들 사이에서도 이런 태도를 발견했다. 벼가 제대로 자라지 않을 때, 사람들은 벼에게 예전에 정상적으로 자라던 방법에 대해 들려줘야 했다. 정신적 장애를 치료할 때에도, 먼저 자아를 강화하는 것으로 시작해야 한다. 간혹 환자에게 "괜찮아요. 그건 공상일 뿐이에요."라고 말할 필요가 있다. 무엇보다, 공상이 이런 말에 의해 평가 절하되며, 자아와 환상이 따로 분리되고 둘 사이에 거리가 생긴다. 분화를 끌어내기 위해서는 간혹 매우 극적인 조치를 취해야 할 때도 있다. 어떤 사람이 일종의 집단적인 수면상태에 빠져 떠돌고 있을 때엔 그 사람을 큰 소리로 깨우는 것이 필요하다. 아니면 자신이 누구인지를 알도록 하기 위해서 환자를 붙잡고 흔들 필요도 있다. 단 한 차례의 때림이나 밀침이 기적을 낳기도 한다. 그 사람으로 하여금 "이게 나로구나!"라고 느끼게 만드는 것이다. 도덕적으로나 육체적으로 훌륭한 취향이 이미지들의 매력에 맞서는 가장 효과적인 길이 되는 그런 상황이 있다.

아이는 진정으로 삶 속으로 들어가기 위해서 이 원초적인 세상으로부터 빠져 나와야 한다. 신이 세상을 창조한 다음에 어떤 보편적인 무지의 장막을, 그 전에 있었던 것을 모두 망각하게 하는 어떤 장막을 펼쳤다는 영지주의 신화가 있다. 이 신화는 바로 이 같은 원초적인 상태를 정확히 묘사하고 있다. 첫째, "온갖 창조물의 이미지"가 있고, 그 다음에 위대한 망각이 있고, 그리고 나서야 인간의 삶이 시작된다. 그러나 아이가 '바르도' 시기로부터, 그러니까 출생 전의 정신으로부터 자아의식으로 옮겨가는 것은 결정적인 변화이다.

그래서 어린 시절의 이 꿈에서 보듯이, 꽤 아이답지 않은 것들이 나타나는 꿈이 간혹 있다. 이런 것들은 인간 운명의 모든 것이 이미지로 존재하고 있는 그 집단적인 영역에서 나온다. 바로 이것이 이 아이에게 일어난 일이다. 그런 꿈을 다룰 때, 나는 신화적인 자료를 최대한 많이 제시한다. 그러면 이 집단적인 내용물이 의식적인 삶으로 통합될 수 있다. 이것은 또 종교적인 의식이 치료의 효과를 발휘하는 이유이기도 하다. 종교적인 의식에 참여하는 사람은 오래 전에 잊어버린 것을 떠올리게 된다. 이런 식으로, 기억이 생생한 이미지로 바뀐다.

이것은 또 우리가 지금 꿈에 접근하면서 추구하고 있는 방법이기도 하다. 우리는 먼저 인간이 이 과정들과 관련해 창조해낸 관념들을 바탕으로 꿈의 상징들을 이해하려고 노력하고 있다. 우선 웨딩 마차의 상징부터 다루도록 하자. 마차를 만다라와 비교하는 것은 맞다. 민족 심리학에서 비슷한 것들을 찾는다면, 마차와 결혼하는 커플의 의미를 더 잘 이해할 수 있을 것이다. 예를 들어, 인도에서는 신들이 만다라 형태로 만든, 8개의 바퀴를 가진 큰 사각형 마차 안에 태워진다. 목각품이 가득한 이 마차들 위에 탑이 세워지고, 이 탑 안의 닫집에 신 또는 신성한 커플이 앉아 있다. 그래서 신은 만다라의 한가운데를 차지하게 된다. 만다라 형태는 완벽을 암시한다. 완벽성은 4개의 귀퉁이가 있다는 사실뿐만 아니라 바퀴의 원형에 의해서도 암시되고 있다. 넷은 4개의 방위와 4개의 계절과 관계있다. 원형은 완전한 성취이다. 마차 속의 신성한 커플은 완전의 상징이기도 하다. 거기엔 여성적인 것과 남성적인 것이 함께 있다. 티베트의 전설에서 신들은 성적 합체, 영원한 동거, 심지어 자웅동체로 묘사되고 있다. 이 같은 사상은 서양에서 14세기 말경에 완벽한 존재는 자웅동체라고 보는 연금술 철학에 다시 나타난다. 모든 아담은 자기 안에 이브를 품고 있다는 사상이다.

신성한 커플이라는 사상은 신성한 결혼, 즉 융합의 형태로 삶의 정점을 나타내지만, 이 절정은 곧 사라질 것이다. 신의 계시 뒤에 즉각 완전한 파괴의 형태로 '에난티오드로미아'(enantiodromia)[16]가 따른다. 삶은 정점에서 멈추지 못한다. 삶은 다시 새로운 정점에 오르기 위해서 반대편에 닿으려고 노력해야 한다. 이것이 소위 '삼사라' (samsara)[17]라는 존재의 순환이고, 영원한 상하 운동이며, 신들의 상승과 하강이다. 이 맥락에서 마차가 변화의 상징인 것이 이해된다. 마차는 신들의 '트란시투스'(transitus)[18]와 밀접히 연결되어 있다. 이 점은 이집트에서 가장 분명하게 확인된다. 이집트에서 신은 마차를 이용하지 않고 배를 이용하지만 말이다. 신은 돛단배를 타고 서쪽으로 여행한다. 이 여행은 태양이 하늘을 가로지르는 황도대를 묘사하고 있다. 그것은 뜨고 지는 것의 순환이다. 이집트가 아닌 다른 곳에서 이 이동은 마차를 통해서 일어난다. 신의 이미지들을 마차에 태워 다니는 행렬도 똑같은 의미를 지닌다. 신들이 걷고 있는 것이다. 원시적인 차원에서, 이것은 조상들, 반은 동물인 토템 조상들의 방랑으로 바뀌는데, 이 조상들은 땅을 걸어 다니며 모든 것을 창조한다. 서양에서 그것은

....

16 '반대 방향으로 달리는 것'이란 뜻의 그리스어 단어. 반대 방향으로 넘어가는 전환점을 말한다.

17 힌두교에서 영혼의 윤회를 말한다.

18 기독교 신학에서 '죽음을 거쳐 생명으로 넘어가는 때'를 일컫는다.

시간이 전혀 존재하지 않는 '알지라' 시기의 잔존물을 대표하는 악마이다. 이 악마는 반(半) 동물이며, 둘로 갈라진 발굽과 동물적인 다른 특성들을 갖고 있다. 게르만 족의 무용담과 시, 예를 들어 칼 슈피텔러(Carl Spitteler)의 '올림포스의 봄'(Olympischer Frühling)을 보면, 신들이 걸어서 오르내리는 것으로 묘사된다. 거기엔 또 먼 하늘에서 걷는 것도 묘사된다. 한 순간에 행성 신들이 보이다가도 그 다음 순간에 보이지 않는다. 전체 서사시의 주제는 사건들의 영원한 순환이다.

상승과 하강의 이 순환 속에서, 세상의 종말은 우리가 아는 바와 같이 불에 의한 종말로 묘사되고 있다. 헤라클레이토스(Heraclitus)[19]에게는 생명 자체가 불의 흐름이고 "영원히 살아 있는 불"이며, 불이 생명의 기본적인 상징이 되었다. 그래서 세례식에서 대부에게 계몽과 생명의 활성, 그리고 정신적 삶의 상징으로서 불을 붙인 초가 주어진다. 불은 언제나 하나의 융합이다. 정신적이고 남성적인 산소는 눈에 보이며, 여성적인 나무와 결합한다. 예를 들면 베다의 전설이 있는데, 불 속에서 일어나는 이런 결합의 행위에서, 아래에 있는 나무 조각은 여자에 해당하고, 원을 그리며 도는 나무 막대기는 남자에 해당한다. 이 두 가지가 함께 하나의 불꽃을 만들어낸다. 결혼이 이뤄질 때, 불꽃이 피어오른다. 불꽃의 분출은 실질적인 결합, 즉 상반된 것들의 결합이다.

둘의 결합이 셋을 낳고, 이 셋에서 넷이 발달한다. 이것은 '마녀의 구구표'이다. 이 같은 수열은 연금술의 오래된 공리이며, 1세기의 유대인 철학자의 이름을 따서 '마리아의 공리'라 불린다. 이 공리는 비잔틴의 연금술사들이 남긴 글에서도 발견된다. 이런 뜻이다. 하나는 무

....
19 소크라테스 이전의 그리스 철학자(B.C. 535?-B.C. 475?).

의식이고, 모든 것이 아직 분리되지 않고 있다. 둘은 상반된 것들, 남성과 여성의 등장이다. 둘이 아들, 즉 자식을 창조하는데, 이것이 불꽃이다. 우리는 이미 생명의 절정은 반대의 것으로 넘어가는 한 순간이라는 점에 대해 언급했다. 셋이 있을 때마다, 거기엔 언제나 악마도 있다. 그렇다면 신성한 불꽃은 이미 그 안에 타는 것을 포함하고 있다. '파우스트'에 나오는 아들의 형상도 불 속으로 사라진다. 이 연소가 셋을 넷으로, 완전으로 이끈다. 그러나 소망했던 이 상태가 동시에 원래의 상태이다. 왜 그럴까?

연기가 이미지들을, 말하자면 사물들의 신비체를 싣고 다시 신들의 자리까지 올라간다. 이것은 곧 '원래의 하나'의 변형에 의해 창조된 것들이 다시 이미지의 형태로 영원 속으로 이동한다는 뜻이다. 일어난 모든 것은 하나의 이미지로 변하여 신들의 자리로 돌아간다. 그러나 원래의 상태와 최종적인 상태는 같지 않다. 원래의 상태에서 우리는 사건들의 희생자들이고, 사건들로부터 분리되지 않고, 어떠한 비전도 갖고 있지 않다. 그러나 마지막엔 우리 경험들의 이미지들이 연기가 되어 신들에게 돌아간다. 가톨릭교회가 세례를 받지 않은 아이들을 보는 관점도 바로 이 사상에 근거하고 있다.

가톨릭교회는 세례를 받지 않은 아이들에 대해 신을 보지 못한다는 식으로 말한다. 세례를 받기 전에 죽는 아주 어린 아이는 짐승 같은 존재로 비난받거나 낙인이 찍히는 것이 아니라 단순히 신을 보지 못하는 것으로 여겨진다. 마무리되지 않은 이 영혼을 어떻게 할 것인지는 신의 자비에 달려 있다. 우리의 맥락에서 본다면, 이것은 전적으로 일리가 있다. 그 아이는 삶의 이미지들을 아직 경험하지 않았으며, 삶의 이미지들은 말하자면 원래의 불에서 오는 불같은 이미지들이고 생명의 핵심을 포함하고 있다. 사물들은 신들에게 올라가서 영혼들에게 올리는 땅의 제물로 바쳐질 수 있기 전에 정화되어야 한다. 우리가 본 바와 같이, 정화는 불 속에서 일어나고, 따라서 불은 정화의 의미도 갖는다. 불은 분화를, 별도 형상들로의 해체를 가능하게 한다. 재는 땅으로 떨어지고, 정화된 신비체는 높은 곳으로 올라간다. 무거운 육체와 덧없는 육체를 분리시키는 이 정화 과정은 오직 사물들이 육체를 갖고 있을 때에만 가능하다. 무엇인가가 분해될 때, 거기엔 언제나 육체가 있다. 사물들이 육체를 갖고 있지 않을 때, 그것들은 분리되지 않는다. 육체가 있을 때, 거기엔 언제나 물질과의 융합이 있으며, 따라서 물질의 희생이 필요하다.

아직 완전히 구원받지 못한 존재들은 세속의 잔존물 때문에 고통을 겪으며, 이 잔존물은 태워져야 한다. 이것은 단테(Dante)의 글 중에서 연옥에서 천국으로 옮겨가는 과정에 매우 아름답게 표현되고 있다. 거기서 베르길리우스는 돌아가야 한다. 왜냐하면 이교도로서 그가 사랑의 불꽃 속으로 들어가는 것이 허용되지 않기 때문이다. 단테는 불꽃 속으로 들어가며, 거기서 그가 갖고 있던 불순물은 모두 탄다. 이것이 그가 천국으로 들어갈 수 있는 유일한 길이다. 신비 의식에서도 정화가 어떤 역할을 한다. 비법을 전수받는 사람은 정화가 필요한 사람으로 묘사되며, 그는 비밀의 가르침을 순수한 상태에서 받기 위해 죄의 검은 부분을 자신으로부터 씻어내야 한다. 우리의 꿈들에서, 이 모든 사상은 매우 단순한 형태로 압축되어 나타난다. 불에 타야 할 만큼 오염을 야기하는 것은 무엇인가?

악마의 영향이 오염을 일으켰다. 악마도 검은 것이고, 사악한 것도 검은 것이다. 결혼의 기쁨이라는 순수함이 검어졌다. 상반된 것들 사이의 신성한 불꽃은 사악한 악마가 본능의 형태로 간섭하기 전까지는 좀처럼 타오르지 않는다. 이것이 '악마적 기만의 혼합'(admixtio diabolicae fraudis)이다. 완전한 순수 같은 것은 절대로 없는 것이, 다시 말해 사물들은 불순한 것과, 물질과 섞여 있는 것이 분명해졌다. 따라서 불에 태우는 과정이 이어져야 한다. 정화는 불 속에서 이뤄진다. 그래야만 순수한 존재가 천국으로 올라가는 반면에 재는 땅으로 떨어질 수 있을 것이다.

이 꿈에서 꿈을 꾼 소녀의 본성에서 악의 섞임이 일어나고 있으며, 이 섞임을 소녀는 무의식적으로 오염으로 경험하고 있다. 지금 문제는 꿈을 꾼 소녀가 이 악을 어떻게 다룰 것인가, 또 어떤 방식으로 자신을 오염으로부터 자유롭게 할 것인가 하는 것이다. 전체 장면은 꿈을 꾼 소녀 본인은 개입되지 않는 하나의 환상이다. 그녀는 창문 뒤에 서서 부모의 집의 온기 속에서 보호를 받고 있는 가운데 밖을 보고 있다. 정화의 요소는 두 번째 꿈의 앞부분에 나온다. 그 꿈은 부모의 집의 욕실 안에 있는 아이로 시작한다. 욕실은 바로 이런 맥락에서 종종 환자들에 의해 언급된다. 내과 의사의 진료실은 종종 욕실로 그려진다. 세정(洗淨)은 연금술에서 중요한 모티브이다. 연금술 작업에서 소위 검게 하는 니그레도가 정기적으로 이뤄진다. 검게 하는 것은 종종 검거나 납의 색깔인 첫 번째 물질과 동일하다. 이 색이 씻겨야 한다. 그래서 이 세정의 방에서 소녀는 거울 속의 자신을 보고 있다. 거울은 종종 자기반성을 암시한다. 관심이 자기 자신에게로 향하고 있으며, 그 사람은 "자기 자신을 비추고" 있다. 쇼펜하우어(Arthur Schopenhauer)는 우리 모두가 맹목적인(무의식적인) 의지 앞에 "거울을 들어야 한다"고 말한다. 그러면 맹목적인 의지가 자신의 얼굴을 알아보고 자신을 부정할 것이다. 그렇다면 거울은 자기 자신을 들여다보는 도구이고, 자기반성의 도구이다.

성 암브로시우스(St. Ambrosius)[20]의 아름다운 전설에서도 세정과 자기반성의 관계가 보인다. 암브로시우스는 젊은 기사로부터 가르침을 원한다는 소리를 듣는다. 그러자 암브로시우스는 기사에게 "자네 얼굴이 검으니 얼굴부터 씻도록 하라."고 말한다. 기사에게 자기 자신부터 먼저 보라고 명령한 것이다.

우리의 꿈에서, 자기반성은 아이에 어울리는 수준이며, 따라서 완전히 원시적인 감각에서 해석되어야 한다. "거울에 비친 너 자신을 보고, 네가 누군지를 알아라." 이 자기반성이 특별히 중요하다. 이것을 완전히 이해하기 위해서, 우리는 그 앞의 꿈으로 돌아가야 한다. 자기반성이 그 꿈과 연결되기 때문이다. 앞의 꿈은 집단 무의식을 표현하고 있다. 경험에 따르면, 그런 원형적인 상황에서 종종 위험이 나타난다. 원형이 모습을 드러낼 때 일어날 수 있는 위험은 무엇인가?

자아의식의 해체가 일어난다. 그러면 우리는 더 이상 우리가 어떤 존재인지를 모르게 된다. 원형적인 어떤 상황이 지배적이게 될 때, 자아의식이 해체되는 것은 전형적으로 나타나는 현상이다. 어떤 원형과 연결될 때, 거기엔 언제나 그 원형에 동화될 위험이 있다. 이런 경험은 사람이 직접 해보기 전에는 모른다. 이런 일이 한 번도 일어나지 않았

....
20 B.C. 4세기에 활동한 교부로 밀라노 주교를 지냈다.

다면, 당신은 이것이 어떤 종류의 위험인지 깨닫지 못할 것이다. 그런 상황에 처한 사람도 대체로 그것을 깨닫지 못한다. 이런 위험은 공황 상태에 빠진 사람이나, 공통의 사상이나 감정에 의해 움직이는 대중 속에서 가장 분명하게 드러난다. 그 개인은 다른 사람들처럼 이성을 잃고 있으면서도 자신이 붕괴 상태에 있다는 것을 알지 못한다. 이 상 태는 우리에게 살금살금 접근한다. 우리는 안으로부터 용해되면서 갑 자기 다른 무엇이 되면서도 그 같은 사실을 모른다. 이것이 이 현상 중 에서 불가사의한 부분이다. 의식이 그냥 힘을 잃어 버린다. 그래도 적 어도 우리에겐 어떤 보호가 있다. "이봐, 그만 해, 그건 원래 그런 거야. 알았어!"라고 말할 수 있는 순간이 있는 것이다. 이 같은 사실을 제때 깨닫는다면, 당신은 이미 그 현상으로부터 보호를 받고 있다. 그러나 만약에 당신이 건드려지고 있다는 것을 깨닫지 못한다면, 그런 당신은 이미 용해의 상태에 놓여 있다. 어떤 사람이 용해의 위험에 처해 있을 때, 그 사람은 자신과의 동일성을 다시 확립하기 위해서 자신을 봐야 한다.

말하자면, 습관적으로 용해된 상태에 있는 환자가 한 사람 있었다. 그녀는 나를 만나러 올 때면 무엇에 대해 말을 해야 할지 몰라 하며 당 황했다. 그녀는 나를 찾을 때마다 그냥 쓸데없는 소리를 했다. 한번은 그녀가 상담 시간에 늦게 와서 사과하면서 "빨리 뭔가를 하도록 해 주 세요."라고 말했다. 이어 그녀는 손거울을 끄집어내더니 거울 속의 자 기 모습을 보면서 이렇게 말했다. "내가 누구인지를 알기 위해서는 이 렇게 해야 합니다. 그렇지 않으면 당신에게 무슨 말을 해야 할지 모르 지요." 이런 것이 확립되어야 하는 정체성이다.

일상의 생활 속에서도 사람들은 자신의 정체성에 대해 지속적으로 걱정한다. 예를 들어, 축제 현장에 나가거나 할 때, 당신은 "나 괜찮아?"라거나 "나 어때?"라고 묻는다. 사람은 아마 이런 물음에 대해 합리적으로 설명하려 들지만, 보다 깊은 차원에서 보면 우리가 추구하고 있는 것은 언제나 우리 자신의 정체성에 대한 확인이다. 사람은 자신이 진정으로 하나의 단일체로 존재한다는 것을 확인하고 싶어 한다. 그것은 초보적인 '시작 의식'(rite d'entrée)이다. 원시인들은 사냥에 나서기 전에 먼저 사냥꾼의 정신을 갖는다. 역할과의 동일시가 미리 이뤄져야 하는 것이다. 어떤 측면에서 보면, 이런 것들은 의식이 우리가 언제나 마음대로 쓸 수 있는 것이 아니던 시대의, 말하자면 사람이 무엇인가를 의지대로 하지 못하던 시대의 잔재이다. 호주 중부의 원주민들은 화를 내는 의식(儀式)까지 갖고 있다. 그런 의식을 치르지 않으면, 그 사람들은 정말로 화를 내지 못할 것이며 따라서 아무것도 하지 못할 것이다.

우리 꿈에서 거울을 들여다보는 것은 앞서 일어난 무의식의 위험한 침입에 대한 직접적인 대응이다. 아이가 나이에 어울리지 않는 그런 꿈을 꿀 때, 집단 무의식으로부터의 분리가 적절히 이뤄지지 않고 있다고 단정해도 무방하다. 출생 전의 상태가 여전히 매우 막강하고, 아이는 현실 속으로 들어가기를 원하지 않는다. 그러므로 그런 아이가 자신의 개인적인 현실 속으로 들어가도록 하기 위해서 이런 '시작 의식'이 필요하다. 이런 의미에서, 거울 속에서 그녀 자신을 보는 것은 아주 적절한 때에 이뤄지고 있다. 왜냐하면 그것이 무엇인가를 작동시키기 때문이다. 어떤 과정이 일어나면서 어떤 절정에 이른다. 소녀의 어깨 위에서 날개가 자라고 있으니 말이다! 이것은 자기반성의 결과이다. 그녀의 몸에서 날개가 자란다는 것은 무슨 의미인가? 또 그녀의 머리에 어떤 생각이 떠오르고 있을까?

그녀는 당장 이 땅을 떠나서 하늘로 날아갈 수 있지 않을까 하고 생각할 것이다. 그러나 누군가의 몸에서 날개가 자랄 때, 그 외의 다른 일이 일어날 수 있다. 악마도 날개를 갖고 있다. 그녀가 박쥐의 날개를 갖는 꿈을 꾸었을 수도 있다. 그녀가 악마로 변할 수도 있다. 그래서 그녀가 작은 천사로 변한다는 것이 분명하게 언급되고 있다.

우리의 일상 언어에 잘 알려져 있는 표현이 하나 있다. 우리는 아이를 "귀여운 작은 천사"라고 부른다. 아마 우리는 소녀가 절대적으로 착하고 순수한 아이라고 단정할 것이다. 더 이상 검은색이 조금도 섞이지 않은 그런 존재로 말이다. 그래도 나는 그 말 뒤에 의문 부호를 붙이고 싶다. 그 작은 천사에 대한 해석으로 또 다른 가능성도 있다. 그녀가 아직 인간 존재가 되지 않아서 여전히 어린 천사일 수도 있는 것이다. "악"의 초기 징후가 그녀에게서 너무나 완벽하게 씻겨나가는 바람에 그녀가 자신을 집단 무의식으로부터 떼어놓을 기회를 전혀 갖지 못했을 가능성도 있다. 이런 경우라면, 그녀는 아직 인간의 육체를 갖지 못했을 것이며, 따라서 기본적으로 아직 완전히 태어나지 않았을 것이다.

당신 스스로 판단할 수 있도록, 이 꿈을 꾼 소녀에 관한 보고서를 읽어주고 싶다. 그녀는 매우 섬세한 성격의 의대 학생이며 수줍음을 많이 타고 아주 예민하다. 그래서 그녀는 환자들을 해칠까 두려워 환자들을 거의 건드리지 못한다. 그녀는 종교적으로나 철학적으로 관심이 많으며, 옥스퍼드 운동(Oxford movement)[21]에 동참하고 있다. 지금 스물셋 내지 스물네 살인 그녀는 여전히 어린 천사의 태도를 보이고 있다. 그녀는 세상에 맞서 자신을 한껏 보호하고 있으며 세상이 자신의 속으로 들어오는 것을 허용하지 않고 있다. 그녀는 정말로 지금도 알 속에 갇혀 있다. 간혹 반항의 작은 몸짓이 터져 나온다. 그녀는 당연히 어머니로부터 자기 자신을 떼어놓으려 노력하고, 알의 껍질을 쪼는 어린 병아리처럼 자신의 가리개에서 빠져나오려는 노력을 약간 하고 있다. 그런 식으로 그녀는 원초적인 상태에서 빠져나오려고 노력하고 있다. 이 예는 그런 꿈들이 훗날의 인격을 어떤 식으로 예고하고 있는지 그 그림을 분명하게 보여줄 것이다.

#7. 요정과 뱀이 나타나는 꿈

다섯 살 소녀가 꾼 꿈이다.

착한 요정이 나를 보호하고 있다. 그녀는 전능하다. 그녀는 복도가 끝없이 이어지고 문이 많은 어떤 큰 집으로 나를 이끈다. 최종적으로 우리는 어떤 방에 들어가는데, 방 한가운데에 뱀 세 마리가 똬리를 틀고 앉아 원을 그리고 있다. 요정은 거기로 다가서다가 마침 불이 피어오르자 그 불 속으로 사라진다. 나는 당황한다.

....
21 19세기에 벌어진 영국 성공회의 고교회(高敎會) 운동을 말한다. 뉴먼(J. H. Newman)이 주도적으로 이끌었다.

나는 그런 착한 요정을 다시는 보지 못할 것이라는 사실을 알고 있다. 나는 뒤돌아서서 모든 방을 통과한다. 나는 한참 찾은 끝에 어렵게 출구를 발견한다. 마침내 나는 거리로 나와서 보육원 친구를 만난다. 거기 서 있던 요정이 나를 다시 보호해 준다.

이 꿈에도 불이 등장한다. 여기서는 선한 것이 불에 탄다. 앞의 꿈에서는 웨딩 마차였는데, 여기선 요정이다. 해석할 꿈을 선택할 때에는 이런 유사성을 염두에 두지 않았지만, 서로 비슷한 모티브이다. 이 요정에 다가설 수 있는 길을 찾도록 하자. 착한 요정은 어린 아이에게 어떤 존재일까?

엄마라는 것이 가장 합리적인 추측이다. 먼저 어머니에 대해 생각하도록 하자. 완전히 어머니의 보호 하에 있는 어린 아이에게, 어머니는 꼭 필요한 때에 나타나는 사람이다. 또 어머니는 선하고 사랑스런, 모든 것을 베푸는 존재이고, 아이가 원하는 모든 것을 경이로울 만큼 잘 내놓는 존재이다. 그래서 악의가 없는 사람들은 대체로 착한 요정에 관한 꿈을 꾸는 아이는 어머니에 대해 꿈을 꾸고 있다고 짐작하는 경향을 보인다. 그러나 우리는 과학적인 이유로 이보다 더 깊이 파고들면서, 아이가 진짜 엄마에 대한 꿈도 쉽게 꿀 수 있다는 사실을 고려해야 한다. 왜 소녀가 어머니를 어디에서도 발견되지 않고 실체가 없는 존재인 요정으로 바꿔야 했는가? 이 꿈은 이 점에 대해 어떤 암시도 내놓지 않고 있다. 우리는 단지 꿈이 어머니를 요정으로 제시하면서 어머니에 대해 말하기를 더 좋아한다고, 또 어머니가 아니라 요정을 진정한 것으로 만들기를 더 좋아한다는 식으로 말할 수 있을 뿐이다. 말하자면, 꿈은 어머니를 요정으로 바꿔놓고 있다. 아이가 너무나 가깝고, 너무나 중요하고, 너무나 강한 어머니를 요정처럼 거리가 먼 무엇인가로 바꿀 필요성을 느낀 이유는 무엇인가? 아이가 직접적으로 이런 식으로, 말하자면 나의 엄마가 나를 보호하고 있고, 그녀는 전능하며 나를 큰 집으로 이끌고 있다는 식으로 꿈을 꿀 수 없는 이유는 무엇인가?

원형이 현실 속의 실체보다 훨씬 더 생생하기 때문이다. 꿈에서는 원형이 우리의 실체보다 훨씬 더 강력하다는 것을 우리는 언제나 잊고 있다. 이 꿈의 경우에, 이것은 요정이 어머니보다 더 강하다는 뜻이다. 우리에겐 비합리적인 말처럼 들린다. 그러나 인간의 역사를 거슬러 올라가 원시인들의 심리를 연구한다면, 그것과 비슷한 현상이 발견될 것이다. 당신은 원시인들이 모든 경험에 반하는 이상한 형상들에 대해서도 정확히 말하는 것을 볼 것이다. 그 원시인들 중 어느 누구도 반은 사람이고 반은 동물인 그런 생명체를 보지 못했지만, 그 생명체는 합리적인 그 어떤 것보다 그들을 더 강하게 사로잡는다.

물론 어머니도 막강한 원형이다. 원래, 완전히 집단 속에서 살고 있는 아이에게 유일한 원형은 어머니의 원형이다. 이 원형을 소녀는 진짜 어머니나 어머니를 대신하고 있는 사람에게 투사한다. 원래부터 존재하고 있는 무의식에는 어머니 같은 여자의 원형밖에 없다. 진짜 어머니는 어디에도 없다. 이 같은 사실이 일을 이상한 방향으로 복잡하게 만든다. 그래서 어머니는 종종 초인적이고 악마적인 어떤 성격을 갖게 된다. 어머니는 마녀나 뱀, 사악한 늑대, 고양이 등, 부정적인 어머니 콤플렉스를 가진 사람들이 어머니에게 투사하는 모든 것이 될 수 있다. 그런 어머니는 비밀리에 독을 집어넣고, 협박하고, 나쁜 영향을 끼친다. 이런 이미지는 현실 속의 진짜 어머니보다 신화적인 존재에 훨씬 더 잘 어울린다.

아이의 원래의 경향은 신화적인 경향이다. 꿈이 "어머니"가 아니라 "요정"에 대해 말할 때, 그것은 바로 이런 신화적인 특징을 표현하고 있다. 만약에 꿈이 어머니에 대해 말했다면, 그것은 원형적인 형태가 아니라 구체적인 형태를 의미할 것이다. 아이의 의식의 관점에서 보면, 그것이 어머니를 의미한다. 어머니가 아직 신화적인 성격을 지니고 있기 때문이다. 그래서 꿈은 어머니를 요정으로 바꿔놓고 있다. 만약에 이 원형을 어머니로 환원한다면, 전체 투사가 진짜 어머니에게로 향할 것이다. 이것이 예를 들면 아이가 부정적인 내용에 대해 어머니가 책임지도록 하는 결과를 낳을 수 있다. 그 후로 아이는 악령의 효과를 어머니의 영향으로 돌릴 것이다. 원형은 아이에게 속하며, 소녀로부터 원형을 떼어놓아서는 안 된다. 만약에 누군가가 초기에 아이에게 요정이 어머니가 아니라고 지적했다면, 아이가 어머니의 특성들을 요정에게로 돌리고 어머니와 유치한 수준의 관계를 맺었을 수도 있다. 나라면 소녀에게 절대로 그런 식으로 말하지 않겠지만, 그냥 그렇게 한다고 가정하자는 뜻이다.

무의식이 "그것은 요정이야."라고 말할 때, 그 말을 그냥 받아들이도록 하자. 원형은 극히 강력하다. 원형은 현실을 동화시킨다. 사람들이 누군가에 대해 원형적인 어떤 추측을 할 때, 그 추측을 포기하도록 설득시키는 것이 대단히 어려워진다. 그 사람들이 그 추측에 사로잡히기 때문이다. 원형은 최면 효과를 발휘한다. 원형은 당신을 사로잡아 버린다. 그러면 당신은 원형의 포로가 될 것이다.

그렇기 때문에 아이가 그런 꿈에 대해 말할 때, 그 아이에게 착한 요정에 대한 이야기를 들려주는 것이 최선의 방법이다. 그러면 이 신화적인 존재가 아이의 내면에서 생생하게 살아난다. 그러나 이 요정이 정말로 누구인가라는 질문을 받게 된다면, 우리는 요정에 대해 더 많은 것을 알아야 한다. 그냥 요정들이 세상에 다시 살도록 할 수는 없다. 아마 아일랜드라면 아직 가능할지 모르지만, 취리히에서는 그런 일이 가능하지 않다. 여기선 생각조차 불가능하다. 아이의 상상의 세계에서 지금 요정은 무엇을 의미할까?

요정은 강력하고, 현명하고, 경이로운 자질들을 갖고 있으며, 이 모든 것들은 아이가 갖고 있지 않은 것들이다. 요정은 또 일종의 여자 길잡이이다. 남자의 경우에는 이것이 탁월한 남자로 나타날 것이다. 괴테의 파우스트, 니체의 차라투스트라, 단테의 베르길리우스가 그런 예이다. 또 헤르메스 트리스메기스토스(Hermes Trismegistos)[22]가 있다. 헤르메스 트리스메기스토스는 선도자이고 영혼의 안내자이며, 그의 여자 카운터파트가 요정이다. 요정은 아이가 아직 되지 않은 여자, 즉 성숙한 여자의 멋진 형상이며, 기적과 장엄으로 넘치는 그런 존재이며, 소녀 자신의 내면에 있는 탁월한 존재이다. 그것은 훗날 소녀의 모습을 예고하고 있다. 그러나 그 전에 무슨 일이 일어나야 하는가? 꿈은 그것을 말해주고 있다.

조시모스(Zosimos)의 환상들과 비교하는 것이 이해에 도움이 될 것

....
22 '세 배 위대한 헤르메스'란 뜻으로, 그리스 신 헤르메스와 이집트 신 토트와 연결되는 것으로 여겨진다. A.D. 1세기에서 3세기 사이에 나온 헤르메스주의 문헌의 저자로 통하고 있다.

같다. 지금 나는 3세기의 철학자이며 연금술사인 조시모스가 본 이미지에 대해 말하고 있다. 요지는 그가 이상한 형상을, 자그마한 늙은 남자의 형상을, 호문쿨루스를 만난다는 것이다. 작은 늙은 남자는 성직자에 의해 제물로 바쳐지거나, 아니면 그 자신이 불 속에서 스스로를 변화시키고 자신을 삼켰다가 다시 뱉는 성직자이다. 말하자면, 그릇 모양의 제단에서 삶겨지면서 변화되는 그런 성직자라는 뜻이다. 그 노인은 영혼의 인도자이다.

스스로를 태우고 있는 요정의 이미지는 우리가 오랫동안 숙고하면서 다각도로 봐야 할 대상이다. 이것은 아주 놀라운 상징체계이다. 의식(儀式) 자체가 중요하다. 이 의식은 무슨 이야기를 들려주는가? 먼저 전체 상황을 아이의 관점에서 봐야 한다. 요즘처럼 화창한 어느 날, 착한 요정이 아이를 데려간다. 마치 요정이 아이에게 이렇게 말하는 것 같다. "나의 귀여운 소녀여, 이리로 오렴. 저기 큰 궁전으로 가자꾸나. 거기서 뭔가를 보여줄게." 요정은 아이를 넓은 방으로 데려가고, 거기서 요정이 불에 타는 일이 벌어진다. 그러나 요정은 완전히 타지 않는다. 마지막에 다시 나타나기 때문이다. 마치 아이를 놀라게 해줄 마술의 속임수 같다. 아무 일도 일어나지 않는다. 마지막엔 모든 것이 사실 시작과 똑같다. 여기서 일어나는 이상한 의식(儀式)이 우리를 놀라게 한다. '예전 상황의 완전한 회복'이 있다. 아무 일도 일어나지 않았다는 듯이, 요정이 다시 나타난다. 이것이 전체 꿈의 핵심적인 문제이다. 꿈은 미래에 관한 일종의 스케치이다. 요정은 무엇인가를 보여주고 있다. 요정은 아이가 미래의 언젠가 겪어야 할 것이 무엇인지를 보여주고 있다. 조시모스의 환상에서도, 이 철학자는 방관자로서 그저 보고만 있다. 거기서도 연금술사에게 길을 보여주기 위해서, 인도자 형상이 스스로를 태운다. 영혼의 인도자가 꿈에 나타나 그에게 이렇게 말하는 것 같다. 당신이 추구하고 있는 것이 현실로 나타나도록 하려면 이런 일이 반드시 일어나야 한다고 말이다. 그가 찾고 있는 것은 성수(聖水)이고, 비결이고, 불완전한 육체를 완전하게 만드는 수단이다. 그것은 아주 비슷한 방식으로 만들어지는 기독교의 세례수와 동일하다. 복잡한 의식을 거치는 과정에, 세례수는 마귀가 들어 있지 않은 물과 소금, 기름 등으로 이뤄진다. 이 의식은 부활절에 치러지는 행사 중 하나이다. 세례수를 준비하는 방법은 『전례서』(Missale Romanum)에 나와 있다. 물을 축성하는 의식은 성토요일 이브에 행해진다. 미리 준비한 '성수'는 초를 담그는 과정에 의해 비옥해지고, 그러면 성수는 교회의 자궁 안에서 사람을 다시 태어나게 할 것이다. 그것은 대단히 의미 있는 의식이며, 일종의 히에로스가모스(hierosgamos)[23]이다. 현대의 성직자들은 이런 것들을 잘 모를 수 있으며, 평균적인 성직자는 대체로 모른다. 그것은 가톨릭교회가 무의식에 힘을 행사하게 하는 비밀들 중 하나이다.

이 꿈은 이와 비슷한 무엇인가에 관한 것이며, 그것이 단순한 형태로 표현되고 있다. 틀림없이, 요정은 탁월하고, 불가사의하고, 마법적인 존재이며, 일종의 유익한 영혼이다. 요정은 신화 속의 난쟁이처럼 자연의 존재이다. 요정은 기독교적인 영혼을 갖고 있지 않으며, 자연에서 오고 자연 속에서 사는 자연의 존재이다. 이것은 곧 우리 자신의 본성 안에, 우리의 무의식 안에, 우리의 자연스런 영혼 안에 그런 형상

......
23 신들끼리의 결혼을 의미한다.

이 있다는 뜻이다. 그 형상이 우리의 꿈에서 분명하게 표현되고 있다. 그러나 요정이 불 속으로 사라지는 이유는 무엇인가? 여기서 도움이 될 수 있는 그런 불타는 과정이 플루타르코스(Plutarch)의 『이시스와 오시리스』(De Iside et Osiride)에 나온다.

> 이시스가 페니키아 왕에게 유모로 고용되었다. 아이의 어머니가 이시스가 아이를 불 위에 들고 있는 것을 본다. 금방이라도 아이가 불에 탈 것 같다. 왕비가 놀라 비명을 지른다. 그러나 이시스가 아이를 불 밖으로 옮기며 말한다. "이제 모든 게 허사야. 당신이 비명만 지르지 않았어도, 아이를 불멸의 존재로 만들 수 있었을 텐데."

이 대목에서 피닉스의 상징도 떠오른다. 피닉스가 스스로를 태움으로써 새로운 존재를 성취하고 있으니 말이다. 500년마다 피닉스는 향기 나는 나무로 자신을 태운다.

그렇다면 불에 태우는 것은 영원성을 부여하는 것을 의미한다. 우리의 꿈에 등장하는 요정은 이 변화의 과정을 거친다. 그녀는 자신을 불 속에서 변화시키고, 그래서 더 이상 불 속에서도 변화하지 않는 금처럼 영원한 특성을 지닌 불같은 본성을 확보한다. 이것은 또 조시모스의 환상들이 의미하는 바이다. 이 환상들 속의 불은 불멸성을 부여한다. 여기서도 마찬가지로 이전의 꿈에서처럼 불은 온갖 불순물들로부터의 정화를, 육체의 분해를 의미한다. 그러므로 이 불완전한 물질로부터 해방되어 말하자면 하나의 정신으로서, 신비한 존재로서 하늘로 올라가기 위해서, 우리는 그 불을 통과해야 한다.

순수한 형태는 영원히 확립되어 있기 때문에, 그런 형태의 본질은 불멸일 것이라고 기대할 수 있다. 그러나 요정들은 불멸성의 법칙에 구속되지 않는다. 요정들은 더 이상 세속적인 육체를 갖고 있지 않다. 요정들은 물질의 부패성으로부터 자유로운 정신적인 존재들이다. 그렇다면 요정이 의미할 수 있는 것은 요정 자체에는 전혀 아무런 의미를 지니지 않는다. 그 의식(儀式)은 아이에게 의미를 지니는 것임에 틀림없다. 요정은 전능하고, 모든 것을 두루 보호하고, 아이의 손을 잡고 가서 비법을 보여준 막강한 존재이다. 이것은 틀림없이 일종의 예상이며, 앞으로 일어날 일에 대비해 상징적으로 준비시키는 것이다. 아이의 안에 있는 어른의 요소, 즉 인도자의 요소가 그녀에게 이렇게 말하고 있다. "잘 보도록 해라. 앞으로 일은 이런 식으로 일어날 거야. 일을 처리하는 것도 이래야 하며, 네가 변할 수 있는 길도 이러니 말이다." 이 인도자의 요소를 아이는 극히 강력하고 전능한 그 무엇으로 경험하고 있다. 그러면 아이는 여기서 무엇을 배워야 하는가?

결혼하는 커플과 악마가 나오는 꿈에서, 커플은 불에 타버린다. 불은 감정적 폭발이며, 리비도의 폭발이다. 그것이 리비도가 언제나 불과 비교되는 이유이다. 그렇다면 이것은 "리비도가 너에게 올 것이며, 너는 그것에 의해 불타게 될 것이다."라는 뜻이다. 이 꿈에 묘사되고 있는 마법의 원은 무엇을 의미할까?

아이의 꿈인 경우에 형태에 관심을 줘야 한다. 원에 대한 이야기가 있다. 이것은 완전성의 한 신호인 순환성이다. 그렇다면 이 원은 완전성을 가리키는 어떤 상황이다. 순환성은 매우 중요한 환상이다. 그것은 인류의 가장 오래된 상징이며, 로디지아의 구석기 시대 바위그림에서도 발견된다. 가장 오래된 이 순환성의 상징은 석기시대부터 청동기 시대까지, 그리고 현대까지도 발견된다. 이 상징은 언제나 태양바퀴로 해석되었다.

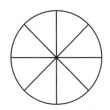

그러나 이것은 가장 오래된 형태 중 하나이다. 바퀴가 발명되기 전에 이미 존재했다. 따라서 이것이 하나의 바퀴에 지나지 않는다는 이론은 불가능하다. 그것이 태양을 묘사한 것일 가능성이 아주 크지만, 그렇다고 보기엔 그림이 충분히 사실적이지 않다. 그렇게 보는 이유는 구석기 시대의 그림은 믿기 어려울 정도로 자연에 충실하기 때문이다. 예를 들어, 동물들은 발이 없는 모습으로 그려졌다. 왜냐하면 동물이 초원에 서 있을 경우에 발이 보이지 않기 때문이다. 구석기 시대의 예술가들은 자연을 대단히 사실적으로 보았다. 이 예술가들은 환상을 묘사하는 경우를 제외하곤 상징적인 그림을 그리지 않았다. 그리고 하나의 원을 그리는 것은 현실이기보다는 환상이다. 그것은 로욜라의 이냐시오가 쓴 전기에서도 발견된다. 로욜라는 황금 고리 또는 황금 공의 환상을 자주 보았다. 그 환상은 그의 앞을 떠돌아다니며 그의 내면을 경이로운 감정으로 꽉 채웠다. 나는 그것이 그에게 무슨 의미를 지녔는지 모른다. 『황홀한 고백』(Ecstatic Confessions)[24]에 나오는 신학자 시메온(Symeon:A.D. 949-1022)의 고백에도 순환성의 상징이 나온다. 시메온은 자신이 신을 어떤 식으로 찾았는지에 대해 묘사한다. 온 곳을 돌아다녔지만 어디서도 신을 발견하지 못했으

....
24 마르틴 부버(Martin Buber)의 책.

며, 그러다가 신이 그의 가슴 안에서 작고 둥근 태양 원반으로 일어났다고 한다. 순환성은 하나의 원초적인 환상이다.

이 환상은 온 곳에서 발견된다. 불교 명상에서도 "둥글고 또 둥글도록 하라"고 가르친다. 순환성이 다시 확립되어야 한다. 이 상징은 아득한 옛날 이후로 거듭 다시 나타났으며, 언제나 완전과 원형, 모를 깎는 것을 의미했다.

그렇다면 꿈에 나오는 뱀들의 원은 이런 뜻이다. "완전성을 요구하는 상황에 처했는데도 그것을 이루지 못한다면, 그 사람은 완전성을 상실할 것이다." 사람은 그런 상황에 처하면 불에 태워질 위험을 감수하면서 원 안으로 완전히 들어가야 한다. 꿈의 뒷부분은 불에 태워지는 것이 전혀 아무런 해를 입히지 않는다는 점을 보여주고 있다. 요정이 그 전과 똑같이 거기에 있으니 말이다. 그 변형은 요정에게 부정적인 영향을 미치지 않았다. 이 꿈의 핵심적인 문제는 뱀으로 상징되는 잠재적 위험에도 불구하고, 그 순환성 속으로 들어가는 사람에게 일어나는 이런 변화이다.

어쨌든 뱀은 무엇보다 먼저 불안의 상징이다. 당나귀와 말도 본능적으로 뱀을 두려워한다. 뱀 3마리로 된 원을 볼 때, 당신도 그 안으로 발을 들여놓지 않으려고 조심할 것이다. 당연히 불안을 느낄 것이다. 그럼에도 불구하고 당신이 그 안에 발을 들여놓아야 한다면, 불멸의 존재를 창조하는 변형이 따를 것이다. 삶의 의미의 성취는 불멸 사상과 연결되어 있다. 이것은 불멸성 그 자체에 대해서는 아무런 이야기를 들려주지 않는다. 우리는 단지 인간 존재들이 불멸의 감정을 갖고 있다고, 따라서 그런 문제들에 대해 논하고 있다고 언급할 수 있을 뿐이다. 그것은 단순히 하나의 심리적 사실이다. 삶을 정면으로 직시하게 되는 모든 정점에서, 우리는 또한 삶의 의미라는 감정을 느끼며, 삶의 의미는 언제나 영원의 감정과 연결되어 있다. 예를 들어, 연금술에서 얻게 되는 둥근 것이 곧 철학자의 돌이다. 그것은 부패하지 않는 대상이고, 완전과 완벽의 몸 또는 우리가 심판의 날에 걸칠 부활의 몸이다. 그러나 우리의 꿈에 나타나는 둥근 것은 뱀 3마리로 된 원이다. 심리학적 관점에서 본다면, 네 마리가 훨씬 더 적절할 것 같다.

아이의 꿈을 분석하는 경우에는 그림을 매우 구체적으로 그려야 한다. 이 꿈을 꾼 사람은 아이이며, 아이의 꿈은 여전히 성장하고 있다. 전체 리비도와 정신이 실제로 이 발달에 흡수되고 있다. 육체는 형성되어야 하며, 따라서 육체가 매우 중요한 역할을 한다. 그 육체를 구축했던 본능들은 미래에 있을 발달 과정에 더욱 커질 것이며, 그것들은 성욕, 시기심, 증오, 화, 야망, 탐욕 등의 감정으로 표면으로 폭발할 것이다. 그것은 지옥의 불과 비슷하다. 이 아이는 또 다른 꿈을 꿨다.

소녀가 어떤 문을 여는데 방에서 시뻘건 불이 보인다. 그녀는 "이 곳이 지옥이로구나!"라고 생각한다. 이어서 그녀는 떠난다.

그녀는 천국으로 가는 길을 찾다가 지옥을 보았다. 그녀는 지옥에 흡수되었다. 이 지옥은 본능들의 지옥이다. 아이는 자신이 들어갈 본능들의 지옥에 대해 어떤 예감을 느꼈다. 연금술에서 본능적인 지옥의 상태는 3개의 머리를 가진 한 마리의 뱀으로 표현된다. 이 뱀은 영혼을 내세로 인도하며, 영지주의의 누스(Nous)와 동일하다. 누스는 원래 위에서 아래로 내려와서 물질과 결합한 것으로 여겨졌다. 달리 말하면, 이 본능적인 현상에, 말하자면 본능적인 지옥에 신성한 누스도 있다는 뜻이다. 이 누스는 불의 고통을 통해서 '영화롭게 된 몸' (corpus glorificationis)으로, 금으로, 영원하고 불변하는 것으로 바뀐다. 그렇다면 이 세 마리의 뱀들은 어떻게 보면 상징적으로 본능들의 지옥을 상징한다고 할 수 있다. 그것이 이 아이가 그것을 두려워하는 이유이다. 사람은 변화되기 위해 불 속에서 고통을 견뎌내야 한다. 열정의 불을 통과하며 변화한 적이 한 번도 없는 사람은 자기 자신으로부터, 삶으로부터 달아나고 있을 뿐이다. 3마리의 뱀들 혹은 3개의 머리를 가진 뱀은 간단히 사탄을 상징할 수 있다.

단테의 『신곡』 중 '연옥' 편을 보면, 사탄의 머리가 3개이다. 사탄은 깊은 곳에 있는, '신의 대응물'이라고 보면 된다. 서양의 종교와 근동의 종교에서 3이라는 숫자는 신성한 숫자이다. 모든 곳에서 다 그런 것은 아니다. 예를 들어, 인도인들에게 신성한 숫자는 4이다. 그들에게 4는 모든 아름다운 것들을 상징한다. 기도도 네 번 되풀이해야 한다. 대승 불교에서 3은 속세의 핵심이다. 수탉과 뱀, 돼지가 그 셋이다. 수탉은 정욕을, 뱀은 시기심을, 돼지는 무지를 나타낸다. 이 셋이 세상의 뿌리이며, 이것들이 세상에 일어나는 모든 것의 원인이다. 이것은 한가운데에 이 3가지 형상을 놓고 있는, 소위 '킬코르 만다라'(Kilkor Mandala)에서 발견된다.

3은 시간과 관계있고, 시간은 언제나 에너지의 흐름과 동일하다. 운동을 기준으로 해야만 시간을 인식할 수 있다. 시간이 가능하게 하기 위해서는 반드시 변화가 일어나야 한다. 프로클로스(Proclus)[25]는 "창조가 있는 곳마다, 거기엔 시간도 있다."고 말한다. 신플라톤주의의 창조의 신은 크로노스, 즉 시간이다. 이것은 베르그송(Henri Bergson)의 사상인 '창조적 지속'(durée créatrice)의 원래 형태이다.

시간은 두 가지 양상을 갖고 있다. 우리 뒤에 놓여 있는 것이 있고, 우리 앞에 놓여 있는 것이 있다. 미국의 어떤 인디언 부족들은 시간을 나타내는 단어로, 날(日)이라는 한 가지 단어만 갖고 있다. 앞을 가리키는 것은 내일을 의미하고, 뒤를 가리키는 것은 어제를 의미하고, 아래를 가리키는 것은 오늘을 의미한다. 3이라는 숫자는 사물들이 취하는 과정을 가리킨다. 시간은 사물들이 취하는 과정과 동일하다. 시간은 그 자체로는 전혀 존재하지 않는다. 사물들이 취하는 과정만 있을 뿐이며, 이 과정을 우리는 시간이라는 개념을 빌려 측정한다. 자연과 가까운 원시인에게 시간의 흐름은 절대로 추상 관념이 아니다. 원시인에겐 그때가 있고, 지금이 있고, 이전이 있을 뿐이다. 원시인은 시계를 갖고 있지 않다. 그래도 원시인은 나름의 숫자로 시간을 읽을 수 있다. 원시인은 사건들의 흐름 속에 존재하며, 이 사건들은 어떤 시커먼 구멍 속으로 영원히 흐르고 있고, 어두운 미래로부터 우리에게로 오고 있고, 우리를 통해 흐르고 있고, 우리 뒤의 영원한 어둠 속으로 가라앉고 있다. 원시인은 역사도 전혀 갖고 있지 않다. 할아버지 그 앞으로는 전혀 역사가 없다. 겨우 3세대를 거슬러 올라가면 '선사 시대'이다. 그러나 원시인은 내일로부터 와서 오늘을 통해 흘러가서 내일 속으로 가라앉고 있는 사건들의 이 이상한 흐름에 대단히 강한 인상을 받는

....
25 고대 그리스의 신플라톤주의 철학자(A.D. 412-A.D. 485).

다. 원시인에게 이것은 직접적으로 경험되는 삶의 사실이다.

사건들의 이런 연속성은 또 중국인들의 자연 개념의 바탕에 자리 잡고 있다. 중국인들의 인식에 따르면, 주어진 어느 순간에 일어나고 있는 모든 것은 일어나야 하는 방향으로 정확히 일어나고 있다.『역경』에 이런 사상이 담겨 있다. 한 줌의 콩을 던지면, 그 콩들은 사방으로 구를 것이다. 이것을 해석하려고 노력해 보라. 그러면 순간의 중요성을 이해할 것이다. 그런 방법을 어느 정도 연습한다면, 당신은『역경』의 의미가 심리적 상황과 얼마나 잘 맞아떨어지는지를 보게 될 것이다. 그것은 비유적인 표현 그 이상이다. 그것은 점성술 자료에 의해서도 증명될 수 있는 매우 놀라운 사실이다. 점성술이 별들과 관계있는 것은 사건들의 흐름이 별들의 도움으로 측정되기 때문이다. 텔레파시 경험도 여기에 속한다. 어떤 멍청이들은 그것이 터무니없는 난센스라고 말하지만, 그 사람들은 단지 이것이 그들의 세계관과 맞지 않아서 그런 경험에 대해 들어보지 못했을 뿐이다.

관심을 기울이기만 하면 정말 놀라운 것으로 다가오는 이 모든 '공시성'(synchronicity)[26] 현상은 상응하는 것들은 같은 순간에 일어나고 있다는 것을 의미한다. 이것은 시간 속에서 사건들의 실재성을 가리킨다. 이것은 확장된 공간의 경험과 같은 오래된 경험이다. 시간은 과거와 현재, 미래라는 3가지 측면을 갖고 있다. 우리의 꿈에 등장하는 3마리의 뱀은 아마 시간을 나타낼 것이다. 원래 시간 자체는 한 마리의 뱀으로 묘사되었다. 종교적 영웅들은 종종 시간과의 연결 속에서 묘사되

....
26 '의미 있는 우연의 일치'로 번역된다.

었다. '우파니샤드'에도 프라자파티(Prajapati)[27]는 해(年)이고, 세상의 창조주이고, 시간의 신이다. 그리스도교 교회의 1년이며, 기독교 초기의 일부 그림에 그는 등에 별들을 짊어지고 있는 한 마리 뱀으로 묘사되었다. 이 12개의 별은 12사도를 나타낸다. 뱀은 시간이고, 12개의 달을 가진 1년이다. 시간의 상징체계는 또 미트라 숭배에서도 중요한 역할을 했다. 미트라 숭배의 주요 제단에는 언제나 아이온 형상이 서 있었다. 아이온은 사자의 머리를 가진 인간이며, 그의 몸통은 "무한한 시간"을 의미하는 황도대 뱀 '즈르반 아카라나'(zrvan akarana)에 감겨 있다. 아시다시피, 뱀이 시간의 흐름을 상징한다는 점을 보여주는 자료는 아주 많다. 우리 꿈에서, 아이는 자신을 변화시키기 위해서 뱀들이 그리고 있는 원 안으로 들어가라는 소리를 듣는다. 변형은 불가피하다. 왜냐하면 소녀가 부패 가능한 몸을 갖고 불 속으로 발을 들여놓고 있기 때문이다. 우리의 합리적인 사고에서 이것은 자기 파괴와 다를 바가 없지만, 비합리적인 의미는 불멸로의 변화이다.

이 꿈에 나오는 소녀의 친구도 매우 중요하다. 이 친구가 아이로서 소녀의 현실에 속하기 때문이다. 소녀는 이 친구를 통해 자신의 나이와 다시 연결된다. 요정과 함께 갈 때, 소녀는 마치 세상 저편으로 끌리고 있는 것처럼 보인다. 원형이 제기하는 전형적인 위험은 그 사람을 일시적으로 비현실 속으로, 태어나기 전의 심리 상태로 끌고 간다는 점이다. 꿈은 그 위험을 친구라는 형상으로 물리치고 있다. 친구의 중요성은 소녀를 어린이와 어울리는 그런 현실과 다시 연결시켜준다는 데에 있다.

....
27 인도의 세계 창조의 신.

#8. 호랑이, 뱀, 마법의 약초에 관한 3개의 꿈

열다섯 살 소년이 꾼 꿈이다.

1. 나는 사막에서 길을 잃고 이리저리 헤매고 있다. 목이 말라 죽을 지경이다. 태양이 대지를 무자비하게 태우고 있다. 나는 갈증에 금방이라도 죽을 것 같다. 막 쓰러지려는 순간, 오아시스가 눈에 들어온다. 타는 갈증을 달래려고 몸을 숙이다가, 나는 거대한 호랑이가 나를 잡아먹으려고 달려들 태세를 취하고 있는 것을 본다. 두려움이 이만저만이 아니다. 온몸이 식은땀으로 흥건하다. 그러다 나는 잠에서 깨어난다.

2. 또 다시 나는 사막에 있다. 태양이 내리쬐고 있는 것은 아닌데, 그래도 사막은 여전히 견딜 수 없을 만큼 뜨겁다. 나는 뱀에 물리지 않기 위해 긴 장화를 신고 있다. 사막엔 뱀이 득시글거린다. 도대체 이 야생동물들이 어디서 나오는지 도무지 이해가 되지 않는다. 갑자기 어마어마한 보아 뱀이 나타난다. 눈만큼 하얀색이며, 등엔 검은 십자가가 가득하다. 처음엔 뱀이 나에게 관심을 주지 않는 것처럼 보이지만, 몸을 돌리다가 나를 발견한다. 나는 이미 뱀의 마법에 걸린 상태이다. 뱀은 아주 서서히 나의 두 다리를 감고, 이어서 목을 감으면서 나를 죄기 시작한다. 벌써 뼈가 부서지는 소리가 들린다. 이어서 나는 역겹다는 느낌을 받으며 잠에서 깨어난다.

3. 나는 초원에서 어떤 약초를 찾고 있다. 약초는 거의 투명한 돌

밑에서 자라는 것으로 알려져 있다. 내가 바로 내 앞에 있던 그 돌을 발견했다고 생각하는 순간에, 거대한 사자가 나타난다. 그런데 이 사자도 그 돌과 마법의 약초 쪽으로 맹렬하게 돌진하고 있다. 나는 뒤로 물러서야 한다고 느끼면서도 사자를 향해 그럭 저럭 주문을 외친다. 나를 파괴하거나 구원하거나 둘 중 한 가지 결과를 낳을 주문이었다. 그러자 사자는 아주 당황해하면서 내가 그 돌에 닿도록 가만히 내버려두지만 곧 사자가 정신을 차리는 것처럼 보인다. 나의 주문의 힘이 약해지고 있다. 피에 굶주린 사자가 더 가까이 다가오고 있다. 거의 절망 상태에 빠진 나는 어머니를 외쳐 부른다. 그러자 어머니가 자전거를 타고 와서 나를 데려간다. 그리하여 우리는 구조된다.

이 꿈들은 전형적인 청소년기의 꿈들이다. 나는 비교를 위해 이 꿈들을 분석하고 싶다. 어린 시절의 꿈들과 이 꿈들 사이에 흥미로운 차이점이 몇 가지 드러날 것이다.

먼저, 사춘기에 대한 설명이 필요할 것 같다. 이유는 이 나이대의 심리적 상황이 어린 시절의 심리적 상황과 완전히 다르기 때문이다. 사춘기 동안에, 자아는 다소 독립적이다. 자아는 이미 집단 무의식의 현상들로부터 스스로를 해방시켰다. 아이는 성장해서 특별한 인간의 세상 속으로, 가족의 세계와 학교의 세계로 들어갔다. 이미 한 인격이 존재한다. 그런데 이 인격이 지금 돌연 성욕의 충격에 노출되고 있다. 이것이 그때까지 얻었던 관점을 불안하게 만든다는 사실에 대해선 말할 필요도 없다. 간혹 그것이 비극적인 방향으로 일어나기도 한다. 그러므로 이 시기에 인격의 두드러진 변화가 일어난다. 이 나이에 성욕의 영향 때문에 정신적 장애가 분명히 나타나는 경우도 있다. 여기서 완전히 새로운 무엇인가가 그 개인에게 일어날 수 있으며, 이 일이 그때까지 전혀 아무 준비가 되어 있지 않은 자아를 강하게 때린다. 준비가 되지 않은 이유는 자아가 유아적인 본능만을 알고 있고, 이 본능들은 아이가 학교에서 받은 교육과 훈련 덕분에 다소 통합되어 있었기 때문이다. 지금 이 모든 것이 갑자기 성욕의 침공으로 인해 허물어지고 있다. 이것이 바로 이 꿈들이 말하는 바이다. 이것들은 꿈을 꾼 사람이 청소년기에 기록해 둔 유일한 꿈들이다. 틀림없이, 그 시기는 소년 본인이 매우 특별한 중요성을 지니는 무엇인가가 일어났다는 것을 눈치챈 단계였다. 이제 이 꿈들을 세세하게 이해하도록 하자.

첫 번째 꿈의 상황은 매우 분명하다. 꿈을 꾼 소년은 사막에서 배회하고 있다. 사막을 어떻게 해석해야 할까?

사막은 공포와 위험의 장소이다. 현지인들이 사막을 보는 관점에서 시작하면 안 된다. 이것은 아랍 청소년이 아니라 유럽 청소년의 꿈이다. 사막은 공포의 장소이며, 사막의 고독은 언제나 귀신들로 가득하다. 사막의 불가사의한 와디들은 악마들의 주거지이다. 가족과 함께 취리히에서 살았을 청년에게 사막은 새롭고 위험스런 곳이며, 자연히 외로움과 버려짐이라는 생각을 떠올리게 한다. 그렇다면 이 꿈을 꾼 청년은 특이한 심리 상태에 있으며, 이 상태에 완전히 휘둘리고 있다. 청년이 배가 고프지 않고 갈증이 난다는 것은 무엇을 의미할까?

그의 속에 불, 즉 본능성이 타고 있다는 말이다. 청년의 심리적 상황이 매우 뜨겁다. 그래서 그는 허기보다 갈증을 더 강하게 느끼고 있다.

소년은 목이 말라 죽기 직전이다. 그는 지금 색다른 욕망, 색다른 욕구에 사로잡혀 있다. 이 욕망에 완전히 휘둘리고 있다. 지금 극적인 요소가 나타난다. 그가 쓰러지려는 순간에 오아시스를 발견하는 것이다. 그렇다면 이로운 무엇인가가 이 순간에 일어나고 있다. 사막에서 길을 잃은 사람이 오아시스 꿈을 꾸는 것은 오래된 이야기이다. 그 사람은 사막에서 언제나 정오쯤에 잘 알려진 샘을, 신기루 같은 것을, 경이로운 초록색 호수가 있는 계곡을 본다. 그 전까지 사막 외에는 아무것도 없었던 곳에서 말이다. 이것은 잘 알려진 현상이다. 그렇다면 오아시스는 종려나무와 다양한 식물들이 서 있고 당연히 물이 있는 그런 유익한 곳이다. 이 오아시스를 직접적으로 하나의 소망 성취로 해석하지 않는다면, 그것은 무엇을 암시할까? 오아시스는 무엇인가를 의미해야 한다. 그렇지 않다면 누군가가 맥주나 물 한 잔을 갖고 나타나는 것이나 다를 바가 없을 것이기 때문이다.

그것은 무의식과의 접촉을 의미한다. 거기엔 맑고 경이로운 물이 흐르고 있다. 심리학 용어로 말한다면, 그의 갈증을 해소시키고 그의 복잡한 상황을 단번에 해결할 수 있는 구원이 표면으로 나오고 있다는 뜻이다. 이것은 무의식의 계시임에 틀림없다. 그 계시가 무엇을 의미하는지는 아직 오리무중이다. 그러니 이 문제는 한동안 가만 내버려두도록 하자. 먼저, 청년을 향해 돌진할 준비가 되어 있는 호랑이가 나타난다. 호랑이는 무엇을 의미할까?

호랑이는 수소와 똑같이 언제나 우리에게 불리하게 작용하는 본능을 의미한다. 그래서 사악한 동물이나 무서운 개나 성난 수소가 당신의 뒤를 쫓는 꿈을 꿀 때, 당신은 자신이 본능과 다소 분리되어 있으며 모순적인 어떤 상황에 이르렀다고 확신해도 좋다. 당신이 자연이 취하는 관점과 조화를 이루지 못하고 있으며, 따라서 자연이 당신에게 반대하고 나서고 있다. 그러면 자연이 동물의 이미지로 당신에게 접근한다. 당신은 당신의 동물을 만난다. 어떤 동물에 쫓기는 것이 언제나 불리한 의미를 지니는 것은 아니다. 그것은 단지 당신이 동물에 적대적이라는 것을 말하고 있을 뿐이다. 그래서 동물이 당신에게 적대적인 태도를 취한다. 그럴 때면 당신은 정중하게 모자를 벗고 "나에게 원하는 것이 무엇입니까?"라고 묻는 시늉을 해야 한다. 그러면 당신은 그 동물이 당신에게 말해줄 무엇인가를 갖고 있다는 것을 확인하게 될 것이다.

물론, 소년은 본능에 맞서고 있다. 그를 완전히 새로운 환경 속으로 밀어넣고 있는 것이 바로 기이하고 불가사의한 그 본능이기 때문이다. 본능은 지금 소년과 맞서면서 그에게 위험 요소가 되고 있다. 이것은 많은 신화들에서 발견되는 전형적인 모티브이다. 사람이 갈망하고 있는 마법의 샘을 지키는 용이나 뱀에 관한 신화가 많은 것이다. 가끔은 사악한 영혼이나 마녀가 샘을 지키기도 한다. 샘은 언제나 우리에게 다가서기를 원하는 악마에 의해 지켜진다. 이 존재는 우리를 붙잡고 싶어 하는게, 그것은 우리가 포기한 것이고, 우리 안에 있는 것이고, 우리가 달아나길 원하는 것이다. 그것이 우리에게 반대하고 있는 이유가 바로 거기에 있다. 만약에 우리가 다시 생명의 샘, 말하자면 우리가 더 이상 죽을 만큼 갈증을 느끼지 않아도 좋은 곳에 닿기를 원한다면, 거기서 사악한 존재를 만날 위험을 감수하지 않으면 안 된다. 우리가 사막으로 도망가도록 만든 바로 그것을 반드시 만나야 한다는 뜻이다.

우리는 그것으로부터 달아나는 쪽을 택하고, 따라서 그것이 우리의 뒤를 쫓고 있다.

그렇다면 꿈을 꾼 소년은 여기서 이 위험 속으로 들어가야 한다. 이유는 그의 안에 있는 생명의 샘을 발견하길 원하는 경우에 그가 본능을 통해서만 거기에 닿을 수 있기 때문이다. 기본적으로, 그 샘의 이중적 양상, 즉 오아시스와 호랑이는 동일하다.

생명의 샘으로 가는 길은 사악한 동물을, 말하자면 본능을 통과한다. 이제 이 발달이 어떤 식으로 전개되는지 보도록 하자.

두 번째 꿈에서, 꿈을 꾼 소년은 다시 사막에 있으며, 견딜 수 없을 만큼 뜨겁다. 그러나 첫 번째 꿈과 다른 점이 있다. 태양이 빛을 발하지 않고 있다.

태양은 언제나 "낮"을 의미한다. 의식과 태양은 동일하다. 만약에 태양이 꿈속에서 빛나고 있다면, 그것은 명료한 의식을 의미한다. 당연히, 꿈을 꾼 사람이 마음대로 이용할 수 있는 그런 의식을 말한다. 무서운 갈증과 갈증으로 인한 죽음의 위험을 야기하고 있는 것이 이 의식이다. 그는 생명의 샘으로부터 벗어났다. 샘이 호랑이에 의해 지켜지고 있었기 때문이다. 이 위험에서 달아나기 위해, 그는 의식 속으로 달아났다. 이유는 그가 이렇게 느꼈기 때문이다. "저기 아래쪽은 무서워. 인간은 신들을 시험하려 들어선 안 되는데." 그래서 두 번째 꿈에서 태양이 더 이상 빛을 발하지 않는다면, 그것은 그가 이미 무의식에 많이 가까워졌다는 것을 암시한다. 그는 이미 희한한 방법으로 위험으로부터 보호를 받고 있다. 그는 긴 장화를 신고 있다. 나는 이 소년이 그런 것에 대해 들었는지 모르지만, 장화에 관한 그의 연상은 그가 뱀으로부터 보호를 받으려면 장화를 신어야 한다는 내용을 읽었다는 점을 암시한다. 잘못하다가 아주 독한 뱀을 밟을 수 있다. 그런 경우에 대비해 장화를 신는 것이 바람직하다. 적도 지방의 뱀이라도 그렇게 두꺼운 물건은 물지 못하기 때문이다. 지금 꿈에 뱀들이 많이 나온다. 이 뱀은 무엇을 의미할까?

뱀은 불가사의하다. 우리는 뱀을 밟기를 겁낸다. 꿈이 땅이나 바닥에 뱀이 우글거린다고 말할 때, 그것은 사막이 생명을 얻고 있다는 뜻이다. 그렇다면 홀로 있는 것은 내면의 상태를 객관화하고 있다. 우리가 홀로 있을 때, 이런 일이 실제로 일어난다. 한참 동안 홀로 있어 보라. 그러면 당신은 목소리를, 예를 들어 누군가가 당신의 이름을 부르는 소리를 들을 것이다. 고독이 야기하는 환상과 환청이 있다. 활기찬 무의식을 가진 누군가가 고독 속에 갇혀 지낸다면, 온갖 종류의 이상한 일들이 그에게 일어날 수 있다. 무의식이 활기찰 필요까지도 없다. 당신이 홀로 집에 있거나, 밤이거나, 달빛이 은은히 흐를 때, 당신 눈에 무엇인가가 보일 수 있다. 성자와 은자들의 삶에서도 이런 것을 확인할 수 있다. 실제로 성자와 은자들은 고독이 야기하는 그런 경험으로 종종 고통을 겪었다. 이런 경험들은 내적 과정의 외면화이다.

만약에 의식과 운동 및 본능 체계들 사이에 불일치가 존재한다면, 뱀 상징들이 나타날 것이다. 기본적으로, 뱀은 언제나 뇌척수 신경계를 의미한다. 이것들은 간단히 낮은 본능 또는 낮은 기능의 센터들이며, 우리는 이 센터들과는 더 이상 일치하지 않는다. 무의식의 내용물은 낯설수록 더 많이 외면화될 것이며, 그러면 환상과 환청들이 일어날 것이다. 이것은 또 유령 같은 현상을 낳을 수도 있다. 이 주제에 대해서도 문헌을 참고하는 것이 좋을 것이다. 알베르 드 로샤(Albert de Rochas)가 쓴 『감각의 외면화』(L'extériorisation du Sens)라는 재미있는 책이 있다. 그런 현상이 심리적인 측면이 아니라 사실적인 관점에서 묘사되어 있다. 가구들 사이에서 들리는 "두드리는" 소음 같은 것에 대한 언급이 있다. 심령술은 바로 그런 현상을 바탕으로 하고 있다. "이건 터무니없는 망상이야!"라는 식으로 말하면서 그런 것을 일축하려 들면 안 된다. 당연히, 그런 현상 앞에서 사람들은 합리적으로 설명하려 들지만, 만약에 그 현상을 깊이 들여다보면서 어떤 심리적 상태에서 일어나는지를 연구한다면, 우리는 그 현장 가까운 곳에서 외면화를 일으키고 있는 누군가가 있다는 사실을 발견할 것이다. 그런 외면화는 우리가 우리 자신과, 즉 우리의 본능 체계와 모순을 일으키고 있을 때에 일어난다. 외면화는 그 갈등이 견딜 수 없는 상황에 이르렀을 때에 일어난다. 그러면 갈등이 말하자면 외부에서 우리에게 모습을 드러낸다. 이런 현상은 정신적 병을 앓는 사람들에게 아주 빈번하게 일어난다. 당신이 30년 동안 어느 누구도 신뢰하지 않은 상태에서 인생을 살아왔을 수도 있다. 그러면 당신의 비밀이 스스로 외면화한다. 이젠 마을 전체가 당신의 비밀을 알고, 그것은 모든 사람의 비밀이 된다.

비극적이면서도 괴상한 측면으로 웃기는 이야기가 하나 있다. 어느 늙은 부인은 젊은 시절에 연애를 했으며, 자신이 그런 경험을 할 수 있다는 데 대해 신에게 감사하고 있다. 그 날 이후로 부인은 그 사실을 꽁꽁 숨긴 상태에서 나이 들어 은퇴한 뒤로 그 일에 대해 골똘히 생각하며 지냈다. 그러다 그녀는 아래층과 위층에 사는 사람들이 자신을 흠칫 놀라게 만든다는 사실을 눈치 채기 시작했다. 마지막에는 거리의 사람들까지 그녀를 향해 "지저분한 여자!"라고 외치는 듯했다. 그렇다면 그 비밀은 이미 마을 전체에 쫙 퍼졌을 것이다. 이런 것이 전형적인 외면화이다.

이것은 예를 들면 대단히 은밀한 생각, 그러니까 우리가 결코 인정하고 싶어 하지 않는 생각들이 소리로 나타나는 현상이다. 이것이 심각한 경우에 목소리들이 너무나 무서운 것을, 너무나 당혹스런 비밀들을 당신에게 들려주는 이유이다. 이제 그 비밀은 더욱 저속해 보이고, 그러면 당신은 그 비밀을 더욱더 털어놓지 못하게 된다.

젊은 소녀 환자가 있었다. 스무 살이었던 환자는 흥분 상태에 있었으며 자신이 들은 것을 모두 큰 소리로 말했다. 그녀가 풀어놓는 이야기는 믿기 어려울 정도로 외설스럽고 지저분한 내용이었다. 언제나 주변 사람들의 보호 속에 살았던 어린 소녀가 아무렇지도 않다는 듯이 그런 이상한 말들을 늘어놓았다. 그녀는 떠돌아다니는 이야기들을 어딘가에서 주워들었다. 그녀의 언니는 그 같은 사실에 큰 충격을 받고 나에게 물었다. "아이가 도대체 그런 말을 어디서 들을까요?" 무의식이 그 말을 즐거운 마음으로 삼켰으며, 그 뒤로 그녀는 그런 것들에 대해 생각하지 않고 옆으로 밀쳐놓았다. 그것이 그 말들이 큰 소리로 나와야 했던 이유이다. 그러나 그때엔 이미 때가 너무 늦어 있었다.

어른들은 삶의 이런 측면을 아이들에게 숨기지 말아야 한다. 그런 면을 아이들에게 부드럽게 어떻게 전하는가 하는 것은 교육적으로 대단히 어려운 문제이긴 하지만 말이다. 아이들에게 "기본적으로, 너는 돼지와 다르지 않아!"라는 식으로 말할 수 있다면, 그게 차라리 더 낫다. 그런 식으로 접근하면 많은 어려움들이 사라질 것이지만, 나는 그런 것을 아이들에게 자연스럽게 노출시킬 수 있는 방법을 알지 못한다. 이유는 우리가 더 이상 원시인이 아니기 때문이다. 인간의 조건에 대해 망상을 품는 것은 결코 이롭지 않다. 나는 아이들을 모두 공립학교에 보내는 것에 적극 찬성하며, 배타적인 사립학교에 보내는 것에는 절대로 찬성하지 않는다. 공립학교에 다녀야 아이들이 필요한 먼지를 소화시킬 수 있게 될 것이다. 사랑스러운 아이들과 다정다감한 선생들만 있는 사립학교는 건강하지 않다. 이유는 우리 인간이 깨끗하지 않은 땅 위에서 살고 있기 때문이다.

소년의 꿈에 등장하는 수많은 뱀은 그런 외면화이며, 불안으로 채색된 환경을 표현하고 있다. 어쨌든 뱀들은 당신에게로 올 수 있으며, 이상하고 불가사의한 분위기가 당신의 내면으로 침투할 수 있다. 당신이 뜨거운 사막에 홀로 있을 때, 두려움은 특별히 더 강해진다.

이제 정말로 큰 위험이 닥치고 있다. 등에 검정 십자가가 다수 그려진 하얀 보아 뱀이다. 이건 무슨 의미인가? 하얀 뱀은 무엇인가?

매우 중요한 대목이다. 뱀은 물과 관계있으며, 희고 검기 때문에 상반된 것들의 진정한 통합이다. 이 꿈을 꾼 청년은 호랑이와 오아시스는 동일하다는 생각을 품었던 것 같다. 통합이 가능한 것은 태양이 더 이상 빛나지 않기 때문이고, 그의 의식적인 태도가 이미 흔들렸기 때문이다. 이 의식적 태도는 무의식의 혼합으로 인해 다소 어두워졌다. 소년은 이미 호랑이에게 압도되었으며, 자연의 무의식 쪽으로 더욱 가까이 다가섰다. 그것은 상반된 것들을 함께 보는 데 절대적으로 필요한 '정신 수준의 저하'이다. 명료하고 의식적인 이성을 갖고 상반된 것들을 통합시킬 수 있는 길은 절대로 없지만(중간 배척의 원리), 현실적으로 제3의 것이 언제나 있다. 그렇지 않으면 우리가 영원히 모순에 갇혀 있어야 할 것이기 때문이다. 실질적으로 말하면, 우리는 '예스'와 '노'를 함께 결합시킬 수 있다. 단, 너무 가까이서 들여다보려 하거나 너무 엄밀하게 접근할 것이 아니라 대충 눈을 감아주는 아량도 필요하다. 이런 식으로, 샘은 사악한 동물과 함께 통합되어 지금 하얀색 뱀인 보아가 되었다.

일반적으로 어둠 속에 사는 많은 동물들은 흰색이다. 이것들은 무의식을, 땅의 자궁에서 나오고 있는 원천을 상징하는 동물들이다. 이것이 우리의 꿈에서 보아가 흰색인 이유 중 하나이다. 그러나 보아 뱀은 완전한 흰색이 아니고 검은 십자가 무늬가 있다. 이것은 보아 뱀이 단순히 동굴 속의 동물이 아니며 흰색이 다른 의미를, 검정색과의 대비에서 비롯되는 의미를 지닌다는 점을 암시한다. "하얀색 뱀"은 긍정적인 의미에서 무엇을 뜻하는가?

물론, 그것은 마법의 뱀이다. 그 뱀은 어떤 비밀을 드러내며, 보통 머리에 작은 황금 왕관을 쓰고 나타난다. 여왕 뱀, 의사 뱀이라는 뜻이다. 그 뱀은 지혜와 계시를 갖고 오며, 비밀스런 보물과 길에 대해 알고 있다. 그것은 이로운 동물이다. 따라서 흰색은 유익한 색깔이며, 틀림없이 깨달음의 색깔이다.

뱀의 등에 검정색 십자가들이 있다. 이건 또 뭔가? 이 뱀은 모순적인 성격을 갖고 있다. 한쪽엔 흰색이 있고, 다른 쪽엔 검은색이 있다. 뱀이 뇌척수 신경계를 나타낸다는 점을 기억한다면, 이 불가사의한 모순과 기이함의 한 상징이 이 이미지에 의해 표현되고 있다고 할 수 있다. 어떤 정신적 내용물이 보아의 이미지를 통해 표현되고 있다. 그 뱀은 한 마리 자연적인 동물일 뿐만 아니라 신화적인 동물이기도 하다. 성욕은 그냥 성욕이 아니라 정신적인 어떤 경험이라는 것을 우리는 잊지 말아야 한다. 성욕은 정신적인 어떤 특성을 갖고 있다. 성욕은 어쨌든 상징적이고 마법적이다. 따라서 성욕은 절대로 성욕 자체로 나타나지 않으며, 언제나 이상한 어떤 정신적 상태를 나타낸다. 십자가들은 자연에 속하지 않는다. 십자가들은 인공적인 것 같다.

하나의 상징으로서 십자가는 민족을 불문하고 두루 보편적으로 발견된다. 물론 이 경우에 우리는 분명한 것에 대해, 기독교 상징체계에 대해 생각해야 한다. 더 나아가 그것이 그 샘처럼 기독교와 연결되는 구원의 뱀일 수 있는지에 대해서도 생각해 볼 수 있다. 그리스도가 생명의 원천이고 생명의 물이기 때문이다. 이 뱀은 단순히 샘을 대체하고 있다. 뱀은 생명의 물을 상징한다. 용들이나 뱀들이 땅, 즉 불완전한 금속의 한가운데에 살고 있는, 소위 그 금속의 영혼인 아니마라는 것이 연금술의 사상이다. 용들이나 뱀들은 유혹에 끌려 땅 표면으로 나왔다가 구름 속으로 올라가서 비가 되어 다시 밑으로 내려온다. 그러면 그것들은 다시 물질에 흡수되어 물질을 치료한다. 그것들은 하나의 약으로, 변형시키는 물질로, 불완전이라는 사슬에 묶인 존재들의 구원자로, 물질 뿐만 아니라 인간의 구원자로도 아래로 온다.

다수의 뱀들을 하나의 거대한 존재로 압축하는 것은 많은 것들을 하나로 통합하는 것을 나타내고 있다. 이것이 중요하다. 이것의 한 예가 '민수기' 21장 6절에서 9절 사이에 나타나는 금속 뱀이다. 이 대목을 보면 수많은 뱀들이 긴 여정에 오른 이스라엘 백성들을 문다. 그러자 여호와는 모세에게 놋뱀을 만들어 장대 위에 달으라고 말한다. 그것을 보는 사람은 누구나 뱀들로부터 보호를 받을 것이다. 뱀이 다수의 희생물이 될 때 해체되고 말 것이기 때문이다. 본능적인 어떤 과정이 우리를 쓰러뜨릴 위험은 언제나 있다. 그렇게 될 경우에 우리는 다수로 해체되고 만다. 인격의 통일성을 상실하는 것이다. 만약에 우리가 우리 자신과 하나로 남는다면, 타인이 우리를 알아볼 것이다.

모세가 뱀을 장대 위에 달았듯이, 그리스도도 십자가에 달렸다. 그것이 오피스파[28]가 그리스도를 두고 구원의 뱀이라고 부른 이유이다. 이 사상은 중세까지 이어졌다. 당신도 아마 뱀이 달린 십자가를 보았을 것이다.

연금술을 비롯한 다양한 분야에서도 이 상징이 발견된다. 15세기에 지어진 인도의 어느 왕궁에서 나는 흑단나무로 만든 침대를 발견했는데, 거기에도 그런 상징적인 이미지가 있었다. 그 이미지 주위에 새들이 많이 있었으며, 이미지 위로 펠리컨 한 마리가 맴돌고 있었다. 이 침대는 16세기 이탈리아 거장의 작품이었다. 이 거장은 침대에 연금술 상징들을 묘사했으며, 그 상징들 중에 그 뱀이 포함되어 있었다. 이 뱀은 르 쥐프(Abraham le Juif)의 유명한 책[29]에서도 발견된다. 사막의 한 마리 뱀이 다수의 뱀을 극복했듯이, 그리스도도 본능적인 힘들, 즉 사악한 것들을 극복했으며, 그래서 그리스도는 구원의 뱀이다.

이제 세 번째 꿈으로 넘어가자. 꿈이 전개되는 장소는 초원이다. 초원은 사막보다 조금 나은 곳이다. 거기엔 풀이 자란다. 이 꿈들을 꾼 소년이 지금 초원으로 들어가는 이유는 무엇인가? 인과적인 관계에

....
28 A.D. 2세기 후 몇 세기 동안 번성했던 영지주의의 한 분파.
29 'Livre des figures hiéroglyphiques'를 말한다.

있는 꿈들의 순서에 대해 생각해 보라.

앞의 꿈에 나온 하얀 뱀은 그에게 다가온 최초의 긍정적인 이미지이다. 그리고 그것이 상징적이기 때문에, 사람과의 어떤 관계가 따른다. 하나의 상징적인 뱀으로서, 그 뱀은 실제보다 훨씬 덜 위험하다. 그 현상은 정신적인 것으로 바뀌었으며, 그래서 사막은 더 이상 사막이 아니고 초원이다. 거기서 그는 매우 특이한 약초를 찾고 있다. 이 약초는 무엇인가?

약초는 치료와 연결된다. 치료의 성격은 사실상 구원 또는 치료의 뱀인 보아와 함께 나타났다. 만약에 우리가 이 뱀을 받아들일 수 있다면, 치료가 따를 것이다. 그러나 우리가 본 바와 같이, 꿈을 꾼 소년은 아직 뱀을 받아들이지 못하고 있다. 그의 머리에 치료라는 생각이 떠오르고, 그 생각에 자신을 맡기고 있음에도 불구하고 말이다. 그는 더 나은 약을 찾고 있다. 자신이 동화시킬 수 있는 약을 찾고 있는 것이다. 이 거대한 뱀에게는 소년이 삼켜질 수 있지만, 약초라면 그가 먹을 수 있다. 이 마법의 약초는 서사시 '길가메시'에서도 어떤 역할을 한다. 길가메시는 죽음의 공포에 사로잡히면서 태양의 경로를 걷고 전갈 거인의 문을 통과함으로써 불멸을 얻으려고 노력한다. 이것이 점성학적으로 황소자리 시대의 추분점이다.

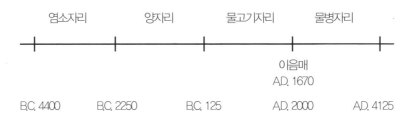

2장 어린이들의 꿈에 관한 심리학적 해석(1938/39년 겨울)

이것은 춘분점이 역사를 내려오면서 지나온 황도대의 별자리를 대략적으로 보여주고 있다. 모두가 잘 알고 있다시피, B.C. 4000년부터 B.C. 2000년까지, 춘분점은 황소자리를 지난 다음에 양자리의 시대로 들어갔다. B.C. 600년쯤부터 B.C. 350년까지, 양자리 머리의 밝은 별들이 있었다. 그때가 전 세계에 걸쳐서 위대한 철학자들이 활동하던 시대였다. 그런 인물로 헤라클레이토스와 엠페도클레스(Empedocles), 탈레스(Thales), 부처, 노자(老子), 공자(孔子) 등이 꼽힌다. B.C. 125년경에, 물고기자리 시대가 시작되었다. 이것은 기독교의 시작과 일치한다. 1세기에 적(敵)그리스도라는 개념이 두 번째 물고기를 가리키면서 이미 존재했다. 우리 시대는 두 번째 물고기의 시대에 해당한다. 그것은 반(反)기독교 시대이다. 프랑스의 계몽시대는 두 번째 물고기의 시작과 일치한다. '사악한 것[30]을 때려 부수라'라는 볼테르(Voltaire)의 주장은 그 시대의 특징이다. 두 마리의 물고기 사이에 소위 이음매가 있다. 르네상스가 그 과도기에 해당한다. 지구라는 개념이 확장되고, 지구의 발견이 이뤄지던 시대이다. 아메리카 대륙이 발견되고, 종교개혁이 이뤄지고, 교회의 권력이 커다란 분열로 인해 흔들린다. 이것은 특히 가톨릭의 태도에 날아든 첫 번째 결정타이다. 그래도 계몽시대까지 여전히 기독교의 영향 아래에 있게 되지만 말이다. 계몽시대 이후로, 기독교의 침식이 본격적으로 시작되고, 이성이라는 여신이 왕좌에 오른다. 지금 적그리스도는 문화의 세계를 공격하겠다고 위협하고 있다.

이 황도대의 별자리들은 아득한 고대 때부터 하늘로 투사된 상징들

......

30 가톨릭교회를 뜻한다.

이며, 아마 무의식의 구조를 반영하고 있을 것이다.

길가메시의 무용담은 황소자리 시대 말에 시작되며, 훗날 문학적인 형태로 다듬어졌다. 그리스 이름 사르다나팔(Sardanapal)로도 알려져 있는 야슈르바니팔(Ashurbanipal)[31]의 도서관에서 벽돌에 쓴 '길가메시'가 발견되었다. 그것은 불멸의 비밀을 발견하기 위해 태양의 경로를 따르고 있는 타고난 영웅의 신화이다. 그는 서쪽 땅에서 죽음의 바다를 여행한 까닭에 지금은 불멸의 존재들과 함께 살게 된 늙은 사공 우트나피쉬팀(Utnapishtim)을 발견한다. 그는 길가메시에게 비밀을 털어놓는다.

> "길가메시, 당신은 굉장한 어려움을 겪고 많은 역경을 겪었소. 당신이 당신의 땅으로 돌아갈 수 있도록, 내가 당신에게 줄 수 있는 것은 무엇이오? 숨어 있는 마법의 약초에 관한 비밀을 알려주겠소. 그 약초는 구기자나무처럼 보이고 바다 깊은 곳에서 자라오. 가시는 호저라는 동물의 등골처럼 생겼소. 꽃은 멀리 떨어진 민물 바다에서 피운다오. 이 약초를 채취하면 그것을 먹도록 하시오. 그러면 당신은 영원한 젊음과 생명을 발견할 것이오."

이것은 고대로부터 내려오는 멋진 묘사이다. 여기서 당신은 마법의 약초를 보고 있다. 그것은 치료 효과를 발휘하는 약초이며, 영원히 치료하는 힘을 갖고 있다. 소위 만병통치약이다. 동시에 그것은 연금술 숙련자가 철학자의 돌을 만들도록 돕는 약초이다. 그 약초는 '루나리

....
31 고대 아시리아의 마지막 왕(B.C.668- B.C.627?)

아' 또는 '루나티카'라 불린다. 그것은 언제나 높은 산에서 찾아야 하는 돌처럼 맘브라쿠스(Mambracus) 산에서 자란다.

약초와 초원 사이에 어떤 연결이 있다. 초원은 이제 푸르기 시작하는 사막이다. 신들의 아들 또는 신들의 딸이 땅을 건드리는 곳에서, 땅은 푸르기 시작한다. 그것이 초록의 초원이 곧 치료 방법이 등장할 것임을 암시하는 이유이다. 이어서 초록이 나타난다. 이 약초는 꿈을 꾼 소년에게 무슨 의미를 지니는가?

소년의 기분은 절망적이다. 그는 뱀에 압도당하고 있다. 뱀이 그를 감고 질식시키려 든다. 자신이 완전히 무력한 존재라는 것이 끊임없이 그에게 확인되고 있다. 그러자 소년은 지금 이렇게 말한다. "그래, 마법의 약초가 있지." 약초가 세 번째 꿈에 등장하는 것은 결코 우연이 아니다. 약초는 그 전에 나타난 뱀과 연결된다. 뱀은 치료라는 생각을 품게 하는 치료의 뱀이다. 두 번째 꿈에서, 우리는 이 뱀과 고대 연금술사들의 메르쿠리우스를 연결시켰다. 메르쿠리우스 뱀은 땅 한복판에 살고 있는 악마이다. 변형에 의해서, 이 메르쿠리우스 뱀은 마법의 약초로 변한다. 아니면 약초가 그 뱀을 변형시킨다. 그러면 메르쿠리우스 뱀은 초록 사자가 되는데, 메르쿠리우스가 이 사자 속으로 사라진다. 사자는 성수(聖水) 속의 용체(溶體)를 나타낸다. 이것도 치료의 물이다. 소년의 꿈에서, 약초는 투명한 돌 밑에서 자란다. 연금술 관련 자료에 따르면, 그 돌의 특성 중 하나가 투명성이다. 이것은 무엇을 의미하는가?

철학자의 돌은 물체의 가장 높은 완벽성을 나타낸다. 그래서 철학자의 돌은 인간 자체, 즉 인간의 '영화롭게 된 몸'이라는 사상도 발견된다. 이 불멸의 몸이 육체적 몸을 떠나서 부패되지 않게 된 신비체이다. 가장 단단한 광물인 다이아몬드는 철학자의 돌과 동의어이다. 이것은 고대의 형이상학이고, 상징적인 형식으로 하는 옛날의 고찰이다.

이것은 심리학적으로 무엇을 의미하는가? 투명성과 견고함은 의식(意識)의 본질과 관계있다. 옛날의 연금술 텍스트에서 이런 연결이 발견된다. 말하자면 돌은 계몽에 해당하는 어떤 정신 작용의 산물이라는 사상이 나온다. 그래서 어느 연금술 텍스트에서 돌이 이렇게 말한다. "나는 빛을, 세상의 다른 모든 빛들보다 더 위대한 빛을 창조한다." 이 빛이 실제로 의미하는 것은 의식의 한 현상이고, 인간 노력의 한 산물이고, 동시에 신이 내린 은총의 선물이다. 그것을 인간 혼자만의 노력으로 이루는 것은 불가능하고 오직 신의 은총에 의해서만 주어질 수 있는 것이지만, 그럼에도 인간은 이 구조를 만들려고 노력해야 한다는 점이 언제나 강조되어야 한다. 그것은 원래 하나의 머리, 말하자면 머리 안에 들어 있는 의식이었다. 그것은 바다에서 해안으로 밀려왔다가 비블로스의 여인들의 숭배를 받았던 오시리스의 머리로서 상징된다. 절단된 이 머리, 소위 둥근 요소는 완벽의 전형이다. 그리하여 냉철하고 분리된 어떤 의식이, 완전성(둥근 모양에 의해 표현된다)이 특징인 어떤 의식이 형성되었다.

여기서 흥미로운 것은 꿈을 꾼 소년이 돌을 찾는 길에 중요한 경쟁자를 두고 있다는 점이다. 사자를 두고 하는 말이다. 그래서 이 사자를 심리학적으로 이해해야 한다. 사자가 그 돌을 갖기를 원하는 이유는 무엇이며, 사자는 무엇을 의미하는가?

만약에 돌이 그의 무릎으로 그냥 굴러 온다면, 그에겐 온전한 삶이,

말하자면 본능적 삶이 필요하지 않을 것이다. 그것이 사자가 나타나는 이유이다. 사자는 뱀의 변형이다. 뱀이 사자로 변하는 것에 관한 묘사는 미트라가 수소를 제물로 바치는 장면에 나온다. 이 장면은 종종 아래에 크라테르(Kratér)³²가 있고, 위의 한쪽엔 사자가 있고 다른 쪽에 뱀이 있는 것으로 그려진다. 이 크라테르는 조시모스의 그 유명한 크라테르와 동시대의 것이다. 조시모스가 '신비의 누이'에게 보낸 글 중에서 자주 인용되는 단락이 있다. "인간들의 목자에게 서둘러 내려가서, 용기(容器) 안으로 뛰어 들어갔다가 서둘러 올라와서 당신의 본래 모습으로 돌아가도록 하라." 크라테르라는 개념은 그때 이미 존재했던 소위 '인간 목자'(Poemandres)의 원리를 가리키고 있다. 이것은 『코르푸스 헤르메티쿰』(Corpus Hermeticum)에서 발견되는 연금술 원리이다. 불행하게도, 이것들은 거의 알려져 있지 않다. 이것들은 너무나 아름답기 때문에 훨씬 더 널리 알려져야 한다. 이 책의 네 번째 논문을 보면, 데미우르고스가 인간을 반만 의식적인 존재로 창조했으며, 데미우르고스는 인간들을 돕기 위해 어떤 용기(크라테르)를 만들어 그것을 누스, 즉 정신으로 가득 채워 땅으로 내려 보냈다는 내용이 나온다. 보다 넓은 의식, 즉 구원을 성취하길 열망하는 인간들은 자신을 재생시키기 위해 이 크라테르로 뛰어들 수 있었다. 크라테르는 경이로운 그릇이며, 훗날 시적으로 응용되면서 성배(聖杯)가 되었다. 연금술에서 그릇은 '헤르메스의 그릇'(vas Hermetis)으로도 알려져 있다. 그것은 물로 만들어진 것으로 여겨진다. 지금 사자는 단순히 다른 형태의 뱀이다. 미트라 숭배에서, 사자는 그 그릇을 놓고 뱀과 다툰다.

....

32 고대 그리스 때 술을 물로 희석시킬 때 사용하던 용기.

그것은 곧 그 단계에서 그릇은 아직 사람과 관계없이 여전히 무의식에 있었다는 뜻이다. 그것은 불로 채워져 있으며, 두 단계, 즉 뱀의 단계와 사자의 단계가 아직 서로 불화를 빚고 있다. 이 둘의 차이가 궁금해진다.

사자는 온혈동물이라는 점이 다른 점이다. 사자는 뱀이지만, 훨씬 더 높은 차원의 뱀이다. 그것은 냉혈과 온혈 사이의 투쟁이지만, 그 싸움은 아직 의식 아래에서 일어나고 있다. '사자의 머리를 한 아이온'에서 뱀과 사자가 함께 묘사되고 있지만, 거기서 둘은 통합을 이루고 있다. 그것은 인간 신체의 조각상이다. 아를 박물관에 아주 멋진 '사자 머리의 아이온'이 한 점 있고, 브리티시 박물관에도 있다. 그는 머리가 사자이며, 한 마리 뱀이 그를 완전히 감고 있다. 이 뱀은 머리를 사자의 머리 위에 올려놓고 있다. 여기서 사자와 뱀은 동일하다. 그렇다면 이것은 척추의 상태에 있는 인간이다. 그것은 무의식적인 인간이며, 미트라가 제물을 바치는 의식과 그것 사이에 눈에 보이는 연결이 전혀 없다. 그는 말하자면 미트라가 수소를 죽이는 구원의 행위에서 돕는다. 수소는 미트라 자신이고, 미트라는 자신을 제물로 바친다. 그것은 기독교 사상의 단순한 변형이지만, 미트라의 역사가 더 오래되었다. 기독교 이전의 사상인 것이다.

중세 철학에서, 사자는 연금술 과정에 변형의 상징으로 자주 나타난다. 거기서 사자는 변형 과정의 한 단계를, 첫 단계보다는 중간 단계를 대표한다. 첫 번째 단계도 그 작업의 출발점에 따라 다를 수 있지만, 이어서 사자가 나타나는 단계가 온다. 중세 철학에서 몇 가지 예를 제시할 것이다. 이 예를 근거로 당신은 사자가 거기서 하는 역할을 확인할 수 있다. 그것은 일종의 전이점(轉移點)이기 때문에 변형의 다른 모든 부분처럼 '라피스'라 불린다. 라피스는 처음과 중간, 그리고 마지막에 있다. 처음에 그것은 카오스와 관련 있는 원물질(prima materia)이고, 그 다음이 초록색 사자이고, 그 다음이 독수리이고, 그 다음이 철학자의 금이다. 모두가 돌이다. 연금술의 어느 텍스트는 이렇게 말한다. "돌은 이런 식으로 동물들과 비교되었다. 이는 동물의 피가 동물의 생명을 담은 물질로 여겨지고, 각 동물의 영혼이 피 속에 있기 때문이다." 이 텍스트의 저자는 사자라는 이름이 선택된 것은 영혼의 물질 때문이고, 개나 낙타도 마찬가지로 선택될 수 있다고 덧붙이고 있다. 동물이 단순히 첫 번째 물질에서 끌어내어진 살아 있는 존재를 상징하기 때문에, 어떤 이름의 동물도 괜찮다는 뜻이다. 그러나 그것이 왜 한 마리의 사자가 되어야 하는지 이유가 분명하지 않다. 이 저자가 언급하는 다른 동물들은 뱀이나 용을 제외하곤 거의 등장하지 않는다.

사자가 역동적인 한 현상이라는 것은 『오스타네스의 서』(The Book of Ostanes)에서 분명해진다. 이 책은 고대 그리스와 페르시아 시대까지 거슬러 올라가는 아랍어 텍스트이다. 이 책을 보면 아리스토텔레스라는 사람의 말이 인용되고 있다. 물론 가짜 아리스토텔레스다. 그 시대엔 옛 거장의 이름을 이용하는 것이 흔한 일이었다. 아리스토텔레스라는 사람이 사자의 등에 안장을 놓고 고삐를 매려던 어떤 사람에 관한 이야기를 들려주고 있다. 사자가 말을 듣지 않자, 그 사람은 채찍을 들고 사자에게 모욕감을 주었다. 이것이 제대로 먹혔고, 그 사람은 사자를 탈 수 있었다. 이것은 변형 과정을 비유적으로 표현한 것이다. 그렇다면 이것이 고삐 풀린 본능 또는 길들여지지 않은 권력의 단계이며, 그것이 연금술에서 사자로 불리는 것은 사자에 고유한 본능적인 힘 때문이라고 할 수 있다. 이것을 연금술의 화학적인 용어로 바꾸는 것은 거의 불가능하다.

또 다른 옛날 저자는 세니오르 필리우스 하무엘리스(Senior Filius Hamuelis)이다. 그러나 이 사람은 고대까지 거슬러 올라가지 않는다. 그가 원래 썼던 언어는 아마 아랍어나 히브리어였을 것이지만, 그의 작품은 중세인 11세기에서 12세기 사이에 번역된 라틴어 판으로만 존재한다. 이 자료를 보면 돌이 이렇게 말하는 대목이 있다. "비밀 중의 비밀이 만들어지는 것은 나를 통해서야. 내가 오랜 병에서 회복하면 포효하는 사자의 생명을 갖게 되지." 그렇다면 이것은 원물질이 고통의 오랜 과정을 거치고 나면 그 결과물로 사자, 즉 야생의 욕망이 나온다는 것을 표현하고 있다. 심리학적으로 보면 이것은 고통의 상태가 있고 이 고통으로부터 포효하는 열정이 나온다는 뜻이다. 이것은 연금술 텍스트에 의해 뒷받침되고 있는 하나의 공식이다.

또 다른 연금술사인 미하엘 마이어(Michael Maier)도 철학자의 작업은 우울증에서 시작해 쾌락과 환희로 끝난다고 말한다. 이 원래의 상태는 우울의 상태이며, 이 상태로부터 욕망이 나타난다. 이것이 리비도이며, 리비도는 우울의 상태 동안에 무의식 속으로 가라앉아 있었다. 그래서 거기엔 우울한 냉담이 분명히 있다. 이 상태가 해소되면, 리비도가 욕망의 형태로 표면으로 나온다. 물론 욕망의 형태는 아직 치료된 상태가 아니고 동물의 상태, 즉 원물질의 상태이다.

마이어는 카오스 또는 낙원의 땅을 원래의 상태로, 신성한 씨앗을 여전히 포함하고 있는 어떤 물질로, 모든 창조물이 나올 곳으로 인식하고 있다. 그는 "다른 사람들은 이 땅을 전쟁에서 강하고 용감한 초록의 사자나 자신의 꼬리를 삼키는 용이라고 불렀다."라고 적고 있다. 사자가 자기 자신을 삼키는 용과 동의어로 쓰이고 있다. 분명히 사자는 그와 비슷한 상태를 나타내고 있다. 자신을 삼키는 용은 리비도의 한 형태이며, 리비도는 자체 안에서 원을 그리며 달리고 스스로를 물어뜯는다. 용은 자기 자신을 갖고 하나의 순환을 형성하며, 자기 자신을 물어뜯으며, 심지어 그렇게 함으로써 스스로를 수정시킨다. 경험에 비춰 보면, 리비도는 우울의 상태에서 빠져 나오는 순간에 거기에 있는 것이면 무엇이든 덥석 문다. 그때 일어나는 일이 바로 전이라 불린다. 리비도는 반드시 자신을 물지는 않는다. 그것이 어느 연금술사가 사자나 용은 밀봉된 그릇 안에 보관되어야 한다고 말하는 이유이다. 그렇게 하지 않으면 전체 연금술 작품이 폭발하고 말 것이기 때문이다.

사자는 자신을 삼켜야 한다. 더없이 뜨거운 욕망, 더없이 뜨거운 열정은 다른 것을 추구하지 않고 자신을 추구하기 때문이다. 고대인들이 아주 분명하게 이해했듯이, 이것이 최종적인 목표이다. 그래서 마이어는 "초록 사자는 태양의 정수(精髓)와 달의 정수를 결합시키는 매개이다."라고 말한다. 이런 식의 표현은 남자와 여자를 묘사하는 고전적인 방법이다. 사자가 상반된 존재인 남자와 여자의 정수를 결합시킨다는 뜻이다. 여기서 말하는 정수는 육체적인 의미가 아니다. 남자와 여자의 추출물, 말하자면 신비체 같은 것을 뜻한다. 결합하는 것은 남자와 여자가 아니라, 정신적인 형태의 남성과 여성이다. 이것이 고대인들이 심리를 다룬 방식이다.

고대인들은 자신들을 실질적으로 표현했다. 고대인들은 정신에 대해 말하지 않고 '근본적인 습기'(humidum radicale)에 대해 말했다. 우리 현대인은 정신이라는 용어를 쓰면서 그 단어로 무엇인가를 말했다고 생각하지만, 실제로 보면 고대인들이 '차갑고 축축한 그 무엇, 축축한 숨결'로 여겼던 것 그 이상의 것을 표현하지 않는다. 이 숨결 안에서 여성적인 것과 남성적인 것을 함께 지키는 것이 가능하다. 바꿔 말하면, 의식과 무의식은 서로 통합되도록 연금술 용기(容器) 안에 함께 놓여야 한다는 뜻이다. 이것이 그 과정의 목표이며, 둘은 동시에 기능해야 한다. 하나가 기능할 때 다른 하나는 보이지 않거나 억눌려 있거나 하면 안 된다. 예를 들어, 머리가 잘려나가서 스스로 허공을 떠돌아다닐 경우에 몸통을 더 이상 활용하지 못하게 된다. 오늘날의 괴상한 심리학이 하고 있는 것이 꼭 그런 식이다. 사람들은 머리만으로 무엇이든 할 수 있다고 믿고 있다.

남성과 여성의 통합이 사자의 안에서 일어난다. 열광적인 욕망이나 뜨거운 열정은 인간 존재의 완전성(이것은 우로보로스(ouroboros)[33]의 상징에서 표현되고 있다)을 표현한다. 사자는 포효하는 괴물이고 탐욕스런 동물일지라도 빛을 사랑하고 태양을 사랑한다. 또 다른 고대의 저자인 16세기의 예수회 수사는 사자에 대해 빛의 친구라고 표현하고 있다. 연금술에서 묘사되고 있는 그대로이다. 점성술에서도 사자와 빛 또는 태양 사이에 이런 연결이 확인된다. 황도대 별자리인 사자자리는 태양의 집이다. 사자자리가 7월 21일과 8월 21일 사이로 태양이 변화하는 지점이고, 이때가 태양의 열기가 가장 뜨거운 때이기 때문이다. 이런 측면에서 본다면, 사자는 태양 같은 의미를 지닌다. '콘

....
33 자신의 꼬리를 물고 삼키는 뱀이나 용을 뜻한다.

실리움 코니우기이'(Consilium coniugii)에 따르면, 사자는 또 연금술 과정에서 '헤르메스의 금속 그릇'(aes hemetis)으로도 불린다. 사자는 '열등한 태양', 즉 우리의 발 아래에 있는 빛, 낮의 별에 불과하다는 말도 있다. 하늘에서 오는 것이 아니라 땅에서 나오는 계몽 같은 것이라는 뜻이다. 따라서 사자는 빛의 씨앗을 품고 있는 수수께끼 같은 땅이다. 심리학 용어로 표현하면, 게걸스러운 이 욕망이 자체에 빛을 포함하고 있다는 말이다. 그것은 완전히 어둡지는 않으며, 그것으로부터 빛이 나올 수 있다. 말하자면, 의식의 개화나 확장, 강화가 일어날 수 있다는 뜻이다. 예를 들면, 사자가 자신을 삼키고 있을 때 자기 지식이 발달할 수 있다. 만약에 욕망이 그 그릇 안에 가둬진다면, 그래서 그 욕망이 밖의 다른 대상으로 돌려지지 않고 그 사람 안에 지켜진다면, 어떤 빛이 일어날 것이다.

우울은 우리가 그것을 견뎌내고 받아들일 수 있을 때에만 변할 수 있다. 무엇이든 먼저 그것을 받아들이지 않고는 절대로 변화시키지 못한다. 저항하면, 일은 더욱 악화될 것이다. 우울을 받아들이면, 우리는 우울증에 대해 더 이상 세상이 책임지도록 하지 못한다. 그렇게만 되면 우울은 변할 수 있다. 그러나 그때 우울로부터 열기, 즉 뜨거운 욕망이 발달한다. 만약에 우울증이 거꾸로 된다면, 그것은 뜨거운 욕망으로 변할 것이다. 그것이 우울증 환자들이 끔찍할 만큼 이기적인 이유이다. 따뜻함과 빛의 원천이 달의 특성을 지닌 고기처럼 썩는다는 말도 있다. 또 고기가 상해서 가려진다는 말도 있다. 그래서 태양은 자체 고기가 야기하는 식(蝕) 때문에 고통을 겪는다. 이제 우리는 연금술사들이 옛날에 쓰던 표현, 즉 철학자의 금은 태양과 그 그림자로 만들어진다는 말을 이해할 수 있다. 그 그림자가 바로 달인 것으로 설명된다. 그러나 달은 여성적인 것을 나타낸다. 남성 안에 있는 여성, 즉 의식에 섞인 무의식이 태양이 어두워지는 이유이다. 따라서 의식이 상해서 썩는 육체와 함께 태워질 것이라고 텍스트는 말한다. 이것이 바로 사자가 자신을 삼키는 때, 즉 사자의 종말이다. 사자는 사자 자신에 의해 변형되고, 그 변형은 소위 덥히기, 또는 연금술사들의 표현대로 배양하는 온기에 의해 야기된다.

이 텍스트에는 이런 내용도 나온다. "이것이 우리의 광물, 즉 신비의 물질이 사자라 불리는 이유이다. 포효하는 사자가 죽은 아이들에게 생명을 불어넣음으로써 아이들을 깨우듯이, 광물의 죽은 몸도 되살아난다." 이 단락은 다소 신비롭다. 이 맥락에서, 사자가 죽은 새끼들만을 낳은 다음에 새끼들에게 포효함으로써 생명을 불어넣는다는 내용의 고대 전설을 기억할 필요가 있다. 사자가 네 마리의 새끼를 이런 식으로 세상 속으로 보내는 것은 죽은 자의 부활, 즉 변형을 묘사하고 있다. 그것은 곧 이런 의미이다. 어둡고 혼란스런 물질인 원물질 안에 생명의 씨앗들이 잠들어 있으며, 이 씨앗은 치열한 욕망에 의해서, 말하자면 사자의 포효에 의해서 생명을 얻게 된다는 뜻이다.

또 다른 연금술사인 도르네우스(Gerardus Dorneus)는 '스페쿨라티와 필로소피아'(Speculativa philosophia)에서 사자는 권력이라고, '콩그리에스'(Congries)에서 "동쪽에서 사자를 찾고, 절정에서 독수리를 찾아야 한다."고 말한다. 독수리는 사자 뒤에 오는 단계를 상징한다. 사자가 새로, 날개 있는 무엇인가로, 정신적이고 영적인 무엇인가로 변한다. 사자는 말하자면 긍정적인 생명의 시작이고, 독수리는 생명이 가장 높은 곳에 닿는 지점인 절정이다.

이런 모든 것을 고려한다면, 교회의 아버지들도 꽤 반대 방향이긴 하지만 사자에 대해 언급했다는 사실도 그다지 놀라운 일로 다가오지 않는다. 그레고리오 1세 교황(Gregory the Great: 540-604)은 그리스도를 어린 사자라 부른다. 성 아우구스티누스는 새끼 양과 사자에 대해 말한다. 물론 이것들은 상반된 것들이다. 사자가 새끼 양을 난폭하게 다루니 말이다. 그것이 의미하는 바는 그리스도는 자기 안에 상반된 것들을 모두 품고 있다는 것이다. 그리스도는 사자로서, 빛의 동물로서 영광의 왕이고, 어린 양으로서 희생자이다. 그러나 똑같은 이 아우구스티누스가 사자를 악마의 뜻으로도 쓰고 있다. "그는 충동성을 보면 한 마리 사자와 같고 음흉함을 보면 한 마리 용과 같다." 여기서 다시 이중적인 양상이 보인다. 말하자면 뜨거운 욕망의 짐승 같은 측면이 있는 동시에 그 안에 빛에 대한 사랑이 숨겨져 있는 것이다. 이런 것이 연금술 속의 사자이다.

우리가 분석하고 있는 꿈들을 꾼 소년은 이 사자를 피한다. 열정을 일시적으로 누를 수 있지만, 그 열정은 곧 다시 일어날 것이다. 사자도 마찬가지이다. 사자는 다시 나타나게 되어 있다. 소년은 절망에 빠져 어머니를 외쳐 부른다. 어머니가 와서 자전거를 이용해 소년을 구한다. 이것은 매우 현대적이고 낯선 결말이다. 이 경우에 어머니는 무엇을 의미할까?

어머니가 자전거의 도움으로 소년을 구한다. 자전거는 일종의 기계화이며, 공장에서 만든 물건이다. 당신은 그런 자전거를 수십 대 구할 수 있다. 경제적이고 효과적인 방법이다. 자전거를 이용하면 걸을 때보다 훨씬 더 빨리 갈 수 있다. 그것을 이용하는 사람은 보편적으로 널리 있는 공식을, 어디서나 접할 수 있는 공식을 따르고 있다. 이 소년은 착한 소년이고, 어머니의 사랑스런 아들이다. 이 소년은 다른 사람들처럼 된다. 소년은 자기 자신이 되기를 포기한다. 자전거의 의미가 바로 그런 것이다.

#9. 거위와 기관차에 관한 꿈

어느 소녀가 꾼 꿈들이다.

1. 7마리의 흰색 거위가 길을 따라 걷고 있다. 거위를 스쳐지나가는 존재들마다 모두 그 자리에서 죽어 땅바닥으로 쓰러진다.
2. 기관차가 거리를 내려오고 있다. 그러면서 기관차는 사람을 죽인다. 그런데 사람을 치어서 죽이는 것이 아니라 단순히 기관차가 지나가기만 하면 사람이 죽는다.

숫자 7은 시간의 성격을 지닌다. 이 점은 이미 꿈속에서 거위의 단순한 움직임에 의해 암시되고 있다. 거위가 나란히 걸어가는 모습을 상상해 보라. 그것은 리듬이다. 달리고 있는 기관차의 꿈에서도 똑같이 움직임이라는 모티브가 발견된다. 대체로 기관차 뒤에는 몇 량의 객차가 붙어 있다. 기차이다. 또 거위도 하나의 선을 그린다. 어떤 리듬을 갖고 지나가는 것은 일종의 기차이다. 이것은 거리에 의해서도 암시되고 있다. 사람들이 걷는 거리는 일종의 연장(延長)이고, 어떤 면에서 보면 흘러가는 것이다.

기본적인 사상은 분명히 이 같은 지나감이다. 흘러가는 것은 시간의 본질이다. 시간이 덧없이 흘러간다고 생각하는 사람이 많다. 스위스의 산악 지역에 있는 장크트 갈렌이라는 도시의 어느 낡은 나무다리에는 "모든 것은 과도기에 있다"라는 글이 새겨져 있다. 여기서 과도기는 이중적인 의미를 지닌다. 강을 넘어간다는 뜻도 있고 시간을 넘어간다는 뜻도 있다.

튀니스의 어느 지방 장관에 관한 아랍의 이야기가 있다. 어느 날 이 장관에게 어떤 물음이 떠올랐다. 그는 관리에게 사람을 보내 그에게 쾌락을 고통으로, 고통을 쾌락으로 바꿀 수 있는 단어를 물었다. 이 관리는 3일 안에 그 단어를 찾지 못하면 목이 날아갈 판이다. 관리는 '코란'을 뒤지고, 박사들과 현자들을 찾았지만 아무도 답을 몰랐다. 마지막으로, 그는 그 답을 아는 사람이 세상에 존재한다면 그 사람은 아마 사막 끝자락에 있는 그 스승일 것이라는 소리를 들었다. 거기까지는 아주 먼 길이었다. 그는 가장 빠른 낙타에 안장을 얹고 그 단어를 알아오라면서 하인을 스승이 사는 곳으로 보냈다. 스승은 "알았어."라고 말한 뒤 손가락에 끼고 있던 반지를 벗어서 그 사자(使者)에게 주었다. "이것을 관리에게 갖다 주게!" 관리는 다시 그 반지를 지방 장관에게 갖다 주었다. 거기엔 "모든 것은 흘러간다."라고 적혀 있었다. 시간 자체도 흘러가고, 생명도 움직임으로서 흘러간다.

거위가 7마리라는 것은 고대의 시간이 태양을 기준으로 한 것이 아니라 달을 기준으로 한 것이었다는 사실과 연결된다. 음력에서 한 달은 28일이다. 숫자 7은 7태음일까지 거슬러 올라간다. 숫자 12는 태양을 기준으로 시간을 나타내는 용어이며, 이 용어는 한참 뒤에 꽤 많이 발달한 문화에서 발견된다. 반면에 달을 기준으로 한 시간은 자연의 시간이다. 달은 자연의 시계이다. 달이 찬 정도를 기준으로 음력을 계산할 수 있다. 따라서 원시적인 문화에서 종종 양력이 아니라 음력 계산법이 발견된다.

꿈의 핵심은 사실상 하나의 환상이다. 마치 아이의 눈이 뜨여 있었던 것 같다. 소녀에게 "모든 것이 지나가는" 그림이 보인다. 모든 것은 과도기에 있다. 여기서 거위들이 지나가고 있다. 이것은 자연이고, 거위들은 동물이고 동물적인 생명이다. 그 생명이 지나간다. 기관차는 문화적인 삶이고, 정신적인 삶이고, 인간의 발명품이다. 그것도 마찬가지로 흘러간다. 그리고 모든 것이 흘러간다. 사람들도 죽어 쓰러진다. 시간이 흐름에 따라, 사람들도 풀처럼 시들어간다. 사람들은 모두 죽어 무너진다.

이 꿈엔 결말이 전혀 없다. 그것이 실제로 꾸어진 꿈이 아니고 꿈 환상이기 때문이다. 아이가 이런 환상을 품어야 하는 이유는 무엇인가? 여기선 초기 유아기의 정신 상태를 고려해야 한다. 유아의 의식은 어디서 오는가?

시간이 전혀 없는 어떤 시기로부터, '알지라'로부터 온다. 의식, 시간 의식은 '알지라'에서 성장한다. 아이는 아직 시간을 모른다. 원시인들도 마찬가지로 시간을 모른다. 그래서 원시인들 사이에 대단히 인상적인 현상이 발견된다. 원시인들은 아이는 아이일 뿐이고, 어른은 어른일 뿐이고, 노인은 노인일 뿐이며, 사람은 영원히 그래왔다는 식으로 생각하는 것이다. 원시인들은 절대적인 형식을 갖고 있다. 아라비아의 노인을 보라. 그 사람은 노인의 절대적인 형식을 갖고 있다. 그는 언제나 노인이었고, 수천 년 동안 그래왔다. 이유는 그가 시간이 없는 상태를 완전히 벗어나 본 적이 한 번도 없기 때문이다. 오직 교양 있는 사람만이 주머니 시계를 갖고 있다. 교양인은 시간 개념을 갖고 있으며, 그는 시간에 완전히 얽매인 가운데 산다. 아이가 배워야 하는 것은 모든 것이 흘러간다는 것이다.

나는 환상의 정교한 성격을 근거로 아이가 건강하다는 결론을 내린다. 이처럼 정교한 환상은 놀랄만한 통합을 보이고 있다. 심오한 어떤 진리가 몇 마디 말로 표현되고 있으며, 이 진리가 아이를 정면으로 응시하면서 놀라게 하고 있다. 이 진리를 아이는 오랫동안 이해하지 못한다. 따라서 소녀는 이 진리를 거듭 꿈으로 꾸어야 한다. 꿈은 간단히 이렇게 말하고 있다. "너는 시간이 없는 곳에서 오고 있어. 그러나 여기 이 세상에는 시간이 있단다."

불행하게도, 우리는 시간 속에서 살고 있다. 우리는 시간이 아직 전혀 없는 곳인 '알지라'에서 더 이상 살고 있지 않다. 나는 이 아이가 교양이 있는 가족의 아이가 아니고 다소 원시적인 그런 순진한 아이일 것이라고 생각한다. 단순히 소녀는 세상의 현상을 직면하고 있으며 현실의 토대를 전혀 갖고 있지 않다. 그래서 소녀는 시간이 전혀 존재하지 않는 원시 속으로, 그리고 생명이 짧지 않고 길게 이어지는 그런 생명의 꿈속으로 물러나려고 한다. 원시인들의 생명은 실제로 영원하다. 그들은 마치 자신이 수 천 년을 낭비할 수 있는 것처럼 행동한다. 그들은 거기에 앉아 있고, 세월은 흐르고 있고, 그래도 아무것도 일어나지 않는 것 같다. 당신이 수 천 년의 세월을 낭비할 수 있는 것처럼 하루를 살도록 노력해 보라. 당신은 왕인 것처럼 느낄 것이다. 서두를 일은 하나도 없고, 열등감도 전혀 없다. 당신은 그냥 당신이다. 우리가 마치 영원한 존재인 것처럼 서두르지도 않고 "몇 시야? 너무 늦었는가, 아니면 너무 이른가?"라며 조바심치지 않고 사는 것, 그것이 최고의 기술이다. 이 모든 것은 원시인에게 알려져 있지 않으며, 그것이 원시적인 삶의 자연스런 아름다움을 설명해준다. 원시인들은 시간을 모른다. 그러다가 백인이 오고, 이어서 모든 것이 엉망이 된다. 이후로 거기에도 시간이 있게 되었다. 물론 원시인들도 모두 자신이 늙어가고 있고, 죽음이란 것이 있다는 것을 알지만, 죽음은 다소 모호하다. 죽는 사람은 적절한 몸짓을 하며 죽어간다.

나는 이런 에피소드를 기억하고 있다. 유럽인 두 사람이 흑인 오두막에서 피난처를 구했다. 유럽인들은 오두막으로 들어갔다. 거기에 늙은이가 한 사람 앉아 있었다. 그 사람은 거기에 그렇게 앉아 있었으며 뭔가 조금 달라 보였다. 다른 흑인들은 모두 그곳을 떠났으며, 그들 중 한 사람이 "그 분은 죽어가고 있어요."라고 말했다. 노인은 죽기 위해 홀로 앉았다. 마치 노인이 "이제 죽을 시간이야."라는 소리를 들은 것처럼. 이런 것이 기품이고, 이런 것이 몸가짐이다. 그러나 원시인들은 그것을 무의식적으로 한다. 우리 현대인은 이제 죽을 시간이라는 것을 아는 그 기품을 가꾸기 위해, 그리고 제대로 된 방식으로 죽기 위해 영웅적인 자질을 갖추려 노력해야 한다. 그리고 원시인은 그런 식으로 살고 죽을 수 있다. 그에겐 시간이 전혀 없기 때문이다.

3장

어린이들의 꿈에 관한 세미나
(1936/37년 겨울)

1. 아홉 살 소년이 꾼 일련의 꿈들

#1. 세 명의 젊은 여자가 등장하는 꿈

먼저, 아홉 살 정도 된 소년이 꾼 꿈부터 볼 생각이다. 이 소년은 3명의 젊은 여자들에 관한 꿈을 꾸었다.

거리에서 바로 내려갈 수 있는 이상한 상점이다. 리처드와 나는 함께 그곳으로 내려갔다. 3명의 젊은 여자들이 카운터 뒤의 작은 테이블에 앉아 있었다. 그 여자들이 우리에게 빨간색 막대들을 주었다. 돈도 받지 않았다. 봉랍(封蠟) 같이 생겼는데, 담배처럼 피울 수 있는 것이었다. 그래서 우리 둘은 그것을 입에 물고 피우기 시작했다. 나는 비틀거리며 가게를 나왔다. 순간적으로 나는 현기증이 느껴지고 메스껍다는 느낌이 들었다.

이 소년은 이 꿈 앞에 "철의 여인"에 관한 꿈[34]을 꾸었다. "철녀"는 운명을 의미한다. 그렇다면 이 꿈에 등장하는 3명의 여자도 바로 그 '3인조' 때문에 비슷한 의미를 지닐 수 있다. 숫자 3은 또 "초자연적" 이고, 동질적인 어떤 속성이다. 이 꿈 앞의 꿈에 나타난 가위 모티브는 "운명"과 함께 운명의 세 여신을 가리킨다. 이 맥락에서, '3가지 형태 의 헤카테'(Hekate triformis)도 중요한 것 같다.

헤카테에게 바쳐진 신전이 동시에 프리아포스의 신전인 예가 있는 데, 오늘날까지도 이집트에서는 프리아포스 형상이 들판에 허수아비 로 세워져 있다. 그런 상징은 바젤에 있는 생 알반(St. Alban) 아치에 새겨져 있다. 뉘른베르크에도 도시 성문 근처에 있는 뒤러(Dürer)의 하우스에 그런 연석(緣石)이 있다.

봉랍 막대는 처음부터 성적 의미를 갖지 않았더라도, 신화적 맥락에 서 접근하면 그런 가정이 가능해진다.

소년은 지금 어머니를 대신하고 있는, 신화적인 성격의 여자들을 통 해서 처음으로 성욕에 눈을 뜨고 있다. 그러나 여기서 생식(生殖)은 여전히 사탕을 빠는 단계에 있다. 리비도의 영양 공급 단계에 해당한 다. 성욕은 여전히 무의식이며, 메스꺼움과 현기증, 비틀거림 등을 통 해, 말하자면 무의식의 전형적인 방법인 간접적 방법으로만 느껴진다.

....

34 이런 내용이다. 소년은 꿈에서 나쁜 여자를 보았다. 그녀는 철로 만들어졌으며, 늙었 다. 그녀는 작은 기계에 의해 작동되는 긴 가위를 갖고 있다. 소년의 어머니는 쇼핑을 하러 갔고 소년은 무서웠다.

이 여자들을 헤카테와 비교하는 것은 꽤 타당하다. 그러나 거기에 3명의 젊은 여자가 있는 이유는 무엇인가? '삼위일체' 같은 것이 나타날 때, 그것은 운명이 결정될 지점이 가까워졌다는 것을, 따라서 피할 수 없는 일이 일어날 것이라는 것을 의미한다.

3명의 노른(Norne)[35]이나 운명의 세 여신, 또는 그라이아이(Graeae)[36]가 등장한다. 삼인조 신은 어디서나 중요한 역할을 한다. 예를 들면, 힌두교의 브라흐마와 비슈누, 시바가 있다. 오시리스[37]도 자궁 속에서 두 여자 형제인 이시스와 네프티스와 함께 있다. 힌두교 신으로 형제인 자간나트(Jagannat)와 발라람(Balaram)이 여자 형제 수바드라(Subhadra)와 함께 있듯이. 삼인조 신은 그 기원이 아주 먼 고대까지 거슬러 올라간다. 따라서 삼인조에 대해 명확히 이해하는 것은 아주 어려운 일이다. 가장 그럴듯한 구조 중 하나는 "아버지, 어머니, 아들"이다. 기독교의 삼위일체도 원래 그런 상징체계에 바탕을 두었을 가능성이 아주 크다. 성령(聖靈)은 원래 여자였다. 성령의 상징은 사랑의 여신의 동물인 비둘기이다. 또 다른 가능한 기원은 생식 기관의 해부학적 '3인조'이다. 생식 기관이 삼인조 신으로 변화해 간 것은 예를 들어 '링감'(lingam)[38] 숭배에 의해 뒷받침되고 있다.

우리가 지금 정말로 그런 것을 다루고 있다는 것은 그라이아이가 하나의 이빨과 하나의 눈을 갖고 있다는 사실에 의해서도 확인되고 있

....

35 북구 신화 속의 운명의 여신
36 그리스 신화에 등장하는 세 자매 괴물. 이들은 눈 하나와 이빨 하나를 같이 사용한다.
37 이집트 신화에 나오는 저승의 왕.
38 인도의 숭배 의식에 이용되는 남근상.

다. 이 모티브는 독일 동화에서도 발견된다. 예를 들면, 세 명의 실 잣는 사람에 관한 이야기가 있다. 이 중 한 사람은 큰 엄지를, 두 번째 사람은 큰 아랫입술을, 세 번째 사람은 큰 발가락을 갖고 있다. 그라이아이는 신화의 가장 어두운 곳에서 나온 지하 세계의 여신들이다. 여기에 그런 원시적인 이미지들이 개입되었을 가능성이 있다. 왜냐하면 하나의 이빨을 절묘한 남근 상징으로, 눈을 그에 상응하는 여성의 상징으로 보아야 하기 때문이다.

꿈 텍스트는 소년들이 그 막대기를 입에 넣는다고 말한다. 틀림없이, 이것은 성적 암시이다. 입은 여성의 성기를 나타낸다. 남성의 성기와 여성의 성기가 동시에 등장하는 것은 지속적인 동거를 나타내는 하나의 원형이다. 이와 똑같은 유형의 또 다른 측면은 자웅동체, 또는 요제프 빈투이스(Josef Winthuis)의 표현을 빌리면 양성 존재이다.

빈투이스의 저서 『양성 존재』(Das Zweigeschlechterwesen)와 관련해서, 나는 그 책에 완전히 동의하지 않는다는 점을 밝히고 싶다. 빈투이스는 그 모티브에 대해 지나치게 많은 것을 말하지만, 원시적인 많은 이미지들 속에 근본적인 어떤 사상이 담겨 있다는 그의 기본적인 생각만은 옳다. 그가 제시하는 근본적인 사상은, 스스로를 수정시키고 또 남자이면서 여자이고, 자신 안에 영원한 존재를 보장하는 것을 갖고 있는 그런 존재가 있다는 것이다. 그리고 각 인간 존재는 원래 이 원초적인 존재와 동일하다고 느끼거나 의식(儀式)에 의해서 이 존재와 다시 하나가 되기를 희망한다는 사상도 마찬가지로 옳다. 원시적인 성격의 많은 장식과 예술적 상징들은 그 기원을 파고들면 아마 이 사상에 닿을 것이다.

이런 이미지들이 그런 것이 있으리라고 생각하지 않은 분야인 연금술에도 나타난다는 것은 정말 호기심을 자극하는 사실이다. 기본적인 상징은 자신의 꼬리를 먹는 용, 즉 우로보로스이다.

연금술사들은 "꼬리를 먹는 존재"가 하나의 성적 상징이라는 것을 알았다. 우로보로스는 스스로를 수정하니까. 마찬가지로, 프타흐(Ptah)[39]는 자신이 부화하는 알의 창조자이다. 프타흐는 자기 자신을 창조하는 존재이다. 피닉스도 자기 자신의, 또는 자기 아버지의 재로부터 다시 날아오른다. 이 모든 것은 자기 자신을 거듭 창조하는 어떤 존재의 이미지이다. 그것은 스스로를 임신시키는 용이며, 이 용은 자신의 남근 꼬리를 입 안에 집어넣고 있다. 태양신 라(Ra)는 입을 통해 자신의 정액으로 스스로를 수정시킨 다음에 세상을 토했다. 따라서 라의 몸의 안쪽은 그가 수정시킨 자궁이었을 것이다. 그는 하나의 피조물로 세상을 다시 낳았다.

그 결과, 우주 발생과 관련 있는 존재들의 대부분은 자웅동체이다. 이것은 인간이 역사 초기부터 자신에 대해 이중적인 성(性)을 가진 존재로 여겼다는 사실과 연결되고 있다. 실제로 우리 인간은 이중적인 성을 갖고 있다. 왜냐하면 태아가 남자가 될 때에도 여성 유전자가 남자 안에서 죽어 사라지는 것이 아니라 남자의 구조 안에 있으면서 자신의 여성성에 따라 기능하기 때문이다. 이것이 우리가 어떤 남자들에게서 여자의 이상에 해당하는 여성적인 특징을 느끼는 특이한 사실을 설명해준다(그와 반대도 마찬가지이다). 양성애가 하나의 원형이라는 점을 내세워 자신의 양성애를 자랑하는 사람도 있다. "나는 내 안에 이

....
39 이집트 멤피스의 수호신이며 창조의 신.

브를 갖고 있어. 그러니 나는 신이야." 신은 자기 안에 아내를 갖고 있다. 인도에서 여신들은 모두 남신의 여성적인 형태이다. 시바는 하나의 점 또는 남근이고, 시바는 샤크티[40]에 둘러싸여 있다.

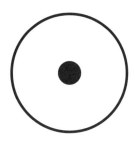

아이의 무의식에 존재하는 이런 원형이나 이와 비슷한 원형은 특별한 상황에서 "옹고집"을 낳을 수 있다. 그러면 아이들은 이상하고 혐오스런 짓을 곧잘 하게 된다. 그런데 이런 짓들이 상징적인 의미를 지닌다. 그런 아이들은 규칙을 너무나 잘 지키는 행동을 보이는 한편으로 너무도 지저분한 행동을 보이기도 한다. 예를 들면, 아홉 살 된 어느 소년은 두꺼비가 혐오감을 일으킨다는 이유로 그것을 먹는다. 도시에 사는 네 살짜리 아이는 초원에서 배설물을 먹는다. 시골 출신의 아이는 절대로 그런 짓을 하지 않는다. 오직 매우 좋은 환경에서 자란 도시의 아이들만 그런 짓을 한다. 그런 행동을 하는 동기는 원래의 통합을 찾으려는 무의식적 노력이다. 아이의 그런 행동을 놓고 고집이 세다느니 할 것이 아니라 교육적 실수로 봐야 한다. 이 실수는 종종 나중에 상쇄된다. 따라서 이 케케묵은 이미지는 대단히 이상하고 괴롭고 혐오스런 형태의 만족을 낳을 뿐만 아니라, 예를 들어 코를 후비거나 만년필을 입 안에 넣고 "성교하는" 사람들에게는 보호의 역할도

....
40 인도 신화의 중요한 신인 시바의 아내. 우주 창조의 에너지를 상징한다.

한다. 이것들은 오직 보호로만 이용되고 있다. 사람이 자기 자신을 갖고 원형 고리를 만드는 것이다. 사람은 스스로를 수정시키면서 자신이 절대적으로 둥글고, 완벽하게 '둥근 존재'(엠페도클레스의 구체(球體))라는 점을 증명한다. 그러면 그 어떤 것도 이제 더 이상 그것을 건드리지 못한다. 그 원초적인 존재는 데미우르고스에 의해 둘로 쪼개졌다. 그러나 그 두 부분은 동일하다(플라톤(Plato)의 『티마이오스』(Timaeus)).

꿈의 끝부분에 이상한 그 취한 상태가 나온다. 그것은 무의식이 통제 불가능한 상태가 되어 겉으로 나타나고 있다는 사실을 표현하고 있다. 그것은 뱃멀미 현상에 해당한다. 염증을 느끼는 것은 이 메스꺼움의 발작과 연결되는 혐오의 감정이다. 병적인 경우에, 그런 혐오스런 일들이 바로 균형을 이루기 위해 행해져야 한다. 혐오감을 일으키고 있는 것은 용인될 수 없는 "다른 한쪽"이다. 아이들은 이 "다른 한쪽"을 통합시킬 수 있을 때엔 혐오스런 일이 아이들에게 접근하지 못한다. 이것은 곧 아이들이 "신성한" 독립을 성취했다는 뜻이다. 정신적으로 병에 걸린 사람도 다소 아이들과 비슷하게 행동한다. 이것이 그들에게 독립의 느낌을, 감정적으로 단절되어 있다는 느낌을 준다. 그들은 혐오스런 대상을 통합시킴으로써 스스로를 접근하기 어려운 존재로 만든다. 가장 지겨운 물질은 주술사의 향유와 신비의 약 안에 있다. 그런 것을 섭취하는 사람은 구역질나는 대상을 통합시켰고, 따라서 면역이 된다.

유아기에 처음 나타나는 자기 성애는 비도덕적인 것으로 볼 것이 아니라 관대하게 보아 넘겨야 한다. 유아기 자기 성애는 자신을 변화시키기 위한 자기 수정(授精)의 시도이다. 이어서 자기 성애는 다른 사람들을 수정시키려는 노력에게 자리를 물려준다. 그런데 보살핌이라는 미명 아래에, 아이들은 교육자들에 의해 자위 같은 것으로 내몰리고 있다. 아이들이 이런 문제를 건드리는 성인들에 의해 의식적인 성욕에 눈을 뜨게 될 경우에, 그런 보살핌은 완전히 엉터리이다.

　방금 논한 꿈은 사춘기를 예고하는 꿈이다. 숫자 3은 청소년기에 해당하고 인간의 초기에 해당한다. 3은 홀수이기 때문에 원시 시대 때부터 남성으로 여겨져 왔다(예를 들면, 중국이나 그리스에서만 아니라 서구의 중세 시대도 마찬가지였다). 3이라는 숫자는 남자의 속성과 그 기능을 가리킨다. 중세에 있었던, 숫자들의 상징체계에 관한 고찰은 숫자 3, 즉 '삼인조'를 신성한 삼위일체로 보았다. 그럼에도 불구하고, 원시적인 성적 이미지와의 연결도 뚜렷이 드러난다. 다른 원형들처럼, 삼인조도 원시적으로 성적 이미지로도 해석될 수 있고 철학적으로 추상적인 개념으로도 해석될 수 있다. 하나의 원형은 추상적이지도 않고 구체적이지도 않다. 원형은 원시적인 "본능적 언어"로(예를 들면, 성적으로)나 정신적으로 스스로를 표현할 수 있다. 전자는 후자를 대체할 수 있다. 성적 용어가 영양(營養)에 관한 용어로 대체될 수 있는 것과 똑같다. 예를 들어,『아가』(雅歌: Song of Songs)가 이를 잘 뒷받침하고 있다. 이 원형 자체는 어떠한 내용물로도 채울 수 있는 그런 평범한 "삼인조"이다.

#2. 병원이 불타는 꿈

이 꿈은 내가 직접 어린이 환자에게서 들은 내용이다.

오늘 밤 나는 히르슬란덴 병원에 갑자기 불이 나는 꿈을 꾸었다. 불은 지하실에서 난방 장치로 인해 일어났다. 우리는 물건을 끄집어내기 위해 엘리베이터 근처의 계단을 내려가려 했지만, 뜻밖에 계단이 무너졌다. 우리는 위로 올라가려고 엘리베이터를 탔지만, 어린 아이들이 있는 1층으로부터 더 이상 침대를 가져올 수 없었다. 아이들은 이제 창을 통해서 빠져나와야 했다.

사건이 벌어지고 있는 곳이 히르슬란덴 병원이다. 아이는 거기에 환자로 입원해 있었다. 보살핌을 베푸는 장소는 종종 비유적인 의미에서 어머니를 뜻한다. 사람은 그런 장소와 개인적인 관계를, 말하자면 어머니와 맺는 것과 다소 비슷한 관계를 맺는다. 그러면 그 장소는 어떤 개인적인 특성을 지니게 된다. 정신적으로나 육체적으로 보살핌을 주고 따스하게 안아주는 집은 가족 관계의 확장 같은 것이 된다. 그렇다면 히르슬란덴 병원은 소년과 소년의 심리에 하나의 꿈 형상이 될 수 있으며, 소년의 심리는 병원 안에 자리 잡고 있다.

신경증을 앓는 아이들의 경우에, 새로운 환경은 어머니와의 관계와 직결된다. 학교나 교회 같은 것은 아주 개인적인 의미에서 어머니가 된다. 이것을 통해서, 그 어머니가 아이의 안에서 지나치게 커진다. 이제 진짜 어머니와의 관계가 불가능해진다. 왜냐하면 아이가 진짜 어머니에게 터무니없는 요구를 하기 때문이다. 이런 상황은 그 자체로 이미 신경증적이다. 말하자면, 아이가 어떤 사람에게 모든 것이 되어줄 것을 요구하는 그런 상황이다.

그런 요구가 제시되기만 하면, 관계는 더 이상 작동하지 못한다. 그런데 이런 일이 자주 일어난다. 어떤 사람이 누구를 지인으로 여기는 순간, 둘 사이에 대혼란이 일어나는 것이다. 그 사람은 새로 알게 된 사람을 자신의 심리적 영역의 한 부분으로 만들고, 그러면 이 지인은 그 사람의 심리적 체스판의 폰(pawn)[41]이 되며, 그러다가 결국엔 그 사람은 불평을 하게 되거나 오해를 하게 된다. 그것이 사람이 다른 사람들과 어느 정도 거리를 두려고 애를 쓰는 이유이다. 그렇게 하지 않을 경우에 그 사람이 단순히 다른 사람들의 정신에서 하나의 심리적 대상이 될 것이기 때문이다. 무의식적인 무엇인가가 어떤 사람의 위에 내려앉고, 그러면 그 사람은 어떤 가족 문제에 포함된다. 이것은 그 사람이 아버지나 할아버지, 또는 다른 사람을 구현해야 한다는 것을 의미한다. 이것은 매우 성가실 수 있다.

우리의 꿈에 대해 말하자면, 불이 지하실에서 시작한다. 난방 장치에서 시작한 불이다. 지하실은 지하 세계이고, 소년의 복부이다. 거기엔 열이 있고, 위(胃)가 있고, 소화기 계통이 있다. 이것은 열을 낳는다. 열을 일으키는 이 영역에서 불이 시작한다. 전체 체계를 파괴할 기세이다. 불은 히르슬란덴 병원을 태워 무너뜨리겠다고 위협하고 있다. 예를 들어, '다락방의 불' 같은 표현에서 보듯, 불은 전체 정신 체계를 혼란에 빠뜨릴 수 있는 감정적 폭발을 의미한다. 여기선 아래에서 어

....
41 장기판으로 치면 졸(卒)에 해당한다.

떤 감정이 올라오고 있다. 성적인 문제에 대한 몰두를 고려할 수도 있다. 사람이 어떤 생각에 사로잡힐 때, 뜨거운 무엇인가가 자신을 훑고 지나가는 느낌을 받는다. 또 사람이 어떤 것들에 대해 자각하게 될 때 얼굴이 붉어지기도 한다. 사람이 당혹스런 상황에 처하는 경우가 종종 있다. 예를 들면, 어떤 생각이 자신이 예상한 것보다 훨씬 더 멀리 나아가고 있다는 것을 알아챌 수도 있다.

소년은 아래로 내려간다. 계단이 무너진다. 소년은 지하실로 내려가지 못한다. 엘리베이터는 올라가기만 한다. 소년은 1층에 있는 어린 아이들을 구하지 못한다. 어린 아이들이 위험에 처해 있다. 이 꿈을 꿀 때, 소년은 여전히 병원에 있었다. 어떤 사람이 지나치게 유치한 상태에서 어떤 장소에 갇혀 있다면, 그 사람의 무의식은 그 장소를 파괴하려는 경향을 보일 것이다. 한편으론, 병원은 불타서 무너져야 한다. 그 사람이 더 이상 그렇게 유치하길 원하지 않기 때문이다. 다른 한편으론, 그 사람은 어린 아이에게, 말하자면 자기 자신의 어린이 같은 특성에 동정심을 품고 있으며 이 특성이 구조되기를 바라고 있다.

#3. 학교 꿈

이 아이가 꾼 세 번째 꿈이다.

나는 "학교 꿈"을 꾸었다. 어느 날 아침에 나는 학교에서 먹물을 엎질렀다. 아니, 잉크였다. 나의 스웨터와 셔츠의 소매가 잉크에 완전히 젖었다. 그래서 스웨터를 벗어야 했다. 그런데 셔츠 위에 밴드 에이드가 붙어 있었다. 이어서 나는 에르하르트와 함께 집으로 갔다. 우리는 둘러가는 길을 택했고, 어떤 마구간에 이르렀다. 마구간 안은 칠흑 같은 어둠이었다. 옆에 계단이 있었지만, 너무나 어두워서 맨 아래 계단을 찾지 못했다. 에르하르트는 이 마구간을 잘 알고 있었다.

그때 어떤 남자가 개를 끌고 들어왔다. 벽이 갑자기 유리벽으로 바뀌었다. 유리벽 뒤로 채소와 꽃이 있었다. 많은 사람이 쇼핑을 하고 있었다.

에르하르트가 집으로 돌아갔고, 그래서 나도 집으로 갔다. 위쪽으로 달리며 자물쇠 수리공 S.의 가게를 지나치다가, 나는 정원에서 두 명의 소년과 함께 있는 어떤 아버지를 보았다. 그들은 샘을 파길 원했다. 그들은 땅 속에 기둥을 박았다. 그러다 갑자기 나는 코트를 걸치지 않고 있다는 사실을 깨달았다. 나는 춥다고 느끼며 코트를 가지러 거꾸로 달렸다.

돌연 거기에 슈트렝허 바흐 근처의 거주 지역인 Gl.의 이미지가 나타난다. 레귤라 Z.가 온다. 나는 그녀에게 시간이 얼마나 늦었는지 묻는다. 레귤라는 시계가 없어서 시간을 모른다. 그때 엘렌이 온다. 그녀는 손목시계를 갖고 있다. 처음에 손목시계는 매우 작다. 그러다 갑자기 시계가 아주 커진다. 이제 짊어져야 할 정도이다. 엘렌은 2시 반이라고 말한다. 그래서 나는 집으로 냅다 달린다.

나는 테이블에 앉았다. 갑자기 다시 거주 지역 Z.에 있는 테이블이었다. 그때 나는 무엇인가에 대해 말하고 싶어 하면서 '천일야화'에서처럼 두 가지 이상한 이름을 말했다. 나는 내가 그들 중 하나라고 말하려다가 잠에서 깨어났다.

먹물 얼룩은 실수로 일어난다. 이것은 어둡고 불투명한 무엇인가에 관한 것이다. 어쩌면 처벌을 받을 수 있는 일이기도 하다. 그것은 그때 이미 분명히 나타나고 있던 사춘기의 비밀에 관한 것이다. 그것은 정상적이며, 당연히 어떤 예상에 관한 꿈이다.

밴드 에이드가 등장하는 이 꿈은 더 이상 케케묵은 자료의 도움으로는 설명되지 않는다. 케케묵은 자료가 환경과의 개인적 관계로 대체되고 있다. 이것들은 흔히 예상되고, 또 규칙적으로 일어나고 있는 정상적인 현상이다. 소년은 신화적인 조건들의 케케묵은 세계가 점차 가라앉고 있는 나이이며, 신화적인 형상들이 우리가 일상생활에서 만나는 그런 형상에 의해 오염되기 시작한다. 그 젊은 여자들은 지금 덜 케케묵은 형상에 의해, 말하자면 두 명의 소녀에 의해 대체되고 있다. 그 젊은 여자의 "삼인조"는 지금 남성적인 무엇인가로, 두 아들과 아버지로 녹아들고 있다. 하나의 "여성"으로서의 둘, 그러니까 숫자까지도 소녀들에게 더 적절하다. 그리고 어린 아이들, 그러니까 어린 시절이 더 이상 구조를 받지 못하는 히르슬란덴 병원에 관한 꿈 다음에, 환경과의 개인적 관계에 관한 꿈이 따르고 있다. 그것이 이 꿈을 꾼 소년의 개인적 연상이 실제로 필요한 이유이다. 꿈을 꾼 아이에게 연상에 대해 물을 수 있다. 이 꿈의 완전한 해석을 위해서, 소년이 직접 말하도록 강요해야 한다. 성인의 꿈이라면, 굳이 이런 식으로, 말하자면 케케묵은 자료와 비교하는 식으로만 해석할 필요가 없다. 성인의 꿈인 경우엔 소위 큰 꿈, 다시 말해 신화적인 꿈을 제외하곤 그런 식으로 접근할 필요가 없다.

큰 꿈인 경우엔 꿈을 꾼 사람이 아무런 연상을 떠올리지 못하는 경우가 허다하다. 예를 들어, 밴드 에이드는 매우 현대적인 이미지이다. 그것은 아마 착 달라붙는 것을 의미할 것이다. 그것은 무엇인가를 무엇인가에 붙이는 것일 수 있다. 이 꿈을 꾼 소년은 그럼에도 개인적 경험이 아직 너무 적다. 소년은 여전히 너무 어리다. 그래도 소년은 밴드 에이드가 상처에 붙이는 것이라는 정도는 알고 있다. 착 달라붙는 것, 사람에게 달라붙는 그 무엇, 사람이 쉽게 떼어내지 못하는 그 무엇은 또한 얼룩을 가리킬 것이다. 이것들은 성적 영역을 나타내고 있다.

소년이 그 모험을 함께 경험하고 있는 에르하르트에 대해 말하자면, 이 소년이 어떤 부류의 아이인지를 알아야 한다. 꿈에서 맡은 역할은 아마 균형이 다소 더 잡히고 더 성숙한 인격을 가리키는 것 같다. 어떻든, 꿈을 꾼 소년이 지도자나 이상형을 친구에게로 투사하고 있는 것 같다. 어느 학급에든 대체로 한 사람의 리더가 있다. 학급의 리더는 싸우길 좋아하는 아이이다. 리더는 언제나 과시하는 아이이고, 쇼를 좋아하는 아이이다. 이런 리더의 형상들이 꿈과 공상에 자주 나타난다. 소녀들도 마찬가지이다. 그런 리더는 아이들이 절대로 뛰어넘으려 하지 않는 존재이다. 이것은 소문이라는 전염병이 생겨나고 상상 가능한 모든 것이 주인공들에게로 돌려지는 그런 토양이다. 나는 에르하르트라는 소년이 그런 주인공의 역할을 맡고 있다고 단정한다. 에르하르트는 꿈을 꾼 소년의 안에 있는, 이미 많이 성장하고 성숙한 그런 형상이다. 말하자면 이미 "세상 물정에 밝은" 형상이라고 할 수 있다. 소년의 어머니로부터 얻은 정보에 따르면, 에르하르트라는 소년은 꿈을 꾼 소년보다 한 살 내지 두 살 더 많은 아이이다.

아이가 내면에 미래의 인격까지 포함하고 있다는 사실을 늘 잊지 말아야 한다. 아이가 몇 년 후에 성장할 모습이 이미 아이의 안에 자리잡고 있다는 뜻이다. 말하자면 아이가 다가올 몇 년 동안 할 경험들이 이미 거기에 있는 것이다. 단지 무의식적으로만 있을 뿐이다. 그 경험들이 아직 실현되지 않았을 뿐이라는 뜻이다. 아이들은 이미 미래에 살고 있다. 아이들이 단지 그 같은 사실을 모르고 있을 뿐이다. 이 미래의 형상은 잠재적으로, 당연히 투사된 형태로 존재한다.

이는 정신적 병을 앓고 있는 사람에게도 분명하게 나타나는 현상이다. 그런 사람들은 자신보다 몇 년 뒤에 있는 삶을 살고 있다. 스무 살 먹은 사람이 의식에서 열다섯 살처럼 행동하는 식이다. 이런 경우에, 그럼에도 불구하고 제2의 인격은 이미 현재에 있으며 심지어 무의식적으로 살고 있을 수도 있다. 그때 그런 사람은 성숙한 삶을 살라는 소리를 듣지 않기 위해서 자신의 환경 안에 있는 보다 성숙한 인격에 매달린다. 이것은 신경증적인 조건이다. 아이들의 경우에, 롤 모델을 모방하는 것은 정상이며 꽤 올바르다. 아이들은 어쨌든 진정으로 독창적일 수 없다. 아이들은 아직 성숙한 인격이 아니다. 아이들은 삶의 길들을 아직 잠정적으로 찾아야 한다. 그 방법이 바로 지도적인 사람의 손을 잡는 것이다. 그렇다면 아이들이 20세가 될 때까지는 이상적인 인물을 갖는 것은 괜찮다. 이후에는 이상적인 인물을 갖는 것이 더 어려워진다. 어떤 경우엔, 병적일 정도로 부적당한 성격이 발달할 수도 있다. 그러나 대부분의 사람들이 미숙하고 독립성이 부족하다는 점을 감안한다면, 사람들이 지도자를 두는 것은 대체로 좋은 일이다.

마구간을 해석할 차례이다. 이것을 마구간에서 태어난 예수 그리스도와 연결시키는 것은 지나친 것 같다. 이 모티브, 즉 소와 당나귀들의 틈에서 태어난다는 것은 동물의 세계에서, 동물만큼 낮은 세계에서 태어난다는 것을 의미한다. 탄생은 동굴에서 이뤄졌으며, 베들레헴에 있는 이 동굴엔 지금도 많은 사람의 발길이 이어지고 있다. 오늘날까지도 사람들은 부분적으로 자신의 동물과 함께 동굴에서 살고 있다. 동굴은 인간의 역사에서 아득히 멀리까지 닿는 특별히 원시적인 장소이다. 동굴은 생명체가 사는 온갖 장소 중에서 가장 원시적인 곳이다. 구세주는 동물들 틈에서 태어난다. 이 상징체계는 그리스도의 삶 마지막에 다시 일어난다. 그리스도가 도둑들 사이에서, 여기서도 다시 모든 인간들 중에서 가장 비천한 존재들 사이에서 죽는 것이다. 그것은 또 출생 중에서 가장 비천한 출생인 서출이다. 그러나 이것이야말로 가장 의미 있는 것이 아닌가. 가장 미천한 것에서 시작하여 가장 미천한 것으로 끝난, 낮고 슬픈 인간적인 삶이 최고의 상징이니 말이다. 그것은 곧 당신이 마구간에서 왔다는 것을, 동물의 세계에서 왔다는 것을 기억하란 뜻이다. 세상의 구세주라는 뜻으로 '소테르 코스무'(sotér kosmú)라 불리는 흉상이 있다(아마 영지주의의 한 파가 남긴 것으로 짐작된다). 이 흉상은 두 가지 형태, 즉 구세주인 '소테르'와 남근의 형태로 존재한다.

우리 인간의 발달은 무의식에서 시작한다. 이 같은 진리를 알지 못하면, 우리는 자신이 동물의 세계에서 나왔다는 것을 망각하게 된다.

그러면 우리는 자신이 깊이가 없는 이차원의 세계에, 예를 들면 신문의 세계나 종이의 세계에 살고 있다고 상상할 것이다. 우리의 육체는 한 마리 동물이며, 육체의 영혼은 동물적인 영혼이다. 사람은 이것을 절대로 잊지 말아야 한다. 그런데 잊지 않기가 대단히 어렵다. 절대적으로 무의식적인 동물의 영혼에서부터 시작한 우리는 높은 곳으로 오를 수 있는 계단에 반드시 닿아야 한다.

북미의 푸에블로 인디언들은 이 진리를 보여주는 신화적인 이미지를 갖고 있다. 인류의 발달 과정을, 아래쪽 동굴의 천장에 닿아야만 그 다음 동굴로 올라갈 수 있다는 식으로 묘사하고 있는 것이다. 우리는 동굴인의 후예이다. 우리의 안에 동굴의 세계에서 보낸 시기의 불멸의 기억이 있다. 먹물의 검은 얼룩은 우리 인간이 무의식적이었던 동굴 세계의 검은 기억들이다. 동물적인 영혼의 불가피한 내적 성장은 인간의 삶에 커다란 검은 점들을 창조한다.

무의식적인 상태로부터 올라오는 것이 상당히 필요하다. 소년 지도자 에르하르트가 올라가는 길을 보여준다. 그런 다음에 사물들이 투명해진다. 유리벽이 나타난다.

유리벽은 전형적인 상징이며, 사람은 종종 유리벽을 마주한다. 사람이 대상과 감정적으로 분리되어 있을 때, 이 이미지가 필요하다. 당신은 유리벽을 볼 수 있지만, 아무것도 유리벽을 통과하지 못한다. 사람은 접촉으로부터 단절된다. 이것은 꿈을 꾼 소년이 지금 지하의 가게와 차단되어 있다는 것을 의미한다. 소년이 운명의 세 여신으로부터 봉랍 막대기를 얻었던 그 가게 말이다. 그것은 그와 신화적인 케케묵은 세상 사이에 벽이 존재한다는 뜻이다. 그는 꽃과 채소를 본다. 꽃은 언제나 감정을 의미하는 반면에, 채소는 에로틱한 암시를 풍긴다.

마구간으로 어른은 리더로서 들어가야 한다. 한 남자와 개가 등장한다. 남자는 개의 주인이며, 개는 그에게 복종한다. 여기서 무의식이 제대로 통합되고 있다. 개를 동행하고 있는 남자는 말과 그 말을 탄 사람처럼 하나의 통일체이다. 남자는 의식이고, 개는 그에게 복종하고 있다. 혹은 말이 그를 태우고 있다. 이것이 동물적인 무의식과의 관계에서 가장 이상적인 해법이다.

페르시아에서 개는 죽은 자의 동반자이다. 개에게 빵을 주는 것은 하나의 의식이다. 사람은 개에게 육체 대신에 빵을 준다. 나를 갈가리 찢거나 나의 영혼을 떼어놓지 말고, 영혼을 하데스의 황무지를 가로질러 목적지까지 잘 안내하라는 뜻이다. 머리는 자칼이고 몸은 사람인 이집트의 신 아누비스는 이시스가 찢어진 오시리스의 조각들을 모으는 것을 도왔다. 이 자칼 신은 오시리스와 네프티스의 아들이다. 이시스와 네프티스는 성격적으로 분리되고 있다. 이시스는 이로운 초목의 여신이다. 네프티스는 하토르와 동일하고, 네프티스의 훗날 형태는 베누스/아프로디테이다. 그녀는 한 가지 의문스런 측면을 갖고 있다. 그녀가 오시리스의 아내가 아니라, 오시리스의 사악한 형제로서 오시리스의 그림자를 나타내는 세트, 즉 티폰(Typhon)의 아내라는 것이다. 어떤 사소한 오해로 인해, 네프티스는 오시리스의 아이를 갖게 되었다. 자칼 신이 그 아들이었고, 따라서 자칼의 형제인 개는 신들의 후손이다. 상징적으로 말하면, 자칼 신은 의식과 무의식의, 아니 무의식의 불리한 측면의 결합에서 생겨났다. 따라서 어느 누구도 어두운 것을 수정시키지 못하는 한 자신의 무의식과 좋은 관계를 맺지 못한다. 이 결합은 실제로 어떤 오해를 통해서만 가능하다. 이것이야말로 깊이 생각해 볼 만한 가치가 있는 주제가 아닌가!

자물쇠 수리공은 정말로 금속 세공인을 의미한다. 자물쇠 수리공은 마법적인 형상이다. 불을 다루는 시커먼 사람이고, 불을 다룰 줄 아는 사악한 존재이며, 마법사이고, 주술사이고, 지하 세계에서 작업하면서 비밀스런 기술을 실행하는 수수께끼 같은 사람이다. 그는 종종 악마를 의미한다.

이제 소년 둘을 데리고 있는 아버지를 보자. 이 대목에서 두 아들과 함께 있는 라오콘(Laocoön)[42]에 대해 생각해 보는 것이 도움이 될 것이다. 라오콘은 감히 바다에, 말하자면 무의식에 아주 가까이 다가섰다가 뱀의 형태로 나타난 무의식에게 잡혀버렸다. 성적이고 원시적인 표현을 빌리면, 남자가 여자에게 사로잡혔다고 할 수 있고(성교), 추상적으로 말하면, 무의식이 의식을 압도하고 있다고 할 수 있다.

여기서도 근본적인 사항은 숫자 3이다. 시간이 "3시 30분 전"이다. 이것은 아직 정확히 3시가 되지 않았다는 뜻이다. 3시가 되려면 아직 30분 더 있어야 한다. 세계적으로, 숫자 3은 남성적인 의미를 지니며, 이것은 남자의 해부와 연결된다. 숫자 3은 아직 완전하지 않다. 거기엔 아직 익은 과일이 전혀 없고, 성적 성숙도 전혀 없다.

기둥이 샘을 만들고 있다. 이것은 샘을 파는 모티브이며, 임신시키는 행위로 여겨진다. 이것은 들판을 비옥하게 가꾸는 일이나, 남근을 닮은 쟁기, 들판을 비옥하게 하는 다산의 신들에 관한 수많은 전설과 비슷하다. 프리아포스도 단순히 무화과나무 기둥이었다. 프리아포스

··········
42 그리스 신화에 아폴론을 섬기는 트로이의 신관으로 나온다.

는 남근상 헤르메스로서 그냥 나무 기둥으로 표현되고 있다. 그는 이미 거석의 형태로 존재하고 있다. 왜냐하면 멘히르(선돌)도 남근의 의미를 지니기 때문이다.

먼 미래를 가리키는 어떤 연결을 느낄 때, 사람들은 몸을 떨게 된다. 그런 통찰은 차가운 감정을 수반하기 때문에 "전율을 느끼게" 한다. 귀신들이 나타나기 전에는 언제나 차가운 바람이 부는 것으로 알려져 있다. "예리한 영혼의 송곳니가 북쪽에서 압박하고 있구나." 차갑고 귀신같은 한 줄기 바람은 언제나 육체를 전혀 갖지 않은 어떤 존재의 동반자이다. 우리가 누군가에 의해 정신적으로 더 이상 집에 있는 편안함을 느끼지 못하는 영역으로 옮겨갈 때, 그런 상황에서 우리는 "얼음처럼 차가운 지성의 고지"라고 하거나 그 사람에 대해 "차가운 인간"이라는 식으로 말한다. 무엇인가가 지나치게 멀리 옮겨질 때마다, 우리는 당장 차가움이라는 생각을 떠올린다. 무엇인가와 더 이상 인간적으로 공감하지 못하게 될 때에도 마찬가지이다. 차가운 느낌을 받고 슬픈 느낌을 받는다. 그렇듯 아직 이해하지 못하는 어떤 생각을 품게 될 때, 우리는 몸을 떨게 하는 한 줄기 바람을 느낀다. 우리 인간은 지나치게 멀리 나가는 새로운 사상들을 본능적으로 두려워한다. 그 사상들로 인해 미쳐버릴 수도 있다는 두려움이 본능적으로 일어나기 때문이다. 그리고 두려움과 함께 차가운 느낌도 밀려온다. 차가운 전율이 우리의 척추를 타고 내리고, 그러면 우리의 손과 발이 차가워진다.

이런 감정이 이 꿈을 꾼 소년으로 하여금 코트를 걸치도록 만든다. 이 소년을 떨도록 하는 것은 그가 아직 가 있지 않은 미래에 대한 깨달음이나 전망이다. 코트는 소년에게 따스함을 안겨주는 보호의 가리개이다. 소년이 자신의 몸을 코트로 싸는 것은 그가 여성적이고 어머니 같은 것에 둘러싸일 수 있는, 따스하고 안전한 곳으로 가는 것에 해당한다. 어머니 같은 존재가 여기서 자매인 레귤라와 엘렌으로 상징되고 있다. 여기서 다시 오시리스의 상황이 나타난다.

꿈에서 두 소녀는 서로 정반대이다. 말하자면 자매의 경우에 종종 그렇듯이 보완적인 차이를 보인다. 오시리스의 여자 형제인 이시스와 네프티스의 대조에 대해선 이미 이야기한 바 있다. 두 소녀는 시계를 하나 갖고 있으며, 이 시계는 점점 커지면서 무거워진다. 무겁다는 것은 무엇인가가 진지하고 어렵다는 것을 의미한다. "이것은 무거운 이슈야." 이런 비유적 표현은 중요한 관계들을 전달한다. 시계가 부풀어 오른다. 이것을 성적 의미로 바꾼다면, 팽창으로 쉽게 해석할 수 있다. 그러나 이것은 중요하지 않은 문제가 "무겁게" 되는 과정을 묘사하고 있는 어떤 이미지일 수도 있다(파우스트가 이런 말을 하는 상황과 비슷하다. "그것이 나의 손 안에서 자라고 있어! 그것은 빛을 발하며 달아오르고 있어."). 크리스토포루스(Christophorus)[43] 전설을 보면, 어린 아이가 점점 커져서 거인에게도 버겁게 된다. 왜냐하면 아이가 우주의 왕을 품고 있기 때문이다. 마찬가지로, 마하바라타(Mahabharata)[44] 전설에서도 하누만(Hanuman)[45]이 신도 들 수 없을 만큼 무거워진다.

무엇이 시계를 그렇게 무겁게 만드는가? 그것은 시간의 문제이다.

....

43 3세기의 기독교 순교자이다. 그를 둘러싼 전설로는 아이가 강을 건너도록 해줬는데 그 아이가 나중에 그리스도인 것으로 드러났다는 이야기가 있다.

44 고대 인도 민족의 2대 서사시 중 하나.

45 인도 신화 속의 원숭이 왕.

그것은 시간이 흐르는 동안에 중요해지는 어떤 문제이다. 두 소녀는 두 명의 아니마 형상이다(오시리스 신화). 그것은 긍정적이고 능동적인 한 측면과 부정적이고 수동적인 한 측면으로 찢긴 아니마이다. 시계가 그 아니마를 사로잡고 있다. 이 시계는 아주 먼 곳을 보는 그 무엇이다. 그것은 우리가 우리 안에 갖고 다니는 시계, 즉 자기이다. 그것은 쇠로 만든 바퀴이고, 운명의 기계이다. 자그마한 손목시계에 불과한데! 그러나 그것은 모든 운명이 그 자궁 안에 담고 있는 시간을 말해 주는 기계이다. 그것은 하나의 만다라이고, 운명의 역동성을 나타내고 있다. 그것은 천국의 시계이고, 황도대이고, 하늘에 있는 집들을 나타내는 12개의 별자리이다. 시계에 운명이 새겨져 있다. 인간들은 아득히 먼 고대부터 그렇게 믿어왔다.

이 두 명의 아니마 형상은 운명을 갖고 다닌다. 그들은 우리의 특별한 운명을 쥐고 있는 무의식을 나타내고 있다. 여자는 남자의 운명이다. 그렇지 않다면, 남자는 허공에 매달려 땅에 뿌리를 전혀 내리지 못하게 될 것이다. 여자는 언제나 운명을 전달하는 존재이다. 남자가 묶여 있는 여자는 그 남자의 운명이다. 그 여자가 남자가 땅에 뿌리를 내리게 한다.

그렇다면 소년의 운명의 전조가 소년에게 다가서는 것은 바로 이 세상으로부터다. 소녀는 소년에게 운명일 것이고, 예견할 수 없고 이해할 수 없는 그 무엇일 것이다. 소년은 그 점에 대해 말하기를 원하고, 소년은 어쩌다 오래된 '천일야화'를 접한다. 이것은 그가 시계로부터, 그리고 아니마인 소녀로부터 받은 인상을 가리킨다. 이것들은 신화적인 주제들이며, 오래 전에 사라진 무엇인가가 남긴 흐릿한 인상이다.

괴테(Johann Wolfgang von Goethe)의 시 '에를킹'(Erlking)[46]에서, 왕은 어떤 소년을 자기 딸의 놀이 친구로 만들기 위해서 소년의 영혼을 그의 진짜 아버지로부터 떼어놓으려고 유혹한다. 왕은 결국 소년의 영혼을 강제로 빼앗는다.

이런 신화적인 주제들도 이 꿈을 꾼 소년을 현실로부터 떼어놓는다. 그래서 소년은 그런 상황에서 빠져나오기 위해서 "동화"를 들려줘야 한다. 그것은 유리벽과 아주 비슷하다. 소년은 심지어 그 사람들의 이름조차 더 이상 모른다. 아마 두 개의 이름은 오직 두 소녀를 뜻할 것이다. 그러나 진정한 이름은 출생할 때 그 완전성의 상태에서, 무의식의 상태에서 주어질 때 가장 진정하고 가장 심오한 성격을 갖는다. 그러나 진정한 이름은 또한 시계이다. 왜냐하면 인간의 성격은 출생한 시점에 의해 결정되기 때문이다. 이것은 정말로 경이로운 일이다. 포도주 전문가가 어느 포도주가 언제 어디서 "태어났는지"를 아는 것과 똑같다.

이 자그마한 시계는 시간의 흐름 속에서 풀려나오고 있는 그의 운명이다. 그것은 처음에 가벼워 보이지만 마침내 견딜 수 없을 만큼 무거워진다. 우리 자신이 우리의 운명이다. 세니(Giovanni Battista Seni)[47]가 알브레히트 폰 발렌슈타인(Albrecht von Wallenstein)[48]에게 말한 것처럼. "당신의 품 안에 당신의 운명을 말해주는 별들이 들어 있어." 때맞춰 스스로를 드러내고 있는 자기는 시간과 운명을 결정하는 도구

....
46 독일과 북유럽 신화에서 어린이를 유괴하는 요정들의 왕.
47 이탈리아 점성가(1600-1656).
48 보헤미아의 군인이자 정치가(1583-1634).

인 시계로 표현되고 있다. 하나의 만다라로서, 원은 또한 공간 속에서 스스로를 드러내고 있는 신성을 표현하고 있다. 그래서 성 아우구스티누스(St. Augustine)는 신성을 원을 빌려 표현하고 있다. "신은, 중심이 온 곳에 있으면서도 원주는 어디에도 없는 그런 원과 같다." 원의 원형, 즉 만다라는 한가운데의 한 점으로 집중하는 것을 의미하며, 이 점은 자기나 신성을 의미하거나 아니면 "아트만"처럼 자기와 신성을 동시에 의미한다.

2. 여덟 살 내지 아홉 살 소녀의 꿈들

#1. 사자와 빵, 마법의 거울에 관한 꿈

이번에는 소녀의 꿈이다.

나는 숲으로 들어갔다. 숲에서 사자가 한 마리 나왔다. 그런데 사자가 무섭지 않았다. 나는 사자를 공격해 일격을 가한 뒤 사자의 등에 올라타길 원했다. 그러나 나는 등에서 떨어졌다. 이어서 사자가 나를 잡아먹었고, 나는 죽었다. 지금 나의 어머니가 와서 나를 팔로 안았다. 어머니는 나를 집으로 데리고 가서 침대에 뉘었다. 이어 나는 나의 앞치마 주머니에서 마법의 거울을 발견해서 그것을 나에게로 돌렸다. 그러자 내가 다시 깨어났다. 나 자신에게 마법을 걸었던 것이다.

나는 또 집 전체에 마법을 걸었다. 거기 아래층에 가게가 있었다. 그런데 지금 모든 것이 완전히 달라졌다. 사람들은 모두 비스듬히 걷고 있었다. 나도 마찬가지였다. 나는 굴러떨어질 것 같다는 생각을 버리지 못했으나 그렇게 되진 않았다.

나는 가게에 가서 빵을 한 조각 얻었다. 그곳의 여자가 "빵을 꼭 잡아야 해."라고 말했다. 그러나 나는 빵을 떨어뜨리고 말았다. 그러자 거기서 수많은 벌레가 나왔다. 이제 그녀는 나에게 다른 빵 조각을 줘야 한다. 이어 나는 좁은 계단을 걸어 올라가다가 넘어졌다. 계단에 구멍이 나 있었다. 나는 빵을 구멍 속으로 밀어넣고(왜 그랬는지 이유는 모른다), 돈을 던져 버리고, 어머니에게 돌을 두 개 갖다 주었다. 어머니는 화를 내면서 회초리로 나를 때렸다. 그러다가 나는 잠에서 깨어났다.

소녀는 이 꿈과 연결해 여러 가지 공상을 떠올렸다.

거울에서 나는 불타는 집과 거기서 뛰쳐나오는 사람들을 보았다. 그러나 그 사람들은 매우 작은 사람들이었다. 작은 남자들과 여자들, 아이들이었다.

거울 뒤쪽엔 나무가 한 그루 서 있으며, 끈 같은 것이 있고 거기에 머리가 묶여 있다. 해골 같은 머리이다. 무엇인가 4개가 달려 있다. 뿔 같기도 하고 다리 같기도 하다. 눈은 없고 구멍만 있다. 코도 없고, 모든 것이 부패했다. 이빨만 있다. 그 모습이 나를 무섭게 했다. 이어서 마법의 거울은 그 빛을 내 쪽으로 돌렸다. 나는 구토를 하지 않을 수 없었다. 이어서 나는 나무로 올라가 해골에 매달렸다. 그러자 나의 다리와 팔이 떨어졌으며, 몸통도 떨어졌다. 그러나 다리와 팔은 다시 올라왔다. 몸통만 아래에 그대로 있었다. (베제믈린 교회[49]에 가면 그런 팔과 다리가 예배당에 걸려 있다. 그것은 무엇인가?)

소녀의 꿈은 이렇게 시작한다. "나는 숲으로 들어갔다." 이것은 소녀가 자신의 어둠 속으로 들어갔다는 뜻이다. 어둠이란 설명될 수 없는 온갖 것이 나오는 곳이다. 고요하게 고여 있는 물일 수도 있다. 흐르는 물은 다른 의미를 지닌다. 아니면 미로나 동굴, 지하실, 집의 어두운 공간, 어두운 다락, 화장실일 수 있다. 왜냐하면 그곳이 공상의 장소이기 때문이다. 거기서 창조적인 작업이 벌어진다. 공상을 펼치지 않고는 변을 보지 못하는 아이들이 있다. 변비로 고통을 겪는 어른들의 경우에 간혹 공상을 펼쳐야만 변을 볼 때도 있다.

쿤달리니 요가에서 '물라다라'(산스크리트어로 '뿌리의 지지'를 의미한다)는 가장 낮은 차크라이다. 이 회음 차크라는 하복부에, 소위 배설강(腔)에 위치해 있다. 거기서 쿤달리니는 자신의 연(蓮) 안에서 살고 있다. 쿤달리니는 특히 창조적인 공상이다.

그렇다면 숲속으로, 어두운 곳으로 들어가는 것은 육체 중에서 이 어둠에 속하는 부위로 집중한다는 것을 의미한다. 공상으로 가득한, 음울하고 사악한 어둠이다. 그리고 지금 거기서 사자, 즉 삼키는 괴물이 한 마리 온다. 이것은 본능적인 생명이다. 아이는 8살 반이며, 이미

··········
49 스위스 루체른의 작은 교회.

사춘기에 접어들었다. 만약에 리비도의 카섹시스(cathexis)[50]가 여기서 일어난다면, 사춘기 이전 시기의 어떤 현상이 미성숙한 성적 본능으로 나타날 수 있다. 아니면 공상의 홍수로 나타날 수도 있으며, 이 공상의 홍수는 나중에 사춘기 때 실제 성적 공상이 될 것이다. 사자는 아이를 붙잡아 완전히 삼키고 있는 공상의 한 종류이다. 이 꿈의 이미지들은 모두 원초적인 상황까지 거슬러 올라간다. 옛날에 숲은 정말로 위험으로 가득한 곳이었다. 거기에 강도들도 숨어 있었다. 꿈에서 숲은 공상의 투사로 가득한 불가사의한 곳이다. 판과 마녀를 비롯해 두려움을 불러일으키는 온갖 터무니없는 것들로 가득한 곳이 숲이다.

이 꿈을 꾼 소녀는 여덟 살 반이다. 여덟 살부터 아홉 살 사이에, 자아의식으로 발전하는 과정이 일어난다. 그때 아이는 가족적인 환경과 맺고 있는 친밀한 끈으로부터 스스로를 해방시킨다. 소녀는 이미 현실의 일부를 경험했다. 부모와 연결되었던 리비도는 서서히 끊어지거나, 내향하거나, 무의식으로 들어가서 거기서 무엇인가를 준비한다.

사자에 대해 말하자면, 사자는 왕이며, 힘이 센 본능적인 에너지이며, 불의 원리이고, 태양의 열기이며 욕망이다. 왕의 문장(紋章)에서 사자는 불굴의 용기와 힘, 권력을 상징한다. '사자의 머리를 가진 신'(deus leontocephalus)은 시간의 신이다. 이 신은 황도대의 정점에, 그러니까 7월 말과 8월 초에 나타난다. 사자는 불을 의미한다. 사자는 또한 복음서 저자 마르코(Mark The Evangelist)와 성 히에로니무스(St. Hieronymus)의 상징이다. 종종 사자는 현관이나 제단, 세례반의 기둥을 떠받치는 동물로 묘사되고 있다. 기독교 상징으로서 이 사자는 길

....
50 리비도가 특정한 대상에 집중하는 현상을 말한다.

들여진 이교도를 상징하고, 이교도 로마의 권력을 상징하게 되어 있다. 그것이 사자가 교회의 기둥을 떠받치는 동물이 된 이유이다. 사자의 별자리는 태양의 집이다.

미트라 숭배에는 지하 석굴이 있었다. 프랑크푸르트 인근 잘부르크(Saalburg)에 그런 예가 하나 있다. 이 미트라 숭배 장소에는 대부분 제단 근처에 이상한 조각이 하나 서 있다. 머리는 사자이고 몸통은 인간이다. 이 조각의 몸통을 뱀이 감고 있는데, 뱀의 머리는 사자의 머리 위에 놓여 있다. 이것이 '사자의 머리를 가진 신', 즉 무한히 긴 시간을 의미하는 아이온이다. 상반된 것을 결합시키는 시간의 신이며, 고대 페르시아의 이미지이다.

북쪽에서는 사자 대신에 곰이 등장한다. 아마 이 동물들은 원래 동물의 탈이었을 것이다. 고대에, 미트라 숭배에서 사람은 동물의 목소리를 모방하기도 했다. 당시에 신은 동물의 소리로 포효하는 것을 더 잘 듣는다는 믿음이 있었다. 혹은 사람은 신의 관심을 끌기 위해서 휘파람을 불거나 혀를 차기도 했다. 신의 동물적인 속성이 그런 소리를 더 잘 들을 것으로 여겨졌던 것이다. 이것은 신들이 원래 동물로 인식되었다는 사실과 연결된다. 또 다른 인식, 즉 신이 한 마리 새라는 인식은 지금도 기독교에서 발견되고 있다. 초기 기독교의 성령의 여성적인 측면과 일치하는 성령의 비둘기가 그것이다. 소위 성 토마스(St. Thomas)의 '행전'(Acts)을 보면, 성령은 단순히 신의 여성적인 측면, 즉 '여자 신'이다.

사자는 언제나 목표 지향적이고, 방향이 있는 불이다. 사자는 공격에 나설 때 언제나 표적에게 직선으로 달려간다. 그런데 동물의 타고

난 성격에 대해 아는 것은 언제나 재미있다. 동물이 꿈에 나타날 때마다, 알프레드 브렘(Alfred Brehm)의 책을 읽도록 하라. 우리 조상들은 동물들의 삶에 대해 훨씬 더 많이 알았다.

사자를 정복한다는 '장미십자회'의 계획은 본능을 극복하겠다는 뜻이다. 연금술 관련 논문에, 사자의 발톱을 잘라내는 방법에 관한 묘사가 있다. 서사시 '길가메시'뿐만 아니라 미트라 숭배에서도 정복되는 것은 수소이다.

소녀의 꿈에서 사자는 소녀가 통제하지 못하는 어떤 본능적인 힘을 나타내고 있다. 우리는 단지 그녀가 본능적인 무엇인가에, 그녀보다 더 강한 무엇인가에, 무시무시한 맹수에 의해 표현되는 어떤 본능적인 힘에 압도당하고 있다는 것을 알 뿐이다. 소녀는 동물적인 본능의 희생자이다. 이어서 아이는 자신의 나이에 더 이상 적절하지 않고 한 마리 동물에 적절한 어떤 심리를 얻는다. 소녀는 동물 같은 존재로 퇴행하고 있다.

사자는 모든 것을 삼키는 불을 의미한다. 그것이 사자가 모든 식물을 태우는 8월의 열기를 상징하는 이유이다. 그렇다면 아이는 무서운 욕망의 상태에 빠진다. 욕망은 그 후로 줄곧 어떤 역할을 할 것이다. 디오니소스 축제 때, 바쿠스 신의 시녀들은 광분하여 어린 염소들을 찢어서 날것으로 먹는다. 인도의 여신 칼리는 야생 동물의 것과 비슷한 이빨을 가졌으며, 포도주와 피를 마시면서 동물의 피와 지방을 뚝뚝 흘리고 있다. 그녀는 광란하는 암사자이다. 대부분의 이미지에서 그녀는 사자를 타고 있거나 남자 희생자들의 시신을 타넘고 있는 것으로 그려진다. 그녀가 격분하면, 그녀의 남편 시바가 불려왔다. 시바는 그녀에게 희생된 자들의 시신들 틈에 드러누웠으며, 그러면 그녀가 그에게로 다가가서 남편을 알아보고 정신을 차린다.

이 소녀의 안에서 퇴행이 일어난 결과, 소녀는 집중을 하지 못하게 되었다. 퇴행하는 성인들도 마찬가지로 집중하지 못하고 원시적인 상태로 되돌아간다. 마찬가지로, 원시인들 혹은 원시 상태로 남아 있는 개화된 사람들은 집중하지 못한다.

우리는 또 이 아이가 사자를 타기를 원하는 이유도 이해한다. 이것이 본능적인 영역인 것이다. 그러나 그때 소녀는 사자에서 떨어지며 의식을 잃고 공상에 사로잡힌다. 원시인들 사이에서, 이런 현상은 다양한 예방 조치를 강구하도록 만든다. 이유는 원시인들이 그런 감정 상태를 무서워하기 때문이다. 어른들도 공상에 빠지거나 터무니없는 생각에 사로잡힐 때 똑같은 일이 일어날 수 있다. 어른들은 그런 공상을 두려워한다. 이유는 그들이 그런 공상에 너무나 쉽게 희생되기 때문이다. 그것이 사람이 어떤 것들에 대해 말하거나 생각하기를 피하는 이유이다. 그렇게 할 경우에 그 사람이 영혼을 빼앗기거나 공상에 사로잡힐 수 있기 때문이다. 이런 일이 소녀에게 일어날 때, 소녀는 학교에서 더 이상 진도를 따라잡지 못하게 되거나 겉돌게 된다. 소녀의 관심은 온통 공상의 나래를 펴는 것으로 모아지고 있다. 소녀의 관심은 사라지고, 소녀의 성취는 불만족스러워진다.

그래서 여기서 그 유명한 해결책이 나타난다. 이처럼 수동적이고 취약한 상태에 있을 때, 몸이 아파서 학교에 가지 못하겠다고 둘러대는 것이다. 당신이 그런 상황이라면, 당신은 온 몸이 마비되는 것 같은 느낌을 받는다. 누군가가 당신을 보살펴줘야 한다. 어른이 어쩌다 공상에 사로잡히게 되면, 그 사람은 최종적으로 의사를 불러야 한다. 그러면 그가 자기 자신을 다시 발견할 때까지, 의사가 그를 업어주거나, 그를 동행하면서 어머니와 아버지의 역할을 할 것이다. 우리 소녀가 꾼 꿈에서, 어머니가 소녀를 집으로 데려가 소녀의 침대에 누일 때, 바로 그런 일이 일어나고 있다. 침대는 피난과 보살핌의 장소이다. 지금 이것은 꿈의 처음에 나타난 상황과 정반대이다. 원래 아이는 흔히 어린 아이들이 생각하는 것처럼 사자에게 일격을 가하길 원한다.

그녀는 자기 자신의 힘을 갖고 놀기 시작했다. 놀다 보면 의식을 어느 정도 잃을 수 있으며, 그러다 보면 아이는 놀이와 동일해진다. 그렇다면 이것도 마찬가지로 위험한 일이다. 예를 들어, 춤을 추는 원시인들은 최종적으로 그 역할과 동일해지는 것이 확인된다. 놀이를 하는 동안에 아이는 사자처럼 무의식이 되고 나중에는 사자와 동일해진다. 이것은 그녀가 본능적인 힘들을 통합하길 원한다는 것을 의미한다. 자아의 중심은 본능적인 힘들을 갖춰야 한다. 그러나 이것은 탐욕스런 동물의 위험을 수반한다. 본능적인 힘들에 집어삼켜질 위험이 있다는 뜻이다. 소녀의 꿈에서도 똑같은 일이 벌어진다. 어머니가 집으로 데리고 오는 것이 바로 사자에게 삼켜진 아이인 것이다. 아이는 어린 사자로 변했으며, 소녀는 눈에 보이지 않는 사자 아이가 되었다. 원시인들 사이에도 그런 사상이 확인된다. 남미의 일부 원주민 부족들 사이에서 인간이 앵무새로 변하는 것으로 여겨진다. 그들은 전혀 앵무새처럼 보이지 않음에도 불구하고 자신들이 앵무새라고 느낀다.

이 같은 변형에서 새로운 상황이 일어난다. 이런저런 방식으로 아이가 마법에 걸리고 있다. 그러나 지금 소녀는 자신이 자그마한 마법의 거울을 가졌다는 사실을 발견한다. 그 거울은 그녀의 앞치마 주머니에 들어 있다. 이것은 매우 의심스런 장소이다. 우리는 이 점을 간과해서는 안 된다. 이것은 아이들이 온갖 종류의 것들을 넣어두는 곳이다. 소년들은 바지에 주머니가 있고, 소녀들은 앞치마에 주머니가 있다. 우리 소녀의 경우에 이런 뜻이다. 그것은 소녀가 자신의 몸 안에 갖고 있는 주머니이며, 다시 온갖 종류의 공상이 나오는 물라다라 부위이다. 그녀는 그 이상한 작은 마법의 거울로 현실을 바꿀 수 있다. 그녀는 현실을 마음대로 바꿀 수 있다. 그녀는 마법을 이용할 수 있고, 요술을 부릴 수 있다. 자신의 소망에 따라 세상을 바꿔놓는 것, 그것은 아이들이 아주 좋아하는 생각이다.

이 경우에 마법의 지팡이 같은 것은 전혀 없고 마법의 거울이 있다. 그녀는 그 거울을 자기 앞에 들고 있으면서 거울에 비친 자신의 모습을 보고 있다. 그녀 자신은 즉시 마법에 걸리고, 그와 동시에 세상 전체가 마법에 걸린다. 그것은 동화 '백설 공주'(Snow Whiet) 속의 거울처럼 무엇이든 알고 있는 거울이다.

고대 그리스인들도 거울이 꿈에 등장할 때 그것이 불가사의하다는 것을 발견했다. 거울은 어떤 인격의 죽음을 의미했다. 이유는 사람이 거울에서 보는 이미지가 자신의 더블(double)이기 때문이다. 그것은 이집트인들의 '카'(Ka)이고, 영혼의 한 이미지이다. 그것이 원시인들이 사진을 찍지 않으려 드는 이유이다. 이는 그들의 더블, 그들의 영혼의 이미지를 빼앗기고, 따라서 영혼의 상실을 야기할 수 있다는 두려움 때문이다.

자신의 더블을 본다는 것은 죽음을 의미한다. 나르키소스는 자신의 이미지를 보고 그 이미지 속으로 빠진다. 영화 '프라하의 학생'(Der Student von Prag)의 주인공 프라하의 학생은 자신의 그림자를 영혼에게 팔았으며, 그 이후로 더 이상 이미지를 갖지 못하게 되었다. 말하자면 영혼이 육체를 떠났으며, 이것은 재앙을 의미한다. 아델베르트 폰 샤미소(Adelbert von Chamisso)의 『페터 슐레밀의 기이한 이야기』(Peter Schlemihls wundersame Geschichte)에서도, 오스카 와일드(Oscar Wilde)의 『도리안 그레이의 초상』(The Picture of Dorian Gray)에서도 똑같은 문제가 발견된다.

거울은 살인의 효과를 발휘한다. 아즈텍 족이 이용한 마법은 그릇을 물로 채운 다음에 그릇 안에 칼을 꽂는 것이었다. 그런 다음에 아즈텍 족은 해를 입히고자 하는 사람이 물에 비친 자신의 모습을 보도록 했다. 그러면 그 사람은 죽을 것이다. 이유는 물에 비친 그의 거울상에 칼이 있기 때문이다.

그렇다면 이 꿈속의 거울은 감정이 강하게 실린 상징이며, 아이가 자기 자신에게 깨달음의 마법을 행하기 위해서 자연스럽게 이용하게 된 상징이다. 원래, 아이는 공상에 사로 잡혀서 약간 병에 걸려 있었으며, 자신과의 동일성을 잃은 상태였다. 거울은 그 사람 자신의 이미지를 끌어내며, 사람은 그 이미지를 보고 자기 자신을 안다. 그러므로 여기서 거울은 소녀 자신의 정체성을 확립하기 위해 필요하다.

나의 어느 환자는 나에게 거울을 요청한 적이 있었다. 그 여자 환자는 깜빡 잊고 거울을 갖고 오지 않았다. 처음에 나는 그녀가 머리 모양을 확인하길 원한다고 생각했다. 그러나 그녀는 "너무 혼란스러워서 내가 어떤 모습인지를 보지 않고는 대화를 시작할 수 없을 것 같아요."

라고 말했다.

꿈속의 거울은 어두운 본능적인 부위인 물라다라에서 나온다. 지금 만약에 내가 그 부위에 대해 깊이 생각할 수 있다면, 나는 나 자신을 다시 강하게 느끼고 내가 누구인지 다시 알게 된다. 그렇듯, 자신의 자기를 상실하는 것은 곧 육체의 사실적인 현실을 어떤 공상 체계로 바꿔놓는 것이나 마찬가지이다. 그렇다면 사람은 자신이 어떤 존재인지를 확인하기 위해서 육체적 현실로 돌아가야 한다. 사람들은 자신이 이런저런 존재라고, 어쨌든 실제 모습과 다른 존재라고 생각하면서 종종 바보스럽게 군다. 고립되어 있는 귀신처럼, 사람들은 자신의 공상 속에 살면서 자신이 정말로 육체적인 존재라는 사실을 망각한다.

그러나 그때 불쾌한 결과가 나타난다. 꿈을 꾼 소녀가 자신의 자기를 다시 확립하기 위해 자신의 육체적 영역을 고려했을지라도, 소녀의 자기 지식은 소녀가 비스듬히 서 있다는 점을 보여주고 있다. 그러나 다른 사람들도 마찬가지로 기울어진 상태이다. 이것은 소녀가 모든 것을 편향적으로 보고 있다는 뜻이다. 그 집도 다르고, 모든 것이 달라졌다. 집 아래에 가게가 있다. 거기엔 들락거림이 있고, 모든 사람이 들어오고 있다. 그것은 거리에 있는 것과 비슷하다. 사람은 잡담을 나누고 있으며, 가게는 열려 있고, 모든 것이 가게 안으로 들어갈 수 있다. 이것은 아래로부터의 범람이다.

그곳 아래에서 지금 모든 것이, 그러니까 전체 환경이 안으로 들어오고 있다. 다른 사람들도 마찬가지이다. 그녀 자신을 온 세상으로 펼치면서, 온갖 말이 소녀의 안으로 들어가고 있다. 투입(投入)과 투사다. 말하자면 내가 그들 모두이고, 나는 그들 모두를 내 안에 갖고 있다는 뜻이다. 본능에 휘둘리는 경우에, 사람은 보편적이게 된다. 누군가가 본능에 의해 맹목적이게 되면, 그 사람은 순진하게도 다른 모든 사람도 사물들을 자신이 보는 것과 똑같이 볼 것이라고 짐작한다. 이것은 사랑의 심리학에도 어떤 역할을 한다. 남자는 여자도 자기가 좋아하는 것을 좋아할 것이라고 짐작한다.

이 세상의 재앙은 바로 사람들이 다른 사람들도 자신과 똑같은 심리를 갖고 있을 것이라고 생각한다는 사실에서 비롯된다. 우리가 어떤 감정에, 다시 말해 본능적인 어떤 상태에 빠져 있다고 가정해 보자. 그러면 우리는 다른 사람들의 조건에 대해 더 이상 설명할 수 없게 된다. 우리는 우리의 상태를 다른 사람들에게로 방사하고 있다. 우리의 상태가 그들에게 영향을 미친다. 세상에 감정만큼 전염성 강한 것은 없다. 모든 감정은 밖으로 향하는 움직임이다. 사람은 자신의 집을 떠나서 밖의 다른 사람들과 섞인다. 이것은 본능이 특징인 어떤 심리를 초래하며, 마치 세상 전체가 이런 상황에 있는 것처럼 보이게 하는 투사를 야기한다. 이것은 매우 불쾌한 상황이며, 원래의 플롯을 흐리게 만든다. 이제 줄거리의 반전이 일어나야 한다.

그 역전은 꿈의 두 번째 부분에서 이뤄진다. 소녀가 가게에서 빵 한 조각을 사는데, 거기서 벌레들이 나온다. 그녀는 두 번째 빵 조각을 갖고 계단에서 넘어지고 빵이 그 구멍으로 떨어진다. 그녀는 돈을 버린다. 그녀는 어머니에게 빵 대신에 돌을 갖다 주며 그 일로 어머니에게 매를 맞는다. 아마 이 꿈은 아이의 실제 상태에 대한 통찰을 줘야 한다. 거기엔 악의적인 무엇인가가 있다. 그녀는 자기 어머니를 속이고 그 일 때문에 두들겨 맞는다. 그렇다면 그것이 해결이다.

소녀는 빵을 어디서 구하는가? 아래쪽 가게에서, 지하의 세계에서, 본능의 세계에서 얻는다. 거기서 그녀는 세상과 동일해진다. 이 빵은 무엇인가? 한 조각의 빵은 하나의 신체이다. 육체 의식이 본능적인 영역으로부터 얻어지고 있다. 이것은 충분히 이해할 만하다. 그녀가 본능적 영역으로부터 육체의 의식을 얻고 있기 때문이다. 자연은 많은 동물들을 처음에는 먹는 것으로만 한정시킬 뜻이었다. 그런 다음에야 예를 들어 나비처럼 성기를 발달시키게 할 생각이었다. 많은 동물들은 그 전에 애벌레일 때에는 오직 먹기만 하고, 나비가 될 때 거의 완전히 성욕의 기능이 된다. 그렇다면 여기서 우리는 본능적인 영역으로부터 영양 섭취 본능이라는 성(性) 이전 단계로 넘어가는 문제를 다루고 있다. 이것은 한 걸음 뒷걸음질치는 것이며, 자연스런 본능적 에너지가 소위 정신 과정으로 변화할 때 전형적으로 일어나는 일이다. 이 자연스런 본능은 오직 성욕으로만 흐를 것이다. 그러나 자연스런 본능이 정신적인 것이 되려면, 그 본능은 뒤로, 말하자면 성 이전의 수준으로, 다시 말하면 원래의 영양 섭취의 형태로 변해야 한다. 그것이 우리가 변태(變態)의 신비에서 영양 성취의 상징체계를 발견하는 이유이다.

이 꿈을 꾼 소녀는 아직 아이이다. 이 꿈을 고려한다면, 그녀의 공상 세계가 촉수를 성욕 쪽으로 내뻗고 있다고 말할 수 있다. 그리고 성욕이 여전히 완전히 무의식 상태에 있기 때문에, 그것과 부합하는 어떤 무의식이 머리에서 일어날 것이다. 그러나 영양 섭취의 단계는 의식적으로 경험되었다. 그렇기 때문에 본능적인 상태가 영양 섭취 쪽으로 집중될 때, 그 상태는 실제로 의식적인 무엇인가로, 알려진 무엇인가로 다시 다듬어진다. 소녀는 아직 성적 본능과 그것의 충족에 대해서 모르지만, 굶주림과 먹는 것에 대해서는 알고 있다. 완전히 새로운, 그래서 어려운 상황에서 시달린 창조적인 사람은 자신이 무력했던 시기로, 말하자면 자신을 보살펴주던 어머니에게로 돌아간다. 혹은 그 사람은 자신이 이미 경험한 것들에 대해 이야기할 것이다. 그는 자신이 이것 또는 저것을 그리거나 시를 쓸 때 사물들이 옛날에 어떠했다는 것을 기억할 것이다. 그러나 그것은 진실이 아니다. 지금 새로운 무엇인가가 일어나고 있기 때문이다. 그러나 그는 어떤 유추를 찾고 있으며, 그는 그 유추를 통해서 자신을 의식 속으로 구원할 수 있다.

번데기 속의 유충이 된 애벌레는 자신이 알지 못하는 상태에 있다. 애벌레는 자신이 나비가 될 것이라는 사실을 모르고 있다. 애벌레는 애벌레 단계의 기억만을 이용할 수 있을 뿐이다. 우리는 의식의 새로운 단계에 이르기 위해서는 의식적인 무엇인가에 닿아야 한다. 우리에겐 계단이 필요하다. 무의식에서 의식으로 곧장 갈 수 있는 길은 어디에도 없다. 그렇다면 이것이 꿈에서 전체 문제가 먹는 것으로 바뀌는 이유이다. 새로운 본능적 상태는 '먹는 걸 기억하라!'라고 말하길 원한다. 그것은 다른 형태이긴 하지만 잘 알려진 형태의 본능의 충족이다. 굶주림도, 그리고 우리를 부양해야 하는 것도 본능적인 핵심과 연결될 수 있다.

그러나 지금 불쾌한 무슨 일이 일어난다. 허기 본능은 그녀를 그 수준으로 유지해야 한다. 그러나 빵은 아래로 떨어지고 벌레로 해체된다. 그녀가 가게에서 산 빵은 속이 비었고 썩어 있다. 그 빵은 먹을 수 없다. 왜냐하면 빵이 이미 살아 있는 내용물을, 말하자면 교감 신경계에 속하는 공상을 포함하고 있기 때문이다. 성 이전 상태는 이미 속이 비어 있다. 새로운 단계에 대한 조숙한 깨달음이 있다. 지금 소녀는 다시 가서 새로운 빵 조각을 얻어야 한다. 그녀는 빵 한 조각을 갖고, 말하자면 그녀의 원래 육체 의식을 갖고 계단을 올라가야 한다. 이번엔 그녀가 넘어진다. 또 계단에 구멍이 하나 있다. 이것은 단순히 이런 의미이다. 그 앞에 그녀의 상승이 빵에 벌레가 들어 있었다는 사실 때문에 불가능하게 되었듯이, 이번에도 그녀가 다시 무엇인가에 의해 방해를 받으며 무의식적인 본능의 상태 쪽으로 아래로 당겨지고 있다는 뜻이다. 돈도 뿌려지고 있다. 돈은 리비도이며, 빵이나 사탕을 살 가능성이다. 돈은 처분할 수 있는 리비도이다. 이 가능성도 포기되고 있다. 의식을 얻으려는 시도는 단지 또 다른 덩어리의 빵을 얻을 가능성을 포기하는 것으로 이어지며, 따라서 약간의 의식을 포기하고, 매를 맞아야 하는 새로운 상태로 집으로 돌아오는 결과만을 낳을 뿐이다.

이 꿈을 차근차근 한 번 더 분석하도록 하자. 아주 많은 것이 담겨 있으니 말이다. 소녀가 자그마한 마법의 거울을 갖고 있는 이유는 무엇인가? 마법의 거울을 이용할 경우에, 사람은 신화적인 상황 속으로 제거된다. 그 사람은 팽창 상태가 된다. 팽창된 상태는 열기구를 타고 있는 것과 비슷하다. 열기구가 위로 올라가고, 그러면 사람은 땅이 발 아래로 꺼지는 느낌을 받는다. 비현실적이라는 느낌이 들고, 어지럽고, 너무 가볍고, 기체처럼 느껴진다. 현실과의 접촉을 잃고, 무의식에 지배당하며, 자신의 무게를 더 이상 느끼지 않으며, 공간 속에서 방향성을 상실한다. 소녀가 꾼 꿈은 사람들이 방 안에서 기울어진 상태에서 걷고 있다고 말한다. 무의식이 어느 수준의 강도에 이를 때마다, 어지럼증이나 뱃멀미 증상, 땅이 솟아오르는 느낌이 느껴진다. 물의 일렁이는 표면은 무의식을 나타낸다. 그런 상황에서, 사람들은 거친 바다 위에서 난파선 널빤지 위에 서 있거나 바람에 의해 하늘 높이 올라간 것 같은 느낌을 받는다. 어지러움과 메스꺼움, 심장 박동과 구토가 일어난다.

그런 경우에 사람은 물리적인 것을, 육체를 잃은 것이나 마찬가지이다. 그러면 사람은 물리적인 것에 매달리면서 육체 속으로 다시 내려가야 한다.

지금 이 꿈에서 소녀는 가게로 내려가 거기서 빵을 얻어야 한다. 물리적인 것은 바로 이 영양 공급이라는 모티브에 의해 표현되고 있다. 소녀는 팽창 때문에 영양 공급의 수준으로 내려가야 한다. 말하자면, 그녀는 자신의 복부 쪽으로 내려가야 한다.

가게에 있는 여자에 대해 말하자면, 그 여자는 꿈을 꾼 소녀에게 빵을 떨어뜨리지 말고 조심해서 갖고 가라고 말한다. 그 여자는 나이도 더 많고 경험도 더 많은 존재이며, 어머니이다. 그러나 진짜 어머니는 아니고 어머니의 원형이다(이 원형은 아버지의 심상(心象)인 "늙은 현자"의 카운터파트이다). 그녀는 마녀이고, "늙은 여자"이며, 대지이고, 에르다(Erda)[51]이다. 그녀는 훌륭한 조언을 하는 늙은 여자이다. 사람이 발달하는 단계에, 이 원형은 처음에 진짜 어머니 또는 진짜 아버지와 함께한다. 그러나 무의식은 그 사람으로 하여금 원형과 진짜 어머니는 같지 않다는 것을 이해하도록 하기 위해서 부모의 형상을 원형으로부터 떼어놓으려 노력한다. 이것이 원형 세계의 재구축으로 이어지고, 이 세계에서 나는 나를 낳은 어머니의 아들이 아니라 원형적

....
51 고대 독일의 대지의 여신.

인 "어머니"의 아들이다. 이것은 일종의 마법의 세계이고, 신들의 세계이고, 정신적 세계이다. 이 세계가 존재하고 있고 지금까지도 존재해 왔기 때문에, 인간은 언제나 두 가지 종류의 현실에 대해 이야기했다. 우리의 눈으로 보고 우리의 손으로 만질 수 있는 현실이 있고, 우리의 감각으로 경험하지 못하는 현실이 있는 것이다.

여기서 두 가지 서로 다른 원칙이 모습을 드러낸다. 아리스토텔레스(Aristotle)를 신봉하는 사람이라면 원형들은 실제 아버지와 어머니와의 경험에서 도출된 관념들이라고 말할 것이다. 반면에 플라톤(Plato)을 신봉하는 사람은 아버지와 어머니는 단지 원형을 통해서 존재하게 된다고 말할 것이다. 플라톤 신봉자가 그런 식으로 말하는 이유는 아버지와 어머니가 하늘 같은 곳에 저장되어 있는 원초적인 이미지라고, 또 모든 형태가 거기서 나온다고 생각하기 때문이다. 그것이 '원형'(archetypos)이라는 단어의 기원이다. 진리가 어디에 있는지, 우리는 결정하지 못한다. 우리는 우리의 심리적 경험 안에 영원히 싸여 있다. 우리는 이미지들의 세계 속에 있다. 우리가 정신적인 것에 대해 어떤 말을 하든, 그 말은 어디까지나 어떤 원형을 전제하고 있다. 프로이트가 성욕이 세상에 일어나는 모든 것의 바탕이고 시작이라고 말할 때, 이것 역시 원형적인 어떤 생각이다. 그것은 특별히 원시적인 생각이다. 아들러(Alfred Adler)가 말하는 권력 욕구가 그런 것이나 마찬가지이다. 프로이트의 사상과 아들러의 사상은 고대 철학자들에게서도, 그리고 영지주의와 연금술의 개념에서도 발견된다. 자연은 자연 안에서 즐겁고, 자연이 자연을 지배한다는 개념이 그것이다. 이 개념은 또 자신의 꼬리를 물고 있는 뱀의 상징, 즉 우로보로스에서도 표현되고 있다. 그렇다면 우리가 어떤 절대적 진리를 말했다고 상상하는 것 자체가 실수이다. 우리는 단지 어떤 원형을 표현했을 뿐이다. 최종적으로 말하면, 원형이 살아 있다고 할 수 있다. 원형은 프로이트와 아들러, 그리고 나 자신의 안에 살아 있다.

어떤 사람이 한 가지 원형적인 사상에 사로잡혀 있다고 가정해 보자. 그런 경우에 그 사람은 자신이 모든 사람을 능가하고 있다고 생각한다. 그것은 하나의 팽창이다. 만약에 어떤 생각이 당신의 마음에 떠오르면, 당신은 자신이 그 생각을 "소유하고" 있다고 생각한다. 그러나 따지고 보면 정반대이다. 당신이 그 생각에 사로잡혀 있는 것이다. 당신은 그 생각을 말로 크게 표현하는 외에 다른 것은 아무것도 하지 못한다. 이런 사상들은 말해지고 다듬어져야 한다. 우리가 삶을 사는 것은 바로 이 생각들을 사는 것이다. 이 생각들은 '뇌의 꽃'(flores cerebrariae)이며, 고대 연금술사들이 추구한 "뇌의 돌'이다. 그것은 우리를 통해서, 우리로부터 성장하는 식물이다. 그런데 그것은 지식이라는 우리의 악마에게는 어울리지 않는다. 인간은 확고한 진리를 원한다. 그러나 절대적인 진리는 어디서도 확립될 수 없으며, 심리학에서는 더더욱 어렵다.

꿈에서 현명한 늙은 부인은 지금 소녀에게 빵을 떨어뜨리지 않게 조심해서 갖고 가야 한다고 말한다. 그러나 소녀가 빵을 떨어뜨리는 일이 벌어진다. 그때 빵에서 벌레 외에는 아무것도 나오지 않는다. 벌레들은 부패하는 것들을 먹고 산다. 벌레들은 무한히 많은 수의 살아 있는 작은 실체들이다. 말하자면 육체가 수많은 살아 있는 실체로 분해된다는 뜻이다. 육체는 멘델(Gregor Johann Mendel)[52]이 밝힌 유전적

....
52 오스트리아의 식물학자이며 아우구스티노회 수사(1822-1884).

실체들로 구성되어 있다. 어떤 아이의 얼굴을 보도록 하자. 코는 아버지에게서 오고, 아름다운 눈은 어머니에게서 오고, 툭 튀어나온 귀는 할아버지에게서 올 수 있다. 조상들의 사진을 앞에 놓고 비교하면서 보면, 당신은 자신의 얼굴 각 부분을 다양한 조상들로부터 확인할 수 있다. 몸 전체도 마찬가지이고, 영혼도 마찬가지이다. 몸을 이루는 각 부분들의 특징들은 어느 조상에서 비롯되었으며, 그 작은 조각들은 솔기를 전혀 남기지 않는 것은 아니지만 그래도 자연스럽게 한 사람의 인간 속으로 융합된다. 각 부분들이 함께 성장한 곳은 눈으로 확인 가능하다. 만약에 솔기가 매끈하게 봉합되지 않는다면, 정신 분열의 소지가 있는 인격이 발달할 것이다. 말하자면 모든 것이 제대로 돌아가지 않을 경우에 정신 분열증으로 바뀔 수 있는 그런 구획으로 나눠진 심리가 발달할 수 있다는 뜻이다. 그러면 인격은 외딴 섬들로 붕괴되고, 이 섬들은 서로 더 이상 어떤 관계도 갖지 않게 된다. 정서의 쇠약이 일어나고, 분리된 인격이라는 인상이 강해진다. 각 부분이 온전하다는 인상을 더 이상 주지 못한다. 그 부분들이 서로 함께 적절히 성장하지 않았기 때문이다. '질풍노도'(Sturm und Drang)의 시대는 말하자면 사물들을 끓게 하는 시기, 즉 흩어져 있던 조각들을 함께 녹이는 때이다. 만약에 어떤 한 부분이 통합되지 않고 완전히 배제된다면, 이 부분은 매우 불쾌하게 느껴질 것이다.

우리의 정신도 구획으로 나뉘어 있다. 육체와 신체 장기가 그런 것과 똑같다. 신경증 또는 정신증 상태에서 정신의 대표자들은 서로 분리되면서 따로 행진을 시작한다. 그때가 바로 이상한 발작들, 예를 들면 심박 급속증 같은 것이 일어나는 때이다. 심장은 마치 광인처럼 더 이상 통제되지 않으며, 소화 문제나 마비 같은 것도 일어날 수 있다. 기능들이 서로 독립적으로 움직이게 된다. 정신 분열증 비슷한 것이 일어나고 있다. 신진 대사 쪽에도 똑같이 분열적인 현상이 일어난다. 정신 영역에 분열이 일어나는 것과 똑같다. 지난 겨울 세미나에서 다뤘던 꿈을 꾼 아이(이 아이는 그 뒤에 곧 죽었다)의 경우에 수많은 작은 벌레들과 개미, 난쟁이로 해체되는 꿈들이 있었다. 이것들은 육체의 세포들처럼 더없이 작은 생명체들이다. 각 세포는 사실 절대 주권을 다소 누리는 하나의 살아 있는 체계이며, 전체 유기체가 해체될 때, 세포들의 집단은 각자의 생명을 살기 시작한다.

소녀가 빵을 떨어뜨리는 것은 이런 뜻이다. 소녀가 더 이상 육체를 가진 살아 있는 실체가 아니며, 그 체계를 그 자체로 그냥 내버려둔다는 뜻이다. 그러면 그 체계는 허물어진다. 정부가 책략을 부리며 나라를 그냥 내버려둘 때, 모든 사람이 자기 마음대로 행동하게 된다. 오늘날 유럽에 꼭 그런 일이 일어나고 있다. 유럽은 더 이상 어떤 사상에 의해 서로 결합되어 있지 않다. 그러면 본능적으로 보다 높은 뇌 같은 것을 찾게 된다. 예를 들면, 국제연합이 그런 시도이며, 개인의 심리에도 똑같은 일이 일어나고 있다. 우리는 언제나 전체론적인 어떤 사상을 발견하려고 노력한다. 우리가 하나의 전체로서 살아가도록 허용하고 삶에서 가능성들을 엮어내도록 하는 그런 사상 말이다. 그러나 만약에 우리의 자아의식이 팽창에 의해서 육체의 바탕으로부터 제거된다면, 분열이 시작될 것이다.

꿈은 계속된다. 소녀가 다시 올라가다가 넘어진다. 계단에 구멍이 하나 나 있다. 계단은 의식을 점진적으로 얻는 것을 의미한다. 계단은 교감 및 척수 신경계의 분절식 구조와 일치한다. 신경절은 사다리처럼 다양한 수준으로 배열되어 있다. 계단은 단계이며, 스스로를 느껴지게 만드는 줄사다리의 체계이다. 그것이 우리가 의식이 무의식에서 발달해 나오는 과정을 다루는 숭배에서 예외없이 계단을 목격하게 되는 이유이다.

　미국에서, 보다 낮은 부분과 원시인이 사는 처녀지 사이에 어떤 융합이 일어난다. 그 결과, 의식은 원시적인 기능들로부터 제거된 채 위에 남는다. 한쪽에 이상(理想)들이 있고, 다른 한쪽에 원시성이 있는 것이다. 이것이 미국에서 일어나는 부조리한 것들 중 많은 것을 설명해준다. 지하실의 기반은 지상 몇 미터 아래이다. 거기에 접근할 길이 없다. 지하실로 내려가는 문은 담으로 막혀 있다. 아래로 향하는 계단은 없다. 그렇듯 미국인은 합리성과 이상주의의 세계에 살고 있다. 국제연맹을 창설한 것도 미국인이었으니! 만약에 어떤 미국인이 자신의 저급한 영역으로 들어가기를 원한다면, 그 사람은 어둠 속으로 뛰어들어야만 할 것이다. 그것이 "성도착적인" 스토리가 종종 일어나는 이유이다. 어린 소녀가 흑인이나 중국인과 도망을 치는 일도 그런 예에 속한다. 미국에선 유럽에서 흔하지 않은 일이 다소 일어난다. 예를 들면, 어느 미국인 사업가는 젊은 여자와 사랑에 빠졌다는 이유로, 자녀를 넷이나 낳으며 22년이나 행복한 결혼생활을 영위해 오던 아내와 이혼하기를 원했다. 그는 법에 따라 결혼했으니 이혼도 당연히 법에 따라 할 수 있다는 주장이었다. 그런 그에게 내가 자식들의 엄마를 그런 식으로 버리는 것이 다소 어처구니없다는 점을 지적하자, 그때서야 그의 머리에 이 일이 어쨌든 일시적인 감정의 문제에 지나지 않을 수 있겠구나 하는 생각이 떠올랐다. 따뜻한 정과 피를 가진 인간은 아래이고 무의식적이며, 위의 모든 것은 존경스러운 방향으로 "올바르게" 일어난다는 식이다. 위의 인간이 아래의 인간을 보지 않는 것이다.

소녀의 꿈은 이렇게 이어진다. 층계에 구멍이 하나 나 있다. 계단 하나가 사라지고 없을 때, 그것은 무의식의 상태를 나타낸다. "구멍"은 무의식적인 그 무엇이다. 우리는 그것을 알아차리지 못한다. 암점(暗點), 즉 망막의 맹점은 심리에도 존재한다. 환자들이 의사라는 시커먼 "구멍"에 떨어질 때, 그들은 희생자이다. 그러나 동시에 환자들은 의사에게 권력을 행사한다. 환자들은 언제나 의사가 보지 않는 곳에 서 있으면서 마법을 행사한다. 그러나 그 권력은 환자들이 원해서 생기는 것이 아니라 환자들에게 그냥 생긴다. 이것이 분석가가 뜻하지 않게 맺게 되는 관계가 일어나는 방식이다. 우리는 자신이 좋아하지 않는 효과도 일으킨다. 이유는 우리가 거기서 우리 자신을 보지 않기 때문이다. 그런 구멍은 사라진 의식이다.

소녀는 구멍 속으로 빵을 던진다. 그렇게 함으로써, 그녀는 자신의 육체를 던지고, 따라서 팽창 상태에 남는다. 돈은 리비도이며, 그래서 돈이 그녀가 육체와의 연결을 다시 맺도록 할 것이다. 만약에 그녀가 지금 돈을 버리고 있다면, 그것은 그녀가 마침내 육체에 대한 자각까지 구멍 아래로 던진다는 뜻이다. 그녀는 자기 어머니에게 빵 대신에 돌을 몇 개 갖다 준다. "빵 대신에 돌을." 돌은 단단하고 죽은 그 무엇이다. 왜 그걸 어머니에게 갖다 줄까? 소녀는 자기 어머니와 자연스런 애착 관계를 더 이상 갖고 있지 않다. 가장 그럴 듯한 이유는 어머니에게 쏟을 리비도가 마법의 거울 속에, 팽창 상태에 있기 때문이다. 어머니에게 쏟을 리비도가 부력 같은 것을 일으키며 의식을 위로 끌어올리는 데 쓰이고 있다. 여자들에게 어머니는 자신의 본능적인 영역(자궁)과의 연결을, 정확히 무의식과의 관계를 상징한다. 무의식은 어머니이기도 하다. 무의식은 의식의 어머니이다. 우리가 육체적 세계와 정신적 세계를 언제나 동시에 보기를 원하지만, 경험적으로 말하면, 육체적 세계와 정신적 세계는 동일하지 않다. 그래서 어머니도 이런 뜻이다. 한 사람의 인간으로서 나의 어머니가 있고, 나의 자아의 기원으로서 나의 의식의 어머니, 간단히 말해 무의식이 있다.

어머니는 현실의 상황에서 이 소녀에게 매우 근본적인 사람이기 때문에, 우리는 꿈이 진짜 어머니를 가리키고 있다고 말해야 한다. 아이와 어머니의 관계는 결정적으로 중요하다. 소녀가 꿈속에서 "엄마"라고 하면, 그것은 엄마를 의미한다. 결정적으로 중요한 인물이 똑같은 모습으로 꿈에 나올 때, 그 장면은 바로 그 인물을 의미한다. 이 꿈을 꾼 소녀는 자기 어머니를 크게 실망시킨다. 어머니는 소녀에게 사랑을 베풀지 않는다. 만약에 소녀가 자신의 몸에 적절히 관심을 쏟지 않는다면, 어머니는 그런 딸에게 사랑을 주지 않을 것이다. 어른들에게 그것은 곧 이런 뜻이다. 자신의 육체에 관심을 적절히 주지 않는 여자는 자기 어머니를 사랑하지 않는다. 자기 어머니와의 사이에 어려움을 느끼는 여자는 자신의 본능적인 영역에서도 역시 어려움을 겪는다. 여기엔 예외가 없다. 이 꿈을 근거로, 소녀와 어머니의 관계가 장애를 일으키고 있다는 추론이 가능하다.

실질적인 꿈에 이어서, 마법의 거울을 보완할 공상이 온다. 마법의 거울 뒤에서, 소녀는 무시무시한 것들을 본다. 해골이 걸려 있는 나무다. 육체는 다 썩었지만 머리는 아직 붙어 있다. 소녀가 묘사하는 얼굴은 탈처럼 보인다. 그녀는 눈은 구멍 같다고 말한다. 이어서 뿔 같은 것들이 보인다. 이것들은 불가사의한 악마의 뿔과 관계있다. 뿔과 다리 같은 그 4개는 무엇인가? 이것들은 해골과 함께 엇갈리게 놓은 뼈들이거나 팔과 다리이다. 육체는 사라지고 없다. 리비도는 지하 세계로 떨어졌다. 그렇다면 당신은 죽었다. 그 이미지는 원래 이런 뜻을 전한다. 당신의 육체가 떨어져나가도록 내버려둔다면, 당신은 죽을 것이다. 두개골, 즉 곱표 모양으로 가로놓인 뼈들과 공중에 붕 떠있는 머리만 남을 테니 말이다.

그 이미지는 또한 태양 바퀴를 상기시킨다. 소녀가 이 대상으로 바뀐 것은 팽창을 통해서이다. 이것이 바로 '태양으로 변형되는 것'이다. 미트라 숭배와 라 숭배 같은 많은 신화와 숭배에서, 태양은 나무에서 태어나는 것으로 그려진다. 이유는 태양이 한 마리 새처럼 공중으로 떠오르기 때문이다. 드루이드교 신자들에게, 나무에서 자라는 겨우살이도 태양의 상징이다. 태어나지 않은 태양은 해골이다. 당신이 나무에 있으면서 아직 태어나지 않았을 때, 당신은 거기에 걸려 있다. 그리스도는 십자가에 달려 있다. 오딘(Odin)[53]이 나무에 매달려 있는 것처럼 말이다.

"9일 밤을 나는 바람에 일렁이는 나무에 매달려 있노라.

나 오딘에게, 나 자신에게 운명 지어진

....
53 북유럽 신화에서 지식, 문화, 전쟁의 최고 신.

그 창에 찔린 채."〈 'Edda'[54] 중에서〉

보탄(Wotan)[55]의 희생자들, 즉 전쟁 포로들은 나무에 매달려 표적으로 이용되어 창에 찔렸다. 아티스 숭배에서, 아티스의 그림은 전나무에 매달린다. 더욱이, 전나무는 아티스 자신이다.

위에는 해골만 매달려 있다. 당신의 육체를 포기할 때, 당신은 매달리고, 새처럼 날지 못하고, 교수형에 처해진 사람처럼 달려 있게 된다. 그러나 거기에 4개의 사지가 있다.

이어서 꿈속의 마법의 거울이 빛을 소녀 쪽으로 돌린다. 마법의 거울은 빛을 소녀에게로 비추며 그녀를 계몽시키고 있다. 이제 그녀는 자신을 볼 수 있다. 이어서 소녀는 메스꺼움을 느끼고 구토를 해야 한다. 소녀에게로 돌려진 거울은 그녀에게 마법을 건다. 이것이 팽창이다. 팽창은 사람을 비현실적인 존재로 만든다. 그녀가 사람들이 마법에 걸려 비스듬히 기울어 있는 것을 보았듯이, 지금 그녀 자신이 공간 속에서 비스듬히 기울어 있다. 그녀는 자신이 비스듬히 기울어 있다는 것을 알아차린다. 이것은 그녀가 뱃멀미 발작을 일으킬 때이다. 그녀는 나무를 올라가서 해골에 매달린다. 이것은 해골과의 동일시이다. 그녀는 죽은 존재이다. 그것은 그녀가 직접 행하는 자발적인 희생이다. "이어서 나의 팔과 다리가 떨어졌다." 죽은 자에게 그 전에 일어났던 일이 지금 그녀에게 일어나고 있다.

소녀가 꾼 꿈의 내용을 감안한다면, 꿈을 생생하게 기억하는 것은

....

54 13세기에 편찬된 고대 아이슬란드 문학 작품집.

55 오딘의 또 다른 이름.

그리 놀라운 일이 아니다. 그러나 그런 꿈들은 종종 잊힌다. 아이가 그런 꿈을 망각하는 것이 훨씬 더 흔하다.

그런 꿈은 또 객관적인 어떤 의미에서도 관심을 끈다. 개인적인 측면은 무시해도 좋을 정도이다. 보탄 종교에, 또 디오니소스 숭배에 나타나는 신화적인 개념들과의 특별한 관계가 이 꿈에서 탐지되고 있다. 어떻게 보면 보탄은 디오니소스를 닮았다. 둘은 그 감상성과 황홀경, 예언, 신비주의, 특이성, 경이로움, 미스터리, 수행승 같은 도취 상태 등에서 서로 비슷한 신들이다. 디오니소스와 함께 우리는 열광하는 여자 신자들을 발견하고, 보탄과 함께 우리는 사납고 용맹스런 전사들을 발견한다.

그런 관계가 꿈에 그처럼 선명하게 나타날 때, 무의식의 보다 깊은 층들이 작동되고 있다. 생명의 차분한 흐름을 방해하는, 근본적이고 중요한 문제들이 일어날 때에만, 그런 일이 일어난다. 이 꿈을 근거로, 나는 이런 상황이 벌어지는 원인이 무엇인지 말하지 못한다. 이 꿈의 인과관계 문제는 미해결 상태로 그대로 남겨 둬야 한다.

이 꿈을 꾼 소녀에게 처음 일어난 일은 그녀가 사자에게 압도당하는 것이다. 여기서 사자도 어떤 신화를 가리킨다. 디오니소스도 사자와 어느 정도 관계가 있다. 디오니소스는 바다를 건너려 하다가 선원들에게 붙잡혔고, 그 즉시 그는 사자로 변신해서 선원들을 갈가리 찢어놓는다. 사자는 꿈을 꾼 소녀를 압도하는 동물이다. 그렇듯, 디오니소스는 흥분을 야기하는 수수께끼 같은 본능적인 존재이다. 디오니소스 숭배에서, 무의식의 침공과 황홀경이 특별히 장려된다. 그렇다면 꿈을 꾼 소녀가 무의식에 압도되었다고 볼 수 있다.

꿈의 언어에서, 사자는 태양의 동물이다. 태양이 소녀를 공격했으며 그녀를 삼키길 원한다. 보탄은 신이다. 그런 보탄이 그녀를 사로잡고 있다. 불행하게도, 이것은 유럽의 현재 상황과 상당 부분 일치한다. 지금 보탄 신에게 잡아 먹힌 누군가에게 그런 일들이 일어나고 있다. 꿈을 꾼 소녀는 신의 손아귀에서 벗어나기 위해서 마법을 걸어야만 한다. 소녀는 마법을 걸 수단을, 마법의 거울을 갖고 있다. 그녀의 심리가 마법의 수단을 포함하고 있다. 이 거울은 어떤 심리적 능력을 가리키고 있음에 틀림없다. 그 능력은 바로 변형을 성취하게 하는 공상이다. 이 아이는 무엇인가를 상상할 수 있다. 지금 소녀는 단지 다른 무엇인가를 상상하고, 따라서 그와 동시에 불쾌한 상황을 마법적으로 제거하고 있다.

이 꿈과 아주 비슷한 예는 다섯 살 내지 여섯 살 된 소년의 예이다. 공상을 매우 생생하게 보는 소년이다. 이 소년은 어머니에게 현실에 존재하지 않는 거대한 말이나 거대한 집을 보았다고 했다. 그럴 때면 둘 사이에 대화는 이런 식으로 진행되었다. "그러나 그런 것은 불가능하단다." "그래서 나는 노란 안경을 구했어요. 그걸 통해서 보면, 모든 것이 그 만큼 크게 보여요." "노란 안경을 어디서 구했니?" "여기 안에 있어요!" 소년은 그러면서 자신을 가리킨다. 그 작은 마법의 거울! 소년은 종종 높은 탑에 올라가는 꿈을 꾼다. 그러나 썩은 나무 계단이라면 쉽게 떨어질 수 있다. 꿈에서 소년은 자신에게 무슨 일이 일어날 것이라고 걱정한다. 그런데 정말로, 계단들이 함몰한다. 그는 아래로 떨어져 죽는다. 그때 어머니가 소년을 들어올리고, 소년은 다시 살아난다. 여기서 똑같은 과정이 나타난다. 높은 곳으로 올라갔다가 아래로 떨어지는 것이다. 또는 소년은 큰 동물들, 큰 낙타에 대한 꿈을 꾼다. 낙타가 거리에서 그를 잡아먹기 위해 침실 창으로 돌진하려 한다. 아버지와 어머니가 창문 안쪽에 서 있지만, 낙타는 그럼에도 불구하고 침실로 쳐들어와서 소년을 먹으려 한다. 이것은 사자와 아주 비슷하다. 꿈을 꿀 당시에, 소년의 환경 안에서 어떤 죽음들이 있었다. 가까운 곳에서 카나리아와 개, 사람이 죽었다. 게다가, 소년은 트럭에 거의 깔릴 뻔했으나 약간 부상만 입었다. 소년은 죽음의 인상 때문에 위험에 처해 있다. 소년은 우리가 분석하는 꿈을 꾼 소녀와 아주 비슷한 상황에 처해 있다. 소년이 더 어리고, 소년의 성격이 아직 소녀만큼 개인적으로 형성되지 않았다는 점만 다를 뿐이다. 그런 식으로 위험을 경고하는 꿈은 심리적 발달의 어떤 순간에 일어난다. 그런 때엔 누구나 조심해야 한다.

어린이들의 꿈은 종종 아주 중요하다. 왜냐하면 의식이 아직 약하기 때문이다. 그래서 아이들의 꿈은 집단 무의식으로부터 전혀 억제되지 않은 상태로 나타날 수 있다. 의식은 지금 여기 이 순간이다. 의식은 모든 것이 하나의 '지금 여기'로 나타나길 원한다. 반면에 무의식은 하나의 영원이며 지금 여기에 대해서는 어떠한 의도도 갖고 있지 않다. 따라서 가치도 꽤 다른 차원에 자리 잡게 된다. 집단 무의식의 한 부분이 의식에 닿으면서 의식에 의해서 이방인 같은 것으로 인식될 때, 의식의 깨어짐, 즉 분열이 따를 수 있다. 그래서 만약에 의식과 정반대인 집단 무의식의 중요한 한 부분이 의식 속으로 강압적으로 뚫고 들어온다면, 그 사람이 압도될 위험이 언제나 있다. 의식이 약하다면, 그런 경우엔 의식 자체가 집단 무의식에서 나온 내용물을 따르다가 거기에 휩쓸려 버릴 수 있다. 이것이 바로 "영혼의 위험"인 사로잡힘이다.

우리가 논하고 있는 꿈의 출발점은 숲이다. 무의식의 한 양상으로서 숲은 우리가 금지된 길들을 걷는 그런 어두운 장소이다. 소녀는 무엇인가에 자기 자신을 넘겼으며, 그 즉시 소녀는 무의식에 끌려 들어간다. 여기서 우리는 위험을 감지한다. "생각난다고 해서 무조건 하면 안 돼!" 우리는 자신의 의지로 하는 것이 아닌 다른 일에 대한 원초적인 두려움 때문에 이런 말을 한다. 그런 일은 정말로 위험하다. 우리는 자신의 능력만을 의지하지 못한다. 의식이 약할 때, 특히 더 그러하다. 그런 경우에, 무엇인가가 나타나서 우리를 데려가 버릴 수 있기 때문이다. 이때 나타나는 것이 본능이고 본능적인 힘이다. 꿈에 본능과 욕망은 한 마리 사자로 나타난다. 이유는 사자가 탐욕스럽고 위압적인 동물이기 때문이다. 더 정확히 말하면, 압도당할 위험이 있기 때문이다.

처음에 소녀는 사자에게 일격을 가한다. 이것은 소녀가 공상 속에서 길을 잃는다는 것을 의미한다. 그것이 우리가 공상에 잠기는 것을 두고 건강하지 못하다고 말하는 이유이다. 이 말은 맞다. 공상에 잠기는 것은 정말로 건강에 좋지 않다. 이때 건강하지 않은 것은 도덕적 측면이다. 왜냐하면 그런 경우에 결정을 내리는 능력을 잃기 때문이다.

사자가 소녀를 삼킨다. 이것은 본능, 즉 무의식의 본능적인 힘이 지금 우위를 차지하고 있다는 것을 의미한다. 뒤이어 멈출 수 없는 무의식적인 어떤 과정이 일어난다. 정신이 본능의 격한 움직임 속으로 내려간다. 단테의 작품에서 보듯, 이것은 무의식 속으로 가는 하강의 전형적인 출발이다. 단테는 처음에 야생 동물들을 만난다. 폴리필로

(Poliphilo)[56]는 시커먼 숲 속으로 들어간다. 고대 로마인들에게는 어두운 숲이 신화적인 장소였다. 유럽인들에게는 특히 티베트가 무의식의 장소이다. 고대인들에게 무의식의 장소는 에티오피아 또는 '지구의 알려지지 않은 지역'이었다.

어머니는 꿈의 시작 부분에서 절망에 빠진 아이를 구원하는 존재이다. 어머니가 소녀를 침대로 데리고 간다. 이것은 구원이지만, 오직 퇴행에 의한 구원일 뿐이다. 그것은 누군가가 자기 앞에 위대한 도전이 놓여 있는 것을 보면서 그 과정에 실제로 파멸될 수 있다는 것을 깨닫는 것과 아주 비슷한 상황이다. 그런 경우에 반응은 이렇다. 즉각 어머니에게로 돌아가 침대에 파묻히는 거야! 어린 아이들에게도 똑같은 반응이 일어난다. 아이들이 더 작아지는 것이다. 그러나 우리의 소녀는 무엇인가를 배웠다. 소녀는 자신을 공상에 맡겨버릴 수 있다는 것을, 그러면 아주 재미있는 일들이 일어난다는 것을 알았다. 마법의 거울은 이런 뜻이다. '사물들을 나의 정신에 비춰볼 수 있어.' 그 거울은 모든 것을 마법적으로 바꿔놓으며, 소녀는 즉시 그것의 노예가 된다. 이어서 사람들이 비스듬히 서 있는 것으로 보이는 뱃멀미 현상이 따른다. 다시 구원의 손길이 따른다. 빵 조각이다. 이것은 해석이 어렵다. 세부적으로 파고들지 않을 수 없다. 그것은 빵이고 음식이지만, 또한 몸이기도 하다. 이것은 몸의 가운데를, 영양을 섭취하는 위(胃) 부분을 암시한다. 동시에 이것은 육체의 생장을 도모하는 기능들의 자리이며, 교감 신경절이 집중되는 곳이다. 이 부위는 또 태양 신경총 안에서 육체의 중심으로서 어떤 역할을 하고 있다.

....
56　15세기 이탈리아 소설 『폴리필로의 꿈』(Hypnerotomachia Poliphili)에 등장하는 인물.

육체를 초월하는 어떤 직관이 일어날 때마다, 육체는 언제나 스스로를 느껴지도록 만든다. 공상이 비현실적인 것들 속에서 길을 잃고 성층권까지 올라가겠다고 협박하고 나설 때면, 우리는 그 공상을 상기하게 된다. 빵 조각은 어머니를 대신하고 있다. 어머니는 아이에겐 성적 대상이 아니라 양양을 공급하는 대상이다. 어머니는 젖가슴이고 양육하는 존재이다. 그렇다면 한 조각의 빵은 어머니를 충분히 대신할 수 있다. 요약하면, 어머니가 다시 등장하지만, 그녀는 영양을 공급하는 기능으로서, 무의식으로서 나타나고 있다. 소녀는 어머니의 지시대로 빵을 놓치지 말아야 했다. 꿈의 결말을 근거로 할 때, 이 점이 아주 분명해진다. 다시 어머니의 보호의 손길이 나타난다. 어머니는 소녀를 무의식적 공상에 빠질 위험으로부터 구하길 원한다.

소녀는 빵을 구했기 때문에 계단을 올라갈 수 있다. 그녀는 빛의 세상으로, 의식의 세상으로 올라갈 수 있다. 그러나 그녀는 구멍을 본다. 그 상승에 어떤 파열이 있는 것이다. 그녀는 거기에 걸려 넘어진다. 비유적 표현이다. 사람이 어떤 결정을 내리더라도 거기에만 매달릴 수는 없다는 뜻이다. 이것은 소녀가 자신을 육성하고 있는 신체를 지킬 수 없다는 것을, 육체를 자신의 의식 세계로 통합시키지 못한다는 것을 의미한다. 빵 조각과 돈을 아래로 던지면서, 그녀는 육체를 던지고 거부했다. 그녀는 이 일로 더 이상 부드러운 손길을 받지 못하고 매를 맞는다. 매를 맞는 일로 인해서, 의식 상태의 분열이 방향을 바꿔야 한다. 이것은 그녀가 다시 육체와 하나가 되게 하려는 일종의 "보상"이다. 의식은 다시 확립되었지만, 꿈을 보면 소녀가 공상을 완전히 놓지 않았다는 점을 보여준다. 그녀가 다시 마법의 거울로 돌아와야 하기 때문이다. 그녀가 매를 맞고 지금 후회하고 있을지라도, 그녀는 다시 돌아가며 마법의 거울에서 어떤 것을 볼 수 있을까 하고 상상한다.

여기서 진짜 위험이 나타난다. 소녀가 불난 집을 보고 있다. 집은 진정한 의식의 세계이며, 그녀가 속해 있는 정신적 공간이다. 이 의식의 세계가 불에 파괴되고 있다. 이전에 집은 잠재적이었고 눈에 보이지 않았다. 무의식의 역동성은 눈에 보이지 않는다. 무의식의 역동성은 의식의 강도를 키운다. 의식이 약해질 때, 불이 일어난다. 그것은 불이 이런 상황의 상징으로 종종 이용되는 이유이다. 게르만 민족 신화에 따르면 의식의 세계가 효력을 잃을 때, 세상에 화재가 터져 나온다. 지옥은 불로 이뤄져 있다. 폭발한 불이 모든 것을 파괴하기 때문이다.

꿈은 계속된다. 마법의 거울은 그 이면에 죽음을 묘사하고 있다. 더 정확히 말하면, 그 죽음은 교수형에 처해진 채 이미 부패해 버린 사람으로 나타나고 있다. 온갖 것들 중에서 그것은 극히 기이하다. 그것은 교수형에 처해진 인간이고 나무이다.

이 나무는 세상의 나무다. 오딘은 나무에서 교수형에 처해졌다. 또 그리스도의 십자가의 나무는 에덴동산의 나무이다. 그리스도는 생명의 나무에서 십자가형에 처해졌다. 정말 이상하게도, 십자가는 여성적인 어떤 의미를 지니고 있다. 십자가는 여자를, 잔인한 여자를 상징한다. 이 여자의 팔에 안겨 그리스도가 죽었다. 마리아가 십자가와 말을 했다는 전설이 있다. 이 전설을 보면, 그녀는 "어머니 십자가"로 그려지며, 자기 아들을 얼마나 잔인하게 다룰 것인지에 대해 말한다. 여기서도 십자가로서 나무는 어머니를 대신하지만, 이 어머니는 완전히 객관화된 존재이다. 그녀는 죽음의 어머니이다. 그 어머니는 생명을 주고, 생명이 종말을 맞을 때에는 대지로서 죽은 자를 자신의 안으로 받아들인다.

마오리 족의 신화를 보면, 죽음은 '히네누이테포'(Hine-nui-te-po)라는 늙은 여자 조상이다. 그녀는 입을 벌리고 잠을 잔다. 영웅인 마우이는 죽음을 물리치기 위해 그녀를 압도하기를 원한다. 그래서 그는 모든 생명체들을 상대로 자기가 그녀의 입 속으로 기어들어갈 때 절대로 소리를 내지 않기로 협정을 맺었다. 그러나 작은 새 한 마리가 그만 웃음을 참지 못하고 말았다. 이어 히네누이테포가 잠에서 깨어나면서 입을 다물었다. 그래서 마우이는 자신의 운명이 어떤지를 알게 되었다. 이 여자 조상은 과거에만 있는 것이 아니라 미래에도 있다. 그녀는 시작이고 끝이다.

천상의 어머니인 성모 마리아도 '마귀 할머니'를 자신의 카운터파트로 두고 있다. 마찬가지로, 자비의 여신인 관음(觀音)도 악마 같은 모습으로 나타난다. 동양에서는 신들이 선하기만 한 존재로 여겨지지 않는다. 또한 어머니에게도 거울처럼 정반대의 측면이 있다. 거기서 어머니는 죽은 자가 묻히는 죽음의 나무가 된다. 게르만 족의 한 전설은 이 땅의 최후의 인간들은 원래 자신들이 왔던 그 나무로 다시 사라진다는 이야기를 들려준다. 세상을 비추는 의식은 반드시 있어야 한다. 그렇지 않으면, 세상은 전혀 존재하지 않을 것이다. 원시인도 의식이 존재하지 않게 되는 날 세상이 끝날 것이라고 생각했다. 의식이 존재하지 않게 되는 때는 숲이 다시 나타나는 때일 것이다. 그러면 대지가 숲에 속하게 될 것이다. 나무는 수동적이고 무의식적인 삶이며, 이런 삶은 인간의 의식이 종식되는 때에 다시 나타날 것이다.

죽음은 마법의 거울에 나타나듯이 일종의 "매달기"이다. 매다는 것은 제물을 바치는 의식이다. 그리스도도 마찬가지로 이교도들로부터 "매달린 존재"라고 불렸다. 한편, 죽음은 또 해체 모티브가 특징이다. 이 연결은 역사적으로도 입증되고 있다. 보탄과 디오니소스의 연결도 한 예이다. 디오니소스는 갈가리 찢겨 해체되는 죽음을 맞았다.

이 꿈에서 죽음은 4개의 조각으로 해체되는 것이다. 그래서 나는 이런 물음을 던진다. 왜 꼭 4개인가? 4개의 사물이 꿈에 나타날 때마다 나는 "어떤 가능성"을 본다. 4의 모티브가 꿈에 나타난다는 사실을 간과한다면, 꿈을 제대로 다루지 않은 것이 틀림없다고 나는 믿는다. 이 4는 4개의 실체이다. 극단적인 것들이 분화된 실체들인 것과 똑같다. 전문적인 기능을 수행하는 육체의 부분들처럼 말이다. 그 부분들은 대칭적이다. 왼손은 거울에 비친 오른손과 같다. 그렇다면 실제로 보면 4는 서로 분리되어 있는 두 개의 짝이다. 때문에 꿈에서 머리만 여전히 매달려 있다. 팔과 다리는 생명으로부터 스스로를 절단했다. 이것들은 스스로를 분리시킬 줄 아는 신체 기관이고, 분화된 부분이다. 이 부분들은 심리학적으로 어떤 의미를 지니는가? 의식의 4가지 기능이 있다. 이 기능들이 의식의 핵심을 이룬다. 이 기능들은 서로로부터 분리될 수 있고 서로 떨어질 수 있다. 이 해체는 단순히 정신적 몸통, 즉 의식의 몸통의 분리이다.

이제 거울이 이 꿈을 꾼 소녀에게 등을 돌리고 있다. 절정에 달했다. 마법이 이제 그녀에게 불리하게 작용한다. 그래서 그녀는 구토를 해야 한다. 마치 그녀가 독약을 삼킨 것 같고, 어지럼증에 마비된 것 같다. 꿈에는 그런 것이 없지만, 충분히 생각해 볼 수 있다. 그것은 썩은 시체와 무시무시한 파괴의 이미지 앞에서 느끼는 혐오감이다. 소녀는 원시적인 반응인 혐오감 또는 공포를 느낀다. 동물들도 추격당할 때 아마 죽음에 대한 공포 때문에 위(胃)에 든 내용물을 토한다. 이것은 위 근육의 경련 때문이다. 위가 이렇게 소리를 지르는 것이다. "네가 먹은 것을 뱉어! 그건 독이야!"

이어서 제물을 바치는 것이 특이한 형식으로 이뤄진다. 그녀가 나무에다가 자신을 매는 것이다. 팔과 다리가 떨어진다. 그녀는 팔다리를 잘라 스스로를 분해한 다음에 새로운 형식으로 자기 자신을 다시 구성한다. 그렇다면 그것은 재생의 제물이며, 나무에 매달린 존재와의 동일시이다. 이것은 정확히 로욜라의 이냐시오(Ignacio de Loyola)의 『수련』(Exercises)에서 행해지던 그대로이다. '십자가형에 대해 깊이 생각하며 그와 똑같은 죽음으로 고통을 겪어라. 그러면 재생할 것이니.' 그리스도와의 동일시를 통해서, 우리는 그와 함께 지옥을 통과하고 오직 그와 함께 올라간다. 이 꿈을 꾼 소녀는 자신의 팔과 다리가 아래로 떨어졌다가 곧 다시 올라왔다고 말한다. 그녀는 다시 결합되었지만, 몸통은 저기 아래에 남아서 흙으로 변한다. 남아 있는 것은 의식의 4가지 기능이며, 머리가 세상의 나무에 얹힌 채 매달려 있다. 이것은 매우 어두운 이미지이며, 거울의 뒷면이다.

이 꿈을 살펴볼 때, 어떤 집단적인 개념, 말하자면 하나의 원형이 아이의 안에서 분명히 나타났다는 생각이 강하게 든다. 의식이 거의 병적일 만큼 약하거나, 원형이 특별히 강하다. 그런 이유가 무엇인가? 어떤 내용물이 눈에 드러날 만큼 의식을 약화시킨 것은 무엇인가? 이에 대한 대답을 나는 제시하지 못한다. 생리적인 그 무엇일 수도 있다. 배경이 그렇게 두드러지는 현상은 가족이나 이웃의 죽음과 관련해서도 발견되고 병이나 다른 것들의 협박을 받는 상황에서도 발견된다. 그것은 또한 어머니의 문제일 수도 있다. 외적인 이유는 전혀 없고, 이유가 아이의 체질에 있을 수도 있다. 이 소녀의 경우에, 정신적 상태에 문제의 소지가 있을 수 있다는 점이 고려되어야 할 것이다. 무의식으로 넘어가는 턱이 너무 낮다. 예후를 위해서 이 대목에 의문 부호를 붙여야 할 것이다.

어른들이라면, 이런 중요한 꿈들은 언제나 특별한 무엇인가와 연결되어 있다. 거기엔 무슨 일이 벌어지고 있다. 어른들의 내면에서 벌어지고 있는 일을 찾아내는 것은 가능하다. 그러나 어린이의 경우엔 내면에서 벌어진 일을 발견하는 것이 특별히 어려운 작업이 된다. 그런 경우에 온갖 가능한 가설을 다 고려해야 한다. 예를 들면, 아이의 가족이나 이웃에 병이 없었는지도 물어야 한다. 어떤 의사는 환자의 꿈들을 조사하고 이어서 환자의 아내의 꿈, 아이들의 꿈, 방문객과 가정부들의 꿈을 조사한 결과 상당한 유사성을 발견할 수 있었다. 배우자들은 어떤 때는 비슷하게, 또 어떤 때는 반대 방향으로 꿈을 꾸지만, 그 꿈들은 서로 연결되어 있다. 우리가 환경을 바탕으로 어떤 식으로 꿈을 꾸고 문제를 파악하게 되는지, 정말 불가사의하다. 사방에서 주제들이 우리에게로 흘러들어온다. 그 주제들에 관한 말은 한마디도 없어도 그런 일이 벌어진다. 우리 주변 공기는 그런 주제들로 가득하다. 우리는 언제나 중요한 인물들의 꿈만 중요하다고 생각하지만, 그것은 그릇된 생각이다.

어쨌든, 이 꿈은 일련의 완벽한 상징들을 포함하고 있다. 이 상징들은 해결의 길을 나타내고 있으며 동시에 행동의 길을 안내하고 있다. 그런데 그 상징들이 모두 부정적이다. 만약에 인생 후반부를 사는 사람이 이런 꿈을 꾸었다면, 이렇게 말할 수 있다. 이것은 지하 세계로 내려가는 하강이고, 지옥에서 할 어둠의 경험이라고. 그리고 그 끝은 해가 뜨는 것이 될 것이라고. 그러면 그 사람은 "황금 머리의 아이"가 될 것이다. 우리는 3세기 조시모스의 논문에서 이 같은 표현을 발견한다. 나무에 걸린 죽은 시신의 이미지는 또 '인도 왕과 시신 이야기'라는 멋진 이야기를 떠올리게 한다.

그러나 이 아이의 경우에 꿈은 개성화에 관한 것이 아니다. 소녀의 꿈은 그녀가 공상 속에서 길을 잃지 않도록 하기 위해서 혐오감을 일으키는 이미지들을 엮어내고 있다. 소녀가 공상에 빠져들고 있기 때문에, 꿈은 그런 그녀를 이렇게 꾸짖고 있다. '만약 네가 이런 짓을 계속하면서 어머니, 즉 생명 본능을 따르지 않는다면, 너에게 무슨 일이 일어날 거야. 바로 죽음이지! 그러면 너는 대단히 불행해질 것이고 교수형에 처해진 신이 될 거야. 그건 대단히 불편한 일이지!'

이런 아이들을 실용적으로 다루는 한 가지 방법은 아이의 의식을 안정시키는 것이다. 그런 결과를 얻기 위해 공상을 그림으로 그리도록 하는 것도 한 방법이다. 그러면 자유롭게 떠도는 데 따르는 위험이 크게 줄어들 것이다. 이렇듯, 글쓰기와 그림 그리기는 공상의 가치를 떨어뜨리는 효과를 발휘한다.

#2.산에서 어머니를 죽이는 꿈

이 소녀의 두 번째 꿈이다.

나는 높은 산에서 엄마와 함께 산책하는 꿈을 꾸었다. 그때 엄마가 내가 (절벽 쪽으로) 너무 멀리 갔다는 이유로 나를 때렸다. 그러나 나는 그러는 엄마에게 너무나 화가 나서 거기 있던 도끼로 엄마를 쳐서 죽였다. 살점이 온 곳에 걸려 있었다. 그러나 나는 다리에 서 있는 듯이 어떤 나무판자 위에 서 있었다. 그런데 갑자기 나무판자가 부서지고 나는 아래로 떨어지고 있다. 거기엔 죽은 사람들과 해골이 많이 있었다. 죽은 사람들과 해골이 헛간을 가득 채우고 있었다. 거기엔 산 사람도 한 사람 있었다. 그는 소를 120마리 갖고 있었다. 나의 형제들에겐 소의 젖을 짜는 것이 허용되었으며, 우리는 모두 우유를 마실 수 있었다. 거기에 종이 하나 있었다. 나는 종을 오랫동안 울렸다. 그 소리에 엘리베이터가 왔다. 엘리베이터 안에 있는 남자가 우리를 태워주었지만, 갑자기 엘리베이터의 케이블이 끊어지고, 나는 크고 넓은 튜브(유리로 만들어졌다) 속으로 추락했다. 나는 계속 추락했다. 그러다 갑자기 불타고 있는 땅으로 떨어졌다. 거기엔 맨 위에 갈고리 같은 것이 있는, 쇠 지팡이처럼 보이는 막대기가 하나 있었다(주교장(主敎杖)). 막대기는 부러지지 않았다. 나는 막대기를 불 속에 집어넣었으며, 그러자 불이 더 활활 탔다. 그러다가 갑자기 내가 그 막대기 위에(판자 같은 것 위에) 앉아 있었다. 이제 나는 거기에 영원히 앉아 있어야 했다. 그러나 바로 그때 물이 쏟아지고, 일시에 불이 꺼졌다.

그때 산 위로 올라가는 작은 길이 있었다. 나는 손톱을 길게 길렀다(손가락만큼 길었다). 그래서 나는 그 오솔길에 매달리며 위로 올라갔다. 튜브에 구멍이 하나 있었고, 나는 그 구멍으로 미끄러지듯 들어갔다. 어떤 집이었다. 거기엔 케이크가 아주 많았다. 나는 배가 고팠던 터라 케이크를 모두 먹어치웠다. 꿈은 더 길게 이어질 수도 있었지만, 그때 아빠가 와서 나를 깨웠다.

꿈의 시작 부분에 나오는 엄마는 현실이다. 엄마와의 관계가 나빠질 때, 현실의 한 조각이 깨어진다. 소녀는 어머니와 산책을 나간다. 흔한 상황이지만, 이것이 꿈속의 소녀에겐 마치 높은 산 위에 있는 것처럼 느껴진다. 지금 이것은 매우 의식적이다. 지하 세계로 향하려는 경향이 있기 때문에, 소녀는 정상적인 세계에 있는 것이 마치 높은 산에 있는 것처럼 느껴진다. 그래서 아이는 의식적인 상태를 지키는 데 어려움을 겪는다. 소녀가 신화적인 선사 시대의 세계로 가라앉을 위험이 언제나 있다. 갑자기 집단적이고 원초적인 세계의 한 부분이 열렸다. 소녀가 어머니를 죽이니 말이다. 아이들은 잔인하다. 아이들은 살인과 살해에 관한 전설을 꽤 자연스럽게 받아들인다. 이 소녀는 사실 그 같은 전설의 세계에, 그러니까 집단 무의식 안에 상당히 깊이 갇혀 있다. 비교하자면, 소녀는 정상적인 수준의 의식을 높은 산으로 경험하고 있다. 그녀는 지옥에 접근하고 있다. 이유는 그렇게 하는 것이 실제로 그녀의 안에 있는 것이기 때문이다. 그녀는 언제나 이 깊은 곳에 끌리고 있다. 어머니는 반대 경향이다. 정말이지, 어머니의 예는 사람이 어떻게 의식적이어야 하는지를 보여주고 있다. 아이는 지옥 쪽으로 지나치게 가까이 다가서다가 어머니에게 맞는다. 이 일이 소녀의 내면에서 바로 그 감정을 다시 일깨우고, 이어서 소녀는 깊은 곳으로 내려간다.

다리에 대해 말하자면, 그것은 의식의 지속성을 암시한다. 소녀는 의식의 전체성을 결여하고 있다. 소녀의 의식은 불연속적인 내용물로 이뤄져 있으며, 이 내용물은 자아의식과 연결되며 서로 영향을 미치고 있다.

소녀의 의식의 한 부분은 어머니의 착한 아이이고, 다른 한 부분은 악마이다. 아이는 거리낌 없이 악마처럼 행동하거나, 더없이 착한 아이처럼 행동할 수 있다. 아이는 이렇게 말할 수 있다. '지금 나는 이것 또는 저것이야.' 정신적으로 이상이 있는 사람에게서도 이와 똑같은 배열이 확인된다. 서로 다른 형상들과 자신을 교대로 동일시하는 것이다. 이것은 의식의 불연속이다. 시간이 어느 정도 흐른 뒤에, 아이의 내면에서 단단한 다리가 나타난다. 그러면 연결들이 남고, 그 연결들을 바탕으로 일관성 있는 의식이 발달한다. 이상적인 예는 어느 순간에나 인격의 전체성을 유지하는 것이다. 대체로, 우리는 이 전체성을 지키지 못한다. 우리는 어떤 때는 이 역할을 하고, 또 어떤 때는 저 역할을 한다. 연륙교와 섬들은 절대로 하나의 완벽한 대륙이 되지 못한다. 그런 것엔 원시적이고 유아적인 상태의 잔재들이 남아 있는 것이다.

우리는 의식의 다양한 섬들 위에서 살고 있다. 원시인들의 관점에서 보면, 의식의 섬들에 우리를 사로잡고 있는 악마들이 있다. 심리학적으로 말하면, 우리는 어떤 감정에 사로잡혀 있다. 이유는 우리가 그 감정과 완전히 동일해지기 때문이다. 그 감정 속에서, 우리는 완전히 우리가 느끼는 그것이 될 수 있다. 그것이 감정이 매력적인 이유이다. 세상에는 자신이 순간마다 갖게 되는 감정을 숭배하는 사람들이 많다. 유치하기 짝이 없는 태도다. 그런 사람은 자신이 동시에 다른 존재이기도 하다는 사실을 망각하고 있다. 귀족은 자신에게 비열한 측면이 있다는 것을 망각하고, 비열한 사람은 자신이 열등감만 버리면 어떤 곳에서 품위 있는 존재가 될 수 있다는 것을 망각한다. 심리학을 부정적으로 보는 편견은 의식적인 존재가 되는 것에 대한 두려움 때문에 생긴다. 감정에 대한 고착이 강할수록, 의식적인 존재가 되는 데 대한 혐오감 또한 더 커진다.

해골과 헛간의 이미지가 나란히 나타난다. 아주 특이한 배열이다. 해골은 죽은 자들을 묻는 납골당을 특징적으로 나타내지만, 여기서 납골당은 동시에 헛간이다. 해골의 모티브는 첫 번째 꿈에서 매우 의미 있는 연결 속에서 이미 나타났다. 이 맥락에서 보면, 무의식은 일종의 시체 안치소이다. 이것들은 조상들이 과거에 살았던 삶들의 유해이고, 다양한 세대들의 흔적이다. 무의식은 일종의 과거의 무덤을 나타낸다. 이것은 간단히 이런 뜻이다. 과거로부터 미래로 발전하는 것은 죽음을 통해서라는 의미인 것이다.

그러나 시체 안치소는 보통 교회에 속하며, 헛간이 아니다. 여기서 해골들이 누워 있는 죽음의 장소는 언제나 차갑고 냉정해 보이는 교회나 예배당이 아니라는 이상한 생각이 끼어든다. 정반대로, 헛간은 아주 아늑하고 따뜻하며 수동적이고 동물적인 분위기를 풍긴다. 헛간은 다산(多産)의 느낌을 준다. 헛간은 두 번째 어머니를 의미한다. 고대의 소(牛) 문화가 발달한 인도에서 이와 똑같은 이야기가 발견된다. 인도에서 소는 보호하고, 양육하고, 부활시키는 특성들을 상징한다. 인도 사람들은 정화 물질인 소의 똥을 받기 위해 손을 내밀기도 한다. 인도의 어딘가에는 가죽으로 소의 형상을 만들어 놓고 사람들이 그 속에 들어갔다가 나온다. 바로 부활 의식이다. 그렇다면 소는 대지의 소를, 하늘의 소를, 세계의 소를 의미한다. 따라서 이 차가운 죽음의 장소, 이 불가사의한 무덤은 동시에 헛간처럼 따뜻하고, 비옥하고 영양을 공급한다.

거기에 많은 소가 있다는 사실은 한 가지 사상의 번식이, 여기선 단순히 비옥하고 영양을 공급하는 어머니 여신을 상징하는 한 마리 소의 번식이 이뤄졌다는 것을 의미한다. 헛간은 소를 상징한다. 다우닝가가 영국 총리를 상징하거나 바티칸이 교황을 상징하는 것이나 마찬가지이다.

120이라는 숫자를 보도록 하자. 부활의 상징은 종종 시간을 가리킨다. 예를 들면, 미트라교의 "일곱 계단"이 있다. 그렇다면 이 신비 의식들의 신은 숫자 365와 일치한다. 즉, 그 신은 한 해, 즉 '아브락사스' (Abraxas)[57]를 나타낸다. 그리스도의 신화에도 이와 똑같은 것이 발견된다. 그리스도는 교회의 1년이다. 인도의 창조주 프라자파티는 위대

....
57 어느 영지주의의 신의 이미지.

한 자기로 여겨진다. 그는 1년 속에 흡수되었다. 말하자면 그는 1년과 1년의 순환을 나타낸다. 왜냐하면 창조력이 시간과 동일하기 때문이다. 프로클로스는 "창조가 있는 곳에 시간이 있다."고 말한다. 그것이 예를 들어 스토아 철학과 신(新)피타고라스 학파에서 창조의 신이 불과 빛과 시간의 신인 크로노스라 불리는 이유이다. 이 꿈은 남자의 문제에 관한 것일 수 없다. 여성의 부활 상징이 나타날 때마다, 여성적인 연결을, 예를 들면 달(月)이나 개월을 고려해야 한다. 암소와 함께 숫자 120이 나타난다. 이 숫자를 점성술 달력과 연결시킬 수 있다. 120일은 4개월이다. 서양 점성술은 메소포타미아와 바빌로니아에서 생겨났다. 거기엔 3개의 계절밖에 없다. 겨울과 여름, 가을이다. 계절마다 4개월씩, 120일이다.

이 사상은 또한 고대의 피타고라스학파와 신플라톤주의 철학자들을 암시한다. 영지주의자들도 흙과 물, 바람, 불의 단계를 갖고 있었다. 단계들의 연속이라는 개념은 창조의 과정, 말하자면 물이나 바람이나 불을 통해서 흙으로부터 나오는 과정의 이미지이다.

이 네 단계는 심리학적으로 개성화의 네 단계에 해당한다. 영지주의의 개념인 흙의 인간이 '힐리코스'(hylikos)[58]이고, 이보다 높은 단계가 '프시키코스'(psychikos)[59]이고, 물과 공기는 하나이다. "psyche"(영혼)라는 단어는 "physein"(그리스어로 '불다'라는 뜻이다)과 연결되고, "psychos"는 "psychros"(그리스어로 차갑거나 축축하다는 뜻이다)와 일치한다. 헤라클레이토스는 "술고래의 영혼은 습하다."고 말한

....
58 '물질적'이라는 뜻.
59 '영적'이라는 뜻.

다. 영혼은 바람과 물 사이에서 진동한다. 영혼은 언제나 극단을 이루는 두 가지 원리들의 중개자이다. 아래에 흙, 즉 물질적인 것이 있고, 위에 정신과 바람과 불이 있다. 건조하고 뜨거운 바람, 이것이 정신이다. 정신은 원래 축축한 증기이고, 알을 품은 안개이다. 바람이 물 위에 앉으면서 수정시킨다. "신의 영혼이 물의 표면 위로 이동했다." 알을 품은 암탉처럼. 불의 씨앗은 사람 속으로 그의 영혼으로, 그의 생명으로 들어가서 그 사람을 따뜻하게 만든다. 이것은 정신이 물질 속으로 내려가는 일종의 '하강'(descensus)이다. 그 신비 의식은 이 불의 씨앗을 다시 자유롭게 놓아주는 일에 관한 것이다. 이것은 거석 시대까지 거슬러 올라가는 사상이다. 모든 의식(儀式)은 죽음을 뛰어넘는 불멸의 인간 존재를 창조하는 것을 그 목표로 잡았다. 그것은 언제나 죽음의 본성으로부터 불멸의 근원을 뽑아내서 거기에 어떤 형태를 부여하는 것에 관한 것이다. 말하자면 자아와 동일한 의식(意識)을 새로운 것으로, 말하자면 정신적인 사람으로 대체하려는 노력인 것이다. 그리스도의 삶이 이 모든 것을 잘 보여주었다. 불의 인간, 빛의 인간이 나타나는 변형과 죽음, 그리고 다시 하늘로 상승하는 것이 그리스도의 삶에서 고스란히 드러나고 있는 것이다. 이 사상은 또 마니(Mani)[60]의 가르침에도 두드러진다.

이 과정은 언제나 시간과 연결되며, 꿈에서 제시되는 숫자는 언제나 탄생과 죽음과 관련해서 고려되어야 한다. 이유는 시간 속이 아니고는 존재하는 것과 죽는 것이 일어날 수 없기 때문이다. 여기서 바로 숫자의 의미가 그림 속으로 들어온다. 꿈속의 숫자는 언제나 어떤 의미를

....
60 페르시아 태생으로, 고대 영지주의 종교인 마니교 창설자(A.D.210?-275).

지닌다. 만약에 이 숫자의 의미를 발견하지 못한다면, 그건 우리가 명청하기 때문이다. 꿈이 잘못된 것이 아니다. 많은 입교 의식에 특별한 숫자가 있다. 그러나 그 의식들의 밑바닥까지 닿기 위해선 많은 자료가 필요하다.

우리의 무의식은 시간과 꽤 재미있는 관계를 맺고 있다. 사람들은 최면에 걸린 상태에서 초(秒)를 헤아리라는 '최면 후 암시'[61]에 곧잘 반응한다. 이 사람들에게 다시 최면을 걸면 그때까지 경과한 초(秒)의 숫자를 정확히 말할 수 있다. 우리 인간은 무의식적으로 시간에 맞춰져 있다. 당신도 몇 시에 일어나겠다고 마음만 먹으면 그 시간에 잠에서 깰 수 있다. 이런 일이 가능한 것은 아마 무의식의 완벽한 시간 기능 때문일 것이다.

점성술은 인간이 시간과 동일하다고 전제한다. 점성술은 인간이 태어난 순간의 특성을 나타내고 있다. 점성술에서 성격을 말하는 것이 정확하다면, 우리는 출생의 순간 또는 시간과 동일해야 한다. 이에 대한 나의 견해는 시간이 하나의 심리적 기능이고, 그런 것으로서 생명과 동일하다는 것이다. 이런 견해는 증명 불가능하지만 체험적으로 대단히 소중하다.

신화적으로 명백한 의미를 지니지 않는 숫자들이 나타날 때, 그 숫자들이 해(年)를 의미하는지 볼 필요가 있다. 예를 들어, 누군가가 7이라는 숫자에 대한 꿈을 꿀 때, 우리는 "7년 전에 무슨 일이 있었습니까?"라고 물을 수 있다. 누군가가 출생에 대해 꿈을 꾸거나 완전히 새로운 요소가 출생의 상징 아래에서 나타나는데, 임신의 시기까지 9개월을 거슬러 올라간다면, 우리는 간혹 그 시기에 일어난 매우 중요한 사건을 발견할 수 있다. 해(年)나 시기는 종종 동물에 의해서도 표현된다.

소녀의 꿈에서 퇴행은 실제로 하나의 죄이다. 그것은 지옥으로 떨어지는 것이고, 따라서 정지의 모티브이다. 소녀는 지팡이에 집착하고 있다. 그녀는 남성적이며 여성적이고, 동시에 남성적이지도 않고 여성적이지도 않은 세상의 바닥으로 떨어진다. 어떠한 분화도 일어나기 전에, 원초적인 존재가 존재한다. 이 꿈을 꾼 소녀는 자신의 가장 깊은 존재 속으로 추락한다. 거기선 어쨌든 생명이 거듭 다시 시작한다.

지팡이는 안내를 나타낸다. 누군가가 내면의 불의 고리 속으로 들어와서 영혼의 불 속에 떠 있게 될 때, 지팡이가 내면의 법으로 가이드가 될 것이다. 스스로를 낮출 때, 우리는 다 탈 때까지 불 속에 매달린 채 있을 것이다. 그것이 자아가 영적이고 불멸하는 인간으로 변형해 가는 방식이다.

이를 보여주는 신화적인 이미지가 많이 있다. 이시스는 페니키아 왕의 어린 아들을 불멸의 존재로 만들기 위해서 그 아이를 밤마다 불 위에 붙잡고 있다. 그러나 이 아이의 어머니가 우연히 이 장면을 보고 소리를 지른다. 그래서 이시스는 아이를 불에서 끌어내야 했으며, 그와 동시에 아이는 불멸성을 잃는다.

이 소녀의 꿈에도 불이 등장하지만, 그 불은 부활로 연결되지 않는다. 꿈을 꾼 소녀는 지팡이 위에 "영원히" 앉아 있다. 그때 물이 분출하면서 불을 꺼뜨린다.

지금 다루고 있는 것과 비슷한 꿈들은 다소 위험한 상황에 처한 사람들에게, 예를 들면 삶에서 결정적인 순간을 맞고 있는 사람들에게 나타난다. 그런 사람들에게 그 꿈의 의미를 알려줄 수 있다면, 무슨 일이 일어날 것이다. 예를 들면, 치료의 과정이 일어날 수 있다는 뜻이다. 그러나 나는 꿈을 꾼 사람 본인이 그런 꿈의 의미와 의도를 의식적으로 표현하는 것이 가능한 경우를 제외하곤 치료에 성공한 적이 한 번도 없었다.

그러나 이 꿈의 경우에, 꿈을 꾼 사람이 어른이 아니고 아이라는 점이 고려되어야 한다. 아이는 언제나 집단 무의식에 보다 가까이 다가가 있다. 그래서 그런 꿈을 엮어내는 데 거의 치명적인 퇴행이 전혀 필요하지 않다. 그러므로 이 꿈이 지닌, 불안하게 만드는 성격에 대해 지나치게 많은 의미를 부여하지 말아야 한다.

어린이들의 꿈에 관한
심리학적 해석
(1939/40년 겨울)

먼저 서론 형식으로, 꿈 분석 기법에 대해 길게 소개하지 않고 간략히 몇 가지 문제에 대해서만 언급할 생각이다. 잘 아시다시피, 우리는 꿈에 어떤 구조를 적용하고 있다. 이 구조는 드라마의 패턴과 일치한다. 우리는 4가지 요소로 구분한다. 도입부는 종종 꿈 행위의 행위자(등장인물)뿐만 아니라 장소와 시간을 확인한다. 이어서 꿈의 문제를 펼쳐 보이는 전개가 따른다. 그것은 말하자면 주제를 포함하거나 무의식이 제시하는 문제를 포함하고 있다. 이것으로부터 반전이 일어난다. 꿈 행위가 점점 더 복잡해지는 것이다. 그러다 꿈 행위는 절정에 이르고 변화한다. 간혹 재앙의 형식으로 변하기도 한다. 마지막에, 결말은 해결책을 제시하거나 꿈의 결과를 제시한다.

잘 아시겠지만, 꿈 해석에 임할 때 가장 먼저 이런 질문을 던진다. 그런 꿈이 어떻게 꾸어지게 되었지? 이 꿈을 야기한 것은 뭐지? 전날의 경험으로 어떤 것이 있지? 무슨 일이 일어났지? 주목할 만한 상황이 있는가? 추가적으로 던질 수 있는 중요한 질문은 이것이다. 꿈을 꾼 사람이 그 꿈에 대해 어떤 것이든 알고 있는 것이 있는가? 꿈을 꾼 사람이 당연히 꿈에 대해 어느 정도 알고 있을 것이라고 생각해서는 안 된다. 어른이 되어 기억해 내는 어린 시절의 꿈인 경우에, 우리는 예외적으로만 그 꿈들이 생겨난 상황을 확인할 수 있을 뿐이다. 그럼에도 분석가는 어린이들의 꿈이 일어난 상황을 찾으려 최대한 노력해야 하며, 한동안 경험적으로 대답하는 것이 불가능할지라도 인과성이라는 문제를 늘 명심해야 한다. 그리하여 우리는 꿈 자체로부터 그 전 상황을 추론할 수 있는 차원에까지 이르러야 한다. 꿈 분석이 가치를 지니는 때는 오직 우리가 그 해석으로부터 무엇이 그 꿈을 야기했는지를 탐지해 낼 수 있을 때뿐이다. 당연히, 무엇이 꿈을 야기했는지를 확인하는 작업은 조심스럽게 행해져야 한다. 자칫 심각할 만큼 길을 잃고 헤맬 수 있기 때문이다.

이 외에, 꿈의 각 세부 사항과 상징적 형상, 행위들의 순서도 엄밀히 검토해야 한다. 시간이 허용될 때마다, 각각의 생각이나 이미지의 맥락에 대해 메모를 남겨야 한다. 여기서 맥락이라는 표현을 나는 그 생각과 연결되어 있는 연상 자료를 뜻하는 단어로 쓰고 있다. 예를 들어 누군가가 "어떤 글라스에 관한 꿈을 꾸었다."고 말할 때, 우리는 그것이 의미하는 바를 아는가? 우리는 아무것도 이해하지 못한다. 그것은 포도주잔일 수도 있고, 맥주잔일 수도 있고, 시험관일 수도 있고, 병일 수도 있고, 창유리일 수도 있다. 먼저 "글라스"라는 이미지가 어떤 맥락에 놓여 있는지를 알아야 한다. 그렇기 때문에 맥락에 대해 묻지 않을 수 없다. 그러면 거의 틀림없이 놀라운 대답을 얻게 될 것이다.

꿈에 자주 나타나서 진부해진 생각들의 경우에, 맥락에 주목하는 것만으로도 충분할 수 있다. 그러나 보다 복잡한 생각의 경우에는 이런 노력만으로는 충분하지 않다. 왜냐하면 아주 중요한 것이 종종 억눌러지기 때문이다. 콤플렉스가 그 사람이 그런 것에 관해 진술하지 않도록 막고 나선다. 연상 실험을 통해서도 이 같은 사실을 확인할 수 있다. 그런 경우라면, 분석가는 맥락에 관한 정보를 수집하는 일에 더 깊이 들어가야 한다. 그 과정을 나는 확충이라고 부른다. 어린이들의 꿈을 해석하는 작업에서도, 이 방법을 이용해야 한다. 또 아이는 꿈과 관련해 어떠한 연상도 제공하지 않는다는 점을 기억해야 한다. 게다가 대단히 중요한 아이들의 꿈에 관한 이야기는 종종 꿈을 꾸고 나서 한참 뒤에나 듣게 된다. 그래서 맥락에 관한 정보를 얻을 가능성이 전혀 없다.

이 확충 방법은 일종의 확장이고, 의식적 강화이다. 나는 꿈을 꾼 사람이 이미지에 관심을 집중하도록 하고 이미지와 연결되는 연상을 모두 끌어내도록 한다. 이것을 자유 연상과 혼동해서는 안 된다. 자유 연상의 경우에 원래의 생각은 고려하지 않은 가운데 이 연상에서 다른 연상으로 마음대로 옮겨 다닌다. 그러나 그런 식으로 연상을 하다 보면, 최종적으로 나온 요소가 여전히 최초의 요소와 관계있는지가 절대로 확실하지 않다. 물론 자유 연상을 통해서도 콤플렉스를 만나게 되지만, 콤플렉스를 찾는 문제라면 꿈은 전혀 필요하지 않다. 게다가 우리는 어쨌든 콤플렉스를 발견하기를 원하지 않는다. 대신에, 꿈이 하는 말을 듣기를 원한다. 프로이트는 이 자유연상 기법을 고수했으며, 그에게는 꿈이 근본적인 것이 아니기 때문에 그렇게 하는 것도 가능했다.

반면에 나에게는 꿈이 근본적으로 중요하다. 프로이트에게 꿈은 외양이고, 나에게 꿈은 핵심이다. 이 측면에서 나는 유대인의 권위 있는 법전이랄 수 있는 '탈무드'를 믿는다. 거기 보면 "꿈은 그 자체로 해석이다."라는 구절이 나온다. 꿈을 꿈 자체로 받아들여야 한다는 뜻이다. 꿈에서 꿈이 표현하는 것과 다른 무언가를 봐서는 안 되지만, 꿈을 달리 보는 방법은 배워야 한다. 그것이 곧 문제이고 어려움이다.

어느 아시아인을 분석하면서, 나는 그 차이를 보았다. 그 동양인이 자신의 맥락을 "냄새 맡는" 놀라운 능력을 갖고 있었던 것이다. 그는 서양인이라면 아주 힘들게 알아차렸을 게 틀림없는 것을 아주 태연하게 큰 소리로 말했다. 아시아인들이 이 점에서 보여주는 자연스런 능력은 정말 놀랄 만하다. 그러나 아시아인들은 이미지가 아주 풍부한 언어의 도움을 받고 있다. 아시아인들의 언어에는 모든 것이 이미 주어져 있다. 그런 한편, 아시아인들은 무언가를 정확히 꼬집어 지정하는 일에는 익숙하지 않다. 아시아 남자에게 "풀잎 하나를 좀 갖다 주실 수 있을까요?"라고 말해 보라. 그러면 그 남자는 당신에게 초원을 전부 갖다 줄 것이다.

서양인들은 보다 큰 맥락을 잃어버렸다. 이유는 그들이 별도로 떨어져 있는 디테일만을 보기 때문이다. 그러나 아시아인들은 언제나 전체적인 그림을 갖고 있다. 윌리엄 맥두걸(William Mcdougall) 교수가 겪은 유명한 일화가 있다. 그는 전형적인 서양인의 정신을, 말하자면 디테일에 집착하는 그런 정신을 갖고 있었다. 그는 중국 철학에 관심이 많았으나 도(道)라는 개념을 이해하는 데 어려움을 겪었다. 그래서 그는 중국인 학생에게 도의 의미에 대해 물었지만, 중국 학생이 설명하는 내용을 도무지 이해할 수 없었다. 그러자 중국인 학생이 초조해하면서 맥두걸 교수를 창가로 데리고 가서 물었다. "무엇이 보입니까?" "주택, 자동차, 사람, 그리고 나무, 구름이 보이네. 비가 오고 있고, 바람이 불고 있어." 그러자 중국인 학생이 "맞아요. 그런 것이 도입니다."라고 말했다.

분석가는 매우 단순한 꿈 이미지를 놓고도 확장의 도움을 받아 그런 전반적인 그림을 얻으려고 노력해야 한다. 예를 들어, 어떤 사람이 토끼에 관한 꿈을 꾸었다면 그것은 무엇을 의미하는가? 토끼를 그것 자체로 따로 보아서는 안 된다. 반드시 들판에 있는 토끼로 봐야 한다. 토끼의 털이 땅과 어떤 식으로 조화를 이루는지를 봐야 한다. 사냥꾼도 있고, 개와 들판의 옥수수, 꽃도 있다. 이런 식으로 종합적으로 볼 때에만 토끼가 어떤 존재인지가 드러날 것이다. 단 하나의 꿈 요소를 해석하면서, 나는 그런 보완적인 길로 나아간다. 이처럼 종합적인 관점에서 볼 때에만 꿈 요소의 의미가 드러난다. 그 과정에 나는 놀라운 경험을 자주 한다. 예를 들어, 어떤 사람이 자전거에 대한 꿈을 꾸었다면, 나는 그 사람에게 이런 식으로 묻는다. "내가 지금까지 자전거를 한 번도 보지 못한 사람이라면, 그 자전거에 대해 어떤 식으로 묘사하겠습니까?" 그러면 자전거 꿈을 꾼 사람은 나를 위해 어떤 이미지를 창조해야 하고, 초등학교 작문 같은 글을 써야 한다. 그러면 나는 그 사람이 자전거를 어떤 식으로 보고 있는지를 알게 된다. 순전한 어떤 자전거 "신화"가 그런 묘사에서 나올 수 있다. 아마 분석가는 그것이 귀신이 타고 다니는 태양 마차와 비슷한 것이라는 사실을 발견할 것이다. 그런 경우에 유럽인의 원시적인 신화가 드러날 수 있다.

이 방법을 이용하는 경우에, 분석가는 꿈을 꾼 사람 본인의 구체적인 진술에 반드시 얽매일 필요는 없으며 직접 그 이미지를 확장할 수 있다. 이렇게 하면서 분석가는 우리 모두가 공통적으로 갖고 있는 이미지들, 말하자면 언어와 신화 속에서 발견되는 집단 무의식의 원형적인 이미지들 쪽으로 돌아가야 한다.

그렇다면 분석가는 꿈의 각 요소를 놓고 지식을 총동원해서 그 이미지의 범위를 확장함으로써 꿈을 설명한다. 어떤 해석을 검증하기 위해서는 꿈 자체를 볼 뿐만 아니라 일련의 꿈들의 맥락 속에서도 그 꿈을 볼 필요가 있다. 그런 식으로 접근하면, 분석가는 꿈을 꾼 사람이 그 꿈을 꾸기 전이나 후에 분석가가 해석한 내용이 담긴 꿈을 이미 꾸었다는 사실을 발견할 것이다. 연속적인 꿈들 안에서, 분석가는 꿈들을 서로 비교하면서 실수를 지워나갈 수 있다. 그런 검증 과정이 일어나는 예를 하나 제시하고 싶다. 내가 들은 꿈은 환자의 아버지가 지구의(地球儀)를 들고 마치 서양과 동양에 같은 수의 사람들이 살고 있다는 듯이 반으로 나누려고 애를 쓰고 있다는 내용이었다. 이 꿈은 나에게 '창세기'에 나오는 창조의 역사를 상기시켰다. '창세기'를 보면, 하느님도 나누고 있다. 둘째 날에 물을 창공 아래에 있는 것과 창공 위에 있는 것으로 나눈다. 이것을 근거로, 나는 이 꿈을 꾼 사람의 안에서 의식을 성장시키는 과정이 일어났다고, 그가 의식적으로 또 자율적으로 생각하기 시작했다고 결론을 내렸다. 이 가설은 훗날 사실로 확인되었다. 이 사람은 전날 밤에 창조 행위에 대한 꿈을 꾸었던 것으로 드러났다. 하느님이 번개와 천둥으로 어떤 세상을 창조하는 내용이었다.

그러나 나는 이 꿈에 대해 전혀 모르고 있었다. 분석가는 어떤 꿈의 이미지에 대한 해석이 옳은지 여부를 일련의 꿈들을 두루 고려하는 과정에 파악할 수 있다.

#1. 다이아몬드처럼 빛나는 눈을 가진 뱀이 등장하는 꿈

10세 소녀가 꾼 꿈이다.

> 다이아몬드처럼 반짝이는 눈을 가진 뱀이 숲에서, 아니면 나의
> 침실에서 나의 뒤를 쫓고 있다. 너무나 무서워서 나는 침대에서
> 움직일 엄두를 내지 못한다. 깨어 있을 때조차도, 방안 어디서나
> 나를 물려고 드는 뱀의 반짝이는 눈이 보이기 때문이다.

뱀이 나타나는 꿈이다. 소녀는 매우 무섭고 팔팔한 신비의 뱀 때문에 벌벌 떨고 있다. 뱀이 그런 식으로 구체적인 형태로 나타난다는 것이 놀라우며, 그 같은 사실은 뱀이 꿈에서 중요한 역할을 하고 있다는 점을 암시한다. 이 꿈은 아이의 정신적 성향에 특별한 중요성을 지닌다고 봐야 한다. 뱀이 구체적인 형태를 띠고 있고 또 뱀이 꿈을 꾼 소녀에게 강한 인상을 남긴다는 것은 무의식의 분열이 일어났다는 점을 암시한다. 어쩌면 분열이 몇 년 동안 이어져 왔는지도 모른다. 무의식이 찢기는 현상의 원인은 다양하다. 대체로 그 원인은 환경적인 조건 안에 있다. 예를 들면, 아버지와 어머니의 관계도 원인이 될 수 있다.

아이의 분열이 아버지와 어머니 사이의 갈등을 반영하는 경우가 드물지 않다. 여기서도 부모 사이에 어떤 긴장이 형성되고 있고, 이것이 아이가 자기 자신을 발견하는 것을 허용하지 않을 수 있다.

물론 이 분열의 원인이 부모나 환경적인 요소와 관계없는 것일 수도 있다. 순전히 정신 내부의 원인일 수도 있는 것이다. 나는 그 원인을 정신적 '기형종'(腫)이라고 부른다. 의학에서 차용한 용어이다. 의학에서 기형종은 발달 장애의 결과로 생긴 일종의 종양을 말한다. 이 종양은 쌍둥이의 일부, 예를 들면 머리카락과 이, 손가락 부분, 눈 등을 포함하고 있다. 기형종은 쌍둥이가 완전히 발달하는 과정에 일어나는 태아의 불완전한 발달로 여겨진다. 이와 비슷한 것이 정신의 영역에도 존재한다. 정신적 쌍둥이라는 식으로 말할 수는 없고 내재된 유전의 실체라고 말할 수 있지만 말이다. '유전의 실체'란 무엇인가? 예를 들면, 합스부르크가 사람들의 아랫입술에 나타나는 특이성이 있다. 이 특이성은 기형종과는 전혀 아무런 관계가 없지만 말이다. 만약에 어떤 유전의 실체가 단순히 개인이 알 수 없는 방식으로 성장한다면, 그때 우리는 일종의 기형종을 다루고 있다. 그것은 주변 환경과 적절히 연결되지 않는 진기한 무엇인가가 개입하고 있는 것과 비슷하다. 이것이 어떤 성격을, 말하자면 한편으로 정상적인 성향을 가졌으면서도 다른 한편으로 그 사람의 나머지와 연결되기를 원하지 않는 무엇인가가 숨어 있는 그런 성격을 창조한다.

정신의 기형종을 찾는 것은 언제나 쉬운 일은 아니다. 예를 들어, 사람들이 "저 친구 정말 괜찮은 사람인데 불행하게도 가족의 특별한 특성을 물려받았어. 그게 그만 그의 인생 자체를 망쳐놓고 있어."라고 말할 때, 거기에 반드시 기형종 같은 것이 있는 것은 아니지만 그 말은 거짓말을 일삼는 버릇이나 알코올 중독 같은 어떤 명백한 특성을 가리킬 것이다. 그러나 만약에 완전히 다른 무엇인가, 말하자면 성격과 절대로 어울리지도 않고 또 그의 사고방식에서 나올 수도 없는 무엇인가가 성격에 포함되어 있다면, 그때 우리는 어떤 기형종이 존재한다고 단정해야 한다. 영혼의 이 부분은 의식이 될 때 엄청난 장애를 야기할 수 있다. 영혼 안에 별도로 둘러싸여 있는 이 부분을 극도로 조심스럽게 다뤄야 하는 이유가 바로 거기에 있다. 그런 식으로 접근하지 않을 경우에, 갑자기 제2의 인격이 분출할 위험이 있다. 정신 이상자에게서 그런 예가 관찰된다. 그렇다면 현재의 예가 그런 기형종을 가리킬 수 있을까?

앞에서 묘사한 바와 같이, 기형종의 두드러진 특징은 눈이 하나만 있든지 이빨이 두 개뿐이든지, 병적으로 기이한 현상이라는 점이다. 이 꿈에 나타난 뱀은 그런 병적인 특성을 전혀 갖고 있지 않으며 일반적인 상징이다. 그렇다면 그것이 기형종일 가능성은 전혀 없다. 반대로, 이 보편적인 상징으로부터 어떤 결론을 끌어낼 수 있을까?

소녀가 전반적으로 꽤 정상이라는 것을 알 수 있다. 단지 구체적인 사실들과 뱀으로 표현되고 있는 힘이 두드러질 뿐이다. 이 두 가지가 크게 강조되고 있다. 그렇다면 분열의 원인을 환경적인 영향에서 찾아야 한다. 부모의 영향이 존재할 가능성이 아주 크다. 부모의 영향이 아이의 정상적인 기질에 영향을 미치며 분열을 야기하고 있다. 그런데 이 분열은 집에서 벌어지고 있는 상황에 대한 적절한 반응이다.

따라서 지금 여기서 다루고 있는 분열의 원인은 분명해진다. 이제 이런 질문을 던져야 할 때이다. "이 분열의 성격을 어떻게 봐야 하는가?" 당연히, 그런 장애는 아이의 전체 행동에 영향을 미친다. 불안을 야기하는 이 형상이 매우 역동적이고 매우 많은 에너지를 포함하고 있다는 사실을 잊지 않도록 하라. 이것은 아이의 의식에 무엇을 의미하는가?

본능적인 것이 실종되었다. 아시다시피, 뱀은 본능적이고 무의식적인 삶을 나타내고 있으며, 이 무의식적 삶은 실제로 무의식의 완전한 표현을 포함한다. 무의식 안에 본능과 밀접히 연결되어 있는 자연성이 자리 잡고 있다. 만약에 이 모든 것이 무의식적이라면, 의식적인 인격은 무의식을 결여하고 있을 것이다. 그러면 인격이 인위적이라는 인상이 생기게 마련이다. 인격이 환경 안에서 발견하는 것을 모방하게 되는 것이다. 예를 들어, 인격은 환경 안의 의견에 스스로를 맡기며 최소한의 노력으로 그 의견에 적응한다. 말하자면, 인격이 "진정한" 것을 결여하고 있다는 뜻이다. 비교적 정상인 사람도 오랫동안 이런 태도로 아무 문제없이 살아갈 수 있다. 꽤 많은 사람들이 인위적인 인격으로 살아가며, 그들도 그런 인격으로 별 탈 없이 살 수 있다. 그러다 본능의 기능이 절대적으로 필요한 때가 온다. 결혼하거나 사랑에 빠질 때가 그런 시기이다. 그러면 인위적인 인격으로 살아온 사람은 큰 도전에 직면하게 된다. 그때 사람은 그런 인격으로는 더 이상 결혼이나 사랑 문제를 처리하지 못하게 되며 보다 깊은 원천과 연결되어야 한다.

만약에 뱀 전체가 무의식 안에 있고, 따라서 눈에 보이지 않는다면, 그런 경우에 의식적 인격이 다소 인위적일 것이다. 그러나 뱀의 실체가 적어도 부분적으로 의식적인 인격에 흡수되는 예들이 있다. 그런 사람은 당신에게 어떤 모습으로 다가올까?

　대단히 모순적인 사람처럼 보인다. 이런 사람들은 이중적인 인격을 갖고 있다. 한편으로 보면 합리적이고 적응되어 있어 보이고, 아마 지나칠 정도로 심하게 적응되어 있어 보일 것이다. 그러면서 지적이거나 감정적일 것이며, 자신의 재능에 의존할 것이다. 대개는 분화된 기능이 인격을 넘겨받아 주도할 것이다. 다른 한편을 보면, 매우 다른 사람이다. 이런 예들이 매우 빈번하다. 이런 이중적인 성격을 다소 심하게 보이는 아이들도 있다. 가정교육을 잘 받은 아이들 중에 돌연 다음 번 모퉁이를 돌면서 온갖 짓궂은 속임수를 쓰는 아이도 있다. 어른들의 경우에 약간의 알코올만 들어가도 다른 인격이 전면으로 나오기도 한다. 그러면 그런 사람을 보면서 당신은 이렇게 말할 것이다. "당신이 이러리라고는 상상도 못했어." 그런 사람을 보고 걱정하는 그 사람도 정작 자신을 모르고 있는 경우가 자주 있다. 그런 일이 그 사람에게 일어나면 그의 인격의 다른 측면이 전면으로 나올 수 있다. 그런 사람들은 종종 부적절한 곳에서 "다른" 인격이 된다. 잘 아는 바와 같이, 이런 식으로 많은 것들이 백일하게 드러난다. 어떤 면에서 보면, 그 사람들은 자기 자신에게 경솔한 짓을 하고 있다. 이런 분열의 경우에 한 인격은 종종 다른 인격과 모순된다. 그러면 어떤 일이 벌어지는가?

　그런 사람은 집에서는 악마가 되고 밖에서는 천사가 될 수 있다. 이것이 아이에게 나타날 경우에, 아이는 학교에서 집에서와는 완전히 다른 성격을 보인다. 이런 현상은 너무나 잘 알려져 있다. 예를 들어, 두드러진 분열을 보이는 아이들은 어머니에게 악하게 대하는 한편 다른 사람들에게는 정중하고 친절하게 대한다. 아니면 정반대로 집에서 사랑스럽게 구는 반면에 밖에 나가서 최악의 거리의 아이처럼 구는 예도 있다. 그런 아이들은 어른들을 속이는 데서 특별한 즐거움을 발견하면서 꼬마 순교자처럼 느낀다. "오, 당신이 내가 진짜 어떤 존재인지 알기만 하면, 나를 혼낼 수 있을 텐데." 그런 아이들은 "당신은 내가 얼마나 고통을 당하고 있는지 알고 싶어 하지만, 내 입으로는 절대로 말하지 않을 거야."라는 식의 생각이 대단히 멋지다고 생각한다.

나 자신이 바젤에서 학교에 다니던 때가 기억난다. 일요일마다 하얀색 장갑을 껴야만 했던 아이가 있었다. 언젠가 그녀가 시골로 갔다. 그곳에서 그녀는 머리를 꼿꼿이 들고 하얀 드레스 차림 그대로 풀밭으로 가서 결국엔 그곳에서 발견한 배설물을 입에 넣었다. 그런 불결한 행위는 시골 아이들의 머리에는 절대로 떠오르지 않았을 것이다. 그런 강박에 빠지는 것은 언제나 가정교육을 잘 받은 아이들이다. 그런 아이들은 정말 이상한 것들에 대해 생각한다. 이유는 이런 것들이 아이의 인격 중에서 아이가 전혀 모르고 있는 측면에 속하기 때문이다. 그런 아이들이 길에서 징그러운 것을, 예를 들어 두꺼비를 본다면, 그들은 그것을 먹어야 한다. 대체로 그런 분열을 보이는 아이들은 정말로 두 가지 성격을 발달시킨다. 이런 분열 상태에 대해 알게 된 당신은 그런 아이들에게 어떤 말을 해 줄 수 있을까? 아이가 자신과 화합을 이루지 못하고 있다고 단도직입적으로 말해도 무방하다. 아이도 그런 언어를 충분히 이해한다. 아이는 부모에게 복종하고 싶어 하지만, 중간에 무슨 일이 일어난다. 아이가 숙제를 해야 하는데 그것을 끝내지 못한다. 아이가 학교에서도 친절하게 처신해야 하는데 그렇게 되지 않는다. 분열이 상반된 것들의 형태로 나타나는 경우가 아주 잦다. 아이도 그 같은 사실을 잘 알고 있다. 아이가 자신의 예를 당신에게 말할 수도 있다. 그러면 당신은 그런 것이 아이에게 어떤 느낌인지, 이 상황을 어떤 식으로 해결할 것인지에 관한 문제를 자연스럽게 제기할 수 있다.

나라면 쉬운 방법을 택할 것이다. "얘야, 네가 집에서 하는 행동과 학교에서 하는 행동이 그렇게 다른 이유가 뭐니?" "정말로, 너는 왜 학교에만 가면 그렇게 짓궂게 구는 거니?" 학교만을 제시하며 묻는 것은 그다지 현명하지 않을 수 있다. 학교가 아이에게 부차적인 것에 불과할 수 있기 때문이다. 그러나 아이는 부모에 대해 꽤 다른 이야기를 들려줄 수 있다.

아이가 그런 것에 대해 잘 모를 것 같지만, 10세 소녀는 대체로 부모가 짐작하는 것보다 훨씬 더 많은 것을 이미 알고 있다. 이 나이가 되면, "부모님에게 어떻게 말하지?"라는 물음이 자연스럽게 떠오른다. 나 자신도 아이들에 대해 순진하게 생각하던 버릇을 버렸다. 나는 10세 소녀에 대해서는 더 이상 순진하게 생각하지 않는다.

분석가는 아이가 자신과 불화를 겪고 있는지를 묻는 이런 온갖 질문들을 통해서 문제의 핵심에 닿고 있다. 아이가 겪고 있는 이런 분열에 관심의 초점을 맞춘다면, 당신은 그 꿈만 아니라 아이까지도 이해하게 될 것이다.

꿈은 아이의 상황만을 묘사하는 것이 아니라 분석가가 아이의 예후에 대해서도 무슨 말을 하도록 허용한다. 이 대목에서 우리는 꿈의 어떤 세부 사항을 출발점으로 삼을 수 있을까?

뱀이 꿈을 꾼 소녀를 삼키려 들고 있다는 점이다. 이것은 서로로부터 떨어져 나온 반쪽들 사이의 어떤 강력한 관계를 의미한다. 이것을 근거로, 양쪽이 강한 힘으로 서로를 잡아당기고 있다고 할 수 있다. 뱀은 전력을 쏟아 그녀 가까이 다가가기를 바라고 있고, 그녀는 뱀에게 끌리고 있다. 그렇다면 두 반쪽이 어느 지점에서 서로 결합할 것이고, 호의적인 상황에서 분열이 극복될 것이라고 말해도 무방하다. 이 분열의 예후는 좋다. 아이와 뱀이 서로 밀접히 연결되고 있기 때문이다. 이 연결이 아이의 내면에서 강한 불안으로 나타나는 것은 사실이다. 그 순간에 상반된 것들의 통합은 아이에게 거의 불가능하다. 그러나 시간이 지나면 최종적으로 상호 끌림이 느껴질 것이다.

지금 여기서 뱀의 본질에 대해 조금 더 상세하게 다뤄야 한다. 이 꿈에서 특별히 뱀의 눈들이 매우 인상적이다. 뱀의 눈은 다이아몬드처럼 반짝이고 빛을 발하는 것으로 묘사되고 있다. 눈은 정말로 매혹적인 놀람의 자리이며, 매력과 위협은 바로 눈에서 나온다. 이와 아주 비슷한 것이 이냐시오의 환상에 나오는, 여러 개의 눈을 가진 뱀이다. 눈을 강조하는 것이 이 꿈속의 뱀을 칙칙한 독뱀들과는 다른 뱀으로 만들고 있으며 또 뱀이 어떤 내면의 빛과 불을 포함하고 있다는 사실을 암시하고 있다. 그것으로부터 어떤 결론을 끌어낼 수 있을까?

뱀이 안에 의식을 갖고 있다는 결론이 가능하다. 그것은 무의식과 완전히 통합된, 꿈을 꾼 소녀의 제2의 인격이다. 그렇다면 이 뱀은 빛을, 적어도 빛을 내는 돌인 다이아몬드를 품고 있는 존재이다. 연금술에서, 돌, 즉 철학자의 돌이 뇌에서 발견될 수 있고, 그래서 그것이 뇌의 돌이라 불린다는 사상이 발견된다. 우리 소녀의 꿈에서도 이와 똑같은 사상이 발견된다. 뱀의 뇌에 빛이 숨겨져 있는 것 같다. 그 빛은 확장된 의식의 능력을 선언하고 있다. 그럼에도 그 빛은 아직 여기에 있지는 않다. 당분간은 제한적인 의식이 있다. 그것이 아이에겐 오히려 정상이다. 동시에 훗날 의식이 확장될 가능성이 암시되고 잇다. 우리가 이런 결론을 끌어낼 수 있는 이유는 여기 있는 뱀이 구세주 뱀(sõter snake)이기 때문이다. 땅의 악마의 성격을 가진 지하의 뱀은 곧바로 치료의 결과를 낳지 않을 것이다. 그런 뱀이라면 어떠한 약속도 끌어내지 못하는 욕망에 지나지 않기 때문이다.

구세주 뱀의 이미지로 인해 종교적인 문제가 제기되고 있기 때문에, 아이가 빛을 발하는 두드러진 형상들에 매료되고 있다는 결론은 꽤 자연스럽다. 구세주 뱀은 명백히 영적인 의미를 지닌다. 그것이 그리스도가 종종 한 마리 뱀으로 묘사되는 이유이다. 그런 식의 표현은 중세에 빈번했다. 뱀은 은밀한 지혜의 상징이며, 숨겨진 것들과 지식의 계시를 약속한다. 뱀은 지적인 지식과 반대되는 것으로서 본능적인 지식을 제공한다. 이 본능적인 지식이 바로 영지(靈智)이다. 이것은 독단적인 사고 행위와 다른, 비합리적인 성격의 지식이다. 그것은 하나의 사건이고, 하나의 자기 현시이고, 정신적 활동이고, 꽤 특이한 정신적 상황의 결과이다. 영지주의자들을 연구하면, 이와 비슷한 사상들이 발견된다. 영지주의자들은 뱀의 지혜, 즉 자연 자체에서 나오는 지혜를 설교한다. 또한 특별히 기독교적인 영지도 있다. 당신은 이 지식의 비밀을 거의 추적하지 못한다. 합리적으로, 이 지식은 절대로 설명될 수 없다. 삼위일체 교리가 어떻게 존재하게 되었는지에 대해 물을 때, 당신은 그 어려움이 어떤 것인지를 알게 된다. 이것은 영지, 즉 내면의 경험에서 솟아나오고 있는 지식이다.

그렇다면 지식을 얻는 또 다른 길이 있다는 것을 이해할 수 있다. 그

길은 동시에 생명의 과정이기도 하다. 당연히, 이런 것들은 우리 서양인에게 낯설지만, 동양인의 정신과 어느 정도 익숙해지면 그것들도 충분히 이해 가능한 것으로 다가온다. 동양에서는 지적인 사고 과정이 배경 속으로 깊숙이 물러난다. 예를 들어, '우파니샤드'의 전체 철학과 고대의 중국 철학은 생명 과정에서 비롯되며, 이 생명 과정의 본질은 동시에 지식을 얻는 과정이기도 하다. 이것은 중심부로부터, 깊은 곳으로부터 나오는 사고이다. 이것은 종종 공허한 학계의 지성과 정반대이며, 잘 알고 있겠지만, 이런 식의 사고가 서양인에게 언제나 이롭게 작용하는 것은 아니다.

이런 형태의 지식은 또 앞에 언급한 이냐시오가 본 눈이 많은 뱀에서도 표현되고 있다. 이냐시오가 신을 알기를 간절히 바라고 있을 때, 그 뱀이 나타났다. 마치 그에게 이런 말을 들려주려는 것처럼. "나는 모든 것을 보고 모든 것을 알고 있는, 그 백 개의 눈을 가진 존재이니라." 많은 눈은 의식의 분산된 기능과 일치하는 것으로, 말하자면 의식의 가능성을 뜻한다. 영지의 대상들은 반쯤 스스로 빛을 발하며, 자신의 빛으로 스스로를 드러낸다. 그것이 이 과정이 그렇게 자주 하나의 계시로, 또 그 개인이 압도당하는 어떤 분출로 묘사되는 이유이다. 그것은 언제나 자체 안에서 쉬고 있는 하나의 과정이다. 그것은 사람이 안으로부터 뱀을 경험할 때 그 뱀이 지니는 의미이다.

많은 눈이라는 이미지는 연금술에도 나타난다. 연금술사들은 예언가 즈가리아(Zechariah)의 어느 한 단락을 언급했다. 구세주의 눈이 온 땅을 앞뒤로 움직이고 있다고 말하는 대목이다. 눈은 일곱 개의 눈이고, 그 예언가의 증언에 따르면 그 눈들은 새로운 신전의 초석 위에 있다. 그러나 그 눈은 또한 빛을 받거나 빛을 받을 수 있는 어떤 무의식의 자기 지각이다. 이것을 연금술사들은 알고 있었으며, 그래서 연금술사들은 화학적 변형에서 그에 상응하는 현상을 보았다. 예를 들어, 연금술사들은 플라스크 안에 있는 어두운 요소가 불을 밝히는 것에 대해 보고한다. 그들은 이것을 동양의 보석으로 보았으며, 물고기의 눈으로 묘사했다. 소위 '둥근 물고기'(piscis rotundus)에겐 눈들이 중요했을 것이기 때문이다. 이 물고기는 아랍 전설에도 등장하는데, 거기선 눈을 하나만 갖고 있다. 그것은 어둠 속에서 살면서 그 눈 때문에 특별한 지식의 능력을 갖고 있는 어떤 존재를 구체화하고 있다. 그런 내면의 지각으로부터 신의 이미지가 나온다. 왜냐하면 이 내면의 지식에서 기원하고 있는 모든 것이 그런 경험의 바탕을 형성하기 때문이다. 이런 경험적 과정이 대단히 평범하다 보니, 아주 다양한 지역에서 서로 일치하는 신의 이미지들이 발견된다. 우리 현대인은 이 연결에 대해 더 이상 모르고 있으며, 따라서 신의 이미지들이 "창작되었다"고 생각하고 있다.

그것이 이 꿈에 대해 말할 수 있는 내용의 핵심일 수 있다. 그래도 아직 숲과 침실이 분석되지 않은 채 남아 있다. 숲은 무의식의 상징이다. 숲에 가면 온갖 종류의 것이 다 보인다. 그러나 소녀의 환상은 제한적이다. 마치 물속에 있는 것 같다. 물속에서 사람은 깊은 곳을 보지 못한다. 침실도 무의식의 상징 중 하나이다. 그렇다면 숲과 침실 사이의 근본적인 차이는 무엇일까?

숲은 집단 무의식의 상징이고, 침실은 개인 무의식의 상징이다. 개인 무의식은 개인적이고 친밀하다. 꿈을 꾼 소녀가 숲의 넓은 공간에서 침실의 좁고 개인적인 공간으로 옮겨지는 것과 똑같이, 집단 무의식은 개인 무의식을 접하고 있다. 분리의 과정이 진행 중이다. 분리가 필요한 이유는 집단 무의식과 개인 무의식이 나눠지지 않은 한 의식을 명확하게 가꾸는 것이 불가능하기 때문이다.

개인 무의식은 좁은 땅 때문에 바다로부터 차단된 작은 호수와 비슷하다. 작은 호수처럼, 개인 무의식은 조사가 가능하며, 사람은 별다른 위험 없이 그것을 조사할 수 있다. 그러나 개인 무의식 밖에 대양, 즉 집단 무의식이 있다. 이 차이는 우리 꿈의 해석에 결정적이다. 왜냐하면 숲에서 뱀을 만나는 것이 다소 자연스런 현상이기 때문이다. 그러나 뱀이 침실로 들어온다면, 공황 상태가 일어난다.

숲에서 나는 뱀을 "우연히" 만날 수 있다. 그러나 침실에서 만나게 되는 경우에 그 뱀은 나의 피부 밑으로 기어들어간다. 내가 아주 직접적으로 뱀을 접하게 되기 때문이다. 이런 식으로 뱀이 개인 무의식으로 뛰어드는 것은 좋은 예후를 예고하는 또 다른 신호이다. 분리되었던 형태들이 융합할 가능성이 암시되고 있는 것이다.

이 대목에서, 뱀의 중요성이 그렇게 크다면, 소녀가 그것을 무서워하는 이유가 무엇인가 하는 질문이 제기될 수 있다. 사람이 아주 심오한 의미에서 자기 자신에게 속하는 것을 두려워하는 일이 종종 있다. 사람은 그것을 두려워하는 동시에 원한다. 사람은 그 두려움을 진정으로 자신의 가슴 밑바닥까지 누르면서 이렇게 말해야 한다. "어쨌든 이것이 바로 내가 원하는 것이야."

그렇듯 뱀에게 물릴까 두려워하는 것은 충분히 타당하다. 왜냐하면 뱀이 그녀의 내면으로 침투해서 그녀에게 흡수되길 바라고 있기 때문이다. 그러면 동시에 독이 그녀에게 스며들게 된다. 그러나 독은 치료이기도 하다. 그것은 운명이다. 그것이 사람이 뱀을 두려워하는 이유이다. 결국 사람은 언제나 자기 자신을 두려워하고 있다. 더 정확히 말하면, 자신 안에 있는 타자를 무서워한다고 할 수 있다. 여기서, 사람이 두려움을 품는 것은 타당하다. 그것이 그 사람이 알고 있는 우월한 어떤 힘이기 때문이다. "그것은 나에게 속하고, 나는 그것에 속해." 그 둘은 서로에게 속한다. 그럼에도 그것은 끔찍하다.

#2. 물에 빠지는 꿈

10세 소녀가 꾼 꿈이다.

나는 벨뷔에서 크바이브뤼케(부둣가 다리)를 건너가면서 겁에 질려 있다. 무슨 일이 벌어질 것인지 알고 있기 때문이다. 바우센즐리 섬과 크바이브뤼케 사이에서 갑자기 내가 똑바로 선 자세로 물속으로 떨어진다. 서서히 나는 아래로 깊이 가라앉고 있다. 그러다 바닥에 닿는다. 거의 죽음 직전이다. 바로 그때 나는 잠에서 깨어난다.

바로 앞에서 논한 뱀 환상을 본 소녀가 꾼 꿈이다. 또 다시 그 단순함 속에 놀라울 정도의 효과를 담고 있는 꿈이다. 그러나 이 "단순한" 꿈은 절대로 단순하지 않다. 여기서 단순한 꿈들을 "복잡하게" 만드는 기술을 연습할 것이다. 그렇게 하기 위해서 무엇보다 먼저 이 꿈에 사용된 이미지들의 언어를 고려해야 한다. 신화적으로 비슷한 예를 이용해서 확장시키는 방법을 이용하면 된다. 이 확장의 방법이 다소 불필요한 것으로 다가올 수 있지만, 그래도 이 방법이 최선이다.

어른들은 아이들이 매우 단순하게 생각할 것이라고 믿지만, 그것은 착각일 뿐이다. 아이들이 쓰는 언어는 아이들보다 훨씬 더 오래되었다. 정신적, 영적 문화 전체는 언어로 후손에게 전해지며, 그 언어에 인간의 선사 시대 전체가 담겨 있다. 이 언어로 말하는 우리는 선사 시대를 말하고 있다. 그렇기 때문에 이 언어에 쓰인 이미지들의 의미나 암시를 확실히 발견해내지 못하면, 우리는 이 꿈의 의미에 접근하지 못할 것이다. 이 언어적인 이미지들을 이해하는 것이 언제나 쉬운 일은 아니다. 독일어가 약간의 원시성을 보이고 있기 때문에, 그 작업은 특히 더 어렵다. 독일어의 가장 중요한 단어들도 모호하며 온갖 색깔을 띠고 있다. 이 이미지들이 무엇인가를 표현하기 위해 꿈에 나타나고, 다양한 의미들이 겹치고, 이미지들의 복잡한 혼합이 따를 때, 어떤 일이 벌어질지 당신은 상상할 수 있다.

예를 들어 우리의 꿈에서처럼 부둣가 다리가 나타난다면, 처음에 이것을 다른 것이 아닌 부둣가 다리라고 단정하는 것이 자연스러워 보인다. 그러나 우리는 이것이 대단히 풍성한 무의식에서 나온 하나의 꿈 이미지라는 것을 잊고 있다. 이 같은 사실이 수수한 부둣가 다리조차도 하나의 다리로, 그러니까 매우 일반적인 의미의 다리로 만든다. 꿈에서는, 즉 무의식의 언어에서는 아주 널리 알려진 지극히 평범한 다리일지라도 어쨌든 "다리"에 지나지 않는다. 우리가 꿈을 꾸는 많은 구체적인 대상들도 마찬가지이다. 아무리 진부해 보일지라도, 그 대상들은 온갖 종류의 철학적 및 종교적 문제들을 가리키거나 인간 본성 안에 있는 어두운 곳들을 가리킨다.

정신 병리학에서도 이 같은 현상이 관찰된다. 정신 분열증 환자의 경우에, 대단히 복잡한 성격의 정신적 문제들이 종종 꽤 진부한 이미지로 표현된다. 환자들은 그런 식으로 생각하지 않을 수 없다. 그들이 소름끼칠 정도로 상투적인 언어만을 사용할 수밖에 없기 때문이다. 그러나 이 이미지들의 일반적인 의미를 이해할 수 있다면, 그 정신증의 의미를 파악하는 것이 가능해진다. 환자가 떠올리는 이미지들의 일반적인 의미를 환자에게 분명히 전달하는 데 성공하기만 해도 치료되는 환자도 있다. 그렇다면 우리는 환자에게 이런 식으로 말해야 할 것이다. "잘 들으세요. 이것은 이 부둣가 다리에 관한 것이 절대로 아닙니다. 그냥 다리에 관한 것이지요." 그러면 다리는 무엇을 의미하는가? 다리라는 개념은 정신적 경험의 가능성이 엄청나게 확대된다는 것을 암시한다. 이런 뜻이다. "다른 면으로 넘어가거나" "큰 강을 건너거나" "모든 것이 과도적"이라는 뜻이다. 다리는 아주 깊은 지혜뿐만 아니라 아주 단순한 의미도 포함하고 있다.

다리 같은 일반적인 상징이 나타나면, 평범한 관점에 오도되는 일이 없도록 조심해야 한다. 하지만 오늘날 우리가 정말로 평범한 관점이 아닌 다른 관점을 잘 알고 있는가? 누가 "모든 것은 과도적이야."라고 생각하면서 부둣가 다리를 건너고 있는가? 중세라면 다른 얘기가 된다. 중세에 사람들은 여전히 상징과 어떤 관계를 맺고 있었다. 그래서 다리에 예배당이 지어졌고, 그 안에 신성한 램프가 놓였다. 다리를 지켰던 성 네포무크(Saint Nepomuk)[62] 같은 성인들이 있었다. 이 성인들은 사람들에게 각각의 다리는 "다리"이고 모든 것은 과도적이라는 점을 상기시켰다.

그 시대에 이런 것들은 진정한 것으로 경험되었다. 그것들은 중세적인 정신이 이상한 아우라를 느끼도록 했으나, 이 아우라를 우리 현대인은 더 이상 완벽하게 이해하지 못한다. 진부한 것은 동시에 일반적인 것이며, 전체의 일부이다. 중세인들에게 돌은 그냥 돌이 아니었다. 돌은 조상의 영혼일 수도 있으며, 조상들이 그 안에서 살 수도 있다. 동물도 그냥 동물이 아니며, 그것은 조상, 토템 아버지이다. 전체 풍경이 무의식을 활짝 펼쳐 놓은 것 같다. 모든 것이 사람들의 무의식에 의해 영혼이 불어넣어진다.

흑인과 함께 풍경 속을 걸어보라. 그러면 당신은 단지 모든 것이 추상적이고 과학적인 "지형" 속을 걷는 것이 아니라 신화학까지 경험하게 될 것이다. 흑인과 함께 산을 오르거나 대나무 숲으로 들어갈 때, 그것은 절대로 일상적인 모험이 아니다. 당신이 격리되어 있는 정령들의 영역 속으로 들어가기 때문이다. 정적이 흐르는 숲의 녹색 침묵 속에서, 사람들은 바다 속으로 깊이 잠수하는 느낌을 받는다. 그러면 거기엔 더 이상 식물학은 없다. 대나무 잎의 속삭임과 바람의 부드러운 살랑임만 들린다. 이제 이런 것들은 정령들의 소리가 되어 사람들을 전율하게 만든다. 경외감을 불러일으키는 경험이다. 우리 모두는 세상이 여전히 황금빛을 띠고 있고 모든 것이 아주 낯설어 보이던 어린 시

....
62　보헤미아의 수호성인으로 순교자(1345-1393)이다. 바츨라프 4세 국왕에 의해 몰다바 강으로 던져져 익사했다.

절부터 이 마법을 잘 알고 있다. 원시인에게 세상이 신화처럼 비치듯이, 이 아이에게도 세상은 신화이다. 그래서 꿈들을 이해하는 데 신화적인 분위기가 필요하다. 이런 이유로, 나는 꿈 분석마다 언어적 상징의 전체 스펙트럼을 파악해야 한다고 주장한다. 이 방법에 위험이 따르지 않는 것은 아니다. 처음에 분석가가 꿈의 개인적 심리로부터 벗어나게 해 길을 잃게 할 수 있다는 점이다. 자료가 풍부해짐에 따라, 분석가가 자신이 서 있는 곳을 더 이상 모르게 될 수 있다. 분석가는 자신이 서 있는 곳을 아주 분명하게 알아야 한다. 그렇지 않으면 가능성들의 복잡한 그물망에 걸려 허우적거리게 될 것이다. 꿈 분석은 최종적으로 개인적인 내용물의 의미를 판단하기 위해 꿈을 꾼 아이에게로 반드시 돌아와야 한다.

꿈의 특별한 동기는 이미지들의 일반적인 의미에서 추론될 수 없으며, 오직 개인적인 확장으로부터, 맥락으로부터, 그리고 아이의 개인적 상황으로부터 추론할 수밖에 없다. 이 아이의 전반적인 심리 상태를 알기만 하면, 실질적인 질문들에 대한 결론을 내릴 수 있다. 이미 언급한 바와 같이, 분석가가 아이에게 직접 맥락에 대해 물을 수 있는 경우는 극히 예외적이다. 분석가가 다루는 어린 시절의 꿈이 대부분 성인이 나중에 떠올린 것이며, 아이가 직접 말하는 꿈인 경우에도 그 아이가 너무 어려서 대답을 할 수 없는 예가 많기 때문이다. 그러나 어느 연령이 되면, 아이들도 꿈과 관련한 질문에 진정으로 대답할 수 있다. 여덟 살 소녀를 상담한 적이 있다. 이 소녀는 작은 가방을 메고 귀여운 원숭이처럼 곱게 차려입고 나타나서 자신이 꾼 꿈에 대해 온갖 제스처를 써가며 말했다. 그렇게 어린 소녀와도 대화하는 것이 꽤 가능했다.

아이에게서 직접 이 꿈에 대해 듣는다면, 당신은 그 아이에게 뭐라고 할 것인가? 물론, 소녀에게 당신의 신화적 지식을 드러내서는 안 된다. 신화적 지식은 단지 당신의 이론적인 도구에 지나지 않기 때문이다. 실용적인 측면은 꽤 다른 문제이다. 여기서 소녀가 지적이라고 가정하도록 하자.

다리를 무서워하는지, 물에 빠져 죽을 뻔한 적이 있었는지, 부둣가 다리에서 놀란 경험이 있는지, 그런 것들을 물을 수 있다. 이런 실용적인 질문을 던져야 한다. 그런 경험 쪽으로 분석가의 관심이 끌리는 것은 단지 꿈들 때문이다. 예를 들어, 이 꿈도 전형적인 불안 꿈인데 불안 꿈이 언제나 똑같은 장소에서 일어난다면, 분석가는 이 장소가 왜 이런 식으로 강조되고 있지, 하고 의문을 품어야 한다.

여기서 이 꿈은 그런 꿈의 예가 아니라고 가정하자. 그러면 우리의 다음 고려 사항은 벨뷔에서 바우센틀리 섬에 이르는 아이의 길이 되어야 한다. 소녀가 집을 떠나고 있는지 아니면 집으로 돌아가고 있는지를 아는 것도 중요하다. 어딜 가기를 원하는지를 물을 수 있다. 이 질문이 그녀로 하여금 특별한 경험을 떠올리게 할 수 있다. 그러나 우리는 지금 그 모든 것에 대해 아무것도 알 수 없는 상황이다. 그래서 그 꿈이 당시에 아이에게 지녔던 특별한 의미가 무엇인지 확실히 알지 못한다. 그러나 이 꿈에 대해 다른 언급은 가능하다. 어떤 근거에서 그럴 수 있을까?

이 꿈은 구체적인 상황은 그때마다 달라도 계속 반복되었다. 그렇다면 소녀의 내면에 몇 년을 두고 변화하지 않은 어떤 감정적 집합 같은 것이 있다고 볼 수 있다. 어떤 꿈이 자주 반복될 때, 나는 대체로 특별한 모티브를 찾으려고 노력하지 않는다. 게다가 나는 신경증은 정신적 충격에서 비롯되는 것이 아니라는 견해를 받아들인다. 말하자면 신경증은 한 건의 무서운 경험 때문에 생기는 것이 아니라는 게 나의 의견이다. 나는 신경증을 그것이 현재 지니는 의미라는 맥락에서 이해하려고 노력한다. 왜냐하면 지금도 살아서 영향력을 행사하고 있는 것은 모두 오늘도 재창조되면서 거듭 창조되고 있기 때문이다. 나는 또 거듭 다시 나타나는 꿈들에 대해서도 지금 나타나고 있는 것으로, 따라서 거듭해서 재창조되고 있는 것으로 언급하지 몇 년 전에 일어난 것으로 여기지 않는다. 그렇다면 이 꿈도 마찬가지로 몇 년 동안 변하지 않은 내면의 어떤 감정적 집합 같은 것을 가리키고 있다.

이전의 꿈을 근거로, 우리는 꿈을 꾼 소녀의 내면에 어떤 분열이 존재한다는 것을, 말하자면 의식과 무의식이 서로 찢어져 있다는 것을 이미 알고 있다. 더 나아가, 무의식과 의식이 서로를 끌어당기고 있다는 것까지 알고 있다. 뱀이 소녀에게 보이고 있는 위협에 그 같은 내용이 표현되고 있다. 이 꿈은 단순한 위협보다 한 걸음 더 깊이 들어간다. 위험이 분명해진 것이다. 소녀가 물로 떨어졌으니 말이다. 물속에서 소녀는 말하자면 무의식의 괴물에 완전히 삼켜지고 있다. 여기서 특별한 세부 사항을, 그녀가 똑바로 선 자세로 떨어지고 있다는 사실을 고려해야 한다. 이것은 아주 특이하다. 왜냐하면 사람이 이쪽 아니면 저쪽으로 옆으로 기운 상태에서 떨어지기 때문이다. 이 꿈의 내용처럼 어떤 사람이 두 손을 몸에 붙이고 발을 아래로 해서 떨어진다면, 그것은 어떤 경직성을 나타낸다. 마치 그 사람이 무엇인가에 에워싸여 있는 것처럼 말이다. 꿈을 꾼 소녀가 물속으로 가라앉을 때 경험하는 질식의 감정도 그 같은 빡빡한 에워싸임을 가리킨다. 그것은 마치 소녀가 어떤 괴물의 입 안으로 끌려들어가 삼켜지는 것처럼 보인다. 신화들은 물에 괴물과 용을 비롯한 다양한 수생 생명체들을 살게 함으로써, 삼키고 질식시키는 물의 특성을 표현한다. 많은 원시적인 영웅 신화들은 또 영웅이 배와 함께 용에게 삼켜지는 이야기를 들려준다. 그러면 영웅은 괴물의 뱃속에서 뭉개지지 않기 위해서 남은 선박의 잔해로 괴물의 밥통 벽을 힘껏 눌렀다. 압박을 당하는 경험은 아주 중요한 모티브이다. 소녀의 꿈에서 이 모티브도 질식의 감정에서 표현되고 있다. 아이가 이런 경험을 할 수 있는 곳은 어디일까?

출생할 때이다. 새로 태어난 아이는 출생을 의식적으로 알지 못하지만, 신경계는 이 사건을 기록한다. 출생을 언급하는 꿈과 완벽한 해부 지식을 바탕으로 한 것 같은 꿈이 드물지 않다. 이것이 랑크(Otto Rank)[63]가 모든 신경증은 출생의 외상으로 거슬러 올라갈 수 있다는 가설을 제기하도록 만들었다. 출생은 정말로 일종의 외상이며, 강렬한 순간이다. 그런 강한 인상이 평생 어떤 영향을 미칠 수도 있다. 출생 때 합병증이 따랐다면, 그럴 가능성은 특히 더 커진다. 그러나 우리는 이 사실을 일반화하지 말아야 한다.

이 꿈은 "역(逆)출생"에 관한 것이다. 역행적인 출생, 어머니의 자궁으로, 출생 이전의 상태로 돌아가는 것에 관한 꿈이다. 이런 식으로 무의식 속으로 잠기는 것은 실제로 비유적인 죽음을 나타낸다. 이런 죽음은 변형 과정에 자주 등장하는 모티브이며, 출생의 상징체계와 밀접
....
63　오스트리아 정신분석학자(1884-1939)로 『출생의 외상』(The Trauma of Birth)을 썼다.

히 연결된다. 이 꿈을 처음 얼핏 봐서는 이것이 전혀 드러나지 않지만, 우리는 지식을 바탕으로 그것을 더할 수 있다. 꿈 자체는 위험만을 묘사하고 있다. 꿈은 변형이 일어날 때마다, 그러니까 전환이 일어날 때마다 땅에 구멍이 날 수 있다는 점을, 그러면 자칫 사람이 무의식의 상태로 떨어질 수 있다는 점을 보여주고 있다. 실제 삶에서 그런 전환은 언제 일어날까?

학교에 처음 들어갈 때나, 어린 시절로부터 성년으로 넘어갈 때나 직장 생활을 시작할 때가 그런 전환의 예들이다. 그런 때에 사람들은 이 단계에서 다음 단계로, 이전의 상황에서 새로운 상황으로 넘어간다. 이런 전환을 성취하는 것은 우리가 우리 자신과 하나가 되어 있을 때에만 가능하다. 분열된 인격은 이런 전환을 맞을 경우에 어려움을 겪는다. 그 어려움은 물속으로 가라앉는 것에 비유할 만하다.

어려움도 아마 크게 다를 것이다. 압도적인 감정이 될 수도 있고, 견뎌내기 힘든 경험도 될 수 있다. 그러나 그 어려움은 언제나 우리가 가라앉는 것 같은 매우 깊은 경험이다. 그런데 분리된 인격의 소유자가 특별히 그런 식으로 매우 깊이 빠져 들어가는 경험을 하게 되는 것은 하나의 사실이다. 왜 그럴까?

분리 상태를 극복하도록 하기 위해서이다. 운명이 그런 사람들에게 가혹한 경험을 강요한다. 말하자면 그런 사람들의 가장 깊은 핵심에, 그들이 여전히 자신과 하나가 되어 있는 곳에, 말하자면 본능에 타격을 가하고 있는 것이다. 그런 사람들은 분리된 인격 때문에 언제나 분리된 상태에 빠질 위험을 안고 있다. 그들은 서로 예리하게 대조를 이루는 것들을 참아낼 수 있어야 할 것이다. 그래서 예를 들어서 그들은 서로 완전히 다른 부류의 친구들을 두고 있을 것이다. 그런 상황에서 그 사람들은 자신이 진정으로 어떤 존재인지 절대로 알지 못한다. '나는 백인인가, 아니면 흑인인가? 실은 나는 둘 다야. 나는 A의 친구이기도 하고 B의 친구이기도 하니까.' 여기서 무슨 일이 벌어지게 되어 있다. 이 같은 상황이 운명에게 노골적으로 강타를 날려 달라고 초대한다. 그러면 깊은 곳의 영역들이 건드려지고 다시 하나의 통일체로 성장할 수도 있다.

분리된 인격의 소유자들은 언제나 분리된 상황을, 갈등 상황을 야기한다. 특히 그런 사람들에게, 말하자면 자신이 어떤 존재인지를 모르는 사람들에게, 결정에 직면하는 일이 일어나는 반면에, 다른 사람들은 명쾌한 상황 속에서 별 무리 없이 삶을 계속 살아갈 수 있다. 그런 식으로 분리된 사람들을 치료하는 것은 쉬운 일이 아니다. 분리된 두 개의 반쪽을 하나로 통합시키지 못하는 경우가 종종 있다. 그런 환자를 치료하고 있는 경우에는 이런 식으로 생각하는 수밖에 없다. '바라건대, 진정으로 압도적인 무슨 일이 이 환자에게 일어나길. 그러면 환자가 자신이 누구인지 깨닫게 될 거야.'

그렇다면 이 꿈은 종국적인 경험들을 운명적으로 할 필요가 있다는 점을 강조하고 있다. 그러면 인격이 여전히 하나로 남아 있는 지점이 건드려질 것이라는 뜻이다. 그런 사람은 자신을 새롭게 구성하기 위해 먼저 완전히 찢어질 필요가 있다. 이 최종적 통합이 발견되어야 하고, 이 통합은 오직 그 사람의 가장 깊은 핵심이 상처를 입을 때에만 일어날 것이다. 대체로 보면, 이 상처는 운명이 해머가 되도록 선택한 누군가에 의해서 생기게 된다. 왜냐하면 대체로 보면 사람이 자기 손으로 자신의 몸에 상처를 내지 못하기 때문이다.

#3. 피라미드와 유리 집이 나타나는 꿈

다섯 살 내지 여섯 살 소년이 꾼 꿈이다.

> 내 앞에 피라미드가 보인다. 피라미드 꼭대기에 유리로 만든 집
> 이 있다. 그 안에 누군가가 있다. 가까이 다가가서 보니 그 사람
> 이 바로 나이다.

이 꿈은 나의 남자 환자가 들려준 꿈이다. 내가 이 환자를 처음 알게
된 것은 그가 마흔다섯 살에서 쉰 살 사이일 때였다. 그는 평생 자기
자신을 발견하기 위해 노력한 사람이었으며, 이 추구 과정에 최종적으
로 나에게까지 오게 되었다. 그는 어릴 때부터 세상을 진정한 것으로
받아들이지 못했으며, 언제나 정도를 벗어나 있었고 공상적이었다. 훗
날 그는 직업을 선택하는 문제에서 어려움을 겪었다. 최종적으로 법
분야를 선택했지만 반쯤 내키지 않는 마음이었다. 어쨌든 무엇인가를
해야 한다는 이유 하나만으로 그런 선택을 했던 것이다.
　이어 그는 2년 동안 식민지에서 판사로 활동하면서 그럭저럭 능력
을 발휘했으며 다소 성공을 거두기도 했다. 그는 이 생활에서 엄청난
고통을 겪었다. 이유는 기본적으로 그가 자신의 일에 관심이 없었기
때문이다. 그는 승진 기회가 어느 정도 있는 법관이 되는 것이 삶에 위

대한 일이 될 수 있다는 사실을 인정하고 싶지 않았다. 그래서 그는 절대로 자신의 가슴과 영혼을 그 일에 바치지 못했다. 그의 활에 언제나 시위가 한 개 이상 있는 것처럼 보였다.

그는 결혼도 한참 망설인 끝에 했으나, 결혼 생활은 행복하지 못했으며 어려움의 연속이었다. 그러나 그는 결혼 생활에도 정성을 반만 쏟았으며, 그가 정성의 나머지 반을 어디에 쏟는지 아무도 몰랐다. 일반적으로 그는 마음 깊은 곳에서 이 다른 측면을 의식하지 못했다. 그는 오직 가끔씩 철학적 모험을 했으며, 그럴 때면 거기서 그는 자신의 직업이 제공하지 못하던 것을 찾았다. 이 과정에 그는 나의 책을 우연히 접했으며, 그것이 그에게 큰 충격을 안겼다. 그가 나를 찾기까지 그런 사연이 있었다.

꿈은 그의 본성의 다른 면을 명쾌하게 보여주고 있다. 그러나 그 사람 본인은 자신의 상태와 꿈 사이에 어떤 연결도 찾지 못했다. 이를 근거로, 우리는 그의 분열의 범위를 볼 수 있다. 그는 한쪽 발을 영원 속에 들여놓고, 다른 한쪽 발을 현실 속에 담그고 있었다. 그 꿈이 자주 나타나기 때문에, 그것이 그에게는 매우 중요하며 그의 삶이 취하고 있는 경로를 특징적으로 보여준다고 단정할 수 있다. 그 꿈은 실제로 보면 앞에서 논한 꿈들과 마찬가지로 어린애답지 않은 무엇인가를 포함하고 있는 환상이나 마찬가지이다. 꿈은 매우 추상적이고 일반적이며, 대단히 전형적이다. 이 같은 사실은 꿈을 꾼 소년이 정상적인 기질을 갖고 있다는 점을 암시한다. 신경증이 있는 아이라 하더라도, 그 신경증은 틀림없이 별로 심각하지 않을 것이다. 환상이 전혀 혼란스럽지 않기 때문이다. 정반대로, 원형이 아주 명확하게 표현되고 있다. 앞에서 논한 다리 꿈도 일반적인 성격을 지닌 꿈이었는데, 지금 이 꿈과 그 꿈의 다른 점은 무엇인가?

지금 이 꿈에서는 일상의 삶과의 연결이 완전히 실종되고 있다는 점이 차이점이다. 이것은 현실 속에서 조우하지 않을 이미지이며, 경험의 영역에서 끌어낸 부둣가 다리의 이미지와 정반대로 완전히 비현실적이다. 유리 집 환상은 완전히 다른 경험의 세계에서 끌어낸 것이며 꾸며낸 것처럼 보인다. 이 남자를 개인적으로 모르고 있다면, 나는 아마 그 이미지가 날조된 것이 아닌지 의심했을 것이다.

그 꿈은 출생 이전의 정신의 순수한 산물이며, 말하자면 외부 세상과 아직 어떠한 접촉도 하지 않은 처녀의 층(層)에 속한다. 그런 경우에 이미지들은 원래의 형태를 고수한다. 이 유리 집은 어떠한 경험에도 해당하지 않는다. 경험을 바탕으로 했다면, 꿈을 꾼 사람은 "등불"에 대해 말하면서 이상한 이 대상과 알려진 어떤 형태를 연결시키려고 노력했을 것이다. 그러나 여기서 그 이미지는 완전히 비현실적인 것으로 남아 있다. 설령 그가 피라미드를 본 적이 있다 하더라도 피라미드 꼭대기에 유리 집이 없는 것은 확실하다.

이런 동떨어진 이미지들을 가진 추상적인 꿈의 경우에, 그 꿈을 이해하려면 아주 다층적인 상징체계에 기대야 한다.

피라미드 꼭대기에 서 있는 유리 집은 피라미드의 중심을 표현하고 있다. 용기(容器)를 피라미드의 중심으로 삼는 사상은 다른 곳에서, 예를 들면 마야 문명에서도 발견된다. 거대한 피라미드를 발굴하는 과정에, 고대의 신전이 서 있던 안쪽의 제단 아래에서 석회 그릇이 발견되었다. 이 그릇은 3,000개가량의 작은 청록색 돌로 만든, 만다라 형식의 경이로운 예술 작품을 담고 있었다. 이 예술품은 세상의 네 개 지역을 가리키도록 배치된 4마리의 뱀을 묘사하고 있다.

그릇은 연금술에서도 결정적인 역할을 한다. 연금술에서 그릇은 아주 다양한 형태로 나타난다. 그릇이 유리 집으로 나타날 수도 있다. 그 안에 종종 늙은 남자가 땀을 흘리며 앉아 있다. 유리 집이 땀을 빼는 집이기 때문이다. '비시오 아리슬레이'(Visio Arislei)를 보면, 왕의 딸과 아들이 바다 밑에 있는 삼중 유리 집에 갇혀 있다. 그곳의 유리 집은 견딜 수 없을 만큼 뜨겁다. 그 열기 속에서, 죽은 왕자의 변형이 일어난다. 그런 변화를 성취하기 위해, 연금술사들은 종종 '자궁'(uteri)이라 불린 둥근 유리 그릇을 이용했으며, 이 그릇의 둥근 모습은 완벽을 암시했다.

나바호 인디언들의 '마운틴 챈트'(Mountain Chant)에서도 이와 비슷한 아름다운 예가 발견된다. 그것은 사람들이 예를 들어서 좋지 않은 꿈을 꾸거나 다른 이유로 기분이 좋지 않을 때 행하는 치료 의식이다. 이 의식에서, 직경 650피트 내지 1,000피트 되는 둥근 지역이 설정된다. 만다라를 나타내는 이 원의 한가운데에, 치료의 방이 있고 그 옆에 땀을 빼는 방이 있다. 땀을 빼는 방은 나뭇가지와 흙으로 만든 작고 둥근 오두막이다. 이 오두막의 꼭대기에는 종종 색깔을 먹인 모래로 무지개 여신을 그린다. 오두막을 뜨겁게 데우고, 이어서 치료해야 할 사람이 그 안으로 기어들어가 땀을 빼기 시작한다. 영웅 신화에도 이와 비슷한 과정이 보인다. 영웅이 고래의 자궁 안에서 하는 밤의 바다 여행 말이다. 거기서 영웅은 땀을 너무 많이 흘려 머리카락까지 다 잃고 새로 태어나는 아이처럼 대머리로 고래에서 나온다. 사실, 그는 다시 태어난다.

땀을 흘리는 것은 인도에서 '타파스'(tapas)에 해당한다. 타파스는 자기를 놓고 골똘히 생각하는 수행을 뜻한다. 영혼의 힘을 오직 자기의 중심점에 집중함으로써, 자기가 알처럼 부화된다. 그 사람은 자기 자신을 자기 안에, 마치 증류기나 자궁 안에 넣듯이 감싸고 있다.

기독교에서 세례수를 신성하게 하는 의식에서도 그와 비슷한 사상이 발견된다. 성 토요일에 거행되는 이 의식은 7세기나 8세기로 거슬러 올라가며 신비한 것들로 가득하다. 이 의식에 관한 규정은 『전례서』에 기록되어 있다. 물을 어느 정도 준비한 다음에, 예를 들면 십자가의 형태로 물을 분리시키고, 마귀를 쫓고, 축성한 다음에, 파스카 양초(Paschal Candle)[64]의 도움으로 비옥하게 하는 과정이 이어진다. 파스카 양초를 의식에 쓸 물이 담긴 세례반에 세 번 담그는데, 세 번째 담글 때 초가 세례반의 바닥에 닿게 된다. 이 의식은 세례수에 인간을 새로 탄생시킬 힘을 전한다. 사람은 이 마법의 물에 건드려짐으로써 새로운 어린 시절로 다시 태어나며, 완전히 순수해진다. 교회 자궁을 이런 식으로 비옥하게 만드는 것은 진정한 융합이다. 왜냐하면 초가 그리스도를 상징하고, 세례수는 은총의 어머니를 상징하기 때문이다. 이 융합에서 물이 '영원수'로, 연금술의 표현을 빌리면 영원한 성수로 변한다. 그렇다면 이 소년의 꿈에서도 변화가 일어나는 경이로운 그릇이 발견된다.

A.D. 3세기의 연금술사 조시모스의 글에도 이 변화의 그릇이 나온다. 이 그릇은 『코르푸스 헤르메티쿰』(Corpus Hermeticum) 속의 네

....
64 가톨릭 의식에 쓰이는 대형 밀랍 초.

번째 논문까지 거슬러 올라간다. 거길 보면 신이 하늘에서 땅으로 그 릇을 보냈다는 말이 나온다. 목적은 인간들이 거기에 잠겼다가 지혜를 얻은 상태에서 다시 나오도록 하기 위함이었다.

이 크라테르의 중세적 변형이 성배이다. 그리스도가 최후의 만찬을 했다는 말이 있는 그 기적의 그릇이다. 다른 전설은 아리마테아의 요셉(Joseph of Arimathea)이 거기에 그리스도의 피를 담았다고 전한다. 그렇다면 그것은 또한 그리스도의 피가 가득 담기고 신의 정신이 담겼던 피의 그릇이다. 인간을 그 정신으로 채움으로써 인간에게 새로운 생명을 주는 힘이 크라테르와 성배에 내재되어 있다.

볼프람 폰 에셴바흐(Wolfram von Eschenbach)[65]는 이와 다른 성배 이야기를 들려준다. 그에게 성배는 하나의 돌이다. 에셴바흐는 성배와 관련해서 'lapsit exillis'라는 매우 이상한 표현을 쓰고 있다. 정확하지 않은 라틴어인데, 'lapis'를 가리키는 것 같다. 이렇게 말하는 근거가 있다. 1250년경에 살았던 의사 빌라노바(Arnoldus de Villanova)가 연금술 텍스트를 일부 남겼는데, 거길 보면 돌이 'lapis exilis'라 불리고 있다. 뜻은 쉽게 구할 수 있는 돌이라는 뜻이다. 그 돌은 어디서나 발견된다. 거리에서도, 똥 속에서도, 변소에서도 발견된다. 어느 연금술사는 사람들이 그 가치를 알기만 하면 그것을 꽤 다른 가격에 팔 것이라고 말했다. 이 돌은 물론 건설업자들에 의해 버려진 초석이며, 그것은 그리스도에 비유된다. 기독교 교회도 돌과 그리스도 사이의 은밀한 유사성에 대해 알고 있었다. 그리스도의 이미지인 새로운 불을 켜는 의식에 초석(lapis angularis)이 이용되었다. 1330년에, 페트루스 보

....
65 중세의 독일 작가(1170-1220).

누스(Petrus Bonus)[66]가 돌도 그리스도의 한 비유라는 사상을 처음으로 표현했다.

그렇다면 "lapsit exillis"라는 수수께끼 같은 표현은 "lapis exilis", 즉 무의미하고 중요하지 않은 돌로, 대단히 소중한 보물인데도 아무도 관심을 주지 않는 돌로 해석될 수 있다. '구약성경'에 돌이 어떤 역할을 하는 대목이 있다. '다니엘서'를 보면 네부카드네자르 (Nebuchadnezzar)[67]의 꿈에 구르는 돌이 나온다. 그 꿈은 무시무시한 어떤 형태의 위대하고, 높고, 밝은 이미지에 대해 말하고 있다. 그 형태는 4가지 물질, 즉 금과 은, 황동과 철로 만들어졌으며, 발은 흙으로 만들어졌다. 네부카드네자르 왕이 그 이미지를 보았을 때, 돌 하나가 산에서 굴러내려와서 그 이미지의 발을 짓뭉개 버렸다. 그래서 이 위대한 존재가 쓰러지고 말았다. 이상한 점은 돌이 아무도 "손을 대지 않았는데도" 산에서 떨어져 나왔다는 점이다. '다니엘서'를 보면, 이 돌은 거대한 산이 되어 지구 전체를 채웠다. 이 돌이 모든 왕국들을 파괴하고 영원히 홀로 서 있을 것이라는 다니엘의 예언은 교부들의 글에서 그리스도가 돌에 비유되는 이유를 보여준다.

이 꿈에서 유리 집은 또 영적인 존재를 가리킨다. 사람은 이런 투명한 그릇 안에서 스스로를 창조한다. 유리 집 안에 있는 것은 일종의 더블이며, 그것은 거기에 있으면서 소년이 준비를 다 갖추기를 기다리고 있다. 이것은 우리가 '자기'라고 부를 수밖에 없는 그것을 보여주는 환상이다. 거기서 자기 자신의 자기로의 변형이 일어나고, 거기서 우리

....

66   14세기 이탈리아 연금술사.

67   B.C. 6세기 신바빌로니아 제국의 칼데아 왕조의 2대 왕.

안에 있는 타자가 통합된다. 이 타자는 기적적인 특징을 갖고 있다. 이 타자는 투명하고, 부패하지 않는 신비체를 갖고 있다. 당분간 타자는 정지된 상태에 있으며, 아직 생성되지 않았다. 이 타자는 인간 존재와의 결합을 통해서 물질이라는 옷을 입고, 따라서 실질적인 존재를 얻고 잠재적인 존재로부터 해방된다. 이 사상은 또 돌 안에서 스스로를 창조하는 그 기적의 존재 호문쿨루스의 밑바탕에도 깔려 있다.

꿈에서 유리 집은 피라미드의 꼭대기에 있으며, 그래서 미라로 무덤 안에서 영면하고 있는 왕과 더블 사이에 어떤 연결이 존재한다. 따라서 '라피스'는 무덤과 연결되고 죽음과 연결된다. 연금술에서 이와 관련 있는 것은 무엇인가?

'라피스'가 존재할 수 있기 위해선 그때까지 지배하고 있던 것이 죽어서 묻혀야 한다. 연금술의 기본적인 사상이 거기에 표현되고 있다. 태양이고 의식이고 금이었던 지배적인 원리가 땅 속의 밀알처럼 가라앉아야 한다. 그래야만 그것이 영원한 물질로, 말하자면 부패하지 않는 몸으로 변형될 것이다. 땅 속에서 고통 받고 있는 이 지배적 원리는 종종 깊은 곳에서 "도와줘!"라고 외치는 왕에서 구체화된다. 종종 왕은 수종(水腫) 때문이든 아니면 바다에 반쯤 빠져서든 물로 인해 큰 고통을 당한다. 이 상태를 심리학적으로 어떻게 받아들여야 할까? 언제 그 정도로까지 물에 잠기게 되는가?

무의식 속으로 완전히 잠겨들 때이다. 엄청난 양의 물을 마실 때에도 그와 비슷한 일이 벌어진다. 예를 들면, '에니그마 메를리니' (Aenigma Merlini)에 나오는 왕에게 그런 일이 일어났다. 그는 말을 타고 전쟁터로 가기 전에 물을 너무 많이 마셔 스스로를 해체시켰다. 그래서 그는 후에 이집트 의사들에 의해 다시 꿰맞춰져야 했다.

이런 것들은 다른 새로운 의식이 들어설 자리를 마련하기 위해선 그 때까지 지배하던 것들이 밑으로 가라앉아야 한다는 사실을 보여주는 예이다. 이미 보았듯이, 이 다른 의식(意識)은 유리 집 안에 밀봉되어 있는 더블에 의해 상징적으로 표현된다. 잘 아시다시피, 이 꿈을 꾼 사람이 자신을 이 신비체와 결합시키는 것이 결정적으로 중요하다. 이 꿈은 그 결합에 대해 어떤 이야기를 들려주고 있을까?

소년은 피라미드 옆의 땅에 서 있고 소년의 더블은 피라미드 꼭대기 유리 집에 있으니, 거기엔 분리가 있다는 뜻이다. 이 아이는 자신이 어 떤 존재인지, 자신이 어디에 속하는지에 대해 전혀 아무것도 모르고 있다. 당신도 그런 이중성을 보이는 사람을 많이 본다. 그런 사람들의 영혼에는 출생 이전의 잔존물들이 여전히 그대로 남아 있다. 이 잔존 물들은 환상이나 꿈에서 올라올 수 있지만, 대부분 다시 무의식 속으 로 가라앉는다. 이 이미지들이 다시 기억되는 것은 오직 심리 치료에 서뿐이다.

이 꿈을 꾼 사람은 나에게 그 꿈에 대한 이야기를 들려주면서 호기 심을 느끼는 것 같았지만, 나는 그 꿈에서 그의 전체 삶의 핵심을 추론 할 수 있었다. 그에겐 바로 이런 자기 실현이, 말하자면 영적인 존재가 결여되어 있었다. 그 이후에 그가 보인 변화는 그가 필요로 했던 것이 바로 그것이었다는 점을 보여주었다. 그것을 뒷받침하는 증거는 그때 그가 만족하는 사람이 되었다는 점이다. 그가 그 꿈의 의미를 들었을 때, 비로소 두 개의 물줄기가 함께 흐르기 시작했다. 그때까지 두 물줄 기가 함께 흘렀던 적은 한 번도 없었다. 또 그가 자신의 존재에 대해 정확히 알았던 적도 한 번도 없었다. '나라는 존재는 여기 있는가 아니면 저기 있는가?' 이제 그는 하나의 전체가 되었다. 자신의 영혼을 발견한 것이다.

이런 꿈은 그 사람에게 대단히 중요한 경험이 될 수 있다. 그 의미를 파악하기만 한다면, 그 꿈은 그 사람에게 이 땅 위의 모든 왕국들보다 더 소중한 경험이 될 것이다. 이런 경험은 우리가 합리적으로 설명할 수 없는 경험이다. 우리는 그런 경험을 놓고 왈가왈부할 수 없다. 바오로와 그가 다마스쿠스 가는 길에 본 위대한 환상에 대해 옳으니 그르니 따지지 못하는 것과 똑같다. 그런 내면의 성장이 원래의 가치와 의미를 지닌 상태에서 경험의 세계로 들어갈 때, 변화가 일어난다. 이런 전체성의 경험이 끼치는 영향은 아주 광범위하다. 그래서 그 경험은 모든 독을 씻어내는 해독제이고 만병통치약이다.

#4. 좋아하는 소녀에 관한 꿈

다섯 살 소년이 꾼 꿈이다.

> 소년은 화장실에서 손을 씻고 있는 소녀를 보고 있다. 소년은 그 소녀를 많이 좋아하면서도 몹시 수줍어했다. 그는 이별의 아픔을 느낀다. 이 꿈은 그가 서른 살이 될 때까지 반복되었다.

꿈은 다섯 살가량 된 소년의 꿈이다. 이 꿈은 이런저런 버전으로 아주 오랫동안 거듭 나타났다. 이 꿈이 거듭 다시 나타나는 이유는 언제나 이별의 고통이라는 모티브 때문이었다. 꿈은 서른 살까지 이어졌다. 그러다가 무슨 일이 일어났다. 꿈 자체를 근거로 이미 짐작할 수 있는 일이다. 그가 꿈속의 소녀를 빼닮은 소녀와 사랑에 빠진 것이다. 이 연애는 꽤 오랫동안 이어졌다. 그 사이에 연애 감정은 고조되었다가 떨어지기를 반복했으며, 그는 우유부단한 모습을 보였다. 그는 어느 순간에 그녀와 결혼해야겠다고 생각하다가도 그 다음 순간에 그런 생각 자체를 부끄러워했다. 그녀는 꽤 수수께끼 같은 소녀였으며, 그는 그녀의 가족과 배경에 대해 세부적인 것을 전혀 알지 못하고 있었다. 결국 연애는 결별로 끝났다. 그 일로 그는 큰 고통을 겪었으며, 그 관계가 그에게 수많은 불면의 밤을 안겨주었다. 그녀로 인해 그와 부모의 사이도 껄끄러워졌다.

이런 스타일의 소녀는 언제나 귀여운 요정 같은 분위기를, 말하자면 남자가 어찌할 바를 모르게 만드는 무엇인가를 방사한다. 이런 유형의 여자의 특징을 실감나게 전하기 위해 어떤 스토리를 들려주고 싶다.

덴마크의 어느 교구 목사가 황무지를 가로질러 걸었다. 그곳을 통과하는 오솔길은 딱 하나뿐이었다. 그 길을 벗어나는 사람은 모두 진흙 구덩이에 빠지게 되어 있었다. 그는 시골길을 멀리 걸어야 했다. 죽어가고 있는 사람의 부름을 받았기 때문이다. 한밤중에 돌아오는 길에, 교구 목사는 어떤 음악 소리를 들으면서 "이게 뭐지?"라고 궁금해했다. 그때 그는 황무지에서 두 개의 작은 형상이 그를 향해 오고 있는 것을 보았다. 그들이 교구 목사 앞에 섰을 때, 그는 그들이 귀여운 요정이라는 것을 알았다. 요정들은 그에게 누군지 물었다. 그는 "교구 목사야."라고 대답했다. 그들은 교구 목사가 뭐냐고 물었다. "사람들의 영혼을 구원하기 위해 사람들과 함께 기도를 하는 사람이란다." 그러자 그들은 자신들에겐 영혼이 없다고 한탄했으며, 이에 교구 목사는 그들을 도와줄 수 없다고 대답했다. 그러면서 그들에게 불멸의 영혼을 달라고 신에게 요구해야 한다고 일러주었다. 그는 그들에게 기도하는 법을 가르쳐 주기를 바라면서 "하늘에 계신 우리 아버지…"라고 말했다. 그러나 요정들은 "하늘에 계시지 않은 우리 아버지…"라고 말했다. 요정들은 그의 말을 그대로 반복하지 못했다. 그래서 그는 그들을 다시 쫓아야 했다. 그리고 그것이 요정들이 불멸의 영혼을 절대로 얻지 못한 이유이다. 우리는 꿈속의 소녀를 그런 요정 같은 존재로 상상해야 한다.

앞에서 논한 꿈과는 대조적으로, 이것은 하나의 이미지가 아니라 환상이다. 왜냐하면 환상은 언제나 통합적인 성격을 갖고 있고 일종의 구성이기 때문이다. 각 부분은 다른 부분으로부터 나오며, 그래서 각 부분들이 모두 결합하면서 하나의 완전한 통합을 이룬다. 그러나 이 꿈은 기본적으로 아주 다양한 경험에서 나온 자료로 구성되어 있으며, 내적 증거에 의해 서로 연결되지 않고 있다. 꿈 이미지의 성격을 근거로 할 때, 소녀가 반드시 화장실에 있어야 할 이유는 전혀 없다.

이 꿈에서 3가지 요소를 구분할 수 있다. 첫째, 역사적으로 화장실과 전혀 연결되지 않는 이 소녀에 대한 기억이다. 소녀는 소년에게 깊은 인상을 남겼으며, 아마 소년의 내면에 처음으로 어떤 감정을 불러일으켰을 것이다. 이별의 아픔 말이다. 이런 감정적인 상황이 꿈에서 되풀이되고 있다. 꿈을 꾼 소년은 소녀에게 다가가지 않지만, 만약에 어떤 움직임이라도 있다면 그것은 사전에 차단될 것이고, 따라서 소년은 분리의 아픔을 경험한다.

두 번째 요소는 온갖 연상을 떠올리게 하는 화장실이다. 그것은 소년의 에로틱한 공상이 피어나는 곳이다. 이것은 꽤 정상이다. 성욕의 시작이 배설강(腔) 부위이기 때문이다. 이 두 가지 원천, 즉 소녀와 화장실에 관한 기억은 원래 서로 아무런 관계가 없다. 이 꿈을 꾼 소년이 성인이 될 때까지 성적 공상과 이 소녀를 연결시키지 않았기 때문이다. 그렇다면 그의 성적 공상의 대상은 소녀가 아니고 화장실이었다는 가정도 가능하다. 그러므로 이 두 가지 요소가 꿈에서 함께 나타나는 것은 매우 중요하다.

세 번째 요소는 손을 씻는 행위이다. 소녀는 화장실을 이용했기 때문에 손을 씻는다. 이것은 극히 자연스런 행위이며, 이 장소에 적절하다. 그것은 아니마와 화장실 사이에 어떤 기능적인 관계가 확립되었다는 점을 보여준다. 당분간 우리는 이에 대한 세부적인 사항을 제시할 수 없으며, 대신에 먼저 꿈을 더욱 면밀히 들여다볼 것이다.

화장실은 매우 의미 있는 장소이며, 나는 그것에 대해 말할 기회를 잡았다는 사실에 대해 다행하게 생각하고 있다. 정말이지, 화장실은 썩 기분 좋은 주제는 아니지만 아이들에게 아주 중요하다. 그 장소는 언제나 유령이 자주 나타나는 곳이다. 왜냐하면 그곳에서 벌어지는 일들이 특별히 자연스런 기능이기 때문이다. 인간들이 자연스럽거나 자연스러울 수밖에 없는 장소마다, 고대의 자연스런 악마들이 가까이 있다. 그러므로 화장실이 강박과 공포증, 신경증적 증후들이 기원하는 그런 터부의 공간이 되는 것은 충분히 이해할 만하다. 왜냐하면 신경증 환자의 내면에서 장애를 일으키고 있는 것이 자연적인 기능들이기 때문이다. 이 장소의 매력은 성욕의 첫 시작이 이 기능들과 연결된다는 사실에 의해 엄청나게 증대된다. 본능적 과정과 집단 무의식, 그러니까 우리의 본성 깊은 곳까지 닿으면서 우리의 원초적인 본성에 관한 관점을 제시하는 그 집단 무의식 사이에 언제나 밀접한 관계가 있다. 그렇다면 화장실을 집단 무의식이라고 불러도 무방할 것이다. 또 우리는 무의식의 수수께끼 같은 형상인 아니마가 정령이나 악마, 마귀와 똑같이 장난스럽게 바로 이 장소에 있다는 것을 이해한다. 유령이 나타나지 않나 하며 무서워하는 다른 장소도 있다. 바로 공동 묘지다.

무덤도 마찬가지로 귀신이 출몰하는 장소이다. 죽음도 자연적인 과정의 일부이기 때문이다. 이것은 죽음에 두려움과 정신적 현상이 수반되는 이유이다. 거기서도 단지 자연이 자신의 길을 재촉하고 있을 뿐이다. 우리는 죽음을 피하지 못한다. 우리가 자연스런 다른 육체적 기능들을 다루는 것을 피하지 못하는 것과 똑같다.

꿈의 언어가 이런 과정들을 이용하는 때가 있다. 자연적인 욕구를 이야기하는 경우이다. 예를 들면, 다른 사람들이 보는 가운데 소변을 보거나, 갑자기 자리에서 일어나서 화장실로 가야 하는 일에 관한 꿈이 있다. 이것은 자연을 중단시키지 못한다는 것을 의미한다. 어쨌든 오줌은 밖으로 나와야 한다. 예를 들어 누군가가 털어놓아야 할 어떤 일에 대해 이야기하는 것을 줄기차게 피하고 있다면, 그 사람은 아마 그런 꿈을, 갑자기 화장실에 가야 하거나 그 비슷한 상황에 처하는 꿈을 꿀 것이다.

연금술에서도 화장실은 결코 무시할 수 없는 역할을 한다. 원물질

또는 '라피스'가 변소나 배설물에서 발견될 수도 있으니 말이다. 마이
링크(Gustav Meyrink)는 토마스 아퀴나스(Thomas Aquinas)의 것으
로 여겨지는 소논문을 번역하면서 자신의 연금술적 실험에 대해 보고
하고 있다. 이 목적을 위해, 마이링크는 낡은 옥외 변소를 구입해서 비
우고 그 "특별한 주스"를 연금술 단지 안에 넣었다. 그 위를 그는 진흙
을 발라 완전히 밀봉했다. 이 작업이 꽤 잘 이뤄진 것이 틀림없다. 왜
냐하면 그가 불 위에 놓고 단지에 서서히 열을 가했을 때 단지 뚜껑이
갑자기 폭발했기 때문이다. 그는 이상하게 생긴 노란 물질이 그 안에
서 형성되었다고 주장했다. 그 실험도 어쨌든 배설물 구덩이의 침전물
로는 금을 만들 수 없다는 확신을 그에게 심어주지 못했다. 이런 것들
을 공부하다 보면, 우리는 고개를 가로저으면서 사람들이 무의식적으
로 그렇게 열광하는 것을 보면 거기에 뭔가 있음에 틀림없다고 생각
한다. 그러므로 우리는 원물질, 천국의 땅, 원초적 카오스가 대소변 안
에 숨어 있다는 주장이 화장실의 심리학에 중요한 기여를 한 것으로
고려해야 한다.

  우리의 꿈에서 아니마는 화장실에, 그 터부의 장소에 등장한다. 부
적절해 보이지만 절대로 그렇지 않다. 화장실은 창조의 장소를 의미하
기도 한다. 실제로, 거기서 무엇인가가 창조된다. 아이들은 그것을 아
주 잘 안다. 나의 아이 하나가 화장실에 오래 있기에 아내가 아이에게
"거기서 뭐 하니?"라고 물었다. 이에 아이는 "마차와 조랑말 두 마리!"
라고 대답했다. 당신은 아마 '똥칠한 다카트 금화[68]'라는 말을 들어 보
았을 것이다. 절대적으로 무가치한 것과 절대적으로 가치 있는 것의
....
  68 중세 때 유럽 여러 나라에서 주조한 금화.

관계가 연금술의 기본 사상이다. 그것은 '보물 중의 보물'임과 동시에 길에서도 쉽게 발견할 수 있는 싸구려 물건이다. 이 같은 사상을 고려한다면, 우리가 이런 창조의 장소와 무의식의 장소에서 아니마를 우연히 만나도 전혀 이상할 것이 없다. 아니마는 원래 집단 무의식의 한 형상이기 때문이다. 그것은 어떤 남자가 품고 있는 영혼의 이미지이며, 그 사람의 의식적 태도를 보상하는 내면의 인격이다. 인생의 후반부까지 대체로 아니마는 무의식의 형상으로 남는데, 아니마는 무의식적인 것으로 남아 있는 한 투사를 통해서만 경험된다. 그런 아니마가 아이에게는 어떤 식으로 경험될까?

아이는 처음에 그 영혼의 이미지를 어머니에게로 투사한다. 어머니는 아이의 삶에서 가장 중요한 역할을 하는 여자이다. 아이들은 자신의 무의식을 어머니에게 투사한다. 그러나 아이들은 여전히 전적으로 무의식 속에 살고 있기 때문에 어머니를 진정한 존재로 경험하지 못하고 하나의 원형으로 경험한다. 이 과정에 어머니는 그 운명적인 초인적 중요성을 획득한다. 어머니는 마녀도 되고, 악마도 되고, 전능한 존재도 될 수 있다. 실제로 보면 전혀 그렇지 않은데도 말이다. 아니면 모두를 사랑하고 모든 것을 이해해주는 그런 어머니가 될 수도 있다. 꿈에서 어머니는 종종 위협적이고 불가사의한 존재로, 귀신이나 다양한 괴물로 나타난다. 물론, 그런 원형적인 이미지의 투사가 어머니의 정신 구조 때문에 쉬워지는 측면도 있다.

본능에 휘둘리는 상태에서 아이들을 이해하지 못하던 어느 어머니 환자가 기억난다. 그녀는 두 딸에게 모든 것을 쏟고 있는 상태였으며, 딸들은 그녀를 몹시 좋아하고 있었다. 그러나 밤에 아이들은 무시무시한 악몽을 꾸었다. 어머니가 마녀로, 학대자로, 사악한 동물로 나타나는 꿈이었다. 둘째 딸이 열네 살 먹은 언니에게 꿈에 대해 이야기했고, 이 언니도 어머니에 대해 그 비슷한 꿈을 꾼다는 사실을 털어놓았다. 후에 이 꿈들이 느닷없이 나타난 것이 아니라 사실은 어머니의 정신과 연결되어 있다는 것이 확인되었다. 이 여자 환자는 갱년기에 기억 상실 상태가 따르는 우울증을 앓고 있었으며, 기억 상실 상태에 빠지면 그녀는 아이들이 꿈을 꾼 그 흉포한 동물이나 다름없는 존재로 변했다. 그녀는 기어 다녔고, 자신이 늑대나 곰이나 다를 바가 없다고 한탄했다. 그렇다면 아이들의 꿈은 어머니의 본능적 성격을 그대로 반영하고 있었으며, 그녀는 그 같은 사실을 깨달아야 했을 것이다. 이 어머니는 아이들과의 관계에서 지나치게 높은 위치에서 성인 같은 어머니의 역할을 수행했다. 그녀의 딸들은 그런 어머니의 태도를 더욱 강화했다. 그녀의 우울증은 그녀를 다시 땅으로 끌어내리기 위한 것이었다. 그러나 설령 이 아이들의 꿈에 나타난 형상들이 어머니에 의해 촉발되었다 할지라도, 우리는 그 형상들이 아이들의 원형적 세계에 속한다는 점을 간과하지 말아야 한다. 그 형상들은 아이들의 원형이며, 그것들을 아이들로부터 떼어내면 안 된다.

지금 분석하고 있는 꿈에 나타나는 것은 어머니가 아니라 소녀이다. 여기서 아니마가 소녀로 나타나는 이유는 아니마가 이미 성적 공상과의 관련 속에서 나타나기 때문이다. 성적 공상이 등장하면서 소년을 어머니로부터 떼어놓는다. 그렇지 않으면 근친상간이 일어날 수도 있을 것이다. 그러나 소년이 근친상간 공상을 떠올리지 못하는 이유는 무엇인가? 근친상간 터부 때문이다. 수천 년 동안 내려오는 이 근친상간 터부는 어디서 오는가? 근친상간 터부는 동물의 세계에서는 관찰되지 않지만 인간의 세계에서는 온갖 형태로 존재한다. 근친상간 터부의 중요한 원인은 심리적일 것이다. 왜냐하면 이것이 대단히 상징적인 문제이기 때문이다. 만약에 남자가 근친상간을 저지르는 것이 가능하다면, 그 남자는 모든 것을 쉽게 누릴 수 있는 조건에서 절대로 집을 떠나려 하지 않을 것이다. 남자의 진취적인 정신이 완전히 마비되어 버릴 것이고, 그 결과 남자가 정신적으로 무능해질 것이다.

물론, 원시인은 그런 생각을 하지 않는다. 원시인의 본성 자체가 근친상간을 저지한다. 새로운 것의 매력이 원시인에게 너무나 강하게 작용한다. 그렇기 때문에 원시인은 좁고 갑갑한 둥지 안에 남아 있지 못하고 제 발로 나가게 된다. 원시인은 자신의 내적 욕구 때문에 혼인법과 혼인 카스트나 여자 납치 같은 관습을 만들어냈다.

아이들의 내면에서도 그 같은 본능적인 힘들이 작동하고 있다고 보는 것이 합당하다. 그래서 아이들은 근친상간에 얽혀들지 않는다. 아이들의 성적 관심은 가족이 아닌 다른 사람에게로 옮겨진다. 그것이 정상적인 길이다. 우리의 꿈에서 일어나고 있는 것도 이런 전이이다. 그는 현실 속에서 이 소녀를 보았다. 그녀는 그에게 강한 인상을 남겼다. 그는 꿈에서 성적 공상이 피어나는 화장실과의 연결 속에서 그녀를 불러냈다. 이것이 그가 근친상간의 위험한 낭떠러지를 돌아가도록 도왔다. 그러나 이 연결은 상관관계가 있을 뿐, 반드시 필요한 것은 아니다. 이 연결이 반드시 필요했다면, 소년이 소녀에게로 다가가는 움직임이 있었을 것이다. 꿈에서 소년은 소녀와 관련해서는 분리의 아픔만 느낀다. 이유는 그의 성적 공상이 아직 화장실과 연결되고 있고 한

동안 소녀와는 분리되어 있을 것이기 때문이다. 왜 그럴까?

　이 대목에서, 어린애들의 꿈을 이해하려고 노력하는 과정에 인격의 측면에서 생각하고 합리적인 설명을 발견하려고 할 때 특별히 조심해야 한다는 점을 강조해야 한다. 어린이의 영혼이 절대로 '빈 서판'이 아니라는 사실을 잊지 말아야 한다. 어린이의 영혼이 백지장일 것이라는 생각은 아주 심각한 오해이다. 어린이들의 경우에 집단 무의식으로 이어지는 문이 언제나 열려 있다는 점을 잊어서는 안 된다. 아니마가 배설강(腔) 공상과 결합하지 않는 이유도 거기에 있다. 다른 아이들처럼, 소년도 어른들이 화장실 안에서 하는 행위에 대해 궁금해 하며, 이것이 소년의 내면에 성적 감정을 불러일으킨다. 그러나 이것은 단순히 그가 자신의 배설강 공상에 갇혀 있으며 그 공상과 아니마 형상을 연결시키지 못한다는 것을 확인시키고 있다.

　이 소녀는 영혼의 이미지의 온갖 장점을 두루 갖추고 있으며, 더없이 고귀한 감정이 그녀와 연결되어 있다. 그래서 소년이 그녀를 다른 면과 연결시키는 것이 불가능했다. 그렇게 하면 그의 아니마 이미지가 더럽혀질 것이다. 이것은 또 아니마가 손을 씻는 깊은 이유이다. 그녀는 소년에게 자신이 불순한 모든 것을 씻어낸다는 점을 보여주고 있다. 그것은 그녀가 소년에게 이런 말을 하는 것이나 마찬가지이다. "너의 성적 공상은 불결한 것에 관한 것이야. 나는 그런 것과는 전혀 관계를 맺고 싶지 않아." 당연히 이것은 소년의 성욕에도 일부 빛을 비추고 있다. 그의 행동을 근거로, 우리는 아니마의 이미지가 다른 측면, 즉 이제 막 싹트기 시작하는 소년의 성욕과 결합하기를 원하지 않는다고 결론을 내려야 한다. 이것이 실제로 소년의 안에서 낮은 영역과 높은 영역의 분리를 야기하고 있다. 그는 높고 순수한 것을 포기해야 했으며, 그가 이 꿈을 기억했던 것은 이 분리의 아픔 때문이다. 이 분리가 필요한 이유는 무엇인가?

소녀로부터 분리되지 않을 경우에 소년은 내면에 어떤 이미지를 품고 있는 어린 소년으로 영원히 남을 것이고, 그의 본능은 발달하지 않은 채로 남게 될 것이다. 그러므로 소년은 아니마 이미지로부터 분리되어야 한다. 꿈에서 거리를 두고 있는 것은 바로 아니마다. 아니마가 적극적으로 개입하고 있다. 아니마를 꿈을 꾸는 사람이 마음대로 통제할 수 있는 그런 수동적인 이미지로 보면 안 된다. 아니마는 대단히 자율적이다. 투사로 인해 아니마가 나타날 때, 그녀는 보통 대단히 강한 힘을 발휘하며, 문제의 남자는 아니마의 갈고리에 걸려 희생된다. 라이더 해거드(Rider Haggard)는 분명히 이것을 보았다. "그녀에겐 복종하지 않을 수가 없어." 아니마는 끔찍한 폭군이 될 수 있어! 피에르 브누아(Pierre Benoit)는 '아틀랑티드'(Atlantide)에서 이런 유형의 아니마를 묘사했다. 여성의 내면에서, 그와 비슷한 형상은 아니무스이다. 이 아니무스도 여자를 지배하며 그녀를 완전히 망쳐 놓을 수 있다. 그 영혼 이미지의 치명성은 아주 일찍 나타난다. 아니마 형상이 어떤 소년의 꿈에 등장할 때마다, 분석가는 매우 조심스럽게 접근해야 한다. 아니마가 생명 자체를 상징하기 때문이다.

소년의 꿈에서, 아니마는 손을 씻는다. 이것은 심리적으로 그녀가 성욕과 관계를 맺지 않고 순결을 지키길 원한다는 뜻이다. 아니마의 이런 태도는 꿈을 꾼 소년의 인생 후반부에서 중요한 역할을 한다. 그런데 성욕과 아니마의 분리는 남자들에게서 자주 발견되며, 그 분리는 종종 아니마의 핵심인 에로스를 무시하는 현상으로 나타난다. 남자들은 성욕과 좀처럼 분리되지 않는다. 이유는 남자들이 보기에 성욕이 너무나 분명하게 나타나기 때문이다. 그러나 남자들이 결여하고 있는 것은 관계의 기능인 에로스이다. 남자들은 종종 이 관계의 기능을 이성(理性)으로 대체할 수 있다고 생각한다. 남자들은 자신이 감정의 지배를 받지 않는다는 점을 자랑스럽게 여긴다. 감정은 여자에게나 어울리고 약함으로 받아들여지기 때문이다. 에로스를 부정하다니! 이 결핍이 여자들이 결혼생활에서 가장 아쉬워하는 요소이며, 여자들을 크게 실망시키고 있다. 여자들이 남자에게서 찾고 있는 것이 바로 관계를 맺는 능력인 에로스이기 때문이다.

이것이 이 꿈을 꾼 소년이 결여하고 있는 바로 그것이다. 아니마는 뒤로 물러나고, 불결한 장소와 섞이기를 원하지 않으며, 본능적인 혼란 속으로 들어가길 원하지 않는다. 그러나 성욕을 갖고 있는 사람이 배설강 부위에 여전히 연결되어 있는 것은 꽤 자연스런 태도이다. 이 소년처럼 어린 나이에 분화된 태도를 갖는 것은 아직 가능하지 않으며, 성욕은 이 배설강 영역에서 발달하는 수밖에 없다. 그곳은 성욕이 기원하는 곳이고, 인간이 태어나는 곳이다. 성 아우구스티누스가 말했듯이, "인간은 대변과 소변 사이에서 태어난다". 소년에게 성욕은 이 부위에 속하며, 소년은 달리 느껴서는 안 된다. 그렇지 않으면 소년이 아니마에게 사로잡힐 위험이 있다.

소년이 아니마에게 사로잡히면, 심리적으로 이런 현상이 나타날 것이다. 그가 어머니의 치마끈에 매달리는 귀엽고 사랑스러운 소년으로, 힘든 일을 전혀 겪지 않는 얌전한 아이로 남을 것이다. 그런 소년에게 어머니는 이렇게 말할 것이다. "엄마를 버리고 소녀와 키스를 하는 일은 절대로 없을 것이라고 약속해!" 그러면 어린 소년은 아니마의 줄에 묶인 꼭두각시이다. 이것은 우리가 거듭 거부해야 하는 사탕이다. 그런 꼭두각시가 될 경우에 예상할 수 있는 결과는 아무짝에도 쓸모없는 착하고 슬픈 소년일 것이다. 성욕은 억압되고, 따라서 변소에 한정된 상태로 남을 것이다. 이런 사람들이 바로 매춘부에게 바보처럼 끌리다가 매독에 걸리는 남자들이다. 왜 그런 일이 일어날까? 그들이 아무것도 깨닫지 못한 까닭에 이 화장실에서 빠져나와서 세상 속으로 발달해 들어가지 못했기 때문이다. 그러면 그들은 불결한 것과 깨끗한 것을 구분하지 못한다. 이런 남자들을 통해서 의사들은 온갖 것을 다 본다.

동성애도 이런 남자들에게 중요한 역할을 한다. 동성애자가, 여자의 온갖 미덕으로 남자에게 감각적인 여성성을 불러일으키는 아니마와 동일하기 때문이다. 동성애자는 이성애 관계를, 자신의 안에 존재하는, 발달하지 않은 이성애의 측면에서 보면서 거기에 따라 행동한다.

나는 전형적인 예를 보았다. 매우 세련되고, 교양 있고, 온화한 청년이었는데, 그는 자신의 아니마와 동일했다. 당연히 그는 자기 어머니에게 지나칠 만큼 집착했으며, 그의 어머니는 어릴 때 아들을 지나치게 응석받이로 키웠다. 불행하게도, 그는 치료를 받기로 동의했으며, 동성애를 잃었고, "진정한 남자"가 되기를 원했다. 하지만 그것이 그에게 어떤 결과를 낳았는가? 그는 매독을 앓는, 매춘부나 다름없는 끔찍한 여자에게 넘어갔다. 이 여자야말로 "화장실"이었는데, 그는 그런 여자와 결혼해 아이를 낳았으며 이 아이는 유전성 매독으로 고통을 받았다. 이런 끔찍한 일이 일어날 수 있는 이유는 청년이 어머니의 향긋한 분위기에서 갑자기 빠져나와 개발되지 않은, 딱 화장실 수준의 남자다움을 보였기 때문이다. 그의 아내는 악취를 풍기는 사람이었는데, 이 악취가 그를 매혹시켰던 것이다.

남자의 본능적 발달이 배설강 부위에서 시작하여 이 어두운 계곡을 통과하는 것은 지극히 정상적이다. 본능의 발달은 "자연의 길을 따르는" 발달이다. 그러나 에로스를 배제한 상태에서 오직 성욕에만 관심을 둔다면, 그런 상태는 여자들의 내면에 엄청난 실망을 일으키는 원인이 된다. 그러나 대부분의 남자들은 이 같은 사실을 잘 모른다.

그래서 아니마가 소년의 꿈에서 "나는 너와 같이 가지 않을 거야."라고 말할 때, 그것은 소년이 발달해 세상 속으로 들어가야 한다는 뜻이다. 다행하게도, 그는 화장실 공상을 포기할 수 없고 또 그 공상을 아니마 형상으로 전이하지도 못한다. 그런데 불행하게도 그는 훗날 그렇게 하는 데 성공했으며, 그것이 심각한 실망으로 이어졌다. 그래서 삶이 그에게 성욕을 아니마에게 전이하지 말아야 한다는 것을 보여줘야 했다. 그는 아니마와 사랑에 빠지면서, 발달의 법칙을 깨뜨리지 않을 수 없었다. 그것은 곧 그가 어머니 콤플렉스에 굴복했다는 뜻이다. 그는 부분적으로 아버지 콤플렉스까지 갖고 있었기 때문에 그런 유혹에 버틸 수 있을 만큼 충분히 강한 남자가 아니었다. 그의 아버지는 한번도 그가 아버지 앞에서 자신을 옹호하도록 내버려 두지 않았다. 그의 아버지는 너무 강했으며, 아들이 남자로 발달해 가는 데 필요한 공간을 충분히 주지 않았다. 그 결과, 아들은 아니마를 피할 수 있는 힘을 갖지 못하게 되었다. 어떤 남자는 자신의 아니마의 이미지로부터 달아남으로써 도덕적 힘을 증명한다. 그런 남자는 아니마에게 희생될 때 전쟁에서 지게 된다. 이것이 대부분의 정상적인 남자들이 자신의 아니마 유형과 일치하지 않는 여자와 결혼함으로써 아니마로부터 달아나는 이유이기도 하다.

이 아니마 유형과 연결되는 경우에 언제나 어머니 콤플렉스에 굴복할 위험이 따르지만, 그 연결은 또한 아니마 자체가 한계를 위반하며 무의식에서 빠져나와서 세상 속으로 들어갈 위험을 낳는다. 무의식 속의 관계의 기능이 의식적인 세계 속의 관계의 기능으로 바뀌어서는 안 된다. 아니마는 언제나 무의식과 관계를 맺고 있어야 한다. 남자가 아니마를 하나의 기능으로 의식적으로 경험하기 시작할 때에도 마찬가지이다. 그러나 만약에 아니마가 의식의 세계와의 관계를 나타내려고 노력한다면, 거기에 연루된 사람은 여자 같을 것이다.

불행하게도, 남자들의 불안한 사회적 지위가 오늘날 많은 남자들로 하여금 자신의 아니마를 통해 활동하도록 강요하고 있다. 말하자면, 남자들이 환경과 관계를 유지하는 기능으로 아니마를 이용하고 있다는 뜻이다. 직원은 사장의 변덕에 대해 알아야 하고, 그런 사장에게 어떤 말을 해야 하는지를 알아야 하며, 그래서 꽤 여성적인 특징들을 익혀야 한다. 그런 남자는 상냥한 "오피스 걸"이 되어야 한다. 이런 여성성이 그에게 전혀 이롭지 않지만 그의 존재를 보장해준다. 그것이 아주 많은 남자들이 전쟁에 무조건적으로 열광하는 이유이다. 어쨌든 거기선 남자들이 땀을 흘리고 총을 쏘고 진정한 남자가 될 수 있기 때문이다. 주변을 살펴야 하는 도덕적인 사회에서 어떻게 사람이 남자가 될 수 있겠는가? 그 반대도 마찬가지로 진실이다. 오늘날의 여자도 종종 아니무스를 채택할 것을 강요받는다. 그러나 여자도 여자가 되기를 원하지 거꾸로 세상부터 먼저 차지하길 원하지 않는다.

이 소년에겐, 아니마 문제의 전체 범위가 꿈에 암시되고 있지만, 당연히 그 연령의 의식은 그 문제를 이해하지 못한다. 그러나 꿈 이미지는 어떤 감정을 자극하면서 적어도 감정적 흔적을 남긴다. 여기에 소년의 화장실 공상과 그것과 결부된 성욕이 있고, 저기에 소년이 분리해야 하는 아름다운 아이가 남게 되는 것이다.

이 분리의 고통은 도대체 무엇인가? 소년의 아니마가 처음부터 "슬픈 일이지만, 나는 너를 떠나야 해."라고 암시하는 이유는 무엇인가? 그는 그녀를 발견한 순간 그녀를 다시 떠나야 한다. 왜 그래야 하는가? 그 전에 무의식에서 무슨 일이 일어났음에 틀림없다. 그 일이 소년이 이 형상을 떠나야 하는 이유를 설명해줄지 모른다.

소년이 그 아니마가 너무나 위대하다는 확신을 품었을지 모른다. 소년의 첫 번째 아니마 경험은 이해할 수 없을 만큼 장엄하고 아름다운 그 무엇이다. 그 경험이 너무나 아름답기 때문에, 소년은 자신으로선 그걸 잃을 수밖에 없다고 생각한다. 그것은 너무나 경이로운 낙원에 작별을 고하는 것이며 고통으로 가득한 무엇인가의 시작이다. 그것은 낙원의 상실이다. 그것은 찬란한 기억과 태어나기 전의 이미지들과 연결되어 있으며, 이 기억과 이미지들을 아이는 여전히 느끼고 있다. 소년이 겪는 분리의 아픔은 소년이 그런 마법적인 이미지들에게 집착하고 있다는 점을, 그가 뒤로해야 할 세계로부터 빠져나오고 있다는 것을 보여주고 있다.

낙원을 상실한 뒤에 먼지를 먹는 일이 이어지는 것과 똑같이, 꿈은 소년에게 지금 더러운 길을 택해야 한다는 점을 보여주고 있다. 이 잃어버린 세상에 집착하는 것은 당연히 위험한 일이다. 그런 경우에 사람이 땅과 접촉하기를 거부할 것이고, 따라서 절대로 진정으로 태어나지 못할 것이기 때문이다. 최근에 나는 그처럼 아직 세상에 완전히 태어나지 않은 사람을 만났다. 자신이 태어나는 꿈을 지속적으로 꿔야 했던 사람이다. 그는 자신의 아니마에 갇혀 버렸다. 그런 사람들은 발달이 이상하게 정지해 버렸다는 인상을 준다. 그들은 세상과 접촉하지 못한다. 그러나 삶을 살기를 원하는 사람은 누구나 세상을 붙잡아야 하며 손을 더럽힐까 걱정해서는 안 된다. 세상은 깨끗하지 않다. 이 꿈을 꾼 사람은 세상과 접촉하는 문제에서 대단히 큰 어려움을 겪었다. 왜냐하면 그 사람이 거듭 아니마에 사로잡혔기 때문이다. 이것이 그의 발달을 중단시켰고, 그는 무능한 사람이 되었다. 그는 꿈의 거듭되는 경고를 귀담아듣지 않았다.

꿈속의 소녀는 소년이 알고 있는 소녀이다. 그러나 소녀는 앵글로색슨 민족의 특징들을 갖추고 있으며, 따라서 소년이 인생 후반부에서 자주 만나게 될 어떤 유형을 대표한다. 이 소년의 경우에 이 유형이 결정적으로 중요하다. 여자들은 지금도 하나의 유형을, 예를 들면, 요염한 여자의 유형을 따라 행동하길 좋아한다. 이런 점에서 보면, 여자는 서로 비슷하다. 여자들은 교체 가능하다. 그러나 이것은 남자의 아니마에게만 해당되는 말이고, 하나의 인격체로서 여자에게는 해당되지 않는다. 자신의 에로티시즘에 대해 어느 정도 알고 있는 남자들은 자신의 아니마가 어떤 모습인지 쉽게 알 수 있다. 그런 남자들은 이런 식으로 말한다. "이건 아니마일 뿐 다른 것은 절대로 아니야."

남자의 영혼에 아니마의 종류가 많지 않고 단 하나의 아니마만 있다는 것이 좀 이상하다. 한편, 여자들은 아니무스를 여럿 두고 있다. 종종 아니무스는 서로 결합되어 나타나기도 한다. 웰스(H. G. Wells)의 책 『크리스티나 알베르타의 아버지』(Christina Alberta's Father)에 탁월한 설명이 나온다. 거길 보면 늙은 남자들의 집단이 젊은 여자의 도덕적 행동에 관심을 보인다. 똑같은 현상이 초자연적인 것에 관한 문헌에도 묘사되고 있다. 윌리엄 제임스(William James)의 잘 알려진 영매인 파이퍼 부인(Mrs. Piper)의 정령들 중에, 그녀가 "황제 집단"이라고 부른 특별한 지배령(支配靈) 집단이 있었다. 아니무스는 매우 자주 권력 아니무스로 나타난다. 이와 대조적으로, 아니마는 적어도 발달이 정상적으로 이뤄지고 있는 남자의 내면에서는 기본적으로 하나의 통일체이다. 그런 남자는 결혼도 하고 자기 아내와 성관계도 가질 것이다. 게다가 그는 아마 멀찍이서 흠모하는 어떤 여인의 이미지를 품을 것이다. 만약에 그 사람의 차분하던 인생 경로가 설명할 수 없는 기분 변화나 외적 사건에 의해 불안정해진다면, 과거에 대한 회의가 일어날 것이다. 그러면 그는 자기 자신에게로 돌아가 내면의 갈등을 해결하려고 노력해야 한다. 그것은 곧 그 사람이 자신의 무의식과 어떤 관계를 확립해야 한다는 뜻이며, 이 관계는 아니마가 의식적인 것이 될 때에만 성취될 수 있다.

아니마가 의식적인 것이 될 경우에 나타나는 결과는 구별이 이뤄지게 된다는 점이다. 모순적이고 도덕관념이 없는 아니마가 찢어져 나가야 하는 것이다. 그렇게 되지 않으면 아니마가 의식에 이해되지 않는 존재로 남게 되기 때문이다. 구별이 이뤄지면, 남자는 하얀 아니마와 검은 아니마를, 성자와 마녀 또는 사악한 키르케[69]를 경험하게 된다. 아니마는 절대적으로 모순적인 존재이지만, 기본적으로 언제나 하나이고 똑같다. 남자를 매혹시키는 것은, 그래서 남자가 피해야 하는 것은 바로 아니마의 그런 모호한 성격이다. 라이더 해거드의 소설들을 읽어보라. 그러면 아니마라는 존재가 어떤 것인지를 알게 될 것이다. 해거드는 남아프리카에서 그녀를 만난 순간 그녀에게 너무나 강한 인상을 받았기 때문에 그녀에 관한 책을 여러 권 쓰지 않을 수 없었다. 그는 그 같은 현상 뒤에 어떤 초자연적인 존재가 숨어 있다는 것을, 또 그 존재가 고대의 여신들에게서 나왔던 이상하고 막강한 마법을 발산하고 있다는 것을 정확히 이해했다. 이런 신성한 형상들은 아니마 안에서 지속적으로 살고 있으며, 그 형상들은 악마적인 특성들과 악행과 기품뿐만 아니라 모성애와 쾌락의 특성을 두루 보인다.

그래도 아니마가 변화하지 않는 존재는 절대로 아니다. 예를 들어 개성화 과정이 시작된다면, 아니마도 마찬가지로 변화하기 마련이다. 아니마는 무의식의 한 형상이며, 따라서 의식적인 태도가 바뀌면 아니마의 성격도 바뀌게 마련이다. 아니마의 변화가 나이와 연결될 수도 있다. 원시인들을 보면, 이런 변화의 과정이 훨씬 더 구체적이며, 그래서 변화가 밖으로 뚜렷이 드러난다.

인디언들에게 일어나는 이런 변화의 예를 들려주고 싶다. 매우 호전적인 추장이 마흔 살이 되던 해에 자신이 여자로 변하는 꿈을 꾸었으며, 따라서 그는 여자들의 옷을 입고 여자들의 음식을 먹어야 했다. 현대인의 눈으로 보면 터무니없는 변화이다. 그러나 그는 꿈의 명령을

....
69 그리스 신화에 나오는 요부형의 미녀.

따랐으며, 그럼에도 불구하고 부족 안에서 옛날처럼 존경 받는 인물로 남았다. 그것은 큰 꿈이었으며, 소명을 받는 그런 꿈이었다. 원시인들 사이에 늙은 남자들은 현자로 여겨진다. 노인들은 부족의 가르침의 수호자이고, 부족의 존재를 가능하게 하는 위대한 비밀의 수호자이다. 이 지혜를 잃어버리면, 부족은 사라지고 말 것이다. 옛날의 유대인들도 비슷한 견해를 가졌다. '구약성경'을 보면, "너희 늙은이들은 꿈을 꿀 것이다."라는 대목이 있다. 그들은 그들의 내면의 귀를 열어줄 수 있는 현명한 아니마를 갖고 있었다.

내적 변화가 원시인들에게서 어떤 자연적인 형태를 취하는지를 보았다. 우리 현대인의 경우에 이것은 훨씬 더 복잡한 문제가 된다. 이유는 우리가 내적 과정을 구체적인 것으로 더 이상 만들지 못하기 때문이다. 현대인이 그렇게 된 이유는 부분적으로 문화적 과정이 자연스런 발달을 방해하면서 축의 이동 같은 것을 일으켰다는 사실에 있다. 그 결과, 우리는 원시적인 상황에서 이미 오래 전에 살았을 것을 더 이상 살지 못하는 상황이 벌어지게 되었다. 따라서 쉰 살 또는 예순 살 된 어느 남자는 스물여덟 살에 경험했어야 하는 것을 보충해야 한다. 그러면 대단히 유치한 일이 부자연스런 방식으로 전면으로 부각될 것이다. 이런 것들이 소위 닳아빠진 어린이들의 신발이라는 것이다.

이 모든 것은 관습이 자연스런 깨달음을 막아서 생긴 것들이다. 그런 식으로 늦어졌던 발달이 이제야 일어난다. 잘 알고 있다시피, 이 변화가 언제나 인생의 고비와 연결된다는 식으로 말하지는 못한다. 그런 변화가 훨씬 늦게 일어날 수도 있고, 전혀 일어나지 않을 수도 있다. 구체적으로, 매우 개화된 남자라면 절대적으로 추상적이고 비현실적인 존재를 지속적으로 영위하지 못한다. 또 전체 발달이 무의식에서 일어날 수도 있다. 그럼에도 불구하고 이 발달은 의식에서, 예를 들면, 신경 쇠약 또는 우울증의 형태로 나타난다. 또 그런 사람은 분노와 "여자의 논리"의 온갖 징후들을 다 보이는 그런 여자 밑으로 들어가고 의기소침해진다. 그러면 그 사람은 아니마에 지나지 않는다. 창조적인 사람들에게서 우리는 이런 단계에 그들의 창작물에 나타나는 변화를 관찰할 수 있다. 예를 들어, 니체는 극적인 차라투스트라의 경험을 서른여덟 살에 했으며, 이 경험은 그때까지의 지적 태도와 두드러진 대조를 보인다. 정말이지, 『차라투스트라는 이렇게 말했다』에서 여성적인 요소를 발견하기 어렵지만, 그 작품을 비판적인 눈으로 읽는다면 끝부분에서 아니마가 보일 것이다. 그러나 이 경험이 그를 광기로 이끈다. 니체의 아니마 에로티시즘은 오버베크(Franz Overbeck)가 토리노에서 발견하고, 그의 여동생 푀르스터 니체가 대단히 불쾌한 내용이라는 이유로 불태운 그 원고에 담겨 있었다. 심리학적 관점에서 보면, 이 시기에 있었던 그의 발전에 대해 아는 것은 대단히 흥미로운 일이었을 것이다.

영지주의자들은 아니마의 변형에 대해 이미 잘 알았다. 그들의 글을 보면, 아니마가 대단히 원시적인 단계에서 지혜의 단계로 발달하는 과정이 확인된다. 가장 원시적인 아니마는 하와(Chawwa), 즉 땅이다. 그녀는 어머니다운 모든 것과 받는 것을 나타내는 이브이다. 이 단계에서, 아니마는 여전히 순수하게 성적인 존재이며, 거의 인간 이전의 발달 형태로 있는 일종의 대지의 여신이다. 그 다음 단계가 헬레네이다. 영지주의 전설에 따르면, 시몬 마구스(Simon Magus)[70]는 티구스(페니키아)의 매춘굴에서 트로이의 헬레네의 화신인 듯한 소녀를 발견했다. 그래서 그는 그 소녀를 헬레네라고 불렀다. 트로이의 헬레네는 간부(姦婦)였으며 당시에 많은 영웅들의 연인이었다. 그녀는 실제로 "남자들이 뒤쫓도록 만드는 여자"의 전형이었다. 이 두 여자가 서로 연결되는 것은 두 사람 모두가 나쁜 명성에도 불구하고 내면에 어떤 빛을 갖고 있다는 점이다. 트로이의 헬레네는 남자에게 아름다움을 의미하고, 영지주의에서 말하는 헬레나는 의식(意識)을 의미한다. 이 단계에서 남자는 여전히 아니마를 하나의 집단적인 형상으로 경험하지만, 한 여자에게 집중하는 현상이 이미 일어났다. 이것은 매우 인간적인 단계이며, 부분적으로 문화의 발달에 기여한다. 그 다음 단계의 아니마가 특별한 인격인 마리아이다. 그녀는 성령의 연인이며, 그래서 신의 어머니가 되었다. 사생아를 낳은 어머니라는 수치는 그녀가 신의 어머니라는 상징체계에 의해 보상되고 있다. 이 단계도 여전히 인간적인 특성들을 보이지만 이미 영적인 특성들을 가리키고 있다. 영지주의자들에게 가장 높은 단계의 아니마는 소피아이다. 그녀는 신성한 '시지지'(syzygy)("짝" "함께 묶인 것" 등을 의미하는 그리스어 단어이다. 태양과 달이 일직선에 있는 것을 뜻하기도 한다)의 반쪽이다. 그녀는 가장 영적인 형태의 우주의 어머니이다. 인간적 또는 개인적 측면은 완전히 사라졌다.

아니마는 하나의 친구 또는 신비의 애인으로서 역사에서 언제나 중

....
70 기원후 1세기에 영지주의를 이끈 종교 지도자. 영지주의의 한 종파인 시몬주의를 창시한 것으로 전해진다.

306

요한 역할을 했다. 르네 당주(René d'Anjou)의 '사랑의 궁정'(Cours d'amour)을 보면 아니마가 아내보다 우위에 선다. 'maîtresse'(情婦)라는 표현은 실제로 안주인 또는 주인을 의미한다. 예를 들어, 중세에 아니마에 대한 숭배가 궁정 연애를 낳았으며, 그런 사랑을 하는 기사는 그녀에게 정성껏 봉사했다. 그 후의 역사에 맹트농 부인(Madame de Maintenon)이나 니농 드 랑클로(Ninon de Lenclos)나 귀용 부인(Madame de Guyon) 같은 여자들의 이름이 등장한다. 이 중에서 귀용 부인은 매우 영적인 에로티시즘과 이상할 만큼 깊은 지혜로 유명한 여자다. 그녀는 성인이라 불릴 자격을 갖췄다. 만약에 어떤 여자가 오직 딸이거나 오직 임신한 어머니이거나 오직 매춘부라면, 그것은 절대로 교양의 신호가 아니다. 원시인들과 원숭이들도 이런 식의 한 가지 역할은 잘 해낸다. 그러나 여자가 여신과 매춘부 사이를 오가고, 삶의 온갖 의문성과 다양성을 나타내면서 '영감을 자극하는 부인'이 되려면, 고도의 기술과 고도의 에로스가 요구된다. 그런 여자들은 훨씬 더 발달한 문화의 결실이며, 이 같은 사실은 중세와 전성기의 그리스에도 알려져 있었다. 당연히 당신은 페리클레스(Pericles)와 당대의 많은 문화인들의 정부였던 아스파시아(Aspasia)에 대해서도 잘 알고 있다.

　어떤 여자가 많은 남자들과 그런 관계를 갖도록 하는 것이 도대체 무엇인지 궁금해진다. 많은 아니마 유형들은 남성적인 어떤 면을 갖고 있다. 그러나 그 면은 어쨌든 어떤 남자의 영혼의 이미지이다. 그것은 아마 남자의 안에 있는 무의식적인 여성의 측면일 것이지만, 이 여성적인 측면은 남성적인 요소를 완전히 벗어던지지는 않았다. 그것이 어떤 남자가 자신의 아니마를 남성적인 일부 특징을 보이는 적절한 여자에게 투사하는 이유일 것이다. 그러면 그녀는 친구가 될 수도 있을 것이다. 그 관계는 이성애적인 경험에서 끝나는 것이 아니라 우정의 경험도 될 수 있다. 이 점이 매우 중요하다.

남자가 아니마를 피하는 것이 일반적으로 힘의 표시로 받아들여지는 것은 오직 젊은이에게만 해당된다. 젊은이는 아니마 유형을 피해야 한다. 그래야만 젊은이가 세상 속으로 발달해 들어갈 수 있다. 아니마와의 진정한 대면은 인생 후반기에 문제가 된다. 이 시기에 이르면 그 전에 옳았던 것이 사라지고, 예전의 이상들이 불타며 사라진다. 가치들의 재평가를 강조한 니체의 주장을 이해하는 것도 이런 맥락에서 이뤄져야 한다. 인간은 젊은 시절의 가치들을 파괴하고 하강을 준비해야 하는 것이다.

#5. 물속에 죽은 소녀가 보이는 꿈

일곱 살 소년의 꿈이다.

나는 호숫가를 걸어서 기선을 타는 부두로 갔다. 거기에 배들을 정박시키기 위해 나무줄기 두 개가 땅 속 깊이 박혀 있었다. 나는 이미 거기서 낚시를 한 적이 있다. 물속을 들여다보자, 거기서 나의 학교 친구가 보였다. 내가 다소 반한 적이 있는 친구였다. 그녀는 죽어서 그렇게 물속에 누워 있었다. 그녀의 얼굴은 여전히 살아 있는 것 같았다. 그녀는 빨강과 흰색의 체크무늬 앞치마를 걸치고 있었다. 나는 그녀를 계속 살피다가 그녀의 얼굴이 허물어져 내렸다는 것을 알았다. 그녀의 얼굴에 빨간색 금이 나 있었다. 그래도 기괴하다는 느낌은 전혀 들지 않았다. 훗날 시체에 관한 꿈을 꿀 때에는 기괴하다는 느낌이 들었는데도.

먼저 그 상황을 상상해 보자. 소년이 누군가에게 반한 상태이다. 소년은 애정이 깃든 감정을 처음으로 예감하고 있는데, 지금 귀여운 그 소녀가 물속에서 죽어 있는 것을 발견한다. 이 같은 사실은 실제로 소년을 놀라게 해야 한다. 놀라운 것은 이 일이 소년에게 놀라운 것으로 다가오지 않는다는 점이다. 소년이 그 일이 전혀 아무런 인상을 주지 않았다고 언급하는 것은 다소 의문스럽게 들리지만 충분히 이해가 된다. 소년들의 경우에 아주 무서운 일 앞에서도 태연한 척 "저건 아무것도 아니야."라는 식으로 말하기 때문이다. 그러나 이 꿈은 작은 드라마가 실제로 일어났다는 점을, 소녀가 반쯤 부패한 상태에서 물속에 누워 있다는 점을 보여주고 있다. 이건 무슨 뜻인가?

이 꿈엔 가능한 한 예단을 하지 않는 가운데 접근하면서 스스로 이렇게 묻는 것이 최선의 방법이다. 이 꿈은 무슨 이야기를 하고 있지? 이 꿈이 들려주고 있는 이야기는 '낚시를 갈 때마다, 너는 네가 사랑하는 소녀가 물속에 죽어서 누워 있는 것을 발견하게 될 거야'라는 것이다. 그것이 꿈의 메시지이지만, 이 메시지를 어떻게 해석해야 할까? 꿈은 자연과 비슷하다. 꿈이 당신의 귀에 대고 살짝 귀띔을 하는데, 당신은 그것을 무시한다. "흥, 쓸데없는 소리!" 그리고는 당신은 이 귀띔이 사실 얼마나 소중한 것인지를 망각해 버린다. 한 번 속는 셈 치고 이 귀띔의 비밀을 모두 파헤쳐 보라! 우리는 생명과 우주의 비밀을 절대로 이해하지 못한다. 인간이 이해하기엔 너무 복잡하다. 꿈도 마찬가지다. 꿈은 생명의 나무에서 마치 열매처럼 떨어진다. 그럼에도 그 열매는 너무나 단단하기 때문에 쉽게 깨어지지 않는다.

그렇다면 겉보기에 단순해 보이는 이 메시지의 의미를 이해하기 위해선, 먼저 세부 사항부터 살펴야 한다. 사건이 일어난 장소부터 보도록 하자. 기선이 정박하는 부두는 단단한 땅과 물을 연결해준다. 단단한 땅은 우리가 견고한 땅에 서 있다고 느끼도록 만드는 곳이고 우리가 볼 수 있고 호흡할 수 있는 곳이다. 소년이 꿈속에서 기선이 드나드는 부두에 있다는 사실은 그가 의식과 무의식 사이의 경계에 다가가고 있다는 것을 의미한다. 이것이 소년에게 현실 속에서 어떤 의미를 지니는가? 우리는 아주 단순하게 이미지에 집중해야 한다. 그는 땅에 있으며 큰 호수 또는 바다의 가장자리로 다가가고 있다. 소년이 계속 간다면 어떤 일이 벌어질까?

위험이 기다리고 있다. 그래서 꿈은 이렇게 말하고 있다. '너는 가장자리에, 끄트머리에 다가서고 있어.' 여기서 위험이, 물이라는 불확실한 요소가 시작된다. 이것이 이 꿈의 첫 번째 진술이다. 그러나 그때 소년은 기선이 닿을 수 있는 부두 위에 서 있으며, 이것이 그 상황을 다시 한 번 비틀고 있다. 상황은 이제 떠나거나 불안전한 해역을 여행하거나 호수를 둘러볼 가능성을 포함하고 있다. 이것은 용기 있는 모험의 원초적인 이미지이다. 꿈을 꾼 소년에게, 이것은 무엇인가를 해야 한다는 것을 암시한다. 소년은 기선이 정박하는 부두의 가장자리에, 달리 말하면 의식의 가장자리에 왔다. 무엇인가를 하기 직전 상황인 것이다. 바로 그때, 일상적이었던 것이 끝나고 모험이 시작된다. 소년은 지금까지 무엇을 했는가?

소년의 나이 때에 낚시는 놀이이지 전문적인 것은 전혀 아니다. 그 때까지 소년은 낚시를 하며 놀았으며, 그렇게 하면서 모호하고 무한한 영역에서 다양한 대상들을, 다양한 가능성들을 끌어올렸다. 낚시와 사냥은 오래 전부터 다소 재미있는 모험의 상징으로 통했다. 이런 분위기는 낚시가 위험해질 때까지 계속된다. 사냥이 잘못되어서 위험해진 예를 알고 있는가?

성 휴베르투스(St. Hubertus)[71]의 이야기가 있다. 어느 일요일에 하얀 수사슴을 보고는 그것을 어떤 수단을 써서라도 잡으려 들었던 어느 사냥꾼의 이야기이다. 갑자기 그는 수사슴의 뿔 사이에서 반짝이는 십자가를 보았다. 이것은 그가 절대로 기대하지 않았던 사냥감이었다. 그것은 그가 숲에서 만난 성령이다. 또 다른 휴베르투스라고 할 수 있는 성 에우스타체(St. Eustace)에 얽힌 이야기도 있다.

많은 사람들은 자신의 무의식과 쾌활하게 교류한다. 그들은 매일 무의식에서 고기를 잡고 심지어 무의식으로 "영양을 공급하는" 어부와 비슷하다. 그들은 무의식의 보물에서 온갖 종류의 선한 것과 악한 것을 끌어낸다. 그들은 그런 것들에 대해 교양 있는 대화를 할 수 있으며, 이런저런 철학적 의견까지 제시할 수 있으며, 심지어 그런 것들에 대해 신문에 칼럼까지 쓸 수 있다. 그러나 어느 날 그들이 동화에서처럼 황금 물고기를 낚는 일이 벌어진다. 그것은 무엇을 의미하는가?

그것이 아니마일 수 있다. 이건 낚시꾼의 그물에 잡히는 인어 이야

....
71 사냥꾼들의 수호 성인(656?-727).

기 같은 것이다. 그것은 전혀 아무런 영혼을 갖고 있지 않아서 그물을 추구하고 있는 존재이다. 바로 그것이 문제의 시작이다.

이 꿈에서도 소년의 낚시는 재미삼아 하는 행위이며, 소년은 그것이 하나의 모험이며 위험을 수반할 수 있다는 것을 깨닫지 못하고 있다. 이 순간에 꿈은 소년에게 이렇게 말한다. "조심해! 오늘 너는 고기를 한 마리도 잡지 못할 수 있으니. 오늘 너는 여느 때와는 다른 무엇인가를, 경이로운 무엇인가를 보게 될 거야." 우리가 물속에서 볼 수 있는 아주 매력적인 것은 무엇인가?

예를 들어, 수점(水占)에 물이 가득 담긴 검은 그릇이 이용된다. 오늘날에도 인도에서는 여전히 수점이 관습으로 내려오고 있다. 어린 소년들은 물그릇을 들여다봐야 한다. 그러다 소년은 무아의 상태에 빠져 자신이 본 것을 말한다. 수정을 들여다 볼 때에도 이와 비슷한 홀림이 관찰된다. 누스(정신, 지성, 지혜)와 피시스(physis)[72]의 영지주의 신화에 이상한 환상이, 그러니까 이런 식으로 자신을 비춰보는 것과 비슷한 것이 있다. 누스는 위에서 내려와서 피시스의 거울을 내려다보는 신성한 정령이다. 그는 그 거울에서 자신의 경이로운 그림을 본다. 바로 그때 피시스가 그를 꼭 붙들고 가도록 놓아주지 않는다. 그는 그녀 안에 포로가 된다. 피시스는 그가 들여다보는 물의 거울과 비슷하다. 피시스는 천 개의 팔을 가진 물이며, 무의식의 위험이다. 지금 이 꿈을 꾼 소년은 물에서 자신의 거울 이미지를 보지 않고 자신이 반한 소녀를 보고 있다. 그것으로 물은 자신의 비밀을 드러낸다. 바로 그 소녀가 천 개의 팔로 그를 잡아당기려 드는 피시스이다.

....
72 자연이란 뜻의 그리스어.

그러나 소녀는 매우 촌스러운 앞치마를 두르고 있다. 요리할 때 두르는 앞치마다. 집에서 일하는 요리사가 그런 앞치마를 걸칠 것이다. 그런데 소녀가 어머니의 앞치마가 아니고 가정부의 앞치마를 두르고 있는 이유는 무엇인가? 어머니와 정반대인 가정부는 무슨 의미인가?

가정부는 소년의 애정이 향하고 있는 존재이다. 가정부는 소년에게 엄마가 주지 않는 사탕을 몰래 준다. 시인 빌헬름 부쉬(Wilhelm Busch)는 그것을 이렇게 표현하고 있다.

"어린 소년은 누구나
아름다운 부엌 요리사에게 낚일 것이다."

가정부는 이따금 아니마와 완벽하게 일치하는 하위의 여자이다. 가정부는 부엌에서 음식을 장만하며, 부엌은 모든 것이 신비한 방식으로 준비되는 곳이다. 그곳은 존재가 시작되는 곳인 자궁이며, 세상에 존재하게 되는 것은 종종 전설에서 요리하고, 굽고, 튀기는 것과 연결된다. 어린 아이들이 만들어진 오븐이나 요리용 단지에 대해 생각해 보라! 그렇다면 요리사는 어머니의 형상이며, 어떤 나이대의 소년에겐 아니마 형상을 대표할 수 있다. 앞에서 어머니는 영혼의 이미지를 갖고 있는 존재라는 것을 보았다. 소년이 성욕의 시작을 느끼고 한 계단 아래로 내려가야만 할 때까지, 어머니는 대체로 그런 존재로 남는다. 성욕을 느끼는 나이에 이르면, 소년은 종종 부엌으로 들어갈 것이다. 이유는 그곳에서 소년이 더 적절한 무엇인가를, 자신의 관계의 수준에 부합하는 무엇인가를 발견하기 때문이다. 소년은 어머니를 다루는 것보다 요리사를 다루는 것이 더 쉽다는 사실을 깨닫는다. 거기엔 근친 상간 장벽 같은 것이 전혀 없기 때문이다. 그러나 그 결과 어머니는 더욱더 높이 올라가며, 그러다가 하늘까지 닿게 된다. 그러나 소년도 다루기가 덜 어려운 누군가를 찾고 있다. 훈육이 전혀 없는 곳을 추구하고 나서는 것이다. 어떤 여자가 온갖 응석을 다 받아주는 환경이 소년에겐 가장 편하다. 그런 경우에 훈육도 전혀 없을 테니 말이다. 그것이 소년들이 부엌의 사람들에게 그렇게 쉽게 애착을 갖게 되는 이유이다. 소년들에게 부엌은 애착과 집착의 장소이다.

물론 훗날 그것은 학교이다. 학교엔 소년이 적절한 짝을 구할 수 있는 여학생들이 있다. 물속에 있는 사람도 부엌의 앞치마를 두르고 있는 어린 여학생이었다. 앞치마를 두름으로써, 소녀는 그 뒤로 비밀까지 숨기게 되었다. 그러나 아이는 죽어 있다. 따라서 우리는 희망적인 전개가 거기서 끊어질 것이라고 말할 수 있다. 이것은 무슨 의미인가?

이전의 꿈과 마찬가지로, 꿈을 꾼 소년이 아니마와 분리되어야 한다는 뜻이다. 이전의 꿈에서, 꿈을 꾼 소년은 화장실에서 만난 아니마와 분리되어야 했다. 그 상황은 부엌에 관한 이 꿈보다 더 아래로 내려가 있다. 보다 리버럴한 관점에서 본다면, 아니마와의 관계가 이런 식으로 발달하는 것은 바람직한 것으로 여겨질 수도 있다. 그러나 이 같은 발달이 정지하고, 이상하게 갈망하는 분위기가 따른다. 죽은 소녀의 이미지는 소년에게 "너의 인생에서 가장 달콤한 꿈"이 저기 아래에 박살나 있다고 말하고 있는 것 같다.

소녀는 흰색과 붉은색 체크무늬가 있는 신비한 부엌 앞치마를 입고 있다. 붉은색과 흰색은 상반된 것들의 결합이다. 특히 붉은색과 흰색은 하얀 것과 붉은 것의 결합을 나타내는 중세의 신비한 결혼의 상징이다. 물속 깊은 곳에서 이런 결합이 일어난다고 말하는 연금술 논문들이 있다. 예를 들면, '비시오 아리슬레이'가 있다. 커플인 타브리티우스(Thabritius)와 베야(Beya)가 바다 밑의 삼중의 유리 집에 갇혀 있다. 이 유리 집은 대단히 뜨거우며, 그들은 땀을 쏟았다. 이 과정은 고대 자연 철학자인 아리슬레우스(Arisleus)(아리슬레우스는 아낙사고라스(Anaxagoras)의 제자인 아르켈라오스(Archelaos)를 말한다)와 역시 유리 집 안에 갇힌 그의 동료들의 도움으로 행해진다. 그들은 이 커플에게 다시 생명을 불어넣어야 한다. 그 철학자들은 의식(意識)을, 말하자면 무의식 안에 잠재해 있는 상반된 것들을 활성화시켜 그것들을 신비의 결합 쪽으로 이끄는 의식을 묘사하고 있다. 부활의 장소로서, 유리 집은 자궁의 상징이다.

흰색과 붉은색을 이해하기 위해서는 다른 무엇인가를 고려해야 한다. 소위 '베드로의 계시록'(Apocalypse of Peter)을 통해 알고 있듯이, 그 색깔들은 지하 세계의 색이기도 하다. '마비노기온'(Mabinogion)[73]을 보면, 지하 세계에 빨간색 코와 눈을 가진 하얀 개들이 있다. 자궁과 마찬가지로, 지하 세계도 무의식의 상징이다. 자궁과 지하 세계는 똑같이 출생 전의 어떤 잠재적인 상태를 나타내는 그런 무의식의 상태를 암시한다. 두 가지 색깔의 이분법은 꿈의 다른 세부 사항에, 다시 말해 시신의 특이한 부패에도 담겨 있다. 거기에 붉은색 금이 나타난다. 이것은 매우 사실적인 이미지이다. 하얀색 피부는 용해되고, 붉은 살점이 나타난다. 소녀 자체가 상반된 것들의 용해를 나타내는 앞치마

....
73 12세기와 13세기 웨일스의 이야기 11편을 모은 책.

4장 어린이들의 꿈에 관한 심리학적 해석(1939/40년 겨울)   **315**

가 되었다고 말할 수도 있다. 소녀는 부패 상태로 돌아갔으며, 지금 지하 세계의 희고 붉은 존재와 비슷하다. 이 부패 과정은 부패 작용이 재생으로 이어지는 연금술에서도 일어난다. 부패는 '니그레도'(검게 만드는 과정)와 연결된다. 부패는 지하 세계의 어둠처럼 완전한 무의식의 상태이다. 이것을 그 꿈에 적용한다면, 단순히 소녀가 무의식으로 해체되고 있다고 할 수 있다. 이것이 부정적인 결말처럼 보이지만, 꽤 반대로 이 결말은 긍정적인 무엇인가를 의미한다. 이 꿈을 꾼 소년이 아니마에 대한 집착으로부터 분리될 수 있는 것은 그 길뿐이기 때문이다. 소년이 그런 꿈을 꿔야 하는 이유는 무엇인가?

소년이 아니마에게 사로잡힐 위험이 있기 때문이다. 소년이 아니마 이미지에 빠질 경우에 세상 속으로 발달해 나가는 것이 불가능해질 것이다. 소년이 이런 메시지를 받아야 하는 구체적인 이유는 그가 어머니 콤플렉스를 갖고 있기 때문이다. 소년은 지금도 "어머니"의 이미지에 지나치게 집착하고 있다. 이 꿈은 어머니 콤플렉스를 가진 소년이 꾸는 전형적인 꿈이다. 어머니 콤플렉스는 자칫 아니마에게 강하게 사로잡히는 현상으로 이어질 수 있다. "어머니"에게 집착하는 사람일수록 자신의 무의식에서 일어나는 과정에 더 많이 의존하게 되고, 무의식적 과정의 원형적인 힘과 악마적 힘도 그만큼 더 강해질 것이다.

소녀들의 내면에서도 이와 비슷한 일이 일어난다. 그러나 소녀들의 경우에 그런 악마적인 힘이 될 수 있는 것은 아버지이다. 소녀들에게 어머니는 다른 역할을 한다. 어머니의 역할도 중요하지 않은 것은 아니다. 한 여자에게 어머니는 아니마가 아니다. 아니마는 언제나 갈망의 대상이기 때문이다. 그러나 여자에게 어머니는 사실 성기이고 자궁이다. 어떤 여자의 내면에 부정적인 어머니 콤플렉스가 자리 잡고 있는 경우에 그 여자에게 성 기능 장애가 다양하게 일어날 수 있다. 예를 들면, 월경 불순과 그 비슷한 장애들이 있다.

우리의 꿈에 등장하는 아니마에 어머니의 요소가 너무 많다. 소년은 어머니를 "너무 많이" 갖고 있다. 소년이 "어머니"로부터 자신을 떼어놓을 수 있게 하려면, 꿈은 소년에게 '지금 너는 가장자리 쪽으로 다가서고 있어.'라고 말해줘야 한다. 이제 삶의 모험이 시작된다. 이 모험을 소년은 지금까지 놀이로 즐겼다. 삶의 모험이 소년에게 커다란 고통을 안겨줄 것이라고 예상해야 한다. 그러나 꿈이 그런 식으로 진행되지 않는다고 해서 놀랄 필요는 전혀 없다. 이미 언급했듯이, 많은 소년들은 무엇인가에 강한 인상을 받았다는 사실을 좀처럼 인정하지 않으려 든다. 소년들의 그런 태도를 보면 신이 금지한 일이 아닌가 하는 생각이 든다.

꿈이 어머니에 대해 이야기하면서 소년의 학교 친구를 등장시키는 것은 소년의 나이 때문이다. 나는 그 아니마가 점진적으로 소년의 친구가 되는 과정에 대해 설명했다. 어떤 이유로, 어머니는 더 이상 아니마 형상을 대표할 수 없다. 요리사가 어머니의 역할을 대신한다. 아니면 앞치마를 두른 다른 여자도 어머니의 역할을 맡을 수 있다. 그 소녀도 마찬가지이다. 어머니의 대리자로서, 소녀는 죽어야 한다. 그리고 이 죽음은 바람직하다. 만약에 터무니없어 보이는 세부 사항인 앞치마가 없었다면, 이런 식의 결말이 바람직한 것인지에 대해 우리는 자신 있게 말하지 못한다. 그러면 우리는 이렇게 자문할 수 있다. 소년이 어쨌든 이 어린 소녀와 사랑에 빠지는 것이 바람직하지 않았을까? 또는 그런 정상적인 사랑의 표현이 차단된 것이 슬프고 놀라운 일이 아닐까? 만약에 소녀가 앞치마를 입고 있지 않았다면, 그거야말로 정말로 문제가 될 것이다. 그러나 앞치마가 요리사를 통해서 어머니에게 닿는 그런 비밀스런 연결을 드러내고 있다. 틀림없이, 소녀는 소년의 아니마이며, 이것이 정상적인 관계와 다른 점이다. 아니마 관계는 절대로 정상적인 관계가 아니며 언제나 공상적인 그 무엇이다.

#6. 동장군 잭 프로스트가 나타나는 꿈

세 살 소녀의 꿈이다.

> 잭 프로스트[74]가 다가오고 있다. 소녀는 잔뜩 겁을 먹고 있다. 잭
> 프로스트가 소녀의 배 곳곳을 꼬집는다. 소녀는 잠에서 깨어나면
> 서 자신이 자신의 배를 꼬집고 있다는 사실을 깨닫는다.

이 꿈은 초기의 자위와 연결되며, 자위는 세 살에 시작되었다가 곧 중단되었다. 이 꿈은 세 살 소녀의 꿈이며 그녀가 기억하는 최초의 꿈이다. 이 꿈에 몇 가지 의학적인 문제가 포함되어 있다. 소녀는 어떤 유전적 요소를 갖고 있다. 소녀의 숙모가 정신 분열증으로 고생했다. 소녀의 정신증은 몇 년 동안 잠재 상태에 있었으며, 처음에 어떤 강박

....

74   잭 프로스트(Jack Frost)는 19세기 말에 문학 작품에 자주 등장한 인물로 겨울, 눈, 얼음, 서리 등을 상징한다.

신경증으로 겉으로 나타났다. 강박 신경증은 우리가 잘 알고 있는 분열 현상 중 하나이다. 그것은 인격의 완전한 분리를 의미할 수 있다. 그렇게 되면 인격의 한 부분은 건강하게 남기를 원하는 반면에 다른 부분은 아픈 상태로 남기를 강력히 원한다.

꿈의 극적인 구조는 꽤 정확히 묘사되었지만, 결말 문제가 아직 명쾌하지 않다. 여기서 결말에 대해 말할 수 있을까?

꿈이 표현하고 있는 최종적인 것은 단지 불안이며, 분명히 불안은 문제의 해결일 수 없다. 더욱이, 불안 상태에서 꿈에서 깨어나는 것은 특별할 게 하나도 없다. 그러나 많은 불안 꿈들은 실질적인 결말을 갖고 있을 수 있다. 만약에 꿈만 봐도 불안 꿈이라는 것을 알 수 있다면, 결말이 그냥 암시되고 있다. 그러나 결말이 전혀 없는 경우도 가끔 있다. 이 꿈이 그런 예이다. 결말이 없는 꿈은 예후가 좋지 않다는 점을 암시하지만, 그것을 일반화해서는 안 된다. 그러나 이 꿈에서 예후가 좋지 않을 것이라고 의심해야 하는 이유는 무엇인가?

그것이 어린 시절 초기에 꾼 꿈이기 때문이다. 그 꿈은 그녀의 인생 내내 기억되어 왔다. 만약에 그런 중요한 꿈에 결말이 전혀 없다면, 분석가는 주의를 기울여야 한다. 이유는 그런 경우에 꿈을 꾼 사람이 안고 있는 결정적인 문제가 해결책을 발견하지 못하게 되기 때문이다. 당연히, 결말이 없는 꿈은 언제나 불만스런 인상을 준다. 비극적인 내용의 꿈일 때, 그런 인상은 특히 더 강해진다. 그런 꿈에 대해 들을 때, 분석가는 실제로 놀라면서 침묵을 지키고 싶어질 것이다. 지난번 세미나에서도 결말 없이 끝난 열다섯 살 소녀의 재앙 꿈을 두 가지 소개했다. 이런 꿈들에서 절정, 즉 재앙이 결말과 같았다. 게다가, 세 살 소녀가 꾼 이 꿈은 꽤 평범해 보이는데, 이런 빈약한 꿈들이 종종 좋지 않은 예후를 포함하고 있다.

그러나 우리는 그런 예들도 피하지 말아야 한다. 실제로 그런 꿈들이 나타나기 때문이다. 이 꿈 앞에서 "이건 어떤 종류의 끔찍한 꿈인가?"라고 묻는다면, 당신은 중요한 무엇인가를 이미 간파했다. 그럼에도 당신은 계속 질문을 던져야 한다. "이런 꿈이 나타나는 이유가 뭐지?" 아주 간단한 것도 진지하게 받아들일 수 있을 때에만, 우리는 지혜를 열 열쇠를 갖게 될 것이다. 하나의 꿈은 자연의 한 조각이나 마찬가지이며, 당연히 우리는 꿈에 반응해야 한다. 그러면 우리는 이따금 불평도 터뜨릴 것이다. "젠장, 이런 꿈이라니. 정말 병적일 만큼 빈약해. 이런 빈곤은 정말 슬픈 일이지." 우리는 이 자연의 빈곤이 우리에게 영향을 미치도록 내버려둬야 한다. 꿈이라고 해서 언제나 공상적인 디테일로 가득한 것은 아니다. 공상이 풍성하게 꽃을 피운다면, 우리는 이렇게 말할 수 있다. "지옥이 무너지는 것 같은 대혼란이 벌어졌구나." 여기선 아무것도 무너지지 않았다. 그 점이 좋지 않은 예후를 뒷받침한다. 꿈은 거기에 적절히 반응할 가능성에 대해서는 아무런 말을 하지 않는다. 꿈은 그 중요성에 비해 너무 빈약하다.

잭 프로스트라는 인물이 꿈에 나타나고 있다. 잭 프로스트는 영국의 민간전승에 등장하는 인물이다. 독일의 민간 신앙에도 이와 비슷한 인물이 있다. 얼음처럼 차갑고 냉담한 성 니콜라스(St Nicholas)이다. 그는 겨울의 시작을 상징하는 노인이다. 그러나 성 니콜라스는 호의적인 형상이다. 성 니콜라스는 나쁜 아이들을 숲으로 데려간다. 성 니콜라스는 아이들을 어둠의 장소로 데려간다. 12월이 시작되면 나타나는 창백한 형상으로서, 그는 또한 인간을 이 세상 너머로 데려가는 죽음이다. 그는 죽은 자들의 심판관과 같은 존재로서 나쁜 것은 처벌하고 선한 것은 보상한다. 지하 세계의 심판관인 오시리스와 비슷하다. 그렇다면 성 니콜라스의 형상 뒤에 매우 진지한 의미가 숨겨져 있다. 잭 프로스트가 민간전승에 훨씬 적게 등장하긴 하지만, 잭 프로스트도 성 니콜라스에 해당한다. 잭 프로스트도 마찬가지로 겨울이 시작할 무렵에 나타나며 '반드시 죽게 되어 있다는 진리'를 상기시키는 추위를 상징한다. 하얀 귀신인 잭 프로스트는 눈으로 만든 수의(壽衣)에 싸여 있는 것 같다. 우리의 꿈에서 잭 프로스트는 무엇을 의미하는가?

죽음이 이 꿈을 꾼 사람에게 닿고자 하고 있다. 계절은 겨울이다. 아직 봄은 멀었다. 잭 프로스트가 내성(內省)의 상태로 안내하는 긍정적인 측면을 갖고 있다는 말도 가능하지만, 이 꿈에서 그런 낙관적인 해석은 적절하지 않다. 이 꿈이 결말을 전혀 갖고 있지 않다는 점을, 꿈이 지극히 빈약하다는 점을 잊지 말아야 한다. 그러므로 잭 프로스트의 형상을 긍정적으로 받아들이는 것은 불가능하다. 우리는 잭 프로스트를 불길한 의미로, 모든 생명들을 얼어붙게 만드는 존재로 파악해야만 한다.

우리는 또 꿈에 충실해야 한다. 꿈에서 아이는 기쁨을 경험하지 않고 추위의 귀신을 두려워하고 있다. 그리고 이 형상이 그녀를 건드리고 있다. 에를킹도 그런 귀신이다. 괴테의 시에, 점점 커져만 가는 아이의 불안이 아름답게 표현되고 있다. 그러다 아이는 마지막에 이렇게 말한다.

"사랑하는 아빠, 오, 사랑하는 아빠, 그가 나의 팔을 잡고 있어!

아빠, 에를킹이 나를 해치고 있어!"

그런 다음에 아이는 죽는다.

잭 프로스트가 소녀의 배를 건드린 것도 불길하다. 배는 따스함을 발산하는 부엌이고 스토브이다. 우리는 태아로 있는 동안에 배 속에서 보호를 받는다. 우리는 추위를 느끼면 몸을 덥히기 위해 자기 배 쪽으로 한껏 웅크린다. 이 따스한 장소는 또한 모든 생명의 기원이고 중심이다. 이것은 복부에 있는 중요한 장기인 "간"(liver)이라는 단어에 잘 표현되고 있다. 살아 있는 사람이라는 뜻이니 말이다.

이 꿈이 정신적 죽음에 관한 것인지 육체적 죽음에 관한 것인지 말하기는 어렵다. 아이가 이 꿈에 대해 열 살 때, 그러니까 눈에 보이는 신경증 표시가 전혀 없는 때에 말했다고 가정하자. 그런 경우라면 나는 그것이 육체적 죽음을 가리키는지 정신적 죽음을 가리키는지 몰랐을 것이다. 아마 꿈이 대단히 걱정스런 무엇인가를 암시한다고만 말했을 것이지만 그것이 훗날 강박 신경증으로 이어질지 자살로 이어질지에 대해서는 알 수 없었을 것이다. 그러나 이 꿈을 꾼 소녀는 서른여섯 살에 정신병원에서 스스로 목숨을 끊었다. 정신증은 극도의 불안 상태에서 시작했다가 치명적인 종말을 맞을 때까지 점점 더 심해졌다. 이 꿈은 자살을 가리킬 수 있는 세부 사항을 한 가지 포함하고 있다. 그녀 자신이 차가운 손으로 자신의 생명에 개입했다.

자위는 그녀에게 하나의 방어적인 움직임이고, 액막이 마법이고, 죽음 앞에서 생명을 강조하는 행위이다. 이것은 사람들이 치명적인 위험이나 절망적인 상태에 처할 때 성적으로 자극을 받는 것과 똑같다. 메시나에 지진이 발생했을 때, 이런 절망적인 에로티시즘을 보여주는 증거가 많이 있었다. 그것은 생명 본능이 스스로를 강화하려고, 또 생명이 어떤 역경 앞에서 자신을 강화하려고 노력하는 것이나 다를 바가 하나도 없다. 그렇다면 이 꿈은 매우 비극적이다. 나는 꿈을 꾼 소녀가 자신을 꼬집었다는 사실과 자살이라는 결과를 연결하는 데 주저하지 않을 것이다.

#7. 투명한 쥐에 관한 꿈

10세 소녀가 꾼 꿈이다.

> 꿈에서 나는 쥐를 상상했다. 벌레들이 쥐 속으로 들어오자마자, 쥐는 회색이 되었다가 뱀이 되었고, 붉은색이 되었다가 물고기가 되었으며, 푸른색이 되었다가 사람으로 변했다. 쥐 자체가 인간 존재가 되었다. 남자와 여자들은 모두 그런 식으로 발달한다.

이 꿈은 아이가 죽기 1년 전이나 2년 전에 꾼 꿈이다. 나는 12개의 꿈 시리즈 중에서 이 꿈을 선택했으며, 이 시리즈 중에서 또 다른 꿈에 대한 이야기도 들려줄 생각이다. 그 꿈들은 모두 대단히 특이하다. 그런 꿈을 꾸는 환자는 극히 드물다. 나는 처음에 그 꿈을 읽고 놀랐다. 그러나 그 꿈이 무엇을 의미하는지에 대해서는 아는 바가 전혀 없었다. 이런 꿈의 경우엔 철저히 분석해야만 그것이 말하고자 하는 바를 적절히 알아낼 수 있다. 이 꿈에 적절히 접근할 수 있는 유일한 방법은 확충이다. 왜냐하면 비교적 희미한 이 꿈의 시각 언어에서 추론할 수 있는 것이 전혀 없기 때문이다. 프로이트의 방법으로는 어디에도 닿지 못한다. 아마 최종적으로 진부한 어떤 결론에 이를 것이며, 아마 일반적으로 알려진 결론일 것이다. 어떤 불행한 일이 드러날 것이다.

그러나 만약에 이 꿈을 신탁(神託)의 언어로 표현된 무의식의 메시지로 받아들인다면, 어떤 전제를 하는 것이나 마찬가지이다. 꿈이 어떤 의미를 지니고 있다고 단정하는 것이다. 그러나 몇 가지 시각적 개념들을 바탕으로 일관된 전체를 끌어내는 것이 결코 쉬운 일이 아니기 때문에, 그 의미는 한동안 우리에게 숨겨진 채 남아 있다. 그래서 투명한 쥐가 등장하는 이 꿈이 인간의 발달을 언급하고 있다는 것이 즉시적으로 분명하지 않을 것이다. "남자와 여자는 모두 그런 식으로 발달한다."라는 마지막 문장이 있음에도 말이다.

처음에 이런 관념적인 연결은 매우 이상하게 다가왔다. 그 아이에 대해 전혀 모른다면, 이 꿈의 뒤에 어떤 운명이 숨어 있다는 것을, 이 꿈이 정말로 종말을 가리키고 있다는 것을 깨닫기가 어려울 것이다. 그 시기에 나는 아이를 보았다. 소녀는 연약해 보였지만 아프지는 않았다. 그때 나는 치명적인 종말이 가까운 미래에 일어날 것이라는 점을 절대로 깨닫지 못했을 것이다. 내가 말할 수 있는 유일한 것은 아이가 다소 조숙하다는 인상을 주었다는 점이다. 소녀에겐 신경증도 전혀 없었고, 정신병의 유전적 흔적도 전혀 없었다. 나는 소녀의 아버지와 어머니를, 그녀의 가족에 대한 세부적인 사항을 다 알고 있다. 그래서 나는 그런 가능성을 배제시킬 수 있다.

그런 이상한 꿈의 경우에, 정신 분열증과 유전적인 정신병에 대해 생각해보는 것은 절대로 터무니없는 일이 아니다. 어쨌든 이런 꿈은 조심하라는 신호일 테니까! 그 낯섦으로 우리를 놀라게 만드는 그런 꿈은 다른 환자들에게도, 예를 들면 천재 기질이 있거나 천재를 많이 배출한 집안의 아이들에게도 나타난다. 그러나 그런 아이들의 경우에 꿈은 다른 종류의 꿈이며 훨씬 더 풍요롭다. 그러나 이 꿈이 속한 꿈 시리즈는 매우 강력한 공상이 아니며, 시리즈에 속한 모든 꿈은 실제로 빈약하며 무의식의 풍부한 자료에서 나온 것이 아니다. 오히려 아이가 자신의 일부와 함께 무의식 속으로 가라앉으며 생각과 이미지에 흠뻑 젖는 것 같으며, 아이는 그 생각과 이미지를 아이 같은 언어로밖에 포착하지 못한다.

이 꿈에서 핵심은 맨 마지막 문장에 표현되고 있다. "남자와 여자는 모두 그런 식으로 발달한다." 이것은 말하자면 꿈의 중심 사상이다. 틀림없이 이것은 일반적인 생각이며, 꿈을 꾼 소녀가 스스로 끌어낼 결론이다. 이제 우리는 이런 질문을 던져야 한다. 그런 생각이 무의식에서 올라올 때, 그 생각은 아이에게 어떤 의미를 지니는가? 그 생각은 어떤 정신 상태를 암시하는가?

먼저, 그 생각의 일반성을 출발점으로 삼아야 하며, 그 발달의 특별성은 한동안 무시해야 한다. 틀림없이, 아이가 모든 인간은 발달한다는 일반적인 진리를 알도록 하는 것이 꿈의 의도이다. 이 같은 의도는 아이의 의식에 어떤 의미를 지니는가?

여기서 꿈을 당신이 라디오나 전화로 듣는 대화처럼 상상하는 것이 중요하다는 점을 강조해야 한다. 누군가가 무슨 말을 하고, 그때 당신은 대화의 문장을 듣는다. 이어서 대화가 일단 끊어지고, 당신은 상대방의 입에서 나온 말을 다시 정리해야 한다. 꿈을 놓고 생각하는 것도 그런 식이어야 한다. 꿈을 해석하는 과정은 언제나 "엿듣는" 것과 비슷하다. 당신이 잠시 무엇인가를 엿듣고 있다. 그 무엇인가는 잠재의식적으로 선명해진다. 당신은 어떤 말을 하다가 잠을 깨지만, 아마 꿈 자체를 망각했을 수 있다.

우리는 그런 꿈을 아이의 의식적 상황에 대한 대답으로 이해하려고 노력해야 한다. 그런 꿈을 꾸는 아이를 사로잡고 있는 질문은 어떤 것일까? 아이가 "사람은 어떻게 생겨나는 걸까?"라는 궁금증을 품을 수 있지만, 여기서는 생물학적 발달에 대한 언급이 전혀 없기 때문에 그런 질문은 아닌 것 같다. 아이의 정신 상태부터 명확히 밝혀야 한다.

몇 차례 강조했듯이, 무의식에 시간 개념을 적용하지 못한다. 우리의 의식은 사물들을 시간 순으로만 인식하며, 따라서 우리의 시간은 기본적으로 연대순으로 배열된다. 그러나 무의식에서는 그렇지 않다. 거기선 모든 것이 함께 놓여 있기 때문이다. 무의식 안에서 우리 모두는 어느 정도 여전히 과거 속에 살고 있다. 어떤 의미에서 보면, 우리는 여전히 매우 어린 아이라 할 수 있다. 그래서 "아이"가 표면으로 나오는 데 특별히 필요한 것은 거의 없다.

동시에 우리는 전혀 아는 바가 없는 어떤 미래가 드리우는 그림자 속에 서 있지만, 이 미래는 무의식에 의해 이미 다소 예측되고 있다. 그래서 만약에 아이가 비교적 가까운 미래에 세상을 떠나게 되어 있다면, 무의식은 어떤 식으로든 이미 죽음을 예상하고 있을 수 있다. 가까이 다가오고 있는 죽음이 이미 아이의 영혼에 그림자를 드리우면서 소녀의 내면에 이런 질문을 떠올리게 했다는 단정도 가능하다. "사람이 어쨌든 종말을 맞게 되어 있다면, 세상에 존재하게 되는 이유가 도대체 뭐야?" "왜 사람이 존재하는 거지? 무슨 이유로 존재하게 되지?" 철학적인 질문임에 틀림없다. 대답 또한 철학적이기 때문이다. 그것은 우리가 죽기 전에 던지는 질문이다. "이렇게 죽어 가게 되어 있는데, 생명이란 도대체 무엇인가?" 뉴턴(Isaac Newton)이 임종의 자리에서 스스로 대답했다는 그 질문처럼 말이다. 뉴턴은 자신이 바닷가에서 다른 소년들과 놀았는데 다른 아이들의 조개보다 조금 더 아름다운 조개를 발견했다고 대답했다. 그의 말은 철학적인 질문에 대한 철학적인 대답이다. 그 꿈도 일종의 철학적 대화를 이끌고 있으며, 철학적인 대답은 "남자와 여자는 모든 그런 식으로 발달한다."는 것이다. "그것이 인간이 원래 존재하게 되는 방식이야."라는 뜻이다.

이 가설을 그 꿈 시리즈 속의 다른 꿈들에 적용한다면, 각 꿈이 모두 철학적인 성격을 지니고 있고, 어떤 철학적 질문에 대한 대답을 포함하고 있는 것이 확인된다. 예를 들면, 이 소녀가 "천국과 지옥"이라는 제목을 붙인 꿈이 있다. 이런 내용이다.

언젠가 나는 어떤 남자와 함께 천국으로 갔다. 거기엔 이교도의 춤을 추는 사람들이 있었다. 그런 다음에 우리는 지옥으로 갔다. 거기엔 온갖 선한 일을 하는 천사들이 있었다.

이 꿈은 선과 악의 상대성이라는 사상을 담고 있다. 이와 비슷하게,

특별히 철학적인 성격이 꿈 시리즈 속의 꿈에 똑같이 나타난다. 그래서 우리가 논하던 꿈이 어떤 철학적 질문에 대한 대답을 포함하고 있다고 한 가설이 맞는 것으로 확인된다. 꿈 시리즈 속의 꿈들은 서로 논리적으로 연결되고 있으며, 꿈들은 어떤 공통적인 내용을 표현하고 똑같은 정신적 상태에 대해 언급하고 있다. 그래서 이 꿈들 중 어느 한 꿈의 열쇠를 갖게 될 경우에, 우리는 대체로 전체 시리즈를 다 이해하게 된다.

이 꿈 시리즈에서 놀라운 것은 꿈들이 이상할 만큼 비개인적인 성격을 지니고 있다는 점이다. 사건들이 100만 광년만큼 떨어진 곳에서 관찰되고 있는 것 같다. 꿈속으로 들어가서 느끼기가 매우 어렵지만, 꿈들은 자아에 대한 언급이 전혀 없는 가운데 인간이라는 존재에 대한 근본적인 질문을 제기하고 있기 때문에 대단히 교훈적이다. "사악한 동물"이라는 제목이 붙은 꿈에서 이 점이 특히 두드러진다. 꿈을 꾼 소녀가 "섬"이라고 부른 꿈도 이런 객관적인 성격을 강하게 띠고 있다.

언젠가 나는 섬에 있었다. 작은 동물들이 섬을 가득 채운 채 사방으로 기어 다니고 있었다. 그것이 나를 정말 무섭게 만들었다. 그러다 작은 동물들이 어마어마하게 커졌으며, 엽기적인 모습의 어떤 녀석이 나를 먹어버렸다.

모든 꿈에서, 이 소녀는 사건이 어떤 식으로 전개되었는지에 대해 꽤 사실적으로 표현하고 있다. 그러나 꿈속의 상황들은 자아의식과의 연결이 있었더라면 감정적 반응이 훨씬 더 강력할 수 있는 그런 분위기이다.

지금 우리가 해석하고 있는 꿈은 남자와 여자들이 발달하는 과정을 어떤 식으로 그리고 있는가? 이 꿈은 우리가 원시 부족의 전설에서 발견할 수 있는 그런 설명을 제시하고 있다. 우주 발생에 관한 원시인의 이야기는 이 꿈의 내용과 아주 비슷하게 들릴 수 있다. 이 꿈은 고대의 패턴을 그대로 따르고 있다. 4가지 형태의 변화가 두드러지고, 그 형태마다 다른 색깔이 부여되고 있다. 그 형태들은 동물에서 인간으로 발달하는 단계와 일치한다. 여기서 이 단계들은 벌레를 갖고 있는 회색 쥐, 뱀을 갖고 있는 붉은 쥐, 물고기를 갖고 있는 푸른 쥐로 그려지고 있으며, 마지막 단계는 인간으로 표현되고 있다. 그런데 인간에겐 더 이상 색깔이 주어지지 않고 있다. 이 순서는 꽤 불완전하고 얼핏 봐도 다소 모순적인 것처럼 보인다. 예를 들면, 물고기의 단계가 뱀의 단계 뒤에 오고 있다. 이유는 무엇일까?

아이들과 원시인들에겐 벌레와 뱀이 서로 같은 부류로 여겨지기 때문이다. 옛날에 뱀은 벌레로 불렸다. 예를 들면, 날개가 없는 용이라는 뜻으로 'lindworm'이라 불렸다. 겉으로 드러나는 어떤 유사성이 이렇게 불린 이유였을 것이다. 뱀과 벌레는 모양이 비슷하고, 땅 속을 기어다니고, 은밀한 구멍 속에 있다. 벌레와 뱀은 똑같이 지하 동물이다. 그러나 벌레와 뱀을 동일시하는 것은 매우 원시적인 관점이다. 왜냐하면 뱀의 해부학적 구조가 벌레의 해부학적 구조보다 훨씬 더 복잡하기 때문이다. 계통 발생에서, 훨씬 더 발달한 신경계와 호흡계를 갖고 있는 뱀들이 물고기 다음에 온다.

쥐의 변형된 형태들은 다양한 세계라는 사상을 암시한다. 벌레들은 땅에서 살고, 물고기는 물에서 살고, 인간은 머리를 들고 다니기 때문에 사실상 공중에 속하는 것이나 마찬가지이다(그러나 여기엔 불의 세계가 빠져 있다). 인간의 직립 자세는 이미 많은 철학적 고찰을 낳았다. 이 맥락에서 뱀들을 분류하기가 쉽지 않다. 분명히, 뱀들은 언제나 배를 땅에 깔고 기어 다니지는 않았지만, '성경'에 나오는 것처럼 나중에 그렇게 하도록 저주를 받았다. "너희는 배로 다니고 살아 있는 동안에 흙을 먹으리라."('창세기' 3장 14절)

그러나 온갖 동물 중에서 발달의 매개체가 왜 하필 뱀일까? 정확한 이유는 모르지만, 뱀이 영혼의 동물이라서 그렇지 않을까 짐작해 본다. 쥐가 투명하다는 것도 영적인 것으로 느껴진다. 투명성은 언제나 물질의 정신성을 말해주는 기준이다. 그래서 '철학자의 돌'도 유리라는 뜻으로 '비트룸'(vitrum)이라 불린다. 철학자의 돌이 정신적인 성격을 지녔기 때문이다. 그렇다면 우리는 그 쥐가 투명성 때문에 정신적인 그릇을 형성할 수 있다고 상상해야 한다. 동물에서부터 인간에 이르기까지, 다양한 변화들이 일어나는 그런 그릇 말이다.

이 발달의 출발점은 회색 쥐이다. 회색 쥐는 영혼의 어둠과 연결되는 동물이다. 회색 쥐는 인간의 어두운 본성을 나타낸다. 그래서 회색 쥐는 사람에게 수시로 기분 나쁘게 느껴진다. 특히 밤에 그런 느낌을 더 강하게 준다. 쥐는 또 신경을 갉아먹는 생각들에, 그래서 밤의 귀신처럼 우리를 괴롭히는 양심의 가책에 비유된다. 쥐는 죽음과 어떤 관계가 있는 지하의 동물이다. 쥐는 죽음과 관계있는 동물로 아폴론과 연결된다. 그리스 사람들은 '쥐-아폴론'(Phoebus Smintheus)을 숭배했으며, 이 신을 모신 신전의 제단 아래에 쥐가 있었다. 거기서 쥐들은 보살핌을 받았으며, 어떤 의미에서 보면 이것은 액막이 마법의 의미를 지녔다. 이 대목에서 태양신인 아폴론이 쥐와 무슨 관계가 있는지를 물어야 한다. 지금 우리는 아폴론이 빛의 신일 뿐만 아니라 죽음의 운반자라는 것을 알고 있다. 왜냐하면 그의 화살이 쥐 같은 동물에 의해서 퍼뜨려지는 전염병을 가져올 수 있기 때문이다. 일반적으로 쥐는 무시무시한 죽음의 사자(使者)이다. 쥐가 퍼뜨리는 질병은 한 나라에 불길한 전조이다. 이것은 충분히 이해할 수 있다. 쥐가 퍼뜨리는 전염병이 도는 때가 가끔 있기 때문이다. 쥐는 번식력이 강하고, 농작물을 파괴하고, 기근과 질병을 야기하기도 한다.

'파우스트'에도 쥐가 등장한다. 메피스토펠레스가 조수인 쥐들을 부르면서 신비한 별꼴 오각형을 갉아먹으라고 하는 대목에서다.

쥐와 파리, 개구리, 빈대, 이의 주인께서
너희들을 불러 명령하노라.
이리로 나와서
여기 이 문지방을 갉아먹어라.

쥐의 회색은 어둠의 색깔이고 정령의 색깔이다. 이런 모든 것들을 근거로, 우리는 쥐를 발달의 어떤 어두운 출발점으로 이해할 수 있다. 예를 들어 고대 그리스에서 무덤에서 나오는 쥐는 죽은 사람의 귀신으로 여겨졌으며, 따라서 보살핌을 받고 먹이도 얻어먹을 수 있었다.

뱀들에 대해서도 똑같이 말할 수 있다. 만약에 무덤에서 나온 뱀이 집으로 들어온다면, 온 가족이 집 밖으로 나가야 했다. 죽은 사람의 영혼이 그 집을 차지했기 때문이다(일부 원시 부족에서도 똑같은 것이 발견된다). 죽은 자의 영혼으로서 뱀들은 심지어 그리스에서 공개적으로 숭배를 받기도 했다. 아크로폴리스의 에레크테이온에서 숭배되었던 뱀은 그곳에 묻힌 에렉테우스(Erechtheus) 왕의 영혼으로 여겨졌다. 죽은 사람의 살아 있는 영혼은 보통 매장지 구멍으로 바쳐진 음식을 먹고 살았다. 뱀 숭배는 액막이의 의미도 지녔다. 뱀들이 어둠 속에서 갑자기 튀어나와서 사람들을 놀라게 하는 동물이기 때문이다. 더욱이, 사람은 뱀들과 관계를 맺지 못한다. 뱀들은 무의식만큼 수수께끼 같고 놀랍다. 그래서 아득한 옛날부터 인간은 무의식으로부터 자신을 보호하듯이 뱀들로부터 자신을 보호했다. 예를 들어, 원시인들은 관절마다 부적을 달았으며, 원시인들의 삶 전체는 두려움 때문에 생겨난 엄청나게 많은 의식(儀式)의 지배를 받는다. 원시인들은 자신들의 무의식에 대한 두려움 때문에 세운 벽 안에 갇힌 것처럼 살고 있다. 무의식이 원시인들에게 언제든 농간을 부리기 때문이다.

뱀들, 특히 붉은 뱀들은 죽은 자의 영혼일 뿐만 아니라 감정 상태를 나타내기도 한다. 붉은 뱀들은 영혼의 열기를, 열정의 불을 상징하고, 따라서 발달의 보다 치열한 단계를 나타낸다.

쥐의 다음 변형인 물고기는 물의 요소를 나타낸다. 여기서 지하적인 특성이 뒤로 물러나고, 정신적인 것이 시작한다. 연금술에도 이와 비슷한 것이 있다. 원초적인 물이 충분히 가열되었을 때, 거기서 물고기의 눈 같은 무엇인가(즉 증기 거품)가 나타난다. 이것이 물고기에서 가장 소중한 것이고 계몽될 수 있는 것이다. 그렇다면 여기서 물고기를 영적인 요소로, 바람으로 변화하는 것으로 해석할 수 있다. 천지 창조가 일어날 때, 처음에는 원초적인 물밖에 없었으며, 이 물은 공기도 포함하고 있었다. 이어서 신은 창공 아래에 있는 물과 창공 위에 있는 물을 구분했다. 창공 아래의 물은 지하 세계를 접하고 있었지만, 창공 위의 물은 정신이다. 연금술 철학에 따르면, 생명의 정신이 여기서 성령으로 눈에 보이게 된다. 창공 위의 물은 '프네우마'(정신, 영혼)의 몸을 형성하며 일종의 미묘한 정신이다. 마지막 단계에서 인간들이 존재하게 된다.

다양한 색깔들은 4가지 단계와 일치한다. 회색은 귀신들의 색이다. 회색은 혼합색이고, 반 어둠이다. 회색 안에서 빛은 이제 막 완전한 어둠에서 나오기 시작한다. 연금술에서 니그레도는 죽음이 지배하는 초기의 상태이고 절대 무의식이다. 이어서 알베도(albedo), 즉 희게 하는 과정이 따른다. 연금술사들은 알베도를 아침과 여명을 낳는 떠오르는 태양이라고 부른다. 이 점에서 회색 쥐의 단계와 비슷하다.

연금술에서 붉은색은 흰색 다음에 온다. 여명에 이어 일출이 있고, 일출 뒤에 완전한 태양이 있는 것이다. 그리스 연금술에서, 완전한 배열은 "태양의 정오 위치"라고 불린다. 태양이 정점에 이를 때, 낮의 의미가 성취된다. 밤 동안에 준비했던 것이 그때 최고의 완전함에 달하는 것이다. 연금술에서도 완성된 몸은 '루비누스'(rubinus) 또는 '카르붕쿨루스'(carbunculus)라 불린다. 알베도보다 더 치열한 상태이다. 붉은색은 감정의 색깔이고 피와 열정, 불을 의미한다.

푸른색은 그 다음 단계를 가리킨다. 푸른색은 붉은색과 대조를 이루며, 냉정하고 차분한 상태를 암시한다. 푸른색은 하늘에 있는 마리아의 외투의 색깔이다. 그녀는 그리스도가 태어난 자궁이며, 언제나 영적 그릇의 상징을 대표했다. 푸른색은 또 물의 색깔이며, 따라서 무의식을 나타낼 수 있다. 우리가 물의 선명한 푸른색 속에서 물고기를, 무의식의 어둠과 대조를 이루는 정신적인 내용물을 보는 것과 똑같다. 푸른색은 연금술에서는 발견되지 않지만, 동양에서 발견된다. 동양에서 푸른색은 검정색을 대신하며, 실제로 지하 세계의 색깔을 대표한다. 이집트에서는 지하 세계의 오시리스가 검은색 또는 푸른색으로 그려진다. 그것은 지하 세계("초록의 주인"으로서 오시리스)뿐만 아니라 물의 세계의 특징인 청록색이다. 이 세계는 동물들이 해체된 정신으로 사는 "아래쪽 물"에 해당한다. 따라서 푸른색은 또한 죽은 자들의 영혼이 머물고 있는 청록색 바다이다. 네 번째 단계는 인간이고, 인간에게는 어떤 색도 할당되지 않는다.

그렇듯 발달은 네 단계로 일어나며, 이것은 결코 우연이 아니다. 연금술의 기본 법칙에서처럼, 가장 빈번하게 발견되는 구조이다. 이 법칙에 따르면, 변형의 과정은 네 단계로 일어난다. 이것은 인간의 모든 것은 넷으로 나눠진 무엇인가에서 발달한다는 사상을 표현하고 있다. 낙원 전설에서 에덴동산에서 흘러나오는 강은 갈라지며 4개의 수원이 되었다. 이 이미지가 영지주의자들에게 영적인 인간 존재의 발달을 보여주는 예로 채택되었다. 시몬 마구스에 따르면, 천국은 자궁이고, 에덴동산은 배꼽이다. 4개의 물줄기는 배꼽에서 나온다. 2개는 공기 관으로, 다른 2개는 혈관으로 나온다. 말하자면 성장하는 아이는 그 관들을 통해서 양식과 피와 정신을 받는다. 고대에 세계는 4가지 원소로 분류되었으며, 이 원소들은 4가지 기질과 일치한다. 4는 쇼펜하우어의 '충분한 이성의 원리의 사중의 뿌리'(Fourfold Root of the Principle of Sufficient Reason)라는 원리에 다시 등장한다. 기독교에서 넷으로 나누는 것은 십자가 상징에 의해 표현되고 있다.

세례수를 축성하는 의식도 있다. 이 의식이 치러지는 동안에 성직자는 물을 십자가 형태로 나눈다. 말하자면 물을 네 부분으로 나누는 것이다. 이런 식으로, 성직자는 창조의 시작을 되풀이한다. 이런 행위에 의해서 물은 신비하고 영원하고 신성한 물이 되고, 이 물에 의해 인간은 모든 죄와 불순을 제거한다. 말하자면 목욕재계가 인간을 다시 순진무구한 원초적 상태로 돌려놓는 것이다.

물론 4 외에도 신성한 숫자들이 있다. 그러나 전체성이라는 측면에서 '사위일체'(quaternity)는 원시적인 사상에서든 세련된 사상에서든 아주 중요한 역할을 한다. 4는 언제나 근본적으로 인간적인 것이 존재하게 되는 것을, 말하자면 인간 의식의 출현을 표현한다. 그래서 연금술 과정도 4가지 요소로 구분하는 것으로 시작하고, 이 구분으로 인해 몸은 다시 원초적인 상태로 돌아가고 변형을 경험할 수 있게 된다.

#8. 나쁜 동물이 등장하는 꿈

열 살 소녀가 꾼 꿈이다.

언젠가 꿈에서 어떤 동물을 보았다. 뿔이 아주 많이 달려 있었다. 그 동물은 뿔로 다른 작은 동물들을 받았다. 그 녀석은 뱀처럼 몸을 똘똘 말고 장난을 쳤다. 그때 푸른색 연기가 네 귀퉁이에서 새어나왔으며, 그러자 그 동물은 삼키는 행위를 중단했다. 이어서 선한 구세주가 왔지만 실제로는 네 귀퉁이에 네 명의 선한 신이 있었다. 이어 동물은 죽었으며, 그에게 먹혔던 것들이 모두 살아서 다시 나왔다.

이 꿈은 다소 어려우며, 꿈을 꾼 아이가 어리다는 점을 고려한다면 정말 놀라운 내용이다. 이 꿈은 우리가 드물게 만나는 그런 무의식의 산물이다. 지난번에 논했던 꿈처럼, 표현이 기본적으로 단순하다. 그러나 그것 자체가 놀라운 일이다. 얼핏 봐서는 이 꿈의 의미가 무엇인지 거의 아무것도 떠오르지 않는다. 단순한 꿈일수록, 일반적이고 근본적인 문제들이 나올 확률이 높다. 그 단순함이 기만적인 단순함에 불과하기 때문이다. 이는 꿈이 내용물의 중요성에도 불구하고 스스로를 표현할 내용물을 충분히 발견하지 못했다는 사실에서 비롯된다.

이 꿈을 우리는 어떤 원형들의 틀과 비교할 수 있다. 원형들의 틀이 삶의 시작 단계에 이미 경향으로 존재하면서 발달 과정에 점진적으로 알맹이를 채워나가게 되니 말이다. 만약에 원초적인 어떤 이미지가 의식에 뚜렷이 각인된다면, 우리는 그 이미지가 지니는 의미를 전부 파악해내기 위해 거기에 내용물을 최대한 많이 채워 넣어야 한다. 기본적으로, 이 꿈에서는 오직 중심축들만 암시되고 있으며, 이 중심축들은 이미지의 핵심 내용을 매우 일반적인 방식으로 표현하고 있다. 구성의 빈약이 내용의 중요성과 이상할 만큼 뚜렷하게 대조를 보이고 있다.

처음에 뿔이 달린 동물이, 일종의 용이 있다. 이 동물이 다른 동물들을 뿔로 받는다. 그것은 살아 있는 모든 존재들에게 죽음을 안겨주는 파괴적인 괴물이다. 우리는 이것이 죽음이라고 말할 수 있을 것이다. 그런 다음에 신성이 나타난다. 4개의 신들로 나뉘어져 있다. 이것이 전체 과정을 거꾸로 돌려놓는다. 괴물은 죽고, 작은 동물들은 다시 살아서 나올 수 있다. 이것은 전형적인 '에난티오드로미아'로서, 신과 용이라는 두 가지 극단적인 형상에 이미 포함되어 있다. 이것은 인간이 세상 속에서 두 가지 극단적인 존재인 신과 악마를 마주하게 된다는 케케묵은 이야기이다. 뿌리가 아주 깊은 인류의 꿈이다. 그 뿌리는 헤아릴 길 없는 깊이까지 닿는다. 그러나 여기서 꿈은 보다 완전한 형태를 취하지 못한다. 왜냐하면 어린 아이의 정신에는 아직 경험적인 자료가 크게 부족하기 때문이다.

이 대목에서 이런 질문을 던질 수 있다. 왜 아이가 이런 꿈을 꾸는 것일까? 완전히 이교도의 꿈이며, 상징들은 기독교 안에서는 거의 발견되지 않는 것들이다. '계시록'에 그런 이미지가 나오긴 하지만, 거기서 그 이미지들은 너무나 복합적인 맥락에서 너무나 불가해한 형태로 나오기 때문에 오늘날 우리는 그 이미지들을 거의 이해하지 못한다. 그렇다면 우리는 아이가 그 이미지를 '신약성경'에서 끌어내지 않았다고 단정할 수 있다. 더욱이, 소녀는 종교적 교육에 그다지 가치를 부여하지 않는 가족 분위기에서 성장했다. 어린이들의 공상에 대단한 매력을 발휘하는 고대의 역사적인 이미지들은 오늘날엔 더 이상 어떠한 역할도 하지 않는다. 이것은 우리 영혼에 일종의 상실이다. 왜냐하면 우리가 영혼에게 그 내용물을 표현할 수 있는 언어를 주지 않고 있기 때문이다. 종교 교육에서, 서양인은 아이들이 그런 이미지들을 가까이하지 않도록 유도하고 있으며 대신에 아이들에게 도덕 교육을 시키고 있다. 그런데 이 도덕 교육에서는 악마가 완전히 무시당한다. 그러나 이 꿈이 틀림없이 악마를 대표하는 사악한 동물에 관심을 두고 있기 때문에, 우리는 아이가 이 이미지를 학교에서 얻지 않았다고 확신할 수 있다. 그렇다면 이 그림에 외부 영향이 전혀 작용하지 않았다는 주장도 가능해진다. 유아의 영혼은 현대 심리학이 짐작하는 것과 달리 절대로 '빈 서판'이 아니며, 고대의 이미지들이 이미 아이의 영혼에 선험적으로 들어가 있다.

이 꿈에서 두드러지는 것은 꿈이 두 부분으로 나뉜다는 점이다. "하강하는" 첫 부분과 "상승하는" 그 다음 부분이 뚜렷이 구분되는 것이다. 이 두 부분은 앞에서 언급한, 꿈의 양극적 구조와 일치한다. 용은 첫 부분의 대표로서 생명과 파괴라는 두 가지 측면을 갖고 있는 유기체를 상징한다. 용은 중국에서 음(陰)의 원리로 표현되는 그런 존재를 나타낸다. 상승하는 부분은 대조적으로 푸른색 연기 속으로, 공기 속으로 올라간다. 푸른색 연기나 공기는 본래 양(陽)의 원리와 일치한다. 그것은 땅에서 올라오는 연기이며, 영적인 존재들이나 연기 형상으로서 신들을 포함하고 있다. 그런 존재들을 통해서 부활이 일어난다. 창조에 앞서 일어나는, 두 개로 나눠지는 원초적인 이미지는 '창세기'에도 발견된다. 거길 보면 깊은 곳의 어둠, 즉 창공 아래의 물은 그 위를 떠돌고 있는 신의 정령에 의해 배양된다. 그리하여 그 물은 임신을 하게 되고, 거기서 세상의 창조물이 나온다.

하강하는 첫 부분은 말하자면 아래쪽 물에서, 즉 무의식에서 일어난다. 용은 수많은 작은 동물들을 뿔로 들이받고, 그래서 그 동물들은 죽음을 맞는다. 여기서 동물과 결합되고 있는 다수라는 특성은 본질적으로 무의식적인 생명 과정의 기본적인 특징이다. 이 현상은 또 정신적 질병과 육체적 질병 사이의 경계에 있는 질병에 자주 발견된다. 예를 들면, 교감 신경계 장애나 중독 상태가 있다. 섬망증[75]에 수반되는 환각에 종종 엄청난 수의 쥐나 벌레, 사람이 나타난다. 이 다수는 교감 신경계의 본성과 밀접히 연결되어 있다. 왜냐하면 교감 신경계의 기능이 중앙 집중이나 통합이 아니라 각 세포의 개인적 생명으로 가지를 치거나 분리하는 것이기 때문이다. 따라서 삼켜지는 수많은 작은 동물들의 이미지는 분열을 암시하고 이 아이의 유기적 생명의 파괴를 암시한다. 말하자면 어떤 죽음이 일어나고 있다. 그런데 이 파괴의 과정은 또한 이 꿈 시리즈의 다른 꿈들에도 암시되고 있다. 이 꿈들에도 아이가 "지독한 병"이라고 이름을 붙인 꿈에서와 마찬가지로 동물들의 집단이 나온다. "지독한 병"이라는 제목의 꿈은 이런 내용이다.

언젠가 나는 지독한 병에 걸린 꿈을 꾸었다. 나의 살갗에서 갑자기 많은 새들이 나왔다. 새들은 모두 나의 다리와 몸에 앉았다.

다수라는 현상이 이 꿈처럼 꼭 신체 장기에 문제가 있는 경우에만 나타나는 것은 아니지만, 개인이 집단적인 환경으로 해체되는 것을 암시할 수 있다. 다수는 본래 무의식적인 생명 과정의 특징이다. 어떤 과정이 개인 안에서 무의식적으로 전개될수록, 그 과정은 다수의 영역에서, 집단의 영역에서 더 심하게 해체된다. 이런 경우에 그 과정이 여전

....
75 여러 가지 원인으로 갑자기 일어나는 의식의 장애를 말한다.

히 개인의 영역에 속한다는 것을 증명하는 것이 어려워진다. 그보다는 그 과정이 마치 "공중"에 있는 것 같고 다수에 속하는 것처럼 보인다. 따라서 그 과정은 다수에 의해 표현되고 있다. 전형적인 어떤 꿈을 통해서 이 점을 쉽게 보여주고 싶다.

> 누군가가 치료를 받으러 나를 만나러 오는 꿈을 꾼다. 그 길에 그는 많은 지인과 친척을 만난다. 이 같은 사실이 그를 짜증나게 만든다. 이제 모든 사람이 그가 심리 치료를 위해 융 박사의 진료실을 찾고 있다는 것을 알고 있다. 이어서 그가 나의 방으로 들어선다. 거기도 사람이 많다. 그래서 그는 말을 하지 못한다.

여기서 꿈을 꾼 소녀가 무의식 상태에 있다는 것이 다수성에 의해 암시되고 있다. 하나로 결합되지 않은 사람은 중심을 갖지 못한 상태에서 "주의가 산만"하다. 어떤 사람이 그런 상태에 있을 때, 모든 심리 과정이 전염되고 "참여"라는 특이한 현상으로 이어진다. 한편으론 개인의 내면에서 정신적 휘저음이 일어나서 전체 환경에 영향을 미칠 것이고, 다른 한편으로는 환경이 어떤 정신적 힘에 사로잡혀 있을 때 개인이 멀리 떼밀려나가게 된다.

당신도 흥분한 군중 속에 있으면 그 감정에 전염된다. 당신이 군중의 확신을 공유하지 않고 있어도 그런 현상이 나타난다. 당신이 거기에 맞서 할 수 있는 일은 아무것도 없다. 왜냐하면 감정보다 더 쉽게 전달되는 것은 없기 때문이다. 군중의 감정은 곧장 무의식 속을 파고든다. 그러면 한 사람의 개인으로서 그 힘에 맞서는 것은 거의 불가능하다. 종교적인 집단적 경험이 일어나는 것도 바로 그런 식이다. 그때 각 개인은 동시에 다수를 경험한다. 모든 사람이 서로 연결되어 있으며, 모든 사람의 안에서 똑같은 다수의 상태가 지배한다. 이 다수성에는 파괴적인 무엇이 있다. 이 다수성은 의식의 통합에 반대하고 의식을 해체시킨다. 다수가 나타나는 곳마다, 거기엔 자아의 통합과, 환경 속의 인간들의 다수 사이에 갈등이 일어난다. 달리 말하면, 사람이 환경이나 타인들의 의견, 신문 기사의 압박을 대단히 심하게 받게 된다는 뜻이다. "다수"는 그만큼 더 강한 저항과 편견을 대표한다는 사실이 자주 입증되며, 그런 저항과 편견은 개인의 통합을 저지한다. 그래서 꿈에서 어떤 숙모가 "얘야, 너 지금 뭐라고 했니? 융 박사에게 간다고 했니?"라고 말한다. 아니면 아버지와 성직자가 반대 의견을 표현할 것이다. 그러면 사람의 정신은 수많은 단위들로 해체되며, 분석가는 그 사람의 통일성을 되찾아주기 위해 그의 인격을 다시 짜맞춰야 한다. 그렇듯, 수많은 작은 동물들이라는 모티브에는 집단 심리가 상당히 많이 들어 있다.

따라서 우리의 꿈은 이 아이의 영혼하고만 연결되는 것이 아니라 아주 많은 사람들, 말하자면 아이의 부모와 형제자매, 전체 환경과도 연결되고 있다. 이 대목에서 나는 아이가 독일의 가정에서 태어났고, 아버지가 정치적으로 매우 적극적이라는 점을 덧붙여야 한다. 그렇다면 틀림없이 그런 환경이 크게 강조되었을 것이며, 흥분을 일으키는 일이 일어날 때 아이도 가족의 감정생활에 어쩔 수 없이 동참했을 것이다.

꿈의 첫 부분은 개인이 다수 속으로 용해되는 것을 표현하고 있으며, 두 번째 부분은 그 과정이 완전히 거꾸로 되는 것을 보여주고 있다. 용해 뒤에 통합이 따르고 있는 것이다. 통합은 푸른색 연기로 상징되는 위쪽 층(層)에서 일어난다. 통합은 꿈에서 이런 식으로 표현된다. "이어서 푸른색 연기가 네 귀퉁이에서 나왔다." 그런 다음에 "선한 구세주가 왔지만, 실제로는 네 귀퉁이에 4명의 신이 있었다". 신성은 증기나 연기 같은 그 무엇으로, 아래에서 공기 속으로 올라간다. 동시에 사위일체가 나타난다. 사위일체는 언제나 구성(構成)의 상징이며 카오스를 질서로 바꿔놓는 것을 의미한다. 지난 시간에 우리는 카오스를 4개의 원소로 나누는 것이 통찰력 있는 그 정신의 최초의 행위라는 것을 이미 보았다. 그것은 카오스처럼 뒤엉킨 온갖 현상에 질서를 부여하려는 시도이다. 4개로 구분하는 것은 '개성화의 원리'(principium individuationis)이다. 그것은 그 자체에 파괴의 위험을 안고 있는 수많은 형상들 앞에서 하나로, 또는 온전한 상태로 남는 것을 의미한다. 그것은 죽음을 극복하고 부활을 초래하는 것이다. 우리의 꿈에서 4개의 신이 등장하는 것이 사악한 용의 죽음을 야기하고, 이 동물의 죽음으로 인해 생명이 다시 시작할 수 있다. 수많은 작은 동물들이 모두 살아서 다시 나오는 것이다.

꿈의 첫 부분에서 지배적인 권력으로서 용은 신의 강림에 대비하고 있다. 용은 악마이고, 모든 것을 집어삼키는 지하 세계의 동물이다. 그러나 용은 다 삼키고 나면 자신까지 먹으면서 스스로 죽음을 초래한다. 그러면 일들이 방향을 반대쪽으로 틀고, 두 번째 단계는 질서를 다시 확립한다. 따라서 악마는 개성화의 예비적 단계이며, 그것은 부정적인 방향으로 똑같이 신성한 사위일체, 즉 전체성을 목표로 잡고 있다. 악마는 여전히 어둠이지만 그 안에 이미 빛의 씨앗을 품고 있다.

악마의 행위는 위험하고 치명적이지만, 동시에 악마는 씨앗이 싹트는 땅의 어둠과 비슷하다. 따라서 꿈에서 악마에 이어 푸른색 연기가 나타나며, 이 연기는 네 귀퉁이의 깊은 곳에서 올라오며 이 연기 속에서 신성한 사위일체, 즉 전체성이 눈에 드러나게 된다.

신과 악마가 같은 영역에 함께 있다는 사실은 연금술에서 중요한 역할을 한다. 거기서 악마는 메르쿠리우스의 뱀(serpens Mercurii)으로 나타나는데, 이 뱀은 동시에 지혜의 뱀이다. 영지주의에 속하는 나아센파(派)에게 뱀은 지혜나 로고스이다. 심리학적으로 말하면, 로고스가 처음에 독을 품은 한 마리 뱀으로 모습을 드러낸다는 것은 우리가 의식으로 이해하지 못할 강력한 어떤 내용물이 무의식에서 나올 때마다 전체 자아의식이 무의식 속으로 끌어당겨져 해체될 위험이 있다는 뜻이다. 이 내향 과정은 최종적으로 정신적 병으로 이어질 수 있다. 의식이 완전히 비워질 수도 있다. 왜냐하면 그 내용물이 자석에 끌리듯 무의식에 끌리고 있기 때문이다. 이 과정은 자아의 완전한 상실로 이어지며, 그러면 그 사람은 단순한 자동장치로 변한다. 그런 사람은 사실상 더 이상 거기에 있지 않은 것이나 마찬가지이다. 그 사람은 이리저리 떼밀리는 나무토막 같다는 인상을 준다. 그는 독창력과 자발성을 완전히 상실한다. 그의 의식이 무의식의 내용물에 의해 완전히 해체되었기 때문이다. 개성화의 과정에도, 새로운 내용물이 이런 식으로 삼키는 형태로 모습을 드러내며 의식을 가릴 수 있다. 이런 상태는 우울증으로, 말하자면 아래로 끌려내려가는 것으로 경험된다.

무의식이 외부 세상으로 스스로를 투사하려는 경향을 갖고 있기 때문에, 사람이 자신의 모습을 온전히 지키지 못하고 환경 속으로 용해

될 위험이 언제나 있다. 그것이 연금술사들이 작업을 벌이는 동안에 연금술 그릇을 밀봉한 상태로 둬야 한다는 점을 거듭 강조한 이유이다. 만약에 뚜껑이 열리면, 증기가 달아나고 그 과정이 방해를 받을 것이다. 오직 우리가 상황을 견디면서 우울증을 받아들일 때에만 내면적으로 변화하는 것이 가능해진다. 그렇게 되면 삼키는 동물이 힘을 잃게 되고, 새로운 내용물이 의식에 의해 이해될 수 있다.

아이가 뿔의 숫자에 대해선 언급하지 않지만, 꿈에서 용처럼 생긴 동물은 뿔을 가진 형상으로 나타난다. 뿔이 난 뱀의 이미지는 신화에 자주 등장한다. 7개의 뿔은 일주일의 7일과 관계있으며, 뿔마다 하나의 행성을 의미한다. 7일 동안에 달은 한 단계(일주일)를 마무리하고, 7일이 4번 지나가면 루나 여왕이 7개의 행성과 함께 하늘을 가로지른다. 7개의 행성이라는 개념은 연금술에서 중요한 역할을 한다. 연금술에서 이 행성들은 지하 동굴에 함께 앉아 있으며, 그것들은 땅의 자궁 안에 숨겨진 일곱이다. 여기서 일곱은 금속들의 대표자들이다. 용이 12개의 뿔을 갖고 있다면, 그것은 12개의 달 또는 황도대의 12개 별자리를 나타낸다. 그래서 우리는 꿈속의 동물이 머리에 왕관처럼 7개의 행성이나 황도대의 12개의 별자리를 달고 다닌다고 할 수 있다.

고대에 뿔을 가진 뱀의 이미지는 하늘로 투사되었다. 그것은 용자리라는 잘 알려진 이미지에 나타나고 있다. 이 별자리는 빛나는 별들의 리본으로서, 그리고 하늘의 뱀으로서 큰곰자리와 작은곰자리 사이를 떠돌면서 언제나 사람들의 눈에 보이는 상태에서 북극 주변을 움직이고 있다. 이곳에서 세상의 불이 타고 있으며, 따라서 '불의 극(極)'이라 불린다. 그곳에서 용이 하늘에 있는 대상들을 영원히 지켜보면서 돌고 있다.

지금 우리는 고대인들이 실제로 하늘에서 곰과 뱀을 보았다는 식으로 생각해서는 안 된다. 이것은 우리 모두에게 고유한 신화이며, 따라서 모든 사람이 그것을 하늘로 투사할 수 있다. 그리하여 우리의 과학은 별들과 함께 시작했다. 거기서 세계에 대한 우리의 인식이 생겨나게 되었고, 거기서부터 우리는 과학을 끌어냈다. 우리 내면의 가장 깊은 층은 하늘에 숨겨져 있다. 옛날의 아라토스(Aratus)[76]가 신화적으로 별자리를 해석한 것으로 여겨지는데, 그것은 터무니없는 소리다. 그는 아무것도 해석하지 않았으며, 모든 것이 언제나 그런 모습으로 하늘에 있었다. 이 하늘의 뱀, 즉 용자리는 우리 안에 있는 어떤 원초적인 이미지의 재현일 뿐이다.

훗날 기독교 시대가 시작할 때, 자연을 강조하던 영지주의 철학자들은 뱀의 이런 투사들을 인간 속으로 통합시키면서 그것들을 인간 구조의 일부로 인식하려고 노력했다. 그리하여 뱀의 몸은 척추가 되었고, 뱀의 머리는 뇌가 되었다. 원형을 이런 식으로 신체 부위로 통합시킨 것은 탁월한 해석을 보여주고 있다. 척추라는 낮은 정신의 중심들이 틀림없이 무의식의 자리라는 점을 고려한다면 말이다. 신비한 북극 주변을 감고 있는 하늘의 뱀은 이미 뱀을 무의식의 자리로 보는 사상에 근거한 것이었다. 하늘의 뱀은 자신의 중심을 돌듯이 회전하고 있다. 세계의 축은 극을 관통하고 있으며, 극은 어떤 의미에서 보면 세상의 중심이지만, 무의식의 중심이기도 하다. 모든 것이 그 주위를 돌고 있는 그런 중심 말이다. 거기서 극의 지배자인 신이 전체 창공을 맘껏

....
76 B.C. 3세기 마케도니아에서 활동한 시인으로, 천문학에 관한 시로 유명하다.

주무르듯 이동하고 있다. 똑같은 사상이 미트라교의 전례(典禮)에도 나타난다. 거길 보면 신이 오른손으로 소의 어깨를 잡고 흔든다. 이것이 용처럼 북극을 중심으로 회전하고 있는 큰곰자리이다. 회전하는 뱀과 비슷한 이미지는 소위 탄트라 요가에도 발견된다. 거기선 쿤달리니 뱀이 시바의 남근상인 링감을 세 바퀴 반을 감고 있다.

그렇다면 신비한 뿔을 가진 용을 면밀히 살핀다면, 그것도 다른 측면에서만, 말하자면 어두운 측면으로만 신성을 나타낸다는 것이 확인된다. 꿈에서 용에 이어 푸른색 연기가 네 귀퉁이에서 올라오고 이어서 존재가 넷으로 나뉜다. 그것은 신의 긍정적인 측면을 나타낸다. 끝으로, 나는 사위일체라는 중요한 개념에 뭔가를 더하고 싶다. 사위일체가 기독교 교리에 포함되지 않을지라도, 사위일체가 종종 그리스도의 이미지에 나타난다.

기독교 교리는 삼위일체이다. 사위일체는 기본적으로 이교도의 개념이며, 기독교보다 역사가 훨씬 더 깊다. 원칙적으로 사위일체는 거기서 영원한 자연의 뿌리를 본 피타고라스(Pythagoras)까지 거슬러 올라간다. 4는 자연의 내적 핵심을 표현하는 숫자이다. 이 의미는 세월을 내려오는 가운데서도 계속 지켜져 왔다. 기독교를 예로 들면, 4명의 복음서 저자들의 가운데에 권좌에 의기양양하게 앉아 있는 '영광의 왕'(rex gloriae)을 그린 그림이 있다. 복음서 저자들이 동물 상징으로 표현되는 경우가 종종 있다. 그들 중 3명은 한 마리의 동물로 상징되고, 오직 네 번째 전도사인 요한만 천사로 상징되고 있다. 로마네스크 시대의 그림 중에는 이 복음서 저자들이 각자 동물의 머리를 가진 것으로 묘사된 그림도 있다. 마가는 사자의 머리를, 마태는 독수리의 머리를, 누가는 송아지나 황소의 머리를 가진 것으로 그려진 것이다. 복음서 저자들의 네 가지 상징이 한 마리의 동물로 암축되기도 했다. 그래서 '네 겹의 존재'인 '테트라모르포우스'(tetramorphous)가 등장해 교회의 산(山) 역할을 했다.

영지주의에도 신의 아들을 4개의 기둥을 가진 연단 위에 선 모습으로 그린 것이 보인다. 4개의 다리는 4개의 복음서를 나타내는 4개의 기둥이다. 사위일체를 그린 그림들엔 신비적인 직관이 넘친다. 아마 당신도 영지주의의 "안트로포스"(Anthropos), 즉 4개의 문을 가진 도시로 상징되는 원초적인 인간을 알고 있을 것이다. 그가 바로 스스로를 탄생시키는 '아우토게네스'(Autogenes)이다. 그는 또 두 커플의 부모에게, 즉 네 사람에게 둘러싸여 있다. 게다가, 이레네우스(Irenaeus)에게서 위에 계신 어머니(아노메테르(Anometer)), 즉 바르벨로(Barbelo)라는 사상이 발견된다. 바르벨로는 신의 여성적인 모습이며, 그녀의 이름은 "넷에 신이 있다"라는 뜻으로 해석된다.

수많은 영지주의 종파에 그와 비슷한 사상들이 있다. 그 사상은 간혹 근본적인 하나에서 3가지 추가적인 원리가 나오는 형식으로 나타나기도 한다. 아니면 그 사상은 아리스토텔레스에 보다 가까운 모습을 보이면서 원래 4개의 원소가 있었으며 다섯 번째 원소가 바로 그 요소들의 중심이라는 것을 의미하기도 한다. 아리스토텔레스에게 이것은 에테르이다. 그렇다면 4는 3+1이나 단순히 4, 또는 4+1으로 여겨지고 있다. 그러나 마지막의 경우, 즉 4+1의 결과는 무의식 상태를 표현할 5가 아니라, 언제나 4의 기원이거나 4에서 비롯된 '제5원소'(quinta essentia)이다. 연금술에서 한 달이라는 개념은 하나의 기본적인 원리이다. 그것은 또 '원물질'이라고도 불리며, 4가지 원소가 거기서 나온다. 거꾸로 이 원소들에서 넷의 정신적 통일성을 나타내는 '하나'가 발달한다.

여기서 사위일체는 이 하나가 펼쳐진 것이며, 그것은 의식을 위한 어떤 방향성의 체계가 되었다. 한 예가 지평선을 4개의 부분으로 구분하는 것이다. 게다가, 4가지 원소들은 세상에 최초의 방향성을 제공하고 있으며, 4가지 기질은 인간의 혼란스런 정신의 본성 속에서 마찬가지로 방향성을 제공한다. 이 기질들에 따라서, 인간 생명의 원리들이 신체 안에 일종의 차크라 체계로, 뇌와 가슴, 간, 생식기에 자리 잡고 있다. 그렇다면 이성과 자신감 넘치는 기질은 뇌와, 용기와 화를 잘 내는 기질은 가슴과, 생명의 온기와 우울한 기질은 간과 연결된다.

연금술에서 넷으로 구분하는 것이 매우 특별한 역할을 한다. 메르쿠리우스의 본성이 십자가이기 때문이다. 메르쿠리우스는 그 사중성에서 상반된 것들의 결합을 표현하고 있다. 메르쿠리우스는 상상 가능한 존재 중에서 가장 특이하고 역설적인 존재이다. 메르쿠리우스는 또 '도망 다니는 사슴'(cervus fugitivus)이라 불린다. 수은처럼 손가락 사이로 빠져나가면서 결코 잡히지 않는 존재라는 뜻이다. 메르쿠리우스는 4개의 메르쿠리우스로 구성되어 있으며, 그 이름은 다음과 같다.

1. 메르쿠리우스 브루투스(mercurius brutus). 자연 그대로의 메르쿠리우스, 즉 평범한 수은이란 뜻이다.
2. 메르쿠리우스 수블리마투스(mercurius sublimatus). 영적인 존재로서의 메르쿠리우스를 말한다.

3. 메르쿠리우스 마그네시에(mercurius magnesiae). 순수한 물질로서 마그네시움, 빛나는 지혜, 위대한 빛이라는 뜻이다.

4. 메르쿠리우스 웅투오수스(mercurius unctuosus). 땅과 물질의 내장에서 발견하는 칠흑 같은 어둠을 나타내는 기름 같은 메르쿠리우스라는 뜻이다. 이 메르쿠리우스는 끈적끈적하고 찐득찐득한 물질로 여겨진다.

넷으로 나눠진 이 메르쿠리우스는 메르쿠리우스가 자웅동체라는 사상과 일치한다. 그가 새로운 빛을 품고 있는 남자이며 여자인 '레비스'이기 때문이다. 중세에 때 묻지 않은 처녀 메르쿠리우스가 땅의 내장 속에 살고 있다는 사상이 있었다. 연금술사들은 신이 세상 속에 어떤 영적인 물질을 집어넣었으며, 그래서 그것이 인간에 의해 구원을 낳을 물질로 바뀌어야 한다고 확신하고 있었다.

신이 북극에 등장하는 것에 대해 말하자면, 프르츠바라(Erich Przywara)[77]의 명상에 그와 비슷한 것이 있다. 거길 보면 신이 상반된 것들의 일치로 나타난다. 신이 스스로를 드러낼 때, 이 같은 일치가 십자가 위에서 어떤 갈등에서 일어난다. 여기서 당신은 전체 상징체계를 볼 수 있다. 그 갈등 상황은 의식이 발달해 나온 기원처럼 보이며, 그런 상황은 지금도 거듭 새롭게 생겨난다. 우리는 지금도 매일 이 상황을 목격하고 있다. 어느 누구도 머리를 무엇인가에 부딪지 않고는 의식적인 존재가 되지 못할 것이다.

이 아이는 왜 그런 꿈을 꾸어야 했을까? 이에 대한 대답을 나는 알지

....
77 폴란드 출신의 예수회 성직자이며 철학자(1889-1972).

못한다. 우리는 단지 이런 일이 일어났다고만 언급할 수 있을 뿐이다. 아이는 어떤 진리를, 인간의 절대적이고 근본적인 진리를 들었다. 물론 이를 증명할 증거는 전혀 없다. 그 증거는 진리 안에 들어 있다. 그 진리는 영혼에 의해, 그리고 인간 존재들이 아득한 옛날부터 생각해온 것들에 의해 표현되고 있다. 이런 것들이 영원히 살 진리들이다.

5장

어린이들의 꿈에 관한 세미나
(1940/41년 겨울)

여기서 우리는 정확히 이해되지 않는 경우가 많은 특별한 종류의 어린이들의 꿈을 다루고 있다. 그것들을 특별하다고 부르는 이유는 이 꿈들이 어린이들에게서 관찰된 꿈이기 때문이다. 말하자면, 아이의 아버지나 어머니가 직접 기록한 꿈이라는 뜻이다.

이번에 다룰 꿈은 그런 꿈이 아니다. 어른이 기억하고 있는 어린 시절의 꿈이다. 그렇다면 여기 제시되는 꿈들은 이미 선택 과정을 거쳤다는 뜻이다. 이 꿈들은 일종의 시간의 테스트를 버텨내면서 계속 기억된 꿈들이다. 예를 들어 누군가가 당신의 어린 시절의 꿈들을 기록해 두었다가 당신에게 그 내용을 읽어준다면, 그 꿈들은 아마 당신에게 완전히 낯설 것이며, 당신은 그것을 기억조차 하지 못할 수 있다. 그러나 그 꿈들 중 일부는 첫날처럼 선명하게 당신 머리에 남아 있을 수 있다. 여기서 우리가 다루고 있는 꿈은 바로 그런 꿈이다. 이 꿈들 중 일부는 내가 직접 채집한 것이고, 일부는 세미나에 참석한 사람들이 나에게 들려준 꿈이다.

어떤 꿈의 문제가 더 이상 예리하지 않을 때, 말하자면 꿈의 문제가 해결되고 극복될 때, 그 꿈은 기억에서 사라진다. 만약에 꿈이 사라지지 않고 기억 속에 계속 남아 있다면, 그 문제가 아직 해결되지 않았거나 꿈이 그 사람이 아직 이해하지 못하거나 영원히 이해하지 못할 그런 무엇인가를 건드리고 있을 것이다. 평범한 사람에게 완전히 무의식에 남아 있을 현상과 내용물이 건드려지고 있는 것이다. 그리고 이런 것들은 미래의 운명의 형성에 엄청난 영향력을 행사하며, 따라서 기억 속에 완전히 박히게 된다.

그런 꿈들은 특별히 중요하다. 왜냐하면 어떤 의미에서 보면 그 꿈들의 내용물이 훗날 삶의 문제를 예고하고 있기 때문이다. 구체적으로 이런 꿈들은 고대인들이 꿈에 예언적인 의미를 크게 부여한 이유를 설명해 준다. 고대 내내, 그리고 중세의 어느 시기까지, 꿈들은 미래를 예측하는 것으로 믿어졌다. 우리의 의식은 오직 밖으로만 향하고, 그 빛은 이 세상 위로만 비춰진다. 의식은 뒤로는 절대로 빛을 비추지 않는다. 그러나 만약에 의식이 뒤로도 빛을 비춘다면, 의식은 의식의 토대에, 무의식에 빛을 비출 것이고, 그러면 거기서 사물들이 생명을 얻게 될 것이다. 우리가 현실을 관찰함으로써 그 현실을 생생하게 약동하도록 할 수 있듯이 말이다.

꿈을 분석하는 작업에 대해 말하자면, 무엇보다 먼저 꿈을 하나의 스토리로, 사건들의 한 흐름으로 구성해 내야 한다. 꿈은 내면의 무대에서 벌어지고 있는 하나의 드라마이며, 진정한 드라마는 언제나 모든 행동 과정과 마찬가지로 시작과 중간, 결말을 갖는다. 그렇다면 우선 우리는 특별한 장소와 시간, 특별한 인물, 특별한 문제가 노출되는 꿈의 배경을 결정해야 한다. 대체로 꿈의 첫 문장에서 이미 그런 것이 발견된다. 꿈의 텍스트를 문장으로 쪼개면서 문제를 찾아내야 한다. 이것이 꿈 해석의 첫 부분이다. 두 번째 부분은 문제의 전개이다. 처음에 언급된 문제가 어떤 효과를 내기 시작하고, 복잡해지고, 구성이 흥미진진해지고, 어떤 발달이 일어난다. 이것이 세 번째 부분으로, 반전으로 이어진다. 진짜로 극적인 어떤 강화가 일어난다. 그것이 절정에 닿고, 이어서 사건들의 전환이 일어난다.

절정은 어떤 변화를 포함하고 있다. 예를 들면, 그 변화는 어떤 결정이 될 수도 있고, 혹은 그 문제에 완전히 다른 빛을 비추는 무슨 일이 될 수도 있다. 이것이 네 번째 부분, 즉 꿈의 결과인 결말로 이어진다. 물론 이것은 의식적인 드라마에서와 달리 최종적이거나 완전하지 않다. 대개 결말은 다소 수수께끼 같고, 우리의 취향에 만족스럽지 않다. 그러나 어쨌든 그것은 그 순간의 결과이다. 꿈 시리즈에서, 결말은 보통 새로운 문제를 제시한다. 본인이 죽거나 다른 사람이 죽거나 완전히 엉뚱한 일이 벌어진다. 그러면 이것은 하나의 질문으로 남는다. 어떤 불가능한 상황이 나타나면 그때 우리는 질문을 던져야 한다. 다음에는 무슨 일이 일어날 것인가? 그러면 어떻게 해결해야 하는가? 아마 같은 날 밤에 꾸는 그 다음 꿈이 대답을 제시할 것이다. 두 번째 꿈은 그 문제를 다시 다른 형식으로 받아들일 것이다.

이 구성 작업이 완료되면, 꿈을 해석하는 작업을 본격적으로 벌일수 있다. 말하자면 각 모티브에 해당하는 맥락을 찾아낸다는 말이다.

이것은 자유 연상과 다르다. 자유 연상은 당신을 이 사물에서 저 사물로 이동시키는 역할밖에 하지 않는다. 그런 연상이라면 굳이 꿈이 필요하지도 않다. 어떤 사람에게 단추에 대해 연상하라고 해보라. 그래도 당연히 그 사람은 콤플렉스에 이를 것이다.

자유 연상은 이 콤플렉스들이 꿈에 표현되고 있다는 점을 전혀 증명하지 못한다. 자유 연상을 통해서는 꿈이 의미하는 바를 전혀 알지 못한다. 이유는 꿈이 콤플렉스들로 이뤄져 있는 것이 아니라 콤플렉스들이 다뤄지고 있는 방식을 보여주고 있기 때문이다. 꿈은 무의식이 콤플렉스들을 갖고 하는 것이 무엇인지를 보여주고 또 무의식이 딜레마를 풀려고 어떤 식으로 노력하고 있는지를 보여준다. 우리가 콤플렉스를 본다는 것은 곧 꿈 이미지와 연상적으로 연결되는 것을 본다는 뜻일 뿐이다.

코끼리를 꿈에 본다는 것이 바로 그 사람에게 무엇을 의미하는지를 알아야 한다. 말하자면, 분석가로서 내가 코끼리에 대해 어떻게 생각하고 있는가 하는 것이 중요한 것이 아니라, 코끼리가 그 꿈을 꾼 바로 그 사람과 어떤 연결을 맺고 있는가 하는 것이 중요하다는 뜻이다. 아마 어떤 사람은 전날 밤에 동물원을 찾았을 수도 있고, 또 어떤 사람은 황무지에 가서 코끼리를 경험했을 수도 있고, 또 다른 사람은 자기 아내로부터 덩치만 큰 코끼리 같다는 소리를 들었을 수도 있다. 그들 모두에게 코끼리는 서로 다른 것을 의미한다. 분석가는 환자에게 전날 일어난 사건들에 대해 세세하게 물어야 한다. 이런 맥락들을 기록하면서, 분석가는 자신이 분석하고 있는 꿈을 꾼 사람에게 자유 연상을 하라고 권할 것이 아니라 언제나 꿈 이미지에 집중하라고 권해야 한다.

이유는 꿈 이미지가 결코 우연이 아니기 때문이다. 만약에 꿈 이미지가 우연이라면, 우리는 자연 속의 모든 것이 우연이고 카오스이며, 설명이 불가능하다고 말할 수 있다. 우리는 꿈이 세상에서 법칙에 따라 일어난다고, 멋대로 일어나는 것이 아니라 거기에 어떤 인과관계가 존재한다고 단정해야 한다. 어떤 꿈이 다른 식으로 나타나지 않고 꼭 그런 식으로 나타나야 하는 특별한 이유가 있는 것이다. 지금 어떤 꿈 이미지를 맥락을 고려하면서 조사해 보라. 그러면 당신은 전부는 아니더라도 일부 내용물이 원형적인 성격을 지닌다는 것을 발견할 것이다. 그것은 곧 그런 내용물은 집단적인 성격의 사상을 담고 있으며 또 어디서나 발견된다는 것을 의미한다. 만약에 당신이 그런 사상에 대해 이미 알고 있지 않다면, 당연히 당신은 그 사상을 알아채지 못할 것이다. 원형적인 형상들을 제대로 이해하기 위해서는, 그것들에 해당하는 자료를 훤히 알고 있어야 한다. 이것이 꿈에 매우 특별한 성격을 추가로 부여한다. 그러면 당신은 꿈이 어느 깊이까지 닿고 있는지를 알게 될 것이다. 원형은 언제나 신화적인 형상이나 모티브로 나타난다.

최종 단계는 해석이다. 꿈의 가능한 의미에 대해 가설을 세우는 것이다. 이 과정은 명료해야 한다. 달리 말하면, 당신이 발견한 표현들을 꿈 텍스트 속으로 집어넣으면서 꿈을 다시 재구성할 수 있어야 한다는 뜻이다. 이때엔 발견된 표현들을 이용해야 한다. 그러면 꿈의 의미를 발견하게 될 것이다.

#1. 아버지가 위협적인 거인으로 나타나고, 덩굴 시렁과 닥스훈트가 나오고, 헛간에서 운동을 하는 꿈

네 살 내지 다섯 살 소녀의 꿈들이다.

1. 나는 침대에 누워서 부모님의 침실로 이어지는 문이 서서히 열리는 것을 본다. 열린 곳에 아버지가 나타나는데 거인의 모습이다.

2. 나는 끝없이 이어지는 덩굴 시렁 앞에 서 있다. 자그마한 닥스훈트 한 마리가 시렁에서 튀어나와 내 쪽으로 오고 있다. 나는 너무나 놀라서 잠에서 깨어난다.

3. 나는 매우 크고 높은 헛간에 있다. 헛간 지붕 아래에서 나는 이 들보에서 저 들보로 올라가고 있다.

흥미로운 점은 이 꿈 어디에도 결말이 전혀 없다는 점이다. 결말이 전혀 없는 꿈 시리즈가 있다면, 그것을 어떤 식으로 해석해야 할까?

갈등이 지속되고 있다는 뜻이다. 이 꿈 시리즈가 꼭 그렇다. 똑같은 주제에 관한 꿈이 3가지 있지만, 결말이 전혀 없다. 이 같은 사실은 예후에 어떤 의미를 지니는가? 아주 오랫동안 결말이 없을 것이라는 뜻이다. 이것은 아주 오랫동안 풀리지 않을 어떤 문제이다. 이것들은 말하자면 기억에 걸려 있었던 것으로, 기억된 꿈들이다. 이 꿈들은 지금도 여전히 유효하다. 그리고 결말이 보이지 않는다는 사실을 근거로, 우리는 이 문제에 대한 정확한 해답이 오랫동안 발견되지 않을 것이라는 것을 알 수 있다.

이 꿈들은 결말을 이루려는 시도일 수 있다. 이것은 그 다음 꿈들이 그 전의 꿈이 마무리짓지 못하고 남겨놓은 것을 다시 집어 든다고 한 나의 주장을 뒷받침하는 꿈이다. 그런데 여기서도 다시 결말을 성취하지 못하고 있다. 첫 번째 꿈에서 우리의 주의를 끄는 것은 위협적인 거인이고, 그 다음 꿈에서 두드러지는 것은 두려워할 필요가 없는 귀여운 강아지인 닥스훈트가 이상하게 그녀를 놀라게 만든다는 점이다. 세 번째 꿈에도 강조할 만한 요소가 있다. 여기서도 거인 모티브가 나온다. 거대하고 높은 헛간이다. 나는 이 모티브들을 마음속에 분명히 간직할 것을 권한다. 주제가 거인인 경우에, 우리는 그 다음 꿈에서 아주 크거나 작은 무엇인가의 모티브를 찾아야 한다. 왜냐하면 원형적인 생각들은 언제나 '예스'나 '노'가 아니고 상반된 것들을 담고 있기 때문이다. 오른쪽인 것은 또한 왼쪽이고, 위에 있는 것은 또한 아래에 있고, 존재하는 것은 또한 존재하지 않는 것이다. 따라서 초자연적인 현상에 관한 모든 진술은 역설적인 성격을 지니고 있다. 예를 들면, 가장 큰 것이 가장 작은 것이다. 이것은 우리가 어떤 '트랜스휴먼'(transhuman)의 영역에 도달했다는 것을 보여준다. 그래서 거인이 닥스훈트로 변하고 이것이 희망을 낳고 있다.

세 번째 꿈은 완곡한 표현을 추구하고 있다. 이미 닥스훈트는 두드러지게 완곡한 표현이다. 절대적으로 놀랍고 무서운 것이 변형되는 것은 꿈에서 매우 의미 있는 변화이다. 첫 번째 꿈에서 거인을 극복하는 것은 여전히 불가능했다. 그때 그것은 무의식이 이런 식으로 말하는 것이나 마찬가지이다. '정반대 방향으로 한 번 시도해 봐.' 닥스훈트에 대해 아이에게 어떤 식으로 말할 수 있을까? 닥스훈트는 거인이 가진

모든 것을 포함하고 있다. 원초적인 자연인 것이다. 그러나 닥스훈트
는 인간과 가까워진 동물이다. 가축이고, 따라서 위험하지 않다.

두 번째 꿈에도 매우 큰 것이라는 모티브가 있다. 아주 긴 덩굴 시렁
이 그것이다. 그렇다면 첫 번째 꿈에서는 자연이 지배하고, 두 번째 꿈
에서는 시간이 이미 어떤 역할을 맡고 있다. 이 꿈에 긍정적인 무엇인
가가 있다는 말은 맞는 말이다. 파괴적이었던 것이 아무런 해가 없는
무엇인가로, 작은 개로 바뀌었다. 더욱이, 이 장면은 더 이상 밤이 아니
고 불가사의하지 않으며 덩굴 시렁에 관한 것이다 우리는 꽃과 정원
이 있는 푸른 잔디 속에서 닥스훈트를 본다. 거기엔 나쁘거나, 야생적
이거나, 신화적이거나 원초적인 자연은 전혀 없다. 꿈을 꾼 소녀는 물
론 그것을 눈치 챘다. 왜냐하면 불행하게도 소녀가 여기서 닥스훈트에
게도 놀라고 있기 때문이다. 그녀가 닥스훈트 개에서 거인을 보았음에
틀림없다. 완곡어법적인 위장이라는 모티브는 무엇을 의미하는가?

꿈을 꾼 소녀가 거인을 받아들이도록 하려는 것이다. 거인은 지하의
성격을 대표하는 신화적인 형상이고, 순수하게 자연적인 존재이다. 거
인 앞에서는 어느 누구도 교활한 꾀를 이용하지 않고는 자신을 보호
하지 못한다. 그러나 아이는 속수무책으로 거인의 처분에 따라야 하는
상황이다. 그럼에도 무서운 본성을 지닌 이 존재는 받아들여져야 하고
어쨌든 아이의 구조로 바뀌어야 한다. 왜냐하면 틀림없이 거인이 아이
의 내면에 있는 어떤 충동을 나타내고 있기 때문이다.

물론, 우리는 그 장면을 보면서 아버지에 대해, 잔인한 아버지에 대
해 생각하는 경향이 있다. 그러나 아버지는 전혀 잔인할 필요가 없다.
아이의 내면에 있는 어떤 경향 때문에, 아버지가 실제로는 그렇지 않

은데도 소녀에게 무서운 존재라는 인상을 줄 수 있다. 어쨌든 특이성들이 있다. 큰 소리에 놀라는 사람이 있는가 하면 꿈쩍도 하지 않는 사람도 있다. 다 같은 말에도 상처 받는 사람이 있는가 하면 전혀 마음의 상처를 받지 않는 사람도 있다. 무엇인가에 감염되기 쉬운 상황이거나 운명적인 무엇인가가 작동하고 있다면, 전혀 아무런 피해를 입히지 않는 것도 아이들을 놀라게 할 수 있다는 점에 대해서는 이미 강조한 바가 있다. 그러나 우리는 아버지가 매우 충동적이었고, 이것이 놀라게 만들었을 수 있다고 짐작할 수도 있다.

아버지와 소녀 사이에 어떤 인과관계를 예상할 수 있다. 아이가 이런 정신적 충격을 겪게 된 탓이 아버지에게 있을 수 있다. 그러면 우리는 무엇인가가 혼란 상태에 빠졌을 것이라고 짐작할 수 있다. 이것이 옳은 사고이지만, 우리는 또한 아이의 반응도 고려해야 한다. 아이를 고려해야 한다는 뜻이다. 우리는 탓을 개인에게로 돌려야 한다. 왜냐하면 아이가 불행하게도, 또 그릇되게도 실제로 자신의 본성에 있는 무엇인가에 반응했다고 말하는 것이 더 정확하기 때문이다. 말하자면, 아버지를 거인으로 바꿔놓은 것이 아이의 본성이라는 뜻이다. 아이의 무의식이 그렇게 했다. 아이의 무의식이 아버지를 거인으로 바꿔놓은 것이다. 만약에 우리가 그것을 그런 식으로 표현하지 않는다면, 변형된 아버지의 존재가 받아들여지지 않았다고 말하는 것이나 마찬가지일 것이다. 그러나 아이는 자신의 본성 안에도 있는 이 충동성을 통합시켜야 한다. 이 충동성이 밖에서 소녀에게 들어왔는가 아니면 처음부터 거기에 있었는가 하는 문제는 조금도 중요하지 않다. 만약에 충동성이 그녀의 안에 있다면, 그것도 또한 받아들여져야 한다. 우리는 그것을 지우는 것만으로는 그 효과를 절대로 피하지 못한다. 이 자연적인 힘이 동화될 때에만, 꿈을 꾼 사람이 진정으로 치료될 것이다. 무의식이 두 번째 꿈을 통해서 꾀하고 있는 것이 바로 그런 동화이다. 이 목적을 위해, 두 번째 꿈은 거인을 꽤 받아들일 만한 것으로 변형시킨다. 닥스훈트 강아지에게는 사람이 놀라지 않을 것이라고 합리적으로 기대할 수 있기 때문이다. 그러나 이것마저도 도움을 주지 않는다. 왜냐하면 아이가 닥스훈트에게도 위험스런 자연의 힘을 다시 느끼기 때문이다.

이제 세 번째 꿈이 나온다. 거대하고 높은 헛간이다. 이 꿈은 두 번째 꿈을, 말하자면 거대함이라는 모티브를 이어받지만 그 거대함이 더 이상 능동적인 형태가 아니다. 따라서 우리는 세 번째 꿈도 그녀가 거대한 것과 익숙해지게 만들려고 노력하고 있다고 단정할 수 있다. 여기서 거대함은 헛간에 의해 표현되고 있다. 헛간 지붕은 보호적인 무엇인가를 갖고 있다. 헛간은 물품들을 보관하는 건조한 장소이다. 그것은 가축들이 있는 외양간의 일부이다. 대개 헛간은 안에 든 것들을 보호하는 넓은 지붕을 갖고 있다. 그렇다면 공격적인 것은 전혀 보이지 않으며, 거대함이라는 모티브가 꿈을 꾼 소녀에게 편안하게 다가오는 건물로 바뀌었다.

건물은 일종의 보호이다. 그것은 이미 거인과의 어떤 협정을 나타내고 있다. '나를 돕고, 나를 보호해!' 그것은 꿈이 두려움을 야기하거나 위험한 것을 완곡하게 변형시키면서 얼마나 멀리 나아갈 수 있는지를 잘 보여주고 있다. 지금 소녀는 멋진 지붕을 갖고 있고 안전감을 느낄 것으로 여겨질 것이다. 그러나 그때 그녀가 지붕 아래 들보들을 올라가는 사태가 벌어진다.

지붕 아래엔 박쥐들이 살고 있다. 비밀스럽고, 밤과 어울리고, 정신적이기도 한 박쥐들이 거기에 살고 있다. "바람이 지붕을 통해 영혼의 목소리로 속삭이고 있다."('오시안'(Ossian)[78]) 사람 사냥꾼들과 그들과 비슷한 부족들 사이에서, 죽음을 당한 사람들의 머리는 영혼의 집 안의 들보에 내걸렸다. 영혼들이 연기와 "신비체"로 공기 속으로 올라가는 것으로 여겨졌기 때문이다.

지붕의 들보를 올라가는 것은 무슨 의미일까? 무의식의 시도가 실패했다는 뜻이다. 그녀가 문제를 해결하지 않고 들보를 올라가고 있기 때문이다.

위험한 존재인 거인이 사람을 보호하는 지붕으로 변했다. 그러나 이를 통해서 거인의 생명은 사라졌으며, 닥스훈트의 생명도 마찬가지로 사라졌다. 그렇다면 그 생명에 무슨 일이 일어났는가? 그 생명은 어딘가에 있어야 한다. 그 생명은 지금 그녀에게로 들어갔다. 그녀가 변했다. 그녀는 지금 원숭이처럼, 목골 구조를 올라간다.

그녀는 지금 거인을 안쪽에서부터 알려는 노력을 시작하고 있다. 처음에 거인은 닥스훈트 형태로 변한다. 거인은 초인적인 존재이지만, 우리는 닥스훈트를 이해할 수 있다. 원숭이가 그 다음 단계이다. 많은 측면에서, 인간은 원숭이를 닮았다. 나는 최근에 영국에서 여우 사냥 개들을 돌보는 원숭이에 관한 글을 읽었다. 개들이 서로 싸우려 들면, 원숭이가 개들을 떼어놓았다. 원숭이는 하인처럼 행동한다. 그러면 쉽게 원숭이에게 개들을 돌보는 일을 맡길 수 있다. 그렇다면 어떻게 보

....
78 스코틀랜드 시인 제임스 맥퍼슨(James Macpherson)이 1760년부터 발표한 서사시의 작중 화자인데, 이 서사시의 진짜 저자라는 설도 있다.

면 인간은 원숭이라는 매개체를 통해서 개의 본성에 다가서고 있다고 할 수 있다. 인간은 개를 가장 잘 이해할 수 있을 때 원숭이와 가장 가깝다. 그것이 동물을 기르는 것이 그렇게 만족스런 이유이다. 그로 인해 우리의 동물적인 본성이 지속적으로 자극을 받고 생생하게 유지될 수 있기 때문이다.

이 꿈은 다른 꿈들보다 긍정적이지만, 원숭이의 본성이 나타난다는 사실은 아직 하나의 해결책이 아니다. 그것은 무의식의 단계로 퇴행하는 것이다. 이 문제와 관련하여 무의식이 개입하고 있다.

헛간은 자연에 보다 가까우며, 농장과 외양간 사이의 그 무엇이며 거기서 나와서 자연 속으로 들어간다. 그렇다면 헛간은 여전히 원시적이다.

소녀는 지금 리비도를 가진 채 지적인 영역으로 들어가고 있다. 꿈에 집이 나타날 때, 사람이 지하실에 있든 위층 바닥에 있든, 아니면 지붕 위에 있든 상관없이, 집은 어쨌든 중요한 역할을 한다. 여기서 당신은 언제나 인간 육체의 층(層)들에 대해 생각해야 한다. 예를 들어 지붕 안에 사는 박쥐들은 "머리가 돈"(bats in the belfry)이라는 유명한 표현을 낳았다. "완전히 미친 사람"에게 쓰는 표현이다. 미친 사람은 다락에 박쥐를 두고 있다. 다락과 지붕은 주택과 육체의 가장 높은 부분이다. 위(胃)는 종종 부엌에 비유된다. 파라켈수스(Paracelsus)는 모두가 자기 배에 연금술사를 두고 있다고 말했다. 소화 기관은 우리 안의 연금술 부엌이다. 그렇다면 우리의 꿈의 경우에 불가피한 결론은 놀람으로 인해 아이의 내면에서 촉발된 본능은 머리 본능, 즉 정신적 본능이라는 것이다. 소녀는 무의식적으로 위로, 머리의 영역으로 끌어올려지고 있다. 이것은 절대로 고의로 되는 것이 아니다. 왜냐하면 이것이 무의식적인 상태이기 때문이다. 무의식적으로, 본능적으로 그녀는 위로 끌어당겨지고 있다. 그리고 그는 단순히 목골 구조 안에서 이리 저리 돌아다니길, 지적인 영역으로 들어가길 더 좋아한다. 이 모든 것은 첫 번째 충격 때문에 일어나고 있다.

환자의 부모나 조상들만 고려할 것이 아니라 환자 자신을 고려하는 것이 언제나 중요하다. 아이에게 잘못된 무엇인가를 야기한 책임을 지속적으로 부모나 친척에게로 돌리지 않는 것이 중요하다는 뜻이다. 아이의 부모나 친척들에게로 초점을 맞추게 되면, 우리가 너무 멀리 나가게 될 것이다. 그러나 이 소녀는 겨우 네 살이나 다섯 살밖에 되지 않는다. 치료 상의 이유로, 우리는 아버지를 고려해야 한다. 왜냐하면 이 나이에는 아버지와의 관계가 결정적으로 중요하기 때문이다. 아이는 여전히 부모와 신비적 참여를 하는 가운데 살고 있으며, 부모의 영향에 노출되어 있다. 분석을 위해 나를 찾는 어떤 젊은 여자가 지금도 아버지의 집에 살고 있다고 가정해 보자. 그런 경우라면 나는 반드시 아버지를 고려할 것이다. 그래서 만약에 꿈이 "아버지"에 대해 말하고 있고 환자가 아버지와 함께 살고 있다면, 우리는 당연히 "아버지"에 대해 말해야 한다. 우리는 아무도 아버지에 대해서는 한마디도 하지 않았다는 식으로 단정해서는 안 된다. 아버지는 언급되고 있다. 이 꿈에서도 마찬가지다. 아버지가 등장한다. 아버지가 그냥 말을 하는 것이 아니다. 아버지가 거인인 것이다.

그리고 아버지가 소녀로 하여금 지적으로 생각하게 하는 효과를 낳았고, 또 아버지가 이 충격을 통해서 지적 반응을 촉발시켰다고 말할 수 있다. 지적 재능이 나타났음에 분명하다. 그렇지 않다면 소녀가 그런 식으로 반응하지 못했을 것이다.

아버지가 아이에게 남기는 유산은 언제나 정신적인 유산이다. 그것이 아버지가 딸의 정신적 삶에 강한 책임감을 느끼는 이유이다. 만약에 아버지가 딸들에게 어떤 정치 철학을 심어준다면, 이것은 정신에 반하는 범죄이다. 이 정치 철학이 딸들의 머리로 갈 것이기 때문이다. 그러나 여기 우리 꿈에서 그 결과는 우리가 건설적인 것으로 고려해야 하는 어떤 효과이다.

지금까지 기억되고 있는 이 꿈이 제기한 문제는 여전히 해결되지 않고 있을 수 있다. 아니면 소녀가 이 꿈을 의식적으로 기억하고 있었을 수도 있다. 그렇다면 우리는 이 내용물이 의식의 문턱 아래에 남아 있었다고 예상할 수 있다. 만약에 그 문제가 해결되지 않은 상태에서 그렇게 오랫동안 잠재의식의 상태로 남아 있었다면, 그 효과는 어떤 식으로 나타날까?

분리적인 현상이 나타날 수 있다. 또 감정적으로 불안이 일어날 수 있다. 일반적으로 불안 신경증의 증후들이 나타날 것이다. 급격한 기분 변화, 까다로운 성질, 자기 자신과 일치를 이루지 못하는 현상이 나타나는 것이다. 이것은 뿌리이다. 이런 현상이 나타나는 것은 사람이 자기 안에서 두 가지를 느끼기 때문이다. 위와 아래가 서로 다른 존재인 것이다. 사람이 자기 자신과 동일할 수 없다. 문턱 아래에 불평의 소리를 중얼거리고 있는 제2의 존재가 있는 것이다. 사람이 자기 자신이나 어머니, 노인, 구세주, 정치적 상황에 만족하지 못하고 있다. 그 사람에게 맞는 것이 하나도 없다. 이유는 그 사람이 자기 자신에게 만족하지 못하고 있기 때문이다. 마지막 꿈의 상황은 어떤 불만이 일어날 수 있는 조건인 한편, 꿈 자체는 꽤 숙명적으로 일어나고 있다. 운명적인 상황이다. 거기엔 누구도 이이를 제기하지 못한다. 삶에는 다양한 과제들이 있다. 우리 모두는 편파적이며, 사람은 일방성을 가진 상태에서 살며 그 점을 인정해야 한다.

#2. 호랑이 꿈

다섯 살 소녀가 꾼 꿈이다.

> 나는 말뚝 위에 지은 집 현관에 서 있다. 그때 호랑이 한 마리
> 가 난간을 넘어 나를 공격하려 한다. 그러나 호랑이는 점프 중
> 에 걸려서 두 조각으로 찢어진다('뮌히하우젠 남작의 모험'(The
> Adventures of Baron Munchhausen)에 나오는 것처럼).

이런 단순한 꿈의 경우에, 자료를 최대한 충실하게 다뤄야 한다. 그렇게 하지 않으면, 우리는 온갖 나라들과 사람들 위로 떠돌아다닐 거대한 기구(氣球)를 하나 갖게 될 것이다. 그러다 보면 우리는 이륙한 곳이 어딘지를 모르게 되고 고향으로 돌아가는 길을 잃어버릴 것이다.
꿈과 관련해서 밝혀야 할 기본적인 사항은 아이가 인도에서 태어나고 성장했다는 점이다. 이런 아이들은 자신이 태어나고 자란 곳의 분위기를 흡수한다. 그런 아이들에게 심각한 장애가 종종 일어난다. 성인들도 오랫동안 타지에서 살 경우에 당연히 영향을 받게 되어 있다.

이런 현상은 현지에선 너무나 잘 알려져 있기 때문에 모든 사람이 당신에게 그런 이야기를 들려줄 것이다. 인도의 유럽인들이 현지인들보다 훨씬 더 흥미롭다. 이유는 그들의 원시성이 나타나기 때문이다. 원시인은 우리 안에 지금도 여전히 있다. "흑인들"을 만나고 싶다면, 뢰첸 계곡[79]으로 가면 된다.

호랑이는 물론 그 지역의 분위기의 일부이다. 호랑이는 아프리카의 표범처럼 밤의 공포와 밤의 불안을 상징한다. 왜냐하면 호랑이가 언제나 동정을 살피며 배회하고 있기 때문이다. 당신이 아프리카의 수풀 속에 텐트를 친다면 표범이 매일 거기 와서 당신이 던진 뼈다귀를 먹을 것이다. 다음날 당신은 표범이 남긴 발자국을 볼 수 있다. 다행하게도 이것이 꼭 원칙은 아닌데, 만약에 그 표범들 중에 사람을 먹는 녀석이 끼어 있다면, 당신도 삼켜질 수 있다. 인도에서 살면서 어쩌다 시골로 가면, 호랑이가 그런 행동을 보일 것이다. 호랑이가 사람을 잡아먹는 녀석이라면, 그 호랑이는 온 마을 사람들의 입에 회자될 것이다. 이런 환경에 사는 사람은 누구도 그런 현지의 분위기를 피하지 못한다. 당연히 이 분위기는 아이들에게도 흡수된다. 그래서 이런 꿈이 나타나는 것이다.

유럽에서 그와 비슷한 예를 찾는다면, '리틀 레드 라이딩 후드'(Little Red Riding Hood)가 있다. 꿈을 꾼 아이는 늑대에게 잡아먹히는 리틀 레드 라이딩 후드의 상황에 처해 있다. 이 꿈에서는 호랑이로 대체되고 있다. 유럽인에겐 늑대가 똑같은 의미를 지닌다. 물론, 동화 속에서만 그렇긴 하지만 말이다. 왜냐하면 늑대가 어떤 존재인지 유럽인이 더 이상 알지 못하기 때문이다. 늑대들이 마구 돌아다녀 사람들이 감

....
79 스위스의 계곡으로, 당시에 매우 고립된 지역이었다.

히 바깥으로 나서려 하지 않던 겨울밤의 공포를 유럽인은 더 이상 모른다. 그러나 그것은 우리 조상들의 경험이다. 동양에서 유럽의 늑대에 해당하는 동물은 호랑이이다.

괴테의 '파우스트'를 보면 개가 화덕 뒤에서 점점 더 커지고 부풀어오르는 대목이 있다. 그것은 점점 커져가는 불안을 정확히 나타내고 있다. 그런 경우에 사람은 점점 더 억눌리게 되고, 그러다 보면 완전히 벽 쪽으로 몰리게 된다. 어린 시절의 전형적인 꿈이 어떤 빛이나 물건이나 공이 점점 커지다가 너무나 커지는 바람에 아이가 깜짝 놀라 잠에서 깨어나는 꿈이다. 개가 부풀어지면서 갑자기 스스로를 노출시킨다. 그때 파우스트가 이런 말을 한다. "그렇다면 그것이 잔인성의 핵심이었군!" 이어 위장이 사라지고, 메피스토펠레스가 등장한다. 여기서 당신은 분리라는 모티브를 보고 있다. 불안이 갑자기 나눠지고, 거기서 다른 형상이 나오는 것이다. 그 다른 모티브가 분리이다. 이것은 당신이 다양한 형태로 만나는 원형적인 모티브이다.

분리는 '창세기' 같은 우주 발생에 관한 신화들에서 가장 분명하게 관찰된다. 창공 위의 물과 창공 아래의 물로 분리된다. 이것은 티아마트에 의해 이뤄지는 하늘과 땅의 분리 같은 전형적인 분리이다. 이집트에서 땅의 신 게브는 아래에 있고, 창공이며 별의 여인인 누트는 위에 있다. 그 사이에 공기의 신 슈(Shu)가 있다. 이것은 가장 원시적인 분리 사상이다. 아프리카 서부 해안의 요루바족의 신화에서도 분리 사상이 확인된다. 프로베니우스(Leo Frobenius)[80]는 원초적인 부모로서 하늘인 오바탈라(Obatala)와 땅인 오두두아(Odudua)의 신화에 대해

....
80 독일 고고학자(1873-1938).

언급한다. 그들은 호리병박 속에서 서로 밀착한 채 살고 있다. 그러다 갑자기 그들은 자신들이 떨어져야 한다는 것을 느끼고 실제로 둘이 된다. 그들 사이에 두 사람을 떼어놓은 아들이 창조된 것이다. 이 아들은 이집트의 슈와 비슷하다. 바빌로니아 신화에는 폭력이 더 많다. 빛의 신 마르두크는 티아마트를 죽인다. 그런데 마르두크가 티아마트를 어떤 식으로 죽이는가?

마르두크는 그녀의 안으로 폭풍의 힘을 불어넣고, 그래서 그녀가 부풀어 오른다. 그때 마르두크가 그녀를 죽일 수 있다. 말하자면, 마르두크는 그녀를 고무함으로써 죽인다. 이것은 의식의 고무이다. 용을 죽이는 것은 언제나 빛의 신이다. 용은 다른 맥락에서도 언제나 배가 갈라지는데, 그러면 그가 삼킨 모든 것이 다시 밝은 세상으로 나오게 된다. 대개 아버지와 어머니가 가장 먼저 나오고, 그 다음에 보물과, 시간이 삼킨 모든 것이 나온다. 이로써 영웅은 시간에 파괴된 모든 것을 복구한다. 이 분리는 의식의 발달과 연결되어 있으며, 꿈은 이렇게 말하고 있다. '무의식의 파괴적인 힘이 의식의 문턱에 닿는 순간, 의식은 어쩔 수 없이 그 바탕으로부터 떨어져 나온다.'

여기서 호랑이는 무의식이다. 그것이 아이를 먹어 치우려 든다. 집은 아이의 의식의 영역이다. 호랑이는 아이를 먹길 원한다. 무의식은 지금 아이를 먹으려는 욕망에 압도되고 있다. 무의식과, "어슬렁대는 사자처럼" 주위를 돌면서 삼킬 것을 찾는 악마 사이엔 비슷한 점이 있다. 무의식은 지금 의식의 빛을 보려는 욕망에 압도되고 있다. 악마가 빛을 갈망한다고 보는 영지주의 관점이 있다. 악마는 자신이 인간을 삼키면 빛을 얻을 것이라고 생각한다. 혹시 우리도 그렇게 생각하고 있지 않은가? 지식을 얻기를 원하는 사람들이 있다. 그들은 교양 있는 사람을 먹고 교양 있는 여자나 똑똑한 남자와 결혼한다. 이것은 여전히 원시적인 생각이다. 사람들은 다른 사람에게서 무엇인가가 떨어져 나올 것이라고 생각한다. 원시인들은 용기를 얻기 위해 단순히 당신을 죽여 뇌를 숟가락으로 떠먹거나 심장을 먹는다. 사람은 어떤 대상을 가지면 그것을 소유하게 될 것이라고 생각한다. 당신은 집에 피아노가 있으면 음악이 있다고 생각한다. 우리는 어떤 사람의 자질을 얻기 위해서 그 사람을 갈망하고, 그 사람을 섭취하면 그 자질을 갖게 될 것이라고 생각한다. 호랑이도 심각한 실수를 저지르고 있다. 난간에 떨어졌으니 말이다. 이것이야말로 호랑이가 절대로 생각하지 않은 일이 아닐까? 물론 이것은 기적이다. 대체로 호랑이는 떨어질 곳을 잘 안다.

말뚝을 박은 집이라 해도, 말뚝은 그다지 높지 않다. 호랑이라면 아마 그 다섯 배 높이도 뛰어넘을 것이다. 그것은 단지 원시적인 땅보다 위에 있는 의식의 영역을 의미할 뿐이다. 그곳은 정글을 통과해야만 겨우 간접적으로 닿을 수 있는 공간이다. 열대 지방에서 백인 꼬마들이 땅을 건드리는 모습을 지켜보는 것은 대단히 인상적인 경험이다. 그곳의 백인 아이들은 영국의 시골 지방에 있는 것처럼 행동한다. 에티켓은 고향에서보다 훨씬 더 엄격하다. 열대 지방에 사는 백인은 영국에서 일어나고 있는 일에 대해서만 말하고 생각한다. 그 사람은 무의식적으로 고향땅에 완전히 잡아먹히고 있다. 내가 치료한 어느 부인은 불안 상태로 힘들어 하고 있었다. 그녀의 불안 상태는 단지 인도로부터 자신을 보호해야 한다는 것을 표현하는 것에 지나지 않았다. 나는 그녀에게 인도에 관한 책을 읽고, 인도인 여자들을 초대하여 인도에 대한 이야기를 들으면 더 이상 인도를 두려워할 필요가 없어질 것이라고 말했다. 불안은 사람들이 자신이 살고 있는 바탕을 직시하지 않는다는 사실에서 비롯된다. 그러나 그 사람들은 자신이 발을 딛고 있는 토대를 직시하지 못한다. 왜냐하면 토대를 건드릴 경우에 토대의 심리가 그들에게 스며들 것이기 때문이다. 그 토대는 다소 그들을 오염시키게 되어 있다. 물론 거기선 서양인의 것과 완전히 다른 사상이 발달했다. 인도에서 기독교 사상을 가진 서양인은 당연히 당황할 수밖에 없다. 서양인은 자신만을 지킬 수 있지만, 인도의 토대를 건드리는 서양인은 시바와 그 비슷한 신들이 존재하는 이유를 알아야 한다. 그러면 그런 내용물이 아이들에게 흡수되고, 그것은 위험한 일이다.

난간은 아이의 경계를 확고히 보호해주는 한편, 밖에서 오는 모든 것을 막아주는 마법의 장벽 같은 역할도 한다.

무의식이 의식의 공간으로 침투할 때, 무의식은 자동적으로 상반된 것들의 짝으로 찢어진다. 무의식은 의식에 나타날 때 둘이 된다. 여기 나타나는 둘이라는 모티브, 말하자면 같은 것이 둘로 분리되는 모티브는 일반적인 중요성을 지닌다. 디오스쿠로이(Dioscuri)[81], 힌두 신화 속의 쌍둥이 신, 두 개의 과일, 두 개의 대상 등이 그런 예이다. 이 개념들은 언제나 의식의 경계에, '생성 중인 상태'에 있으며 곧 지각될 것이다. 그러면 그들은 둘이 되고, 상반된 것들의 짝으로 변한다. 밝은 것과 어두운 것, 오른쪽에 있는 것과 왼쪽에 있는 것 등으로 바뀔 것이다. 왜냐하면 인간은 반대되는 것을 갖지 않은 것은 절대로 식별하지

....
81   그리스 신화에서 제우스와 레다 사이에 태어난 쌍둥이 아들 카스토르와 폴룩스를 말한다.

못하기 때문이다. 그것은 지식의 '절대 필요조건'이다. 우리는 검은 것을 알 때에만 흰 것도 볼 수 있다. 따라서 의식의 내용물에 관한 진술은 어떤 것도 상반된 것들의 짝에 대한 언급 없이는 불가능하다. 이것이 호랑이가 의식에 닿는 순간에 두 쪽으로 쪼개지는 사실이 뜻하는 의미이다. 여기서 놀랄만한 것은 이 분열이 자발적으로 일어나고 있다는 점이다. 서양의 신화에서는 주로 영웅이 괴물을 죽이는 것으로 되어 있다. 그러나 인도에서는 그 살해가 저절로 일어난다. 왜 그럴까?

동양에서는 무의식이 아무런 장애를 일으키지 않고 의식 속으로 들어갈 수 있다. 무의식이 의식 속으로 아주 긍정적인 길로 들어간다. 인도에서는 정신적인 모든 것이 자연에서 성장해 나왔다. 당연히 무의식도 의식 속으로 너무나 자연스럽게 들어간다. 인도인들에겐 의식이 기능하지 않도록 막을 사상 같은 것도 전혀 없고 의식을 황폐화시킬 악마도 전혀 없다.

집과 아이, 난간, 호랑이 또는 찢어짐과 관련해서 발견한 것들을 꿈에 대입해 보자. 꿈을 분석하는 과정에 자료를 축적하게 되면, 그 자료를 방정식에 대입하듯이 꿈에 대입해 봐야 한다. 그 결과, 해석한 표현으로도 그 꿈을 그대로 다시 반복할 수 있어야 한다. 그러면 해석이 정확했다고 볼 수 있다.

꿈속에서 아이는 아이의 의식을, 아이의 자아의식을 의미한다. 예를 들어서, 내가 계단을 내려가는 꿈을 꾼다면, 그것은 나의 의식이 꿈에서 계단을 내려간다는 뜻이다. 그것은 곧 나의 의식이 무의식의 깊은 속으로 내려간다는 뜻이다.

지금 아이의 의식이 무의식의 공격을 받고 있다. 이것이 아주 중요한 포인트이다. 파괴적이고 삼키는 것 말이다. 파괴적인 특성을 지닌 무의식을 가지고 우리는 어떤 경험의 영역을 설명한다. 그 영역은 한 마디로 어머니의 양상이다. 중국 철학의 용어를 빌리면 음(陰)의 원리 이다. 대단히 추상적인 용어이다. 음의 원리는 모성적이고 특별히 여 성적이다. 또 물리학을 비롯한 온갖 종류의 것에 적용할 수 있는 철학 적 원리이기도 하다. 그렇다면 이 호랑이가 여자의 삼키는 측면을 나 타내고 있다는 해석도 가능하다. 무의식은 의식에 닿는 순간에 자동적 으로 양극단으로 갈라지면서 위험성을 상실한다.

아이가 현관에 서 있는 것은 매우 중요한 사항은 아니지만, 상황을 해석하는 데에는 큰 도움을 준다. 아이의 의식이 두 번 표현되고 있다 는 점에서 말이다. 첫 번째는 자아의 출현(자아는 의식의 중심으로서 의식의 존재에 절대적으로 필요한 조건이다)에 의해 표현되고, 두 번 째는 의식이 어떤 공간을 차지한다는 사실에 의해 표현되고 있다. 이 때 공간은 대개 방이나 집으로 나타난다. 이것이 의식의 범위이다. 예 를 들면, 개의 경우에 후각의 범위가 곧 의식의 세계이다. 그렇듯이 소 녀에겐 방갈로의 안에 있는 방들이 당연히 그녀의 의식의 세계를 나 타낸다. 난간이 있는 현관은 아이들이 노는 장소이다. 아프리카에서 는 아이들이 이글거리는 태양 아래에 밖에 나가서 놀도록 내버려두지 못한다. 아이들이 곧잘 모자를 벗는 탓에 일사병에 걸릴 수 있기 때문 이다. 그것이 아이들이 현관에 있는 이유이다. 이것은 일종의 정원이 고, 놀이터이고, 아이의 의식의 공간이다. 그래서 문을 열고 나와서 난 간에 기대고 있는 아이들은 자신들의 세계의 경계선에 닿고 있는 셈 이다. 그것이 아주 중요한 세부 사항이다. 보다 정확하게 표현하면, 의식이 경계선에 다가서고 있다는 뜻이다. 그 경계선에서 위험한 순간이 온다. 완전히 낯설고 다른 무엇인가가, 말하자면 삼키려 드는, 여성적이고 본능적인 무의식이 위협적인 모습으로 아이에게 다가온다. 이 무의식은 바로 그런 특성들 때문에 동물에 비유된다.

다른 것들을 삼키는 이 파괴적인 특징이 여성적인 것으로 받아들여지는 이유에 대해서는 나는 모른다. 호랑이는 고양잇과(科) 동물이다. 호랑이는 중국에서 여성적인 것으로 통한다. 동양 전역에서 그렇게 통한다. 고양이는 여성적인 신들의 상징이다. 중국에서 호랑이는 음(陰)의 상징이고, 용은 남성의 상징이다. 그렇다면 호랑이가 찢어져 분리되는 것에 대해서는 어떤 식으로 설명할 수 있을까? '창세기'에 나오는 분리는 꽤 적절한 이미지이다. 둘로 분리되는 것은 언제나 의식의 가능성을 의미한다. 우리는 많은 곳에서, 그러니까 우주 발생에 관한 신화나 연금술 철학 등에서 의식의 발달을 다루는 곳마다 그런 분리를 발견한다. 그러나 지금 추가적인 질문이 제기된다. 아이가 이 꿈을 꾸는 이유는 무엇인가? 지금까지 꿈의 내용을 밝혔는데, 이제 그 의미를 찾아야 할 때이다.

여기서 조심해야 한다. 부모의 역할이나 대부 또는 대모의 역할, 혹은 어떤 의도를 무조건적으로 무의식으로 돌려서는 안 된다. 그런 것은 순수한 자연이다. 그런 건 그냥 그런 식으로 일어난다. 이 사건들이 호의적인 성격을 지녔는지 여부는 다른 문제이다. 그러나 이 꿈이 일어난 데는 그만한 이유가 있음에 분명하다.

아이가 위험에 처했을 수 있다. 물론 그 위험은 무의식적인 위험일 것이다. 위험한 존재가 유모나 어머니일 수 있다. 예를 들면, 어머니가 아이들을 삼키고 있거나, 먹어치우고 있거나, 아이들은 어머니의 감각을 충족시켜야 한다고 생각하는 때에 그런 꿈들이 나타난다.

이 꿈엔 어머니에 대한 내용은 전혀 없다. 그래서 나는 그 위험이 어머니가 아닐 것이라고 생각한다. 만약에 호랑이가 집에서 나왔다면, 나는 파괴의 원천이 집 안에 있다고 말할 것이다. 그러나 호랑이가 어둠이나 정글에서 나온다면, 그 호랑이를 어머니로 단정하기 어렵다.

이것을 발달의 단계로 볼 수 있는데, 그렇다면 이 발달 단계가 소녀에게 꿈으로 나타나야 하는 이유는 무엇인가? 아이의 의식적 상황 안에 아이의 발달을 저지하면서 긴장을 유발하는 어떤 요인이 있기 때문이다. 그래서 호랑이가 장애물을 넘듯이 도약해야 하는 것이다.

의식이 언제나 뒤처지는 것은 유아의 의식, 아니 모든 사람들의 의식의 본질에 속한다. 대체로 의식은 늦다. 그래서 폭력적인 무슨 일이 일어나야 한다. 의식이 충분히 빠르다면, 그 의식은 이미 긴장들을 포함하고 통합시킬 준비를 갖췄을 것이다. 이건 사실로 입증된다. 분석 치료를 하다 보면 그런 예가 종종 보인다. 대체로, 분석 치료를 시작하는 단계에 긴장이 가득한 꿈들이 나타나고, 이어 진부하고 인상적이지 않은 꿈들이 나타난다. 사람이 스스로 무의식 속으로 내려감으로써 무의식을 예상하고 있을 때, 그 사람에게 꿈이 전혀 나타나지 않을 수 있다. 꿈의 필요성이 없는 것이다. 무의식과 아주 친숙한 경우에, 꿈들이 드물고 극적이지 않을 것이다. 그러나 무엇인가가 완전히 의식 밖에 놓여 있을 때, 아름답고 위대한 꿈들이 나타날 것이다. 그런 때엔 무의식의 긴장이 부드럽게 의식 속으로 흘러갈 수 있다. 그러고 나면 꿈들에 대한 욕구가 더 이상 없어진다.

만약에 이 꿈이 정말로 발달 과정을 나타내고 있다면, 그것은 어떤 과정일까? 여성의 본능적인 세계가 시작하고 있다. 말하자면, 거기서 아이는 여자기 되기 시작한다. 훗날에도 여성의 본능적인 세계에 무슨 일이 일어날 때마다 이런 고양잇과의 동물이나 곰 또는 뱀이 다시 나타난다. 스위스에는 어쨌든 곰의 여신이 있다. 아르테미스 숭배자들은 자신을 곰이란 뜻으로 '아르크토이'(arktoi)라고 부른다. 곰은 여성적인 본능의 세계를 나타낸다. 그렇다면 이 꿈의 목표는 어떤 식으로 설명해야 하나? 이 꿈은 정신의 균형을 맞추는 데 어떤 역할을 맡고 있는가?

틀림없이, 호랑이의 침입은 무서운 측면을 가진 여성적인 본능의 세계의 침입이다. 이것이 아이가 여성적인 본능의 세계로부터 달아나도록 자극할 수 있지만, 그 본능의 세계는 아이의 의식에 하나의 위험이 될 것이다. 꿈은 이런 말로 그런 아이를 달래고 있다. '호랑이가 너를 향해 달려들더라도, 그건 두 부분으로 나눠질 거야.' 이것은 근본적인 어떤 진리를 표현하고 있다.

꿈에 두 가지 양극성이 나타나고 있다. 첫 번째 양극성은 자아와 본능적인 세계이다. 두 번째 양극성은 분리된 호랑이이다. 그것은 앞쪽과 뒤쪽을 갖고 있다. 그리고 호랑이의 앞과 뒤는 더없이 경이로운 양극성이다. 그것은 이렇게 말하고 있다. '본능적인 세계는 앞면과 뒷면을 갖고 있다. 동물과 비슷하기 때문이다.' 만약에 분리된다면, 그것은 힘을 박탈당할 것이다. 본능적인 세계는 이중적인 측면을 갖고 있다는 뜻이다. 이 꿈이 들려주는 지혜는 바로 그것이다. 본능적인 세계의 이중적인 측면은 무엇인가?

육체적인 측면과 정신적인 측면이다. 본능의 세계에도 정신적인 측면이 있는 것이다. 본능의 세계는 머리를, 호랑이의 머리를 갖고 있다.

인간이 실제로 위쪽과 아래쪽으로 분리되어 있는 것이나 마찬가지이다. 통속적인 용어로 표현하면, 정신적인 측면은 위에 있고, 본능적인 측면은 아래에 있다. 인간 자체가 분리된 이중적인 동물이다. 인간은 절대로 동물이 아니고 하나의 인간적인 존재이지만, 그 자체로 인간은 사실상 분리되어 있다. 인간은 더 이상 동물이 아니지만, 바보스럽게 인간은 무엇을 하는가?

인간은 생각한다. 아니, 반영한다는 표현이 더 맞을 것 같다. 생각하는 것은 지나치게 전문적이다. 중세의 표현을 빌리면, 위에 '이성적인 혼'(anima rationalis)이 있고, 아래에 생명만 있는 '식물의 혼'(anima vegetativa)이 있다. 생명이 의식적인 것이 되는 순간, 두 가지 측면이 모습을 드러낼 것이다. 그러면 아이의 영혼에 무엇이 들어가는가? 전체 호랑이가 들어가는가, 아니면 반쪽 호랑이가 들어가는가?

두 개의 반쪽이 들어간다. 이것이 아이의 의식에 어떤 영향을 미치는가? 반쪽 호랑이를 두 개 먹는 것은 꽤 다른 무엇이다. 예를 들어, 만약에 그 아이가 반쪽만을, 말하자면 머리가 있는 반쪽만을 먹는다면 무슨 일이 일어날 것인가? 또 그것은 무슨 의미인가? 이 반쪽은 머리로 동화되고, 낮은 쪽 또는 뒤쪽 반은 아래쪽으로 동화된다. 이로 인해 무슨 일이 일어나는가? 우리가 볼 때, 아이는 실제로 탁월한 통합이다. 그러나 먹힌 호랑이로 인해, 갈등이 아이의 영혼 속으로 들어간다. 지금까지 갈등은 언제나 무의식에 있었지만, 이제 갈등은 아이의 의식 속으로 뛰어 들어간다. 만약에 그녀가 호랑이를 동화시킨다면, 그 분리가 소녀의 의식 속으로 들어갈 것이다. 거기서부터 '예스'와 '노'가 있게 될 것이다. 여기서 도덕적 갈등, 즉 선과 악의 구분이 존재하게 된다.

이 꿈은 이런 뜻이다. "지금부터 너는 분리된다. 지금 여성적인 본능의 세계가 너의 안으로 침투했다. 그래서 너는 이제 분리된 존재, 즉 인간 존재이다." 이전에 그것은 하나의 꿈이었고, 유년의 낙원이었다. 만약에 내가 이 아이가 훗날 어떻게 되었는지에 대해 알고 있다면, 그녀의 훗날 삶에 대해 더 많은 이야기가 가능할 것이다. 이것이 그녀의 훗날 운명을 예고한 첫 번째 꿈이기 때문이다.

#3. 정원 지하 통로 속의 악마에 관한 꿈

다섯 살 소녀가 꾼 꿈이다.

> 나는 정원의 지하 통로 입구에 서 있는 아버지를 보고 있다. 땅이 흔들리고, 나는 아래에 악마가 있는 것이 틀림없다고 생각하며 아버지를 향해 도와달라고 외친다. 그러나 아버지는 웃으면서 나를 아래로 밀어 넣는다. 나는 묘목이 가득 담긴 냉상(冷床)이 있는 연장 창고에 닿는다.

이 꿈과 앞의 꿈의 다른 점은 무엇인가? 두 개의 꿈은 똑같이 다섯 살 소녀들이 꾼 꿈이다. 이 꿈에서는 앞의 꿈과 매우 다른 그림이 보인다. 이 소녀의 의식은 어떤 상태에 있을까? 앞의 꿈에서 아이는 다가올 일에 대한 예감을 전혀 보이지 않았는데, 이 꿈은 그런 예감을 포함하고 있다.

호랑이 꿈에서 의식은 꽤 유치하고 낙원 같았으며, 그때 갑자기 무엇인가가 온다. 이 꿈의 경우에 땅이 움직이는 순간에, 아이는 그것이 악마라는 것을 이미 알고 있다. 그것은 무엇을 의미하는가? 어쨌든 이 꿈에서 의식이 훨씬 더 잘 준비되어 있다는 것이 드러난다. 실용적인 측면에서 본다면, 이것은 무슨 뜻일까?

무엇보다 먼저, 이 꿈을 꾼 소녀는 그렇게 순진하지 않으며 이미 5년의 세월을 통해 꽤 많은 것을 느꼈다. 소녀가 그다지 어리석지 않은 것이다. 그녀는 세상사가 어떤 식으로 돌아가는지 이미 다소 알고 있다. 이 측면에서 보면, 준비가 된 의식이 준비가 되지 않은 의식보다 낫다. 본능의 세계로 떨어지는 그런 중대한 추락이 훨씬 더 잘 흡수될 것이기 때문이다. 그러나 여기도 마찬가지로 어려움이 있다. 이 꿈의 경우에 갈등은 무엇인가? 이것은 이미 갈등이 특징인 그런 의식 상태이다. 이 아이는 갈등을 이미 예감하고 있는 아이이다. 호랑이 에피소드 같은 것은 이미 그녀의 뒤에 있다.

소녀가 아버지에게 도와달라고 소리를 지르지만 아버지는 반대로 소녀에게 도움의 손길을 내밀지 않는다. 오히려 아버지는 사악한 웃음을 지어 보이며 가엾은 아이를 심연으로 밀어 버린다. 바로 이것이 갈등이 아닐까? 만약에 꿈이 다른 경로를 취했다면, 예를 들어 우리가 꽤 자연스럽게 기대하는 길을 택했다면, 그러니까 아버지가 어린 것을 악마로부터 구하기 위해 딸에게 달려가는 쪽을 택했다면, 그것은 무슨 의미일까?

아버지가 선하기 그지없는 존재가 될 것이다. 의식에 따르면, 아버지는 완벽하게 올바른 사람이 될 것이다. 그는 보호 수단을 제시하고, 보살피고, 뒷받침하는 존재일 것이다. 그러면 아이는 아버지 안에 완전히 포함될 것이다. 이런 경우에 아이의 훗날 삶에 무엇이 나타나게 되는가?

집만큼이나 큰 아버지 콤플렉스가 있을 것이고, "아빠의 소녀"가 있을 것이다. 그런 소녀는 어떤 심리를 가질까?

아마 아니마 유형이 발달할 것이다. 자기 아버지가 팔을 활짝 벌리면서 어린 영혼을 세상으로부터 보호하도록 아버지를 자기 마음대로 갖고 놀 줄 아는 그런 여자 말이다. 당연히 어머니와의 관계도 복잡해질 것이다. 이 꿈에서 일어나고 있는 것은, 말하자면 아버지가 아버지 콤플렉스가 시작되려는 단계에 그런 시도를 중단시키고 있는 것은 정상적인 과정이다. 왜냐하면 이 꿈에서 아버지 콤플렉스의 조짐이 보이고 있기 때문이다. 소녀의 호소는 자기를 보호해 달라는 것이다. 아버지가 딸을 밀어 넣는 지하통로를 어떻게 해석해야 할까?

무엇인가가 준비되어 있다. 그래서 여기에 이미 지하통로도 존재한다. 마치 아래에 광산이 있는 것처럼. 이것은 무엇을 암시하는가? 이로운 힘이 있다는 것을 암시한다. 위에는 정원이 있다. 이것은 아이의 의식의 어떤 상태를 말해준다. 그것은 이미 의식의 공간이다. 그리고 정원은 무엇인가? 숲이나 확 트인 시골이 아니고, 온갖 것들이 있는 정원이다. 이것은 곧 문화를 의미한다. 아이의 의식의 공간에 문화적인 분위기가 존재한다. 그리고 정원의 특징은 무엇인가? 매우 특별한 무엇인가가 있다. 아버지가 문화와 관계있는 것은 하나의 전제조건이다. 그것은 딸들이 아버지의 정신, 즉 아니무스를 넘겨받게 되는 이유이지만, 여기엔 특별한 무엇인가가 있다. 아래에 연장 창고가 있다는 점이다. 질서가 있는 것이다. 거기에 삽이 있고, 도끼가 있다. 문화적인 작업을 준비하면서 정원을 가꾸는 데 필요한 모든 것이 거기에 있는 것이다. 냉상은 무엇인가?

묘목을 키우는 곳으로서 또 다시 준비 과정인데, 악마가 아주 이상한 곳에 있다. 그것은 실제로 어떤 장소인가? 악마를 위한 방이 어디에 있으며, 악마는 어디서 밤을 보낼 수 있는가? 악마에게 도대체 무슨 일이 일어났는가?

악마가 진정한 악마라면, 이 악마는 지금 완전히 엉뚱한 곳에 있다. 그렇기 때문에 우리는 이것이 더 이상 진짜 악마가 아니라고 단정해야 한다. 악마는 지금 너무나 엉뚱한 곳에 있다 보니 지옥을 전혀 갖고 있지 않으며 따라서 어떠한 행동도 하지 못하고 있다. 그렇다면 우리는 이 악마가 변화한 악마라고 단정해야 한다. 그는 초목의 악마이다. 그의 지옥은 하나의 정원으로, 후엔 냉상으로 이뤄져 있다. 이 냉상 안에서 누가 나타나는가?

오시리스가 나타난다. 오시리스는 고전적인 형상이다. 브리티시 박물관에 가면 오시리스 형상을 볼 수 있다. 젖은 모래가 덮인 범포(帆布) 위에 길게 누워 있는 모습이며, 모래에는 풀이 심어졌다. 그때 오시리스는 풀의 형태로 나타났다. 따라서 오시리스는 해마다 땅에서 다시 솟아났다. 오시리스는 또 자신의 석관에서 올라오는 밀로 묘사되었다. 오시리스는 어린 옥수수로 다시 나타난다. 오시리스는 정말로 식물의 신이었으며, 지하 세계의 주인으로서 그는 실제로 우리의 지하세계의 신인 악마를 닮았다. 오시리스는 선한 신이지만, 같은 임신을 통해 오시리스와 함께 오시리스의 반대자로 태어난 형제 세트-티폰(Seth-Typhon)은 나쁜 신이다. 세트-티폰은 그냥 오시리스의 그림자이며, 이 그림자 때문에 그는 지하 세계와 관계있으며 하계의 신이다. 이 꿈에 등장하는 악마를 정확히 분류하는 것은 더 이상 가능하지 않다. 악마가 식물의 신이 되었기 때문이다. 그리고 악마에 대한 두려움은 어디서 오는가? 왜 그런 공포가 생기는가? 아버지에게 도와달리고 외치는 이유는 무엇인가?

악마에 대해 이야기하는 기독교의 영향이 작용하고 있다. 이 같은 영향은 당연히 의식에게 무시무시한 공포를 안겨주게 되어 있다. 그러나 이 꿈은 소녀가 이런 충격을 느끼지 않도록 하고 있다. 악마에게 떨어졌는데, 거기에 문화적 작업을 준비하는 곳인 연장 창고가 있고, 묘목이 심어진 냉상이 있는 것이다. 그러면 거기 떨어진 사람은 묘목 가운데에 눕게 될 것이다. 그 아이는 묘목이 심어져 있는 냉상으로 떨어진다. 그녀 자신이 비옥한 땅에 묘목처럼 심어진다. 냉상은 일종의 인큐베이터이다. 지옥의 이미지가 완전히 바뀐다. 기독교적인 의미가 아니라 고대적인 의미로 바뀌는 것이다.

이 꿈은 이렇게 말하고 있다. '너에게 악마라는 인상을 주는 것이 사실은 땅과 자연의 비옥이야.'

아이는 지금 안전한 곳에 있다. 방해는 외부로부터 오지 않고 땅에서 온다. 아이는 이미 그것이 악마라는 것을 알고 있다. 지진은 언제나 사람의 관점이 흔들리고 있다는 것을 의미한다. "내 발 밑에서 지진이 일어나고 있어."라는 말은 그 사람이 감당할 수 없는 무엇인가를 직면하고 있다는 뜻이다. 그래서 땅이 흔들리는 것처럼 느껴진다. 소녀는 그것이 악마라고 단정한다. 이 같은 해석은 기독교의 영향을 받은 의식에서 나온다. 아이는 어떤 통로가 이미 제공되었다는 사실을 모르고 있기 때문이다. 누가 이 통로를 만들었는가?

아버지가 그것을 제공했으며, 그 방을 연장 창고로 이용하고 있다. 이것은 딸을 제대로 다룰 줄 아는 아버지의 모습을 보여준다. 지진이 일어나는 경우에 아이들이 비옥한 땅으로 떨어지도록 모든 것이 준비되어 있다.

이 꿈에서 악마는 채소의 신이며, 준비가 잘 된 땅에서 거주하고 있다. 그는 냉상에서 사는 존재이다. 그는 옛날의 오시리스처럼, 미래의 생명을 안겨주는 생명의 악마이다.

보시다시피, 이 꿈은 실제로 땅 속에 심는 것에 관한 것이다. 소녀라는 존재가 땅의 거주자로서 땅과 접촉하는 것을 강조하고 있다. 사람은 땅으로 떨어지고, 거기서 비옥해져야 한다. "생육하고 번성하라."[82] 이유는 우리가 한 그루 나무처럼 땅에 심어졌기 때문이다. 꿈속의 이미지가 너무나 간결하고 선명하기 때문에, 이 꿈을 더 이상 파고들 필요는 없을 것 같다. 이 꿈을 꾸던 시기에 아이에게 특별한 일은 전혀 없었다. 이 꿈 뒤에도 특별한 일은 일어나지 않을 것이다. 모든 것이 완벽하게 좋기 때문이다.

#4. 회전하는 쇠창살에 관한 꿈

여섯 살 소년이 꾼 꿈이다.

....
82 '창세기' 1장 22절.

우리, 즉 나와 나이가 나와 같은 한 소년은 마녀에게 붙잡혀 그녀와 함께 중간 정도 크기의 동굴 안에 들어와 있다. 동굴은 둥근 형태이며 벽은 진한 붉은색이다. 유일한 출구는 좁고 낮은 통로이다. 일종의 튜브처럼 생겼다. 통로는 동굴 바닥에서 시작한다. 처음에는 약간 내려가다가 다시 약간 올라간다. 통로 마지막 부분에는 벽에서 돌출한 철봉 두 개가 서로 맞물리며 이어지고 있다. 이 두 개의 격자는 회전하고 있다. 그래서 이 격자들은 한 순간 출구를 열었다가 그 다음 순간에 출구를 다시 막는다. 출구를 통과하는 것은, 아니 기어나가는 것은 특별히 위험하다. 나는 엄청난 불안을 느끼며 잠에서 깨어난다. 그래서 나는 옆에서 자고 있던 유모를 깨우고, 유모는 그것이 꿈이라고 말한다.

이 꿈은 행동을 전혀 담고 있지 않으며, 사실상 하나의 이미지이고 대결이다. 말하자면, 꿈은 소년에게 제시된 하나의 이미지일 뿐이다. 이 이미지는 지금 소년의 상황을, 소년이 처해 있는 결정적인 상황을 나타내고 있다. 다섯 살과 여섯 살 사이는 결정적인 시기이다. 오늘날엔 유아의 심리를 객관적으로 묘사한 자료가 아주 많다. 주로 아이들을 대상으로 한 스위스의 '분노 교육학'(furor paedagogicus)[83]은 정말 유익했다. 관심이 다소 병적이고 선생이 자신의 심리를 다룰 필요가 없는 방향으로 흘러가긴 하지만 말이다. 인간 영혼은 우리가 교육 시키려 들기만 하는 그 무엇일 뿐이며, 우리는 인간 영혼이 어떤 것인가 하는

....
83 19세기와 20세기 초에 스위스에서 실시된 교육학을 일컫는다. 예를 들면 '길거리의 아이들'이라는 프로그램이 있었는데, 이 조치에 따라서 집시들은 아이들을 적절히 키우겠다는 당국에 아이들을 빼앗겼다.

문제에는 전혀 관심을 갖지 않는다. 아이가 다섯 살과 여섯 살 사이에 학교에 가게 되기 때문에, 이 나이는 대단히 중요하다. 아이는 더 이상 예전의 무의식적인 분위기 속에 있지 않다. 아이는 세상이 자신에게 점점 더 가까이 다가오고 있고 그 세계에 자신이 적응해야 한다고 느끼고 있다. 만약에 아이가 적응할 준비가 제대로 되어 있지 않다면, 그런 때에 특별한 결점을 분명하게 보여주는 꿈이 나타나는 것은 충분히 이해할 만하다. 지금 이 꿈이 보여주고 있는 것이 바로 그런 것이다.

꿈은 소년이 안고 있는, 특별히 불리한 조건을 보여주고 있다. 소년은 아직 완전히 태어나지 않았다. 소년은 아직 자궁 안에 있다. 이 소년과 나이가 같은 또 다른 소년은 이 소년과 동일한 존재일 수 있다. 그러나 이 복제는 특별한 의미를 지닌다. 먼저, 자궁 안에 이런 복제를 뒷받침하는 신화적 근거가 있다. 예를 들어, 원시인들은 후산(後産)[84]을 "다른 한 쪽"으로 본다. 후산은 형제이고 쌍둥이이며, 아이처럼 취급된다. 왜냐하면 후산이 단순히 생김새가 다른 쌍둥이이기 때문이다. 후산은 사실 같은 존재이며 다소 달라 보일 뿐이다. 태반이 다른 것이라는 인식은 오직 이론적인 설명일 뿐이다. 사실은 인간 존재는 언제나 자신을 둘로 느낀다. 다른 하나가 바로 그림자이다. 사람은 여전히 태반을 갖고 있다고, 태반과 연결된 탯줄을 갖고 있다고 말할 수 있다. 왜냐하면 사람의 그림자가 그 사람과 어두운 세계, 즉 무의식을 연결시키고 있기 때문이다.

우리 모두는 꽤 큰 그림자를 갖고 있다고 단정해야 한다. 그러나 그림자는 사람이 빛 속으로 들어갈 때에만 나타난다. 그렇지 않고 어둠 속에 있으면, 그림자가 눈에 보이지 않는다. 그런 경우에 꿈을 꾼 사람

....
84 아이가 태어난 뒤에 태반과 난막이 나오는 것을 말한다.

은 그림자를 갖고 있지 않은 사람이다. 이 꿈이 유효한 한, 그는 그림자를 갖지 않은 사람이다. 그가 아직 태어나지 않았기 때문에, 그의 주된 형상은 아직 자궁 속에, 그림자 속에 있다. 밖에서 존재하고 있다 할지라도, 그는 진정한 존재가 전혀 아니다. 그는 반이거나 그와 비슷한 무엇이다. 그가 밖으로 나오지 못하는 이유는 꿈속에 제시되고 있다. 쇠창살 때문이다. 아직 어머니 밖으로 나오지 않고 완전한 어둠 속에서 살고 있는 사람에게, 지금 현실 속에서 무엇이 그런 쇠창살이 될 수 있을까? 회전하는 쇠창살로 묘사되고 있는 것은 무엇인가? 그것은 우리에게 어떤 의미를 지닐 수 있는가? 쇠창살은 당연히 들어가거나 나가는 것을 막는 장치이다. 치아나 서로 충돌하는 바위도 통과를 꽤 힘들게 만들 것이다. 그렇다면 쇠창살에 특별한 점은 무엇인가?

무엇보다, 쇠창살은 자연적으로 생겨나는 것이 아니다. 그것들은 누군가에게 의해 놓여진다. 누군가가 의도를 갖고 사악한 속임수를 썼다. 여기서 어머니에 대해 생각한다면, 당신은 절대적으로 맞다. 마녀 같은 것이, 사악한 어떤 힘이 쇠창살을 교묘하게 갖다 놓았다. 쇠창살을 설치한 목적은 무엇인가?

금지에 있다. 사람들은 "창문에 올라가는 것을 금지한다."는 말 대신에 쇠창살을 놓는다. 이것은 하나의 가능한 설명이다. 이것들은 매우 구체적인 금지이고, 구체적인 장애물이다. 따라서 거기엔 통로를 봉쇄하려는 강한 결의가 있다. 이 측면에서 어머니가 할 수 있는 것은 무엇인가? 어머니가 산도(産道)를 봉쇄하는 최고의 수단은 무엇인가?

이 쇠창살은 마녀에 의해 놓여졌다. 그래서 한젤(Hansel)[85]은 오븐에

....
85 그림(Grimm) 형제가 수집한 독일 동화 '한젤과 그레텔'에 나오는 주인공 남자 아이.

서 빠져나오지 못한다. 그가 빠져나오면, 마녀가 그의 발을 잘라 버릴 것이다. 쇠창살은 회전하고 있다. 그래서 사람이 통과할 수는 있지만, 보장이 안 된다. 그래서 어머니는 무엇인가를 해야 한다. 그것이 회전하는 쇠창살에 의해 표현되고 있다. 이것은 하나의 반대이며, 꽤 이상한 반대이다. 어머니는 어떤 종류의 반대를 하고 있는가?

한편으로, 어머니는 정상적인 관심을 갖는다. 아이가 자라고, 발달하여, 자신에게서 벗어나서, 정직하고 유능한 아이가 되기를 바라는 것이다. 그런 한편으로, 이 모든 것이 그렇게 많은 말 속에서 금지되고 있다. 예를 들면 이렇다. 어머니는 아들에게 이런저런 것은 금지한다는 식으로 길게 설교를 늘어놓고는 결국엔 아들이 그런 것을 하도록 자극한다. 어머니는 아들에게 슬그머니 기회를 준다. 소년들이 조금 더 나이가 들 때, 우리는 종종 그런 사실을 목격한다. 어머니는 "감히 여자하고 키스하려 들지 마!"라고 말할 것이다. 그래 놓고는 금방 어머니는 "너는 왜 파티에 안 가는 거니? 다른 애들은 다 가는데?"라고 말한다. 자극과 금지가 동시에 작용하는 이런 게임은 수없이 반복된다. 이런 어머니들은 모두 생각하지 않고 그냥 바라거나 소망하거나 두려워하는 어머니들이다. 그들은 언제나 감정적인 상태에 있다. 그들은 유혹하고 부추긴다. 그러나 금방 아이는 꺾여버린다. 사람은 당연히 그런 상황에서 온전할 수 없다.

나는 이 꿈에 특별한 어떤 문제가 나타나고 있다고 생각한다. 엄마가 최대한 빠른 발달을 원하면서도 거기에 고유한 위험 때문에 그런 발달을 원하지 않는 것이 그 문제이다. 이것들은 어머니가 아이를 곁에 두기 위해 세울 수 있는 장애물들이다. 최종적으로 소년의 내면에 거기서 빠져나올 수 있는 유일한 기회는 적절한 때를 포착하는 것이라는 식의 심리적 태도가 발달할 것이다. 품행이 아주 훌륭한 소년들 중에도 적절한 순간만을, 어머니가 등을 돌리는 때만을 기다리는 소년들이 있다. 그러면 무슨 일이 일어난다. 정말로 무슨 일이 일어난다. 아이들이 끓는 물을 쏟거나 잔꾀를 부림으로써 스스로를 해치는 경우도 있다. 엄마의 화를 돋우기 위해, 소년은 아주 높은 나무에 올라가다가 떨어져 목숨을 잃을 수도 있다.

지금 이 동굴은 분명히 하나의 자궁으로 묘사되고 있다. 그리고 이 소년은 아마 자신이 엄마의 배 속에 들어 있었다는 사실을 알고 있을 것이다. 꿈은 배의 안쪽을 묘사하고 있다. 꿈은 이렇게 말하고 있다. '이봐, 너는 지금도 여전히 엄마의 배 속에 있어.' 나머지는 해부학적으로 완전히 정확하다. 이상한 세부 사항이 한 가지 있다. 길이 처음에는 약간 내려가다가 다시 약간 올라간다는 점이다. 이것은 어머니에게, 그러니까 그 배를 갖고 있는 존재에게 무엇을 의미하는가? 이것은 전체 상황에 무슨 의미를 지니는가? 지금 소년의 어머니는 어떤 상황에 있는가?

소년은 누워 있는 어머니 안에 갇혀 있다. 누군가가 누워 있다면, 그 사람은 보통 잠을 자고 있다. 소년은 그냥 엄마 안에 감싸여 있다. 그것은 사소한 세부 사항일 뿐이다. 그것은 어머니가 누워서 계속 잠을 자고 있다는 뜻이다. 무의식 상태인 것이다.

여기서 부활에 대해 이야기할 수 있다. 그것이 진정으로 부활이 아니고 두 번째 출생일지라도 말이다. 부활과 두 번째 출생의 차이가 궁금하다. 두 번째 출생은 새로운 무엇이 아니며, 첫 번째 출생의 연장일 뿐이다. 첫 번째 출생이 불완전하고, 따라서 훗날 그 출생을 완전하게 만들어야 한다. 사실상의 부활은 변형을 말한다. 필요한 모든 것이 충족되었다는 것을 보장하는 것이다. 인간은 이 같은 부활을 통해서만 완전히 변형된다.

이 변형은 주로 신비 의식에서 확인된다. 또 신화에서도, 구체적으로 영웅 신화에서도 발견된다. 이유는 영웅이 처음에 한 사람의 인간이었지만 초인이 될 운명을 타고난 까닭에 그런 존재로 다시 태어나야 하기 때문이다. 세례에도 영웅의 탄생이라는 사상이 구체화되고 있다. 정치 제도에서도 부활 사상이 확인된다. 이집트에서 왕은 두 번 태어나야 한다. 많은 신전에 산실이 있다. 거기서 왕은 신들에 의해 다시 태어났다. 영웅 탄생을 간접적으로 암시하는 것도 있다. 헤라클레스에게 두 명의 어머니는 알크메네(Alkmene)와 헤라(Hera)였다. 헤라의 경우엔 일종의 입양 관계이다. 헤라는 헤라클레스에게 자신의 가슴을 내주며 그를 키웠다. 헤라클레스가 헤라의 가슴을 얼마나 세게 빨았던지 젖이 튀어나와 은하수를 이루었다고 한다. 이탈리아 화가가 비잔틴 양식의, 전제 군주의 분위기가 물씬 나는 궁전에서 어느 페라라 공작(duke of Ferrara)의 생일 때 헤라클레스의 입양을 그린 그림이 있다. 그 그림은 아프로디테의 사랑놀이로 여겨져 왔다. 그러나 그것은 헤라클레스의 입양이다. 두 번째 어머니는 우리의 꿈에서처럼 이롭거나 불리할 수 있는 위대한 운명을 상징한다.

대부와 대모도 여기에 속한다. "대부"와 "대모"는 신들이다. '생기게 하다'는 영어 단어와 어떤 연결이 있다. 그들은 이 아이가 육체적으로, 육욕적으로만 태어날 뿐만 아니라 신들에 의해서 생겨났다는 것을 증명하기 위해서 출생 현장에 이미 있다. 세례 자체가 두 번째 출생이기 때문이다. 예전에는 어른들이 세례를 받았다.

동방 정교회의 경우에 세례를 행하는 장소에 진짜 부모가 참석하는 것을 엄격히 금지하는데, 이것은 매우 논리적인 조치이다. 플루타르 코스의 글을 보면, 이시스는 아이를 불멸의 존재로 만들기 위해서 매일 밤마다 불 속으로 집어넣은 것으로 되어 있다. 그러다 아이의 어머니가 기겁을 하며 비명을 지르자, 이시스는 부활이 허사가 되어 버렸다고 말한다. 우리 꿈의 경우에 두 번째 탄생은 힘든 통과라는 신화적인 모티브를 보여준다. 여러 가지 변형으로 나타나는, 마주 보며 서로 충돌하는 바위라는 모티브도 이와 비슷하다. 이 통과와 관련해서 흥미로운 것은 그곳을 통과할 수 있는 적절한 때가 단 한 번 있다는 점이다. 그런 적절한 순간은 동화에서도 발견된다. 예를 들면, 보물을 파길 원한다면 정해진 시간에 파야 한다는 조건이 있다. 보물은 9년 9개월 9일마다 꽃을 피운다. 그날 밤이면 보물을 쉽게 땅에서 구할 수 있다. 그 다음날 밤이면 보물은 다시 깊이를 가늠하기 어려운 땅 속으로 떨어진다. 이것은 '보물의 만개(滿開)'라 불린다. 그것은 그런 일이 가능한 적절한 때를 말하는 '기회'(kairós)이다.

이것은 심리학적으로 늘 깨어 있다는 뜻이다. 때를 놓치지 않으려면, 누구나 주의를 기울여야 한다. 그것은 곧 지속적인 정성이, 말하자면 의식을 특별히 기울이는 노력이 필요하다는 뜻이다. 만약에 어떤 일이 특별한 어느 순간에만 일어난다면, 사람은 그 순간을 놓치지 않도록 조심해야 한다. 이것은 태어나지 않은 상태를 치료하는 데 중요하다. 의식을 발휘하고, 깊이 성찰하고 주의를 기울이면, 어느 특별한 지점에서 상황을 통과하는 것이 가능해진다. 잡혀 있는 것은 의식이며, 그런 가운데 거기에서 빠져나갈 적절한 순간을 발견하는 것도 의식이다. 따라서 '기회'가 강조되고 있다.

아직도 언급해야 할 사항이 한 가지 남아 있다. 동굴 안의 벽이 진한 빨간색으로 되어 있다는 점이다. 빨간색은 언제나 감정적인 것과 관계있다. 그렇다면 그는 어떤 감정적 상태에 붙잡혀 있을 것이다. 아직 태어나지 않은 의식이 언제나 감정의 마법에 걸린 상태라는 것은 일반적인 특징으로 꼽힌다. 이것이 차크라들의 가르침에서는 쿤달리니가 태양 신경총에 있다는 식으로 표현된다. 태양 신경총은 감정 센터이다. 왜냐하면 횡격막과 위(胃)가 영향을 받기 때문이다. 감정은 위와 간에 영향을 미친다. 분노가 일어나는 경우에, 황달이 따를 수 있다. 감정 센터는 배의 위쪽에 있고, 그래서 만약에 누군가가 배에 있으면서 아직 태어나지 않았다면, 그 사람은 감정적인 상태에 휩싸여 있다. 그리고 여전히 감정에 사로잡힌 가운데 그 감정에 따라 삶을 사는 사람은 모두 아직 태어나지 않았으며 여전히 '헤이마르메네'(Heimarmene)[86]의 영향 아래에, 점성술적 조건의 영향 아래에 있다. 아직 부활이 성취되지 않았다. 그런 사람은 운명의 포로가 되어 있으며, 운명의 희생자이다. 그런 상황에 처한 사람이 "그러나 그게 내가 느낀 바야"라거나, "무서워"라거나, "슬퍼"라거나, "난 그걸 할 기분이 아니야."라고 말한다면, 그때 사람들이 그를 위해서 할 수 있는 일은 아무것도 없다. 우리가 이런 사람을 상대로 무엇인가를 성취해내기 위해선 반드시 그 사람이 행동을 하겠다는 기분을 느끼도록 만들어줘

....
86   그리스 신화에 운명의 여신으로 나온다. 이 운명은 개인의 운명이 아니라 우주의 운명을 말한다.

야 한다. 원시인들의 경우와 똑같다. 원시인들은 무엇인가를 할 기분을 불러일으키기 위해 춤을 춰야 한다. 감정적인 사람은 감정적인 수단 외의 다른 방법으로는 치료되지 않는다. 그런 사람의 경우에 의식이 아직 횡격막 위로 올라가지 않았다. 잘 아시다시피, 횡격막 위에도 센터가 3개나 더 있다. 마지막 것은 무시하도록 하자. 거기에 닿기 위해선 반쯤 죽어야 하니까.

부활은 다른 세계에서 새롭게 태어나는 것을 의미하지만, 이 꿈의 부활은 바깥 세계에서 새롭게 탄생하는 것을 의미한다. 이 꿈을 꾼 아이처럼 감정에 지나치게 의존하는 아이들은 그때까지와 다른 교육법이 행해지는 환경으로 옮겨져야 한다.

어머니 콤플렉스를 갖고 있던 서른다섯 살 의사가 기억난다. 계속 어머니와 함께 살 경우에 어머니로부터 쉽게 벗어나지 못한다는 점을 설득시키는 데 무려 두 달이나 걸렸던 사람이다. 2개월 뒤에 그는 그 사이에 줄곧 생각해 왔다면서 나에게 이런 질문을 던졌다. "당신은 정말로 내가 다른 곳에서 살아야 한다고 믿습니까?" 최종적으로 그는 나의 권고를 받아들였다. 그 결과, 어머니가 대퇴골 골절상을 입었다. 그때 그는 이런 꿈을 꾸었다.

나는 미끄러운 풀밭을 올라가고 있다. 계속 위로 올라가고 있다. 어머니도 올라오기를 원한다. 어머니도 악착같이 언덕 꼭대기에 닿고자 한다. 그러다가 그녀는 미끄러지면서 대퇴골이 부러지는 부상을 입는다.

여기서 당신은 세상의 일들이 어떤 식으로 서로 연결되어 있는지를 볼 수 있다. 그렇듯 이 이야기는 매우 극적인 과정을 거쳤다. 이 의사가 나의 말의 뜻을 깨닫기까지 그렇게 오랜 세월이 걸렸는데, 그것은 어머니의 죽음이라는 위험을 감수할 수 없다는 사실 때문이었다. 그가 집을 나가면, 그 일이 어머니의 생명과 연결될 수 있기 때문이다. "네가 결혼하면, 나는 죽어 버리고 말 거야." 어머니들이 아들에게 이런 식으로 말하는 것은 사실이다. 그러다가 늙은 마녀가 가야만 할 때가 되면, 그 아들은 책임감을 느낀다. 그는 자기 어머니를 사랑한다. 따라서 어머니가 자살할 수 있다는 생각이 조금이라도 드는 경우에, 그는 집을 나가지 못한다. 어머니의 메두사 머리를 보지 않으려는, 신성을 모독하는 뒷걸음질이 필요하다. 그러나 이런 행동은 친절하지 않다.

어쩌면 학교에 가야 한다는 사실이 소년으로 하여금 이런 꿈을 꾸게 했을지 모른다. 그러면 어머니에 대한 애착이 대단히 부적절하다는 것이 드러난다. 아이가 바깥 세계가 요구하는 것을 제대로 준비하지 못하게 될 것이기 때문이다. 그런 아이도 지적으로 똑똑한 아이라면 학교에서 지적인 측면에선 잘 해결해 나갈 것이다. 그러나 아이는 그 외의 다른 것은 아무것도 성취하지 못할 것이다. 그가 아직 인격의 독립을 이루지 못한 상태이기 때문이다. 그는 어머니에 의해 완전히 망쳐지고 있다. 앞에 소개한 의사의 경우에, 어머니가 분석 작업에 관한 모든 것을 요구했다. 그래서 그는 어머니를 위해서 단어 하나 놓치지 않고 충실하게 기록했으며, 그녀는 언제나 그런 아들을 지배하고 있었다. 그때 나는 "당장 중단해요!"라고 말했다. 물론, 이것이 낙타의 등을 부러뜨린 마지막 지푸라기였다. 다행히, 그녀는 죽지 않았다.

그런 어머니는 죽어도 여전히 살아 있을 수 있다. 죽는 것은 아무 소용이 없다. 신의 어머니로서, 그녀는 언제나 거기에 웅크리고 앉아서 아들을 살피고 있다. 아들은 절대로 어머니의 영향에서 벗어나지 못할 것이다. 아버지도 마찬가지이다. 죽으면 모든 것이 끝날 것이라고 생각해서는 절대로 안 된다. 타자가 우리에게 한 것을 훗날 우리가 그대로 할 것이다. 모든 것이 똑같은 자리에 그대로 있고, 사람은 옛날과 똑같이 살고 있다. 많은 미혼 남자는 아파트에 앉아서 자기 부모의 영혼을 돌보고 있으며, 부모가 살아 있을 때와 똑같이 옹색하고 억눌린 상태로 지낸다.

#5. 빨간 공이 다가오는 꿈

열 살 소년이 꾼 꿈이다.

나는 방에서 동생 메인래드와 함께 놀고 있었다. 갑자기 빨간 공이 하늘에 나타나 우리 집 쪽으로 가까이 다가오고 있었다. 나는 창으로 하늘을 내다보았다. 공은 우리 집 안으로 들어온 뒤 활짝 벌어졌고, 거기서 "신"이 나왔다. 빛을 발하는 삼각형이었으며, 한가운데에 "신"처럼 보이는 형상이 있었다. 그러나 신은 젊은이였으며, 늙은이도 아니고 구세주도 아니었다. 그는 나의 '성경'에 나오는 그림처럼 생겼다. 삼각형 안에 들어 있는, 축복의 손을 가진 어떤 몸의 토르소 같았다.

이어서 나는 정원에서 놀고 있었다. 그곳에서 나는 세상의 종말을 보았다. 나는 풀밭에서 대기하고 있었다. 달과 별들이 땅으로 떨어졌다. 나는 그것을 보았다. 이어서 나는 하늘에 홀로 있는 예수를 보았다. 사람은 하나도 없었다. 그때 나도 하늘로 올라갔다. 그것은 극장 같았다. 무대도 있었다. 위로 구름이 하나 떠다니고 있었다. 무대에 옥좌가 있었다. 나는 그 위에 삼위일체(평소에 묘사되는 그대로, 늙은 노인과 성령, 그리스도였다)가 있는 것을 보았다. 이어 신이 사라졌다. "정령"이 하나 왔다. 정령의 얼굴이 초록색이었다. 그가 나를 놀라게 만들었다. 나는 그와 함께 여전히 무대에 있다. 때는 겨울이었다. 나는 그 악마에게로 돌진해서 그를 눈 속에 처박아 버렸다. 그때 나는 잠에서 깨어났다.

개인적으로, 이 아이는 가톨릭 신자로 키워졌다는 사실을 밝혀야 한다. 아이는 현재 수시로 공습을 당하고 있는 도시에 살고 있다. 그래서 아이는 전쟁 공포로 고통을 겪고 있다. 그것 외에는 소년과 관련해 불리한 상황은 아무것도 모른다. 분명히, 소년은 매우 종교적으로 키워졌다. 그러나 특별히 과장된 종교적 분위기는 전혀 없으며, 평범한 가톨릭의 분위기가 느껴진다. 그래서 소년은 이런 꿈을 꾸고 있다.

꿈의 첫 부분을 보자. 소년이 자기 동생과 함께 방에 있다. 그때 갑자기 빨간색 공이 나타나서 집 가까이로 다가오고 있다. 빨간 공이 나타나면 보통 위험에 대해 생각한다. 그러나 전체 꿈은 공습처럼 묘사되지 않고 있다. 그것과 완전히 다른 것 같다. 이것은 신성이다. 로욜라의 이냐시오도 공 같은 것이 나타나는 환상을 보았다. 동그랗게 생긴 우주적인 존재이며, 세계의 영혼이고, 둥근 존재인 '로툰둠'(rotundum)이다.

꿈속의 공은 빨갛다. 여기선 빨간색이 결정적이다. 빨간색은 특히 감정적인 색이다. 그것은 피다. 따라서 우리는 가까이 다가오고 있는 빨간색 공이 아이를 놀라게 만들고 있다고 단정할 수 있다. 지금 이 빨간색 공은 알려지지 않은 것이며, 모호하고 의심스러운 현상이다. 그것은 절대로 인습적인 등장이 아니다. 공은 오히려 지구로 접근하고 있는 천체처럼 보인다. 그것은 특이하고 초자연적이다. 그런 것은 흔하게 일어나지 않는다. 이어서 꿈은 신이 밖으로 나왔다고 말한다. 그렇다면 구(球)는 신을 포함하고 있다. 그것은 종교적인 중심을 포함하고 있으며, 이 중심은 당연히 소년의 꿈에서 처음에 신으로 등장한다. 이어지는 꿈 이미지들은 소년의 종교 사상에 대해 말하고 있다. 말하자면, 종교적인 사상들이 그에게 이상한 현상을 설명해주고 있다는 뜻이다.

로욜라의 이냐시오가 본 환상에서는 그리스도가 나타난 것으로 알려져 있다. 어느 환상에서 이냐시오는 교리와 전혀 상관없는, 수많은 눈을 가진 뱀을 본다. 이것들은 원초적인 이미지들이며, 이 이미지들은 그 사람이 가진 종교의 이미지로 지각된다. 소년의 꿈에서 그 다음에 나타나는 것은 모두 교리와 관계있는 이미지들이다. 무엇보다 먼저, 신이 나온다. 그러나 신은 늙은이의 형상과 전혀 아무런 관계가 없으며 빛을 발하는 삼각형으로 되어 있다. 이것은 거의 틀림없이 기독교와 관계있는 이미지이다. 빛들과 그 안에 있는 신의 눈 말이다. 그러나 이 꿈엔 안의 눈도 없고 노인도 없으며 어떤 젊은이가 있다. 이 젊은이는 구세주도 아니다.

이 대목에서 우리는 무의식이 기독교 교리와 다른 무엇인가를 포함하고 있다는 식으로 받아들여야 한다. 따라서 이것은 노인도 아니고 구세주도 아니고 젊은이이다. 무의식은 이렇게 말하고 있다. '이것은 네가 생각하는 것과 다른 것이란다. 모든 것을 망라하는 의식인 신의 눈이 아니라 젊은이이고 이방인이야.' 이로써 무의식이 지배하게 된다. 지금 다른 무엇인가가 나온다. 삼각형 속의 젊은이가 소년의 '성경' 속의 그림을 닮았을지라도, 그것은 구세주가 아니고 다른 종교적인 형상이라는 점이 분명하게 언급되고 있다.

지금 어떤 전환이 일어나고 있다. 여기서 우리는 무의식이 너무나 단호하게 나서고 있기 때문에 소년이 더 이상 그것을 무시하지 못한다고 단정할 수 있다. 소년은 무의식을 직면해야 한다. 지금 소년은 정원으로 달려간다.

여하튼 소년은 환상을 본 장소에서 빠져나와서 완전히 다른 환경 속으로 들어간다. 소년은 그 환상의 의식(意識)을 벗어나서 완전히 다른 상황으로 들어간다. 그 장면은 지금 에워싸여 있다. 이런 식으로 에워싸인 의식은 무엇을 암시하는가?

예전의 관점이다. 사람이 살고 있는 집과 비슷하다. 집은 뭔가가 보관되어 있는 별개의 방들을 갖고 있다. 그것은 기독교 교리에 충실한 형식이며, 소년은 그 형식 안에서 이 새로운 현상을 지각하고 있다. 그러나 그때 소년은 그것을 완전히 지각하지 못한다. 그는 대충 그리스도와 비슷한 것으로 지각하며 지금 이 방들 안에 기독교 교리와 전혀 맞지 않은 새로운 무엇인가가 있다는 무서운 사실을 직면하고 있다. 지금 소년이 방을 떠나는 것이 이해된다. 그런 상황에선 방을 포기해야 하기 때문이다. 무의식이 그를 정원으로 옮겨놓는다.

정원에는 위로 천장 같은 것이 전혀 없다. 거기선 사물들이 하늘 높이 시리우스(Sirius)[87]까지 발달할 수 있다. 오른쪽과 왼쪽, 뒤쪽과 앞쪽으로 할 수 있는 것이 아무것도 없더라도, 거기엔 하늘까지 올라갈 수 있는 공간이 있다. 지금 소년은 거기서 세상의 끝을 보고 있다.

여기 나타나고 있는 젊은이는 세상의 종말을 알리는 사자(使者)이다. 그리고 밖에서 일어나고 있는 것은 세상의 종말이다. 그렇다면 이 젊은이는 누구인가?

최종적으로, 그는 적(敵)그리스도일 수 있다. 그는 끝에 온다. 그는 폐점(閉店) 시간 직전에 온다. 지금 소년은 이미 정원에 있지 않고 조금 더 먼 초원에 있다. 달과 별들이 땅으로 떨어진다. 이 이미지는 어디에 나오는가?

'계시록'에 나온다. 이 꿈을 꾼 소년도 그림 '성경'을 갖고 있다. 거길 보면 파괴의 천사가 별들을 땅으로 던진다. "이어서 나는 하늘에 예수가 홀로 있는 것을 보았다. 사람은 아무도 없었다." 이 부분은 지금 예수 그리스도 혼자 남았다는 것을 의미한다. 모든 영광이 사라져 버린 것이다.

지금 소년은 더 멀리 옮겨진다. 어떻게 보면, 소년은 방에서, 좁고 한정적인 곳에서 정원으로, 거기서 다시 초원으로, 지금은 심지어 하늘로 제거되고 있다. 지금 소년은 높은 곳으로 올라가고 있다. 그리고 이 천국은 극장같다. 예전의 이미지가 낮게 평가되고 있다. 천국의 옛날 이미지는 지금 극장의 이미지에 지나지 않는다. 떠다니는 구름이 있고 옥좌가 있다. 이것이 성(聖) 삼위일체까지 이어진다. 그리고 마지막으

----

87   밤하늘에서 가장 밝은 별로 천랑성(天狼星)이나 큰개자리라 불린다.

로 신이 사라진다. 이것은 평가 절하이다. 연극적인 속임수가 먹히지 않는다. 그런 다음에 꿈은 "정령이 왔다."고 말한다. 이제 일들이 진정으로 작동하기 시작한다. 그리고 이 정령은 초록색 얼굴을 갖고 있다. 여기서 한 걸음 더 나아간다면, 얼굴이 초록색인 이 정령은 '초록의 존재' 알 키드르(Al-Khidr)이다.

키드르는 초록 얼굴을 한 천사이고, 사람의 눈에 드러나는 알라이고, 두 번째 신이고, 구체적인 신이다. 하나의 인간 존재로서, 키드르는 모든 사물 안으로 들어간다. 따라서 그는 초록의 존재로도 불린다. 그가 초목 속에도 있기 때문이다.

내가 아프리카를 여행하는 동안에 나를 안내했던 사람은 수피 교도였다. 그는 족장으로부터 비법을 전수 받았다. 그는 키드르의 본질에 대해 나에게 설명해 주었다. "당신이 거리를 걷고 있다. 거기에 어떤 남자가 가고 있으며, 당신은 그것이 키드르라는 것을 알 수 있다. 어떻게 아느냐고? 글쎄, 당신은 '코란'을 읽기 때문에 그것을 알 수 있다. 그러면 당신이 그에게 인사를 건넨다. '그대에게 평화가 깃들기를!' 그러면 당신의 모든 소망이 이뤄질 것이다. 밤에 잠을 잘 때 당신은 하얀 빛을 본다. 그것은 연기가 아니다. 그것은 타지 않는다. 그건 별도 아니다. 그것이 키드르이다." 이어서 족장은 허리를 굽혀 풀잎 하나를 따서 "키드르는 이것으로도 나타날 수 있다."고 말했다.

키드르는 진정한 디오니소스이고, 분열되지 않았으면서도 분열된 정령이고, 모든 살아 있는 존재들 안에 있는 생명의 정령이다. 이 생명의 정령은 언제나 존재하면서 온갖 형태를 취할 수 있다. 소년은 꿈에 대한 보고에서 이렇게 말한다. "그가 나를 무섭게 했다." 지금 소년을 무섭게 하고 있는 것은 신이 직접적으로 나타난다는 사실이다. 이것은 놀라운 일이다. "나는 여전히 그와 같은 무대에 있었다." 따라서 성 삼위일체가 앉아 있는 곳에서, 기독교 교리가 유희의 대상이 되고 있는 곳에서, 소년은 신과 함께 있다. "때는 겨울이었다."

키드르가 앉은 곳은 절대로 겨울이 아니다. 땅은 봄꽃으로 덮여 있다. 키드르가 앉는 곳은 초록이다. 거기서 땅이 초록으로 변한다. 그러나 여긴 겨울이다. 키드르가 이제 막 도착했기 때문이다. "나는 악마 쪽으로 몸을 날려 그를 눈 속으로 던져버렸다." 만약에 그것이 아버지와 아들, 성령이 아니라면, 그것은 악마임에 틀림없다. 이것은 성 안토니오(St. Anthony)의 주장과 똑같다. 안토니오는 위대한 빛과 정령들을 보았는데, 그때 정령들은 "우리가 너를 교화하러 왔어."라고 말했다. 그러나 그는 그것들이 자신을 시험하는 악령이라고 결론을 내렸다. 그래서 그는 가방을 챙겨 그곳을 떠났다. 그런데 이것은 『성인 전집』(Acta Sanctorum)에서 뽑은 내용이 아니고, 아나톨 프랑스(Anatole France)가 쓴 작품 속의 내용이다. 그렇다면 이 꿈속의 소년도 똑같은 결론에 이르고 있다. 이것이 악마임에 틀림없다고 보는 것이다. 이 꿈은 소년이 얼마 전에, 그러니까 1940년 1월에 꾼 꿈이다.

여기서 이런 질문을 던져야 한다. 키드르 같은 존재가 소년에게 어떤 의미를 지니는가? 돌연 자신의 종교적 교리가 평가 절하되는 이상한 꿈을 꾼 소년에게 말이다.

키드르가 자연의 정령을 가리키고 있다고 보는 것이 타당할 것 같다. 모든 자연의 정령은 악마 같은 면을 갖고 있다. 그래서 자연의 모든 것은 신성한 의식에 쓰이기 전에 반드시 마귀부터 쫓아야 한다. 그러면 거기 섞여 있던 악마의 속임수가 증발될 것이다. 예를 들어, 제단을 봉헌한다면, 한 숟가락의 성유를 제단에 바른 다음에 향을 피워, 심리학적으로 말하면 살균 처리한다. 왜냐하면 온 곳에 있을 수 있는 사악한 정령들을 제거해야 하기 때문이다. 자연의 모든 것은 약간은 부정직하다. 인간도 사실 처음부터 전혀 선하지 않다. 교회가 전반적인 부패에 대해 어떤 교리를 제시하고 있는가? 원죄 교리이다. 피조물에 사악한 것이 섞여 있다. 피조물은 부패한다. 순수한 것은 죽을 수 없다. 순수한 것은 부패하지 않는다. 따라서 모든 것은 먼저 소독부터 해야 한다. 따라서 인간은 원죄에 의해 왜곡되고 있다. 만약에 아이가 세례를 받지 않는다면, 그 아이는 구원을 받지 못할 것이다. 이런 아이들에게 어떤 일이 일어나는가?

그런 아이들은 신의 얼굴을 보지 못한다. 통념과 정반대로, 그들은 지옥에서 썩지 않는다. 그들은 신을 볼 권리를 박탈당하고, 신의 자비에 자신을 맡기고 있다. 신은 제대로 발달하지 않은 이 인간 존재들을 어떻게 다뤄야 하는지 잘 알고 있다.

키드르는 자연의 한 정령이다. 키드르는 초록색 얼굴을 갖고 있다. 그러나 똑같이 뿔을 갖고 있는 모세뿐만 아니라 둘카르나인(Dhulqurnein)[88]과 디오니소스와의 관계 때문에, 키드르도 악마로 여겨질 수 있다. 키드르를 악마로 보는 것이 꽤 가능하다. 또 원죄 교리뿐만 아니라 썩을 수 있는 자연과의 깊은 관계 때문에, 키드르는 자연의 한 정령으로서 부패하는 그 무엇이다. 잘 알고 있는 바와 같이, 악마는 부패를 촉진하는 존재이다. 평가 절하된 교리 대신에 이 현상이

....
88 '코란'에 등장하는 형상으로, 글자 그대로의 의미는 '두 개의 뿔을 가진 존재'라는 뜻.

나타나는 지금, 우리는 이것을 하나의 보상적인 관계로 이해해야 한다. 왜냐하면 키드르가 생명력을 잃어버린 교리를 대체하고 있기 때문이다. 그 교리는 이제 더 이상 생명의 정령을 포함하고 있지 않으며, 따라서 불가피하게 자연의 정령이 나타난다. 사실, 지금 나타나고 있는 것은 언제나 이전에 버려졌던 것들이다. "건축업자들이 쓰기를 거부한 돌들이 모퉁이의 주춧돌이 되었나니."[89] 그것이 연금술사들이 이 문장을 거듭 인용한 이유이다. 연금술사들은 무엇인가가 전체 이야기와 맞아떨어지지 않는다는 것을, 그 무엇인가를 여전히 찾아내야 한다는 것을, 자연과 세상을 완벽하게 만들 미지의 치유 모티브를 찾아내야 한다는 것을, 그리고 완벽은 오직 자연에서만 올 수 있다는 것을 알고 있었기 때문이다. 따라서 자연 숭배와 철학자의 돌에 관한 신비한 진술에 초록의 정령이 나타난다. 그것이 바로 키드르이다.

분명히, 우리는 이 소년이 종교와 가톨릭 교육에도 불구하고, 혹은 그런 것들 때문에 활기 없는 무엇인가를 이미 무의식적으로 느꼈다고 단정해야 한다. 그래서 지금 소년을 공격하는 무엇인가가 남아 있고, 그것을 소년은 악마로밖에 해석하지 못한다. 그러나 이 나이의 어린이는 당연히 교리를 비판할 수 있는 존재가 아니다. 그 일은 소년에게 그냥 그렇게 일어난다. 그렇다면 이런 일이 아이에게 일어날 때, 그런 꿈에서 그밖에 어떤 것을 고려해야 하는가?

환경 속에 이미 비판이 있을 수 있다. 무엇인가가 공중을 떠돌고 있음에 틀림없다. 그것을 소년은 시각화하고 있다. 그렇다면 이 꿈은 그야말로 심각한 시대에 꾸는 전쟁 꿈이 아닐까? 이런 온갖 인상들에 대

----

89 '시편' 118장 22절.

한 무의식적 반응이 그런 꿈에 꽤 충실하게 반영되고 있을 것이다. 그리고 꿈을 꾼 소년이 아직 아이이기 때문에, 우리는 이 꿈에 집단적인 무엇인가가 포함되어 있다고, 또 그 꿈이 단순히 개인적인 것이 아니라 많은 다른 사람들에게도 그대로 적용되는 꿈이라고 짐작해야 한다. 이 아이가 간단히 반응하듯이, 그런 반응은 아마 곳곳에서 일어날 것이다. 바꿔 말하면, 이와 비슷한 꿈들이 다른 많은 곳에서도 꾸어지고 있을 것이라는 뜻이다. 그렇다면 무의식이 질문에 대답할 때, 교리와 관계있는 이 이미지가 시들고 나면 그 다음에는 무엇이 오는가? 키드르 같은 형상이 올 것이다.

인간은 약간 추락했고, 삼위일체는 너무 멀리 떨어져 있다. 칼 바르트(Karl Barth)[90]의 현대 프로테스탄티즘에 대해 생각해 보라. 거기서 신은 '절대 타자'(totaliter aliter)이며, 그래서 우리는 인간과 신 사이에 관계가 어떤 식으로 존재할 수 있는지 이해하지 못한다. 만약에 무엇인가가 완전히 다르다면, 그것은 더 이상 나에게 어떤 효과도 미치지 못한다. 둘은 더 이상 서로 아무 관계가 없다. 신은 인간과 아무 관계가 없고, 인간은 신과 아무 관계가 없는 것이다.

어느 광인은 한때 신은 죽은 자들만을 이해하고 산 자들을 이해하지 못한다고 생각했다. 슈레버(Daniel Paul Schreber)[91]의 예에서도 똑같은 생각이 발견된다. 신은 죽은 자들에 대해서만 무엇인가를 이해하고 산 자들에 대해서는 아무것도 이해하지 못한다는 생각이 확인되는 것이다.

....
90   스위스의 목사이자 신학자(1886-1868).
91   3가지 정신질환으로 고통을 겪었던 독일 판사(1842-1911).

#6. 지저분한 새끼 돼지를 보살피는 꿈

나이가 정확하지 않은 어느 소녀의 꿈이다.

나는 집 밖으로 나서다가 어린 돼지 두 마리를 본다. 새끼 돼지들은 울타리를 둘러친 작은 사각형 정원 안에 있다. 새끼 돼지들은 깡말랐다. "아이고, 가엾은 녀석들. 굶어 죽게 생겼어!" 나는 소리를 지르며 새끼 돼지들을 안고 식탁으로 가서 녀석들의 몸이 둥그렇게 될 때까지 스푼으로 음식을 먹인다. 그러다가 나는 작은 동물들에게 이가 득시글거린다는 사실을 알고는 이를 잡기 시작한다. 그러다 마지막에는 나 자신이 이로 뒤덮이고 만다.

이 꿈은 개구리와 공주에 관한 동화를 떠올리게 한다. 불행하게도, 이 꿈이 처음 꾸어진 때가 몇 살이었는지 정확히 모른다. 이것은 거듭 꾸어진 꿈이다. 몇 년에 걸쳐서 꿈이 계속 나타났다. 이것은 특별한 어떤 환경에 의해 촉발된 곤경에 관한 꿈이다. 내가 아는 한, 신경증은 아닌 것 같다. 그러나 소녀가 꼬마 돼지를 다루는 방법은 특별한 무엇인가를 가리키고 있다.

가엾은 새끼 돼지들에게 이런 식으로 동정을 표현하는 것은 다소 지나치다. 정말이지, 이 어린 동물들이 굶주리도록 하는 것은 옳지 않지만, 그 동물들을 그런 식으로 끌어안는 것은 지나치다. 어머니가 이렇게 말했을지도 모른다. "그런 끔찍한 짓은 하지 마!" 소녀는 꿈속에서 새끼 돼지들을 너무 잘 대접하고 있다. 그녀의 의식에서는 아마 그런 일이 일어나지 않을 것이다. 그런 태도는 아마 의식에선 조금 더 조심스럽게 나올 것이다. 아이는 교육을 매우 잘 받은 것으로 짐작된다. 그래서 소녀는 새끼 돼지에 관한 꿈을 꿈으로써 그에 대해 보상해야 한다. 꿈에서 그녀는 조금 더 멀리 나아간다. 결국엔 이것이 어릴 때의 은밀한 비행(飛行)으로 이어질 수 있다. 어쨌든 이 꿈은 매우 명확한 경고를 포함하고 있다. 그녀가 이로 뒤덮인 어린 돼지들을 지나치게 돌본다면, 무슨 일이 일어날까? 그녀 자신이 한 마리 어린 돼지가 될 것이다. 돼지처럼, 그녀도 이로, 기생충으로 뒤덮일 것이다. 그러면 새끼 돼지들이 실제로 기생충으로 변한다. 그녀가 보살피고 있는 이 동물들의 특성이 그녀의 습관으로 자리 잡을 것이다. 그녀 위에 앉아서 그녀의 활력을 몽땅 빨아먹는 흡혈귀나 기생충 같은 존재가 된다는 뜻이다. 그러나 새끼 돼지들이 울타리가 둘러쳐진 작은 정원 안에 있다는 사실은 어떤 식으로 이해해야 하는가?

정원은 사각형이다. 이런 것들은 아주 사소해 보이기 때문에 우리는 그것들에 관심을 많이 주지 않는다. 그러나 그것이 아무것도 아니라면 꿈이 강조하지 않았을 것이다. 소녀가 집 밖으로 나서는 것은 무엇을 의미하는가?

부모가 있는 그녀의 방으로부터, 그녀의 경험으로부터, 인간 존재들의 영역으로부터 빠져나온다는 뜻이다. 사람들은 그 영역에서 살고 있고, 그녀의 의식의 세계도 거기에 있다. 그녀는 이곳에서 나가면서 다른 영역으로, 돼지들이 사는 곳으로 간다. 그래서 거기에 자연의 한 조각, 즉 정원이 있지만, 그것은 울타리가 쳐져 있고 진짜이다. 직사각형이고 울타리로 둘러쳐진 곳에선 사람은 언제나 귀를 다소 쫑긋 세워야 한다. 그런데 왜 새끼 돼지를 가둬 둬야 하는가?

돼지를 당신의 정원에 풀어놓아 보라. 그러면 정말 불쾌한 경험이 따를 것이다. 돼지는 조금은 돌아다닐 수 있도록 해도 좋은 동물이지만, 돼지에게 자유를 자주 주면 안 된다. 돼지를 마음대로 놀게 내버려 두면, 당신의 정원은 더 이상 알아볼 수 없을 만큼 황폐해질 것이다. 그것이 돼지를 울타리 안에 가둬 놓는 이유이다. 돼지가 닥치는 대로 뒤집고 마구잡이로 먹어치우는 습성을 갖고 있기 때문이다. 지금 이것은 완전히 자연스런 이미지이다. 시골에 있는 집이고, 거기에 자그마한 정원이 있다. 그러나 거기엔 일부 과장도 있다. 돼지는 절대로 작은 정원 안에 있지 못한다. 돼지가 있는 곳마다, 모든 것이 파헤쳐지고, 더러워지고, 먹어치워진다. 여기서 이미 감상성이 시작된다. 현실은 이와 다르다. 돼지가 있는 곳은 어두운 장소이다.

돼지가 들어 있는 곳은 현실적으로 정원이 될 수 없다. 그것이 작은 정원이라는 것 자체가 바로 꿈속의 감상성이다. 돼지와 정원은 서로 조화를 이루지 못한다. 둘을 함께 둘 경우에, 돼지우리가 되어버릴 것이기 때문이다. 꿈에서 일어나고 있는 것도 바로 그것이다. 최종적으로 그녀도 이가 된다. 그렇다면 이 꿈에서 잘못된 부분은 무엇인가?

돼지들이 그녀의 정원으로 쳐들어왔다. 정원은 아름다운 감정들인데, 어리석은 무슨 일이 일어났다. 아시다시피, 정원에는 아름다운 장미와 작은 꽃들이 있다. 그런데 지금은 돼지 새끼들이 있다. 안녕, 작은 정원이여! 여기서 일어난 일은 "돼지우리"가 멋진 감정들이 있어야 할 곳으로 슬그머니 들어간 것이다. 소녀의 집에 교육의 영향으로 어떤 심리적인 상황이 존재하고 있는가? 아이의 내면에 어찌하여 꽃이

피는 작은 정원 대신에 작은 돼지 정원이라는 이미지가 떠오르게 되었을까?

이런 장소에서는 꽃, 즉 감정이 보살핌을 받지 못한다. 그곳에는 아마 아이의 마음에 어린 돼지들이 은밀히 그곳으로 와야 한다고 생각하게 만든 무엇인가가 있을 것이다. 매우 감정적인 분위기가, 다시 말해 불결한 측면이 지나치게 억눌러지는 분화된 감정의 분위기가 지배할 때, 대개 이런 일이 일어난다. 그러면 당연히 이 불결한 측면은 뒤에서 무의식적으로 감정의 세계로 더 심하게 밀고 들어가야 한다. 따라서 감정은 그만큼 더 아름답고 더 분화될 것이며, 이 감정 뒤에서 작은 "돼지우리"가 더 뚜렷하게 보일 것이다.

그곳의 분위기가 청교도적일 수 있다. 아니면 간단히 더욱 분화된 감정이 있을 것이다. 이들은 아마 무서울 정도로 질서정연하고 멋진 사람들일 수 있다. 다소 과장하고, 아이를 지나치게 청결하게 키우는 사람들일 수도 있다.

어린 소년일 때, 나는 학교에서 악당처럼 구는 아이들이 대단히 엄격한 집안에서 자란 소년이라는 사실을 관찰할 수 있었다. 대체로 보면 이런 아이들은 아주 유명한 집안의 소년들이다. 그런 아이들이 미친 짓을 곧잘 한다. 시골에서 학교에 다닐 때에는 그런 일을 한 번도 보지 못했다. 아무도 두꺼비를 산 채로 먹는다는 생각을 하지 않았다. 시골 소년들은 그런 잔혹한 짓은 생각조차 하지 않았다. 시골 소년들은 신발에 흙먼지를 많이 묻혀 다녔으며 돼지우리와 가축 거름 냄새를 맡으며 자랐다. 그런 소년들에겐 그런 짓이 필요하지 않았다.

그 새끼 돼지들은 무엇인가를 먹기 위해서 정원으로 쳐들어갔다. 어린 새끼 돼지들에게 먹이를 먹이겠다는 아이의 최초의 충동은 완벽하게 정상이다. 어쨌든 그 불결한 측면을 만족시키려는 정상적인 행동이다. 영국 로웬펠드 연구소(English Löwenfeld Institute)에서는 아이들에게 페인트를 준다. 그러면 아이들은 페인트에 손을 집어넣은 뒤 그 손으로 주위를 더럽히면서 굉장히 즐거워한다. 아이들은 자신에게 주어진 종이에도 페인트를 덕지덕지 바른다. 나는 아이들이 그린 그림들을 보았다. 아이들에게 페인트로 마음대로 주변을 더럽힐 수 있는 기회를 주는 것이 그들에게 얼마나 큰 위안이 되는지, 생생하게 느껴졌다. 그러나 이 꿈을 꾼 아이는 이미 다소 감상적으로 변했으며 필요 때문에 미덕을 행하고 있다. 왜냐하면 당연히 새끼 돼지들이 지금 매우 특별한 보살핌으로 길러져야 하기 때문이다. 새끼 돼지들을 보살피는 것이 하나의 과제가 되었고, 도덕적이고 다소 아름다운 일이 되었다. 그러나 그것은 훈련이 지나치게 잘 되어 있는 행동이다. 그것이 그녀가 이를 얻게 되는 이유이다. 그녀는 감정 왜곡 때문에 그 전 어느 때보다 더 심하게 더러운 것 속에 갇혀 있다. 왜냐하면 더러운 것이 대단히 더럽다는 점을 그녀에게 증명해 보여야 하기 때문이다. 결국엔 그녀 자신이 그런 작은 돼지로 변한다. 지금 이것은 그처럼 왜곡된 방식으로 돼지와 연결될 때 거기서 나오는 것이 무엇인지를 보여주는 변형이다. 그녀가 친절하게 처신하면서 충분히 친절할 수는 절대로 없는 것이 아닌가? 그리고 그녀는 충분히 도덕적일 수도 없으며, 어린 돼지에 대해서는 걱정조차 할 수 없다. 그것이 그녀 자신도 한 마리 돼지가 되는 이유이다.

꿈에 나오는 이(lice)는 흡혈귀이며 종종 정령이다. 코카서스 산맥 지역에서는 아이가 태어나면 사람들이 할아버지의 머리에서 이를 잡아 손자의 머리로 옮긴다. 그렇게 함으로써, 영혼이 옮겨진다. 왜냐하면 원시적인 관점에서 보면 정령들이 언제나 우리를 동행하면서 박쥐나 흡혈귀처럼 우리 주변을 맴돌고 있기 때문이다. 그것들은 우리로부터 피를 빤다. 그렇다면 우리가 예를 들어 돼지로부터 이를 옮으면 돼지의 영혼을 흡수하는 결과가 될 것이다. 이(lice)는 돼지와 가까우며 가족이나 마찬가지이다. 만약에 돼지들과 지나치게 깊이 관계를 맺는다면, 우리는 그 가족을 넘겨받고 동물의 정령을 갖게 될 것이다. 이제 돼지가 두 마리라는 사실로 관심을 돌려보자. 왜 꼭 두 마리인가?

  어떤 상징이 이중적으로 나타나는 것은 곧 "무의식"을 의미한다. 똑같은 것 두 가지는 서로 구분되지 않고, 그것은 사람이 거기에 하나가 있는지 둘이 있는지를 모른다는 뜻이기 때문이다. 그것은 구분 불가능하다. 우리는 거기에 둘이 있다는 것을 알지만 어느 것이 어느 것인지 구분하지 못한다. 무의식적인 내용물이 의식이 되려고 할 때, 그 내용물 중 일부는 의식이고 일부는 무의식이다. 이것은 일부는 눈에 보이고 일부는 눈에 보이지 않는 경우나 마찬가지이다. 이제 곧 의식이 되려고 하는 정신적 내용물의 경우에 언제나 모티브가 나타난다. 그래서 두 세계 사이의 경계에 서 있는 형상들에서 우리는 언제나 둘이라는 모티브를 만난다. 지하 세계의 사자(使者)들은 대개 둘로 온다. 물론 이것은 의식의 경계선에 있는 경우에도 해당된다. 간단히 말하면 그것은 꿈을 꾼 소녀의 그림자가 동물의 형태로 나타난 것이다. 그러나 돼지들이 쳐들어 온 그 작은 정원 이야기를 다뤄야 하는 작업이 아직 남아 있다. 정원의 순수한 의미에 대해서는 이미 언급한 바 있다.

정원은 정말로 하나의 성역이 될 수 있다. 정원은 자기의 상징일 수 있으며, 특별히 울타리까지 둘러쳐진 장소인 그곳은 우리가 실제로 포함되어야 하는 곳이다. 이것은 물론 무의식이며, 아마 실제로 존재하는 작은 정원으로 투사되고 있을 것이다. 이 정원에는 생명체들이 있다. 그렇다면 울타리가 있는 이 장소는 단지 동물들을 위한 장소에 불과하다. 그리고 그것은 지금 대단히 중요한 무엇인가의 볼품없는 측면이다. 왜냐하면 그것이 어떤 동물의 형태로 나타난 무의식 속의 자기이기 때문이다. 동물은 여전히 자기 안에 있다. 『에라노스 연감 1937』(Eranos[92] Yearbook)에 실린 나의 글에서도 똑같은 모티브를 발견할 수 있다. 그 글에서 나는 개성화의 상징들에 대해 설명했는데, 살아 있는 거대한 집단 같은 것도 포함되어 있다. 또 뱀을 비롯한 다른 동물들도 거기에 들어 있다. 이것도 동물들을 위한 울타리 같은 것이다.

낙원은 사각형 동물원과 비슷하다. 인간들도 무의식적으로 그 안에 있다. 자기와 연결되는 중요한 상징체계가 하나 더 있다. 자주 등장하는 상징체계이다. 황소와 당나귀가 있는 헛간에서 있었던 그리스도의 탄생이다. 이것도 울타리이다. 실제로 베들레헴의 동굴들은 염소우리이고 소우리이다. 출생의 동굴은 그런 헛간이고, 그곳에서 지금도 볼 수 있는 다른 동굴들과 마찬가지로, 염소와 온갖 가금류가 가득한 형편없는 구멍이다. 그리스도는 자기의 상징이며 헛간에서 태어났다. 그렇다면 여기도 동물의 울타리가 있고, 당연히 우리는 꿈의 보다 깊은 차원으로 다가서고 있다. 그 뒤에 어떤 집단적인 상징이 있으며, 돌연

....
92   1933년부터 스위스에서 열렸던 지식인 토론 집단을 말한다. 인문학과 종교를 주로 다뤘다.

우리는 그 모든 것 뒤에 아주 많은 것들이 숨겨져 있다는 것을 이해하기 시작한다. 이 동물을 성역에서 먹이는 것은 정당한 시도이며, 따라서 이 동물을 발달 쪽으로 이끈다. 그러나 이것은 어린 시절에 적합하지 않은 문제이다. 그것은 원형적인 문제이며, 아시다시피 어린 시절에 제기할 수 없는 문제이다. 여기서 더욱 가까이 다가오고 있는 것은 하나의 원형이며, 그것은 그 매력 때문에 해로운 효과를 끼칠 수 있는 무엇인가를 유발할 수 있다. 무엇일까?

다수의 작은 요소들로 쪼개지는 것, 즉 분열을 일으킬 수 있다. 다수의 작은 요소들은 언제나 교감 신경계의 과정을 암시한다. 이것은 본능들의 자율성에 의해 일어난 약한 분열이다. 따라서 만약에 동물적인 본능들이 일어나면서 그 인격을 사로잡아 버린다면, 그 사람의 인격을 구성하는 요소들은 동물의 본능 수준으로 떨어지고, 결과적으로 교감 신경계의 장애를 낳는다. 이 교감 신경계의 장애는 종종 이런 다수성(多數性)으로 나타난다.

어려서 죽은 아이의 꿈에서, 이런 분열적인 현상이 많이 발견되며, 이런 현상은 원래 시기적으로 적절하지 않은 원형의 강력한 등장에 의해 야기되었다. 물론 부모들의 문제일 수도 있다. 환경 안에 자연과 조화를 이루지 못하는 무엇인가가 있다. 예를 들면, 고압적인 분위기와 거짓 탁월성 등이 있다. 이것은 자연과 일치하지 않으며, 따라서 불결한 동물의 원형과의 연결이 일어나고, 이 원형의 등장이 그런 어려움을 야기한다. 아이가 이 원형의 문제에 대답을 하지 못하기 때문이다. 소녀는 단순히 그 원형의 공격을 받기만 한다. 이것이 어린 돼지들이 정원에 나타나는 은밀한 이유이다.

원형과의 연결은 아이들의 내면에 믿을 수 없는 것들을 불러일으킬 수 있다. 옹고집이 생겨날 수도 있고, 매우 위험한 것도 생겨날 수 있다. 원형이 엉뚱한 때에 연결됨에 따라, 아이가 스스로를 해치거나 위험한 상황에 빠질 수 있는 것이다.

동양에서 돼지는 무의식의 상태인 '무명'(無明: Avidya)을 의미한다. 돼지는 또 지하의 신에게 제물로 바쳐지는 동물이다. 그렇듯 돼지에 특별한 의미를 부여하는 연결은 많다. 당연히 이 모든 것을 고려해야 함에도 불구하고, 그렇게 하면 어린 아이가 절대로 해결할 수 없는 어떤 원형에 닿게 된다. 그러면 전체 문제가 해결 불가능하게 되고 만다. 사로잡히는 현상이나 이상한 도착(倒錯)은 종종 그런 상황에서 비롯된다. 그렇다면 이것이 그 꿈의 뒤에 놓여 있는 그것이고 그 꿈 안에서 암시되고 있는 그것이다. 그러나 유익한 것은 간단한 꿈에 이상한 원형적 연결들이 어떤 식으로 내재되어 있는지를 치료의 차원에서 알아내는 것이다. 그것이 자연에게 적절한 자리를 부여하는 것이 대단히 중요하다는 점을, 또 부모가 자연을 강제하지 않는 태도나 교육적 방법을 갖는 것이 대단히 중요하다는 점을 뒷받침하는 증거이다. 그렇게 하지 않을 경우에 어떤 원형이 자연에서 나올 것이고, 이 원형이 아이들을 사로잡고 따라서 아이들을 완전히 왜곡시키게 될 것이다. 예를 들면, 아이들이 진짜 악마 같은 인간으로 발달할 것이다. 이것은 아이들이 억압된 내용물과 자신을 동일시한다는 뜻이다.